2000—2017年我国设立会展专业院校分布图

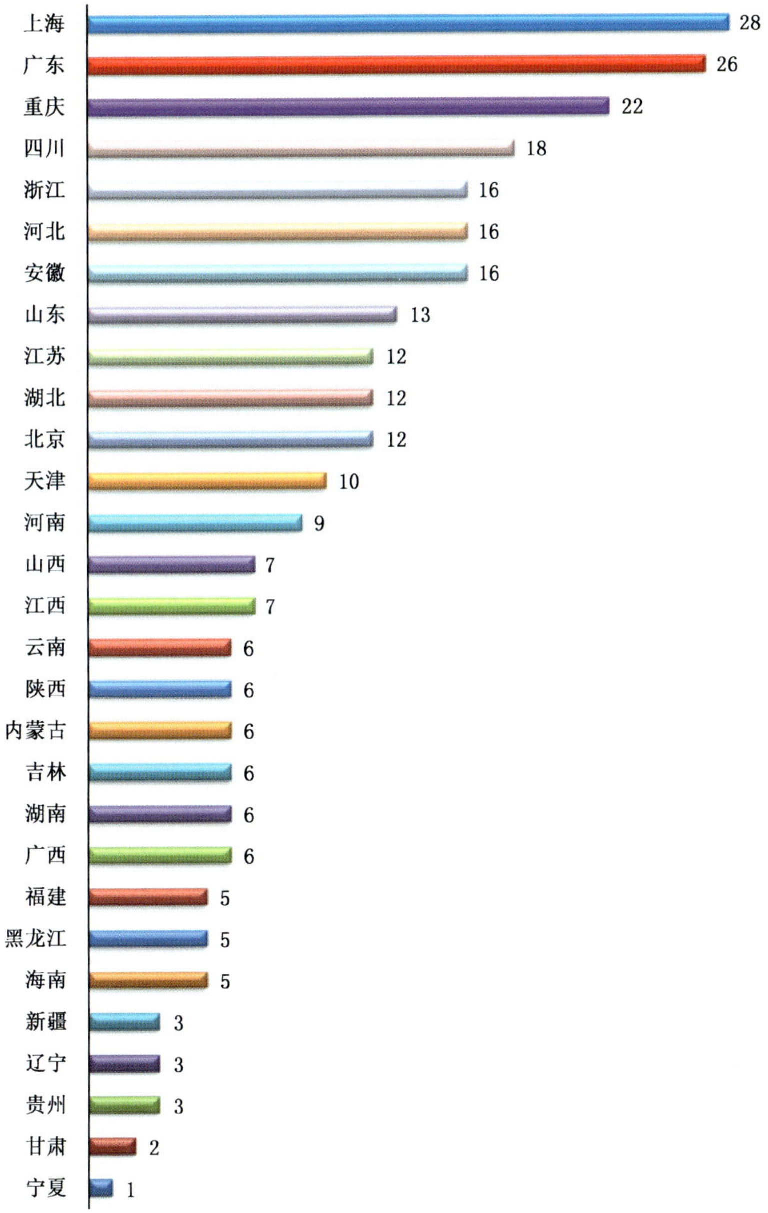

地区	数量
上海	28
广东	26
重庆	22
四川	18
浙江	16
河北	16
安徽	16
山东	13
江苏	12
湖北	12
北京	12
天津	10
河南	9
山西	7
江西	7
云南	6
陕西	6
内蒙古	6
吉林	6
湖南	6
广西	6
福建	5
黑龙江	5
海南	5
新疆	3
辽宁	3
贵州	3
甘肃	2
宁夏	1

2018年各省、市、自治区展览面积占比图

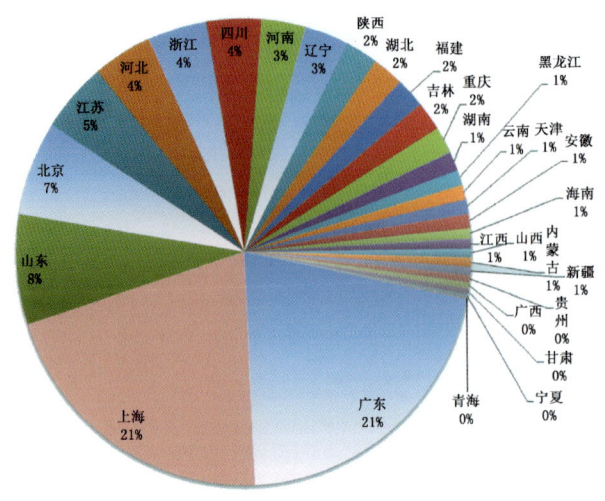

2017年各省、市、自治区展览面积占比图

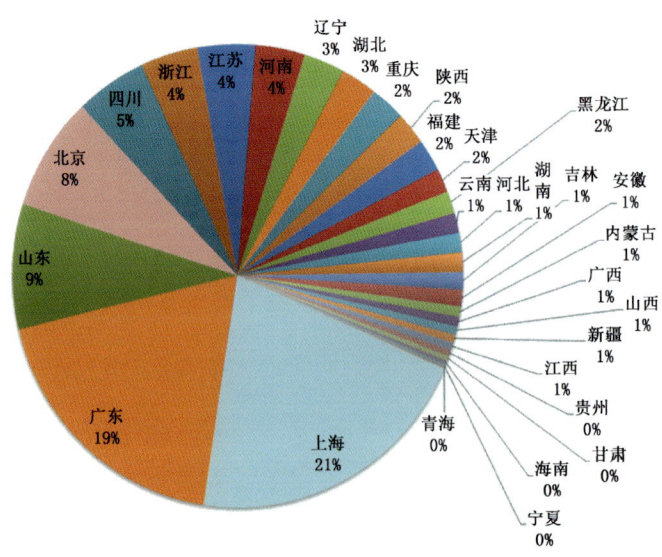

会展教育发展与会展行业发展息息相关，两者呈现出相辅相成的发展态势。2017年、2018年发布的我国办展情况的统计分析显示[中国国际贸易促进委员会《中国展览经济发展报告》(2017、2018)]，办展数量最多的省份(直辖市)分别是上海市、广东省、北京市、山东省，与上述地区会展教育在我国总体格局中的占比有较高的拟合度，但有些省市其匹配度有一定的偏差。

中国会展教育蓝皮书

主 编 王胜英 吴 峰
副主编 王 晶 王尚君
　　　　刘德艳 王 峰

上海财经大学出版社

图书在版编目(CIP)数据

中国会展教育蓝皮书/王胜英,吴峰主编.—上海:上海财经大学出版社,2019.3
ISBN 978-7-5642-3050-0/F・3050

Ⅰ.①中… Ⅱ.①王…②吴… Ⅲ.①展览会-教育工作-研究报告-中国 Ⅳ.①G245-4

中国版本图书馆 CIP 数据核字(2018)第 137661 号

□ 责任编辑　刘光本
□ 责编电话　021—65904890
□ 责编电邮　lgb55@126.com
□ 封面设计　张克瑶

中国会展教育蓝皮书

主　编　王胜英　吴　峰
副主编　王　晶　王尚君
　　　　刘德艳　王　峰

上海财经大学出版社出版发行
(上海市中山北一路369号　邮编200083)
网　　址:http://www.sufep.com
电子邮箱:webmaster@sufep.com
全国新华书店经销
江苏凤凰数码印务有限公司印刷装订
2019年3月第1版　2019年3月第1次印刷

710mm×1000mm　1/16　27.75 印张(插页:1)　527 千字
定价:98.00 元

前　言

自 1999 年设立会展专业以来,中国会展学历教育从高职高专、本科、硕士到博士,逐步形成了完整的会展专业教育体系,会展院校已覆盖全国绝大多数省、市和自治区。

追溯我国会展教育的发展历程,会展教育的兴起和发展与我国会展产业的兴起和发展密切相关。随着会展产业的快速发展对会展人才需求的增长,会展教育也逐步向规模化与高端化转变。

我国改革开放的标志是 1978 年十一届三中全会确立的将对外开放作为我国的一项基本国策。20 世纪 90 年代初,展会的主要目的还是出口初级产品为国家创造更多的外汇。这一阶段,因对外贸易的国营属性尚未彻底改变,因此大多数生产经营企业主要依附于国营外贸公司参加展会。以 1956 年创立的"广交会"为例,展会收入占当时全国外汇收入的 20%－50%,而我国的外汇总收入只有 1.23 亿美元(1957 年)。该阶段会展产业形态应该说还没有形成,会展教育也无从说起。

随着我国外贸经营权的逐步放开,展会的组织形态也发生了根本性的转变。1993－2000 年,广交会对组展方式进行了多项改革,确立了"省市组团、商会组馆、馆团结合、行业布展"的十六字方针,展期也从 30 天减少到 20 天再到 6 天,从一年一届分为一年两期,从单向出口到双向进出口。系列化的改革极大调动了地方商务主管部门和商会参与广交会的积极性,参展企业从 1 472 家猛增至 8 000 多家,展会规模呈倍数增长。展会的商贸价值也从出口创汇为主逐步向服务于我国产业市场拓展与提升、增强我国产业国际化分工地位的方向转变。

这一阶段我国展馆建设进入规模化投入时期,北京、上海、广东陆续规划建设会展场馆。1984 年北京中国国际展览中心建成,2004 年国家会议中心批准建设。1992 年上海国际展览中心建成,1996 年上海国贸中心落成,1999 年上海新国际博览中心奠基。广东汕头林百欣国际会议展览中心 1997 年建设落成,1998 年开始规划设计的广州国际会展中心琶洲展馆 2002 年建成并投入使用。顺德展览中心(2001)、佛山市花卉世界展览中心(2001)、广州锦汉展览中心(2002)、华南城国际会展中心(2002)、佛山市国际会议展览中心(2002)、广州花城会展中心(2004)相继建成。还有香港会议展览中心(会展中心)于1997年扩建。会展场馆作为会展产业链中的重要主体,大规模的投入与建设为中国会展产业兴起与发展以及蓄能发力奠定了坚实的基础。

新世纪伊始,中国正式加入世贸组织,标志着我国全方位、宽领域、多层次的对外开放格局基本形成。外贸经营权全面放开、各种所有制经济主体平等竞争、内外资企业共同发展等多方利好使会展产业进入快速发展期。1995年京慕国际展览有限公司成立,这是由中国国际展览中心集团公司(CIEC－China International Exhibition Center Group Co.)和慕尼黑国际博览亚洲有限公司(MMI Asia Pte. Ltd.)共同组建的中国展览业第一家合资公司。正所谓"一花独放不是春,百花齐放春满园",中国会展产业在2000年后呈现出独立的产业形态与特征,中国会展教育也是在这一阶段开始起步。由此可见,中国会展产业兴起与发展的良好态势是催生会展教育的原始动力。

基于此,本蓝皮书确定的编著原则与整体框架思路是:一方面对我国会展教育历程进行客观翔实的描述,另一方面对会展教育发展做出序时性、规律性的阐释,尽可能"按时序解释结构及其实绩"(美经济史学家道格拉斯·C. 诺斯)。本蓝皮书在追溯中国会展教育发展历史的基础上,从纵向到横向,由点到面,动员各省、市、自治区相关院校的教师展开深度调研,主要分为两个模块并从九个方面对我国会展教育进行全面梳理。在统计数据汇总以及各省、市、自治区分报告的基础上,形成了全国总报告。

(1)蓝皮书开篇从会展教育研究着手,梳理了2003年以来的会展教育研究文献,着重收集近3－5年公开发表的有关会展教育的文章、著作等,较为清晰地反映了会展教育发展过程中各方关注的问题。

(2)将我国会展教育发展历程分为三个阶段进行描述性归类(分别是2003－2008年起步阶段、2009－2014年快速发展阶段、2014－2017年稳定发展阶段),以会展院校设立会展专业为线索,从高职高专到本科乃至研究生学历进行阶段性统计分析,较为全面地反映了我国会展教育的发展状况。

(3)对会展各专业不同学历层次招生院校与招生数量进行了统计与分析,展现了会展专业规模化发展过程,反映了较为清晰的沿革轨迹。2003－2008年学历招生规模以高职高专为主;2008－2014年会展本科院校与招生数量均超过了高职高专,同期会展硕士研究生院校增长较快;2015－2017年会展专业本科院校与高职高专增速有所减缓,设立院校数量明显低于前期,本科院校招生情况相对稳定,但高职高专院校出现了停招减量的现象,硕士与博士研究生的招生院校有所增加,招生数量也有所增多。

(4)对我国会展教育主体结构展开了统计与分析,分别从研究生教育、本科、高职高专乃至国际合作教育层面,对各省、市、自治区相关会展院校不同学历层次的院校数量、招生数量、分布区域进行了全面的梳理与分析,即在呈现全国总量的同时也体现了区域分布。

(5)对相关院校会展专业设置情况做了全面的调研。从整体情况来看,以"管理、策划、设计"为会展主流专业。会展本科院校大多开设会展经济与管理,高职高专以会展策划与管理为主,这与教育部最初核准的专业名称有关。会展设计专业相对灵活,有的设置为广告与设计专业,有的设置为会展设计专业,有的设置为艺术与科技专业。源于会展定位于旅游学科之内,有的院校在旅游管理下设置了会展专业方向。值得关注的是,会展高学历教育专业设置则呈现较多的变化:有的是传播学与广告,有的是旅游管理会展方向,有的是节事旅游与会展管理,有的是会展策划与管理。

(6)培养计划是人才培养的基本纲领。专业的定位和人才培养的目标都体现在培养计划中。本蓝皮书在梳理专业基础课程与专业课程设置的基础上,着重挖掘了各会展院校的特色课程与核心课程。从相关材料来看,各会展院校不同程度地对会展专业的特色进行了规划与设计,体现了课程体系贴近市场、靠近行业发展的变化与需求。

(7)实践教学是会展专业必不可少的培养环节,如何开展会展专业实践教学也是各会展院校关注的问题。本蓝皮书主要从行业培训、校企合作以及相关竞赛的角度,对会展院校的实践环节进行了梳理与分析。相关资料显示,通过校企合作和参加各类竞赛活动,是大多数院校采取的实践教学方式。有的院校专门设置了实践课程,建立了比较稳定的实践教学模式,取得了良好的实践教学效果。

(8)对会展师资情况进行了调研与分析。从专业师资配比数量到师资的学历、职称情况,从师资的从业经历与师资的年龄结构,较为全面地反映了目前我国会展院校师资的实际情况。就学历层面而言,本科会展院校的师资基本以博士为主,高职高专以硕士为主,有相关会展从业背景的教师相对较少。

(9)对专业对口、薪资收入等方面展开了调研与分析。会展专业就业情况相对较好,各省市薪资收入存在一定的差距。

需要说明的是,分报告基本按照总报告的架构进行撰写,以便读者在同一个界面上进行比较与分析。分报告所反映的各省、市、自治区会展院校情况更为具体和详细,是对全国总报告有益的完善。

目 录

前言 ………………………………………………………………… (1)

第一部分

我国会展教育发展总报告 ……………………………………… (3)

 一、我国会展教育研究文献综述 ………………………………… (3)
  (一)会展教育发展初期相关文献综述 ………………………… (3)
  (二)会展教育快速发展阶段文献综述 ………………………… (4)
  (三)会展教育文献综合分析与比较 …………………………… (5)
 二、我国会展教育发展历程 ……………………………………… (10)
  (一)起步阶段(2003—2008年) ………………………………… (11)
  (二)快速发展阶段(2009—2014年) …………………………… (17)
  (三)稳定发展阶段(2015—2017年) …………………………… (26)
 三、我国会展学历教育招生情况 ………………………………… (31)
  (一)会展专业学历招生概况 …………………………………… (31)
  (二)会展专业高学历层次招生情况 …………………………… (32)
  (三)会展专业本科与专科(高职)招生情况 …………………… (34)
 四、我国会展教育主体结构分析 ………………………………… (35)
  (一)会展专业高等教育(硕博研究生/本科)情况 …………… (37)
  (二)会展专业专科/高职情况 ………………………………… (39)
  (三)会展专业国际合作教育情况 ……………………………… (41)
 五、我国会展专业设置情况 ……………………………………… (43)

(一)会展专业设置 …………………………………………… (43)
　　(二)会展相关专业规模 ……………………………………… (44)
　　(三)会展相关专业层次 ……………………………………… (45)
六、我国会展专业培养计划情况 ………………………………… (47)
　　(一)会展专业简介 …………………………………………… (47)
　　(二)会展专业培养目标 ……………………………………… (48)
　　(三)会展专业培养要求 ……………………………………… (48)
　　(四)学制与学位授予情况 …………………………………… (49)
　　(五)会展专业相关课程设置情况 …………………………… (50)
　　(六)会展专业核心课程开设情况 …………………………… (50)
　　(七)专业特色课程的开设情况分析 ………………………… (55)
　　(八)实践课程设置情况分析 ………………………………… (55)
七、我国高校会展实践教育情况分析 …………………………… (56)
　　(一)行业培训情况分析 ……………………………………… (56)
　　(二)校企合作情况分析 ……………………………………… (59)
　　(三)相关竞赛情况分析 ……………………………………… (62)
八、我国会展专业师资情况分析 ………………………………… (64)
　　(一)会展专业师资规模 ……………………………………… (65)
　　(二)会展师资情况 …………………………………………… (67)
九、我国会展专业学生就业及薪资情况 ………………………… (76)
　　(一)就业比例与就业对口情况 ……………………………… (76)
　　(二)会展专业毕业生薪资情况 ……………………………… (78)

第二部分

上海会展教育发展报告 …………………………………………… (81)
广东省会展教育(本科)发展报告 ………………………………… (98)
广东省会展教育(高职)发展报告 ………………………………… (112)
北京市会展教育(本科)发展报告 ………………………………… (121)
北京市会展教育(高职)发展报告 ………………………………… (138)
天津市会展教育(本科)发展报告 ………………………………… (154)
天津市会展教育(高职)发展报告 ………………………………… (166)
重庆市会展教育发展报告 ………………………………………… (175)
新疆维吾尔自治区会展教育发展报告 …………………………… (190)

浙江省会展教育(高职)发展报告 …………………………………… (203)
海南省会展教育发展报告 ……………………………………………… (218)
福建省会展教育(高职)发展报告 …………………………………… (236)
江西省会展教育发展报告 ……………………………………………… (244)
湖南省会展教育(高职)发展报告 …………………………………… (263)
湖北省会展教育(本科)发展报告 …………………………………… (272)
四川省会展教育(高职)发展报告 …………………………………… (289)
贵州省会展教育(本科)发展报告 …………………………………… (291)
安徽省会展教育(本科)发展报告 …………………………………… (307)
山西省会展教育发展报告 ……………………………………………… (321)
山东省会展教育发展报告 ……………………………………………… (340)
河北省会展教育(本科)发展报告 …………………………………… (365)
河北省会展教育(高职)发展报告 …………………………………… (374)
吉林省会展教育发展报告 ……………………………………………… (384)
甘肃省会展教育发展报告 ……………………………………………… (394)
江苏省会展教育发展报告 ……………………………………………… (396)
云南省会展教育(本科)发展报告 …………………………………… (399)
辽宁省会展教育发展报告 ……………………………………………… (414)

后记 ……………………………………………………………………… (430)

第一部分

我国会展教育发展总报告

王胜英　王晶　王尚君　刘德艳　王峰

一、我国会展教育研究文献综述

(一)会展教育发展初期相关文献综述

从知网查询,第一篇关于会展教育的文章是《关于我国会展专业热身课程的设计》(2002,马诗远,《北京第二外国语学院学报》),该文基于会展行业发展与将要启动设置会展专业的现实,探讨了我国会展专业"热身课程"设计的依据、重要性、必然性及要素。

2003年金辉发表了《国际旅游院校会展教育的现状和我国的差距》(2003,《旅游科学》),分析了会展教育与旅游教育的关系,介绍了国际会展教育现状,并指出我国会展教育的差距。明确我国旅游院校应积极发展会展教育,培养会展人才,为推动我国旅游教育、会展业和旅游业的持续发展做出贡献。

第一篇介绍国际会展教育的文献是《美国、德国会展教育比较》(2004,吴承璘、崔诚、吴国斌,《国际市场》)。该文发表背景正值我国会展专业刚刚起步阶段。为全面了解国际会展教育情况,上海贸促会组团访问美国和德国,与当地的会展行业组织、大学、展览公司等交流会展教育的经验,探讨中外合作的方式。在美国期间,代表团先后拜访了美国乔治·华盛顿大学、美国内华达大学拉斯维加斯分校和美国国际展览管理协会,探讨了会展教育和培训、必修和选修课、计算学分方式、师资与教材等问题。

(二)会展教育快速发展阶段文献综述

经过十几年的努力,我国会展教育发表文献逐年增加。通过中国知网(CNKI)进行检索分析,2002年后与"会展教育"主题相关的公开发表的论文共有937篇,见表1-1。

表1-1　　2002—2017年关于"会展教育"公开发表文献数量

年份	会展教育文献	会展文献
2017	96	2 570
2016	47	2 818
2015	50	3 043
2014	50	2 838
2013	70	2 912
2012	74	3 088
2011	73	3 224
2010	75	3 196
2009	78	3 144
2008	44	3 206
2007	106	3 056
2006	96	2 824
2005	53	2 198
2004	21	1 871
2003	2	1 321
2002	2	813
合计	937	42 122

其中,在学术期刊上公开发表与"会展教育"主题有关的论文有798篇,占

74.4%,与"会展教育"主题有关的硕士论文有 50 篇,博士论文暂无,其他与"会展教育"主题有关的文献多为会议论文和报纸上发表的文章,见图 1—1。

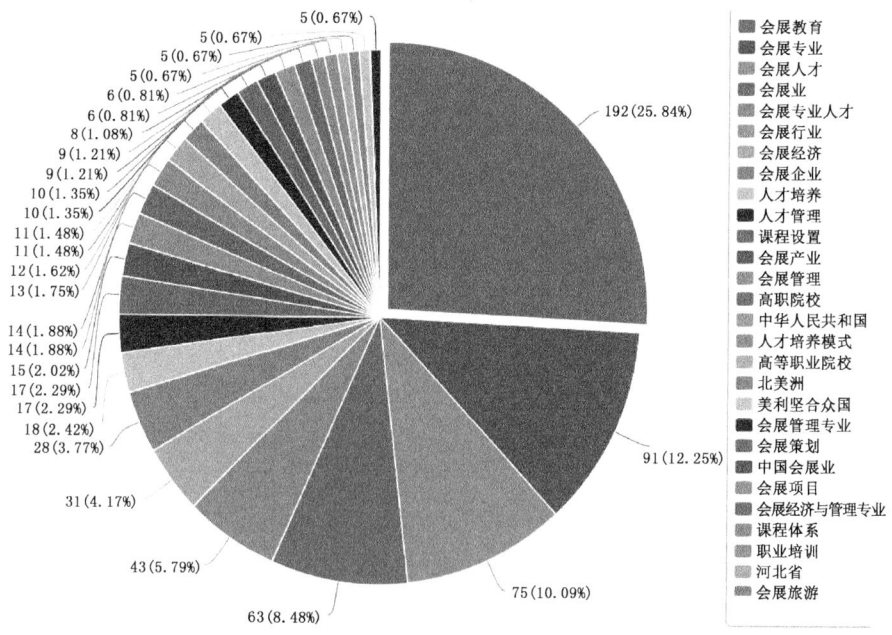

图 1—1　有关"会展教育"研究主题发表论文分布图

(三)会展教育文献综合分析与比较

通过对相关"会展教育"所发表的论文进行梳理归类,可以看出集中研究与关注的会展教育问题主要有以下几个方面:会展行业发展与会展教育关系研究、会展教育综合性研究、会展人才培养研究、会展专业建设与课程建设研究、国外会展教育以及国内外会展教育对比研究,见表 1—2。

由表 1—3 可知,"会展教育"文献与以"会展"有关的文献总量相比,其占比还是有限。2002—2017 年以"会展教育"为主题所发表的文章与以"会展"为主题所发表的文章占比,最高比例为 2017 年的 3.7%。

表 1—2　　　　2002 年至今有关"会展教育"主题研究文献前五位

研究主题	数量(篇)
会展教育与会展行业关系研究	273
会展教育综合研究	228
会展人才培养研究	180

续表

研究主题	数量(篇)
会展专业设置与课程设置	116
会展教育国际经验与比较研究	67

表 1-3　　会展教育主题与会展主题发表的文献占比情况

年份	会展教育主题(篇)	会展主题(篇)	占比(%)
2017	96	2 570	3.74
2016	47	2 818	1.67
2015	50	3 043	1.64
2014	50	2 838	1.76
2013	70	2 912	2.40
2012	74	3 088	2.40
2011	73	3 224	2.26
2010	75	3 196	2.35
2009	78	3 144	2.48
2008	44	3 206	1.37
2007	106	3 056	3.47
2006	96	2 824	3.40
2005	53	2 198	2.41
2004	21	1 871	1.12
2003	2	1 321	0.15
2002	2	813	0.25
合计	937	42 122	

由图 1-2 和图 1-3 可以看出，发表最多的年份是 2007 年，为 106 篇文章；高峰年份集中在 2005 年、2006 年和 2007 年，保持在 3.4%；其次是 2009—2013 年，保持均值在 2.4%；最低年份为 2007 年，仅有 44 篇关于"会展教育"文献公开发表。

由图 1-2、图 1-3 和图 1-4 可以看出，以"会展"为主题的文献发表数量呈正态分布状态，而关于"会展教育"为主题所发表的文章也基本呈相符

我国会展教育发展总报告

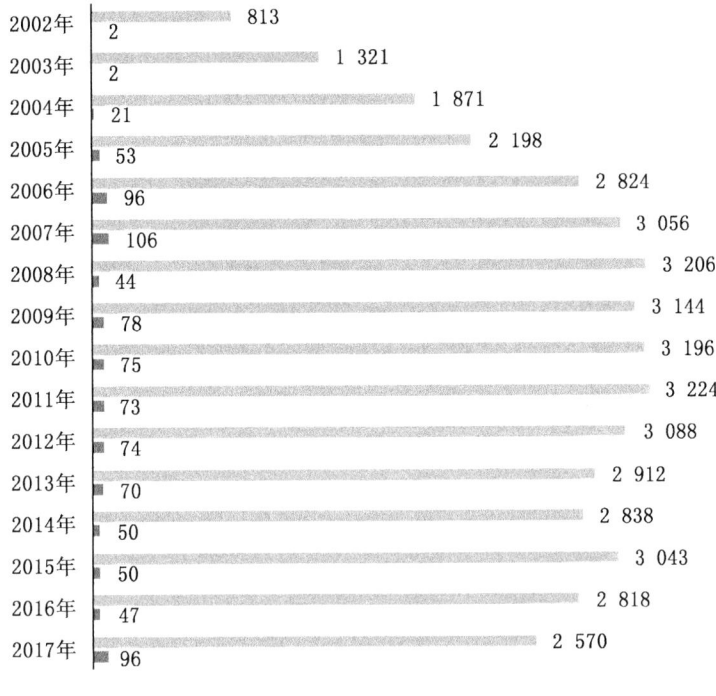

图 1－2　2002—2017 年关于"会展教育"发表文献数量总汇

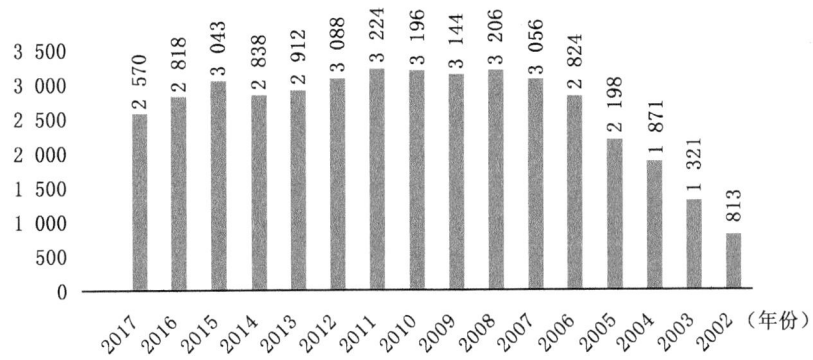

图 1－3　2002—2017 年关于"会展"发表文献数量总汇

的正态分布形态,即近年来呈下降趋势。但 2017 年关于"会展教育"发表数量的峰值(96 篇)打破了两者"相辅相成"的趋势。

从 2015—2017 年关于"会展教育"发表文献所关注的焦点问题来看,聚焦于与教育改革有关的问题。参见表 1－4。

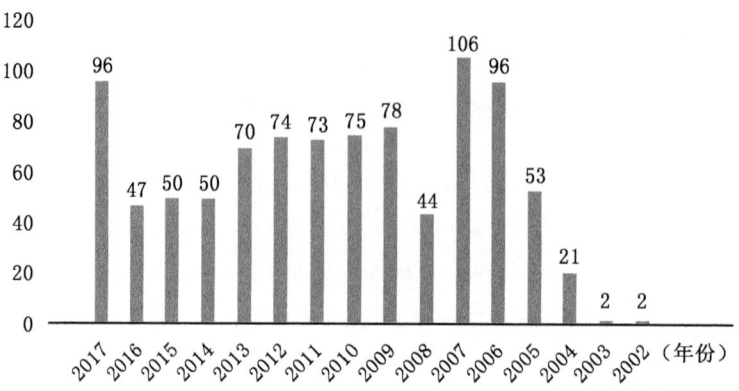

图 1-4 2002—2017 年关于"会展教育"发表文献数量总汇

表 1-4　　　　　2015—2017 年关于"会展教育改革"发表的文献

文章题目	姓名	发表时间	期刊名称
会展业市场需求与人才培养研究——以重庆市为例	李石隆	2017 年 1 月	劳动保障世界
双元制教育模式在会展专业的应用	黄洁	2017 年 1 月	课程教育研究
以"互联网+"模式思考会展管理专业实践教学的创新路径	孙悦、张小军	2017 年 1 月	课程教育研究
"大会展"概念对高职院校会展专业人才培养模式革新的启示	王斌	2017 年 1 月	教育现代化
会展专业教育实践教学的探讨与研究	陈诗涵	2017 年 2 月	现代职业教育
新机遇下的新探索——关于四川美术学院会展策划与管理专业方向课程体系建设的实践研究	孙丹丽	2017 年 3 月	大众文艺
行业能力导向下会展人才培养改革研究	周健华、王东强	2017 年 4 月	商业经济研究
基于吉林省会展产业发展需求的会展教育改革探究	徐静	2017 年 4 月	广东蚕业
基于会展经济学与会展管理学的专业教育层次体系与知识——能力体系构建与应用	李铁成、刘力	2017 年 6 月	高教论坛
"双创"驱动下的会展教育改革实践探索研究	黄苑	2017 年 6 月	文教资料
新常态下高职院校会展人才培养——以重庆财经职业学院为例	向军	2017 年 7 月	现代交际
浅议经济新常态下高职会展专业产教融合人才培养模式的构建	田华	2017 年 11 月	新校园
高校会展人才培养市场适应性与课程模块化教学探讨——以"会展项目管理"课程为例	黄月玲、张珺	2016 年 1 月	科教文汇

续表

文章题目	姓名	发表时间	期刊名称
基于"互联网+"的会展专业教学资源库建设研究	吕玉龙、张全	2016年1月	理论导报
丝绸之路经济带背景下陕西高职会展教育发展对策探析	陈军川	2016年1月	陕西教育（高教）
VR新技术在会展教育中的运用研究	郑晓星	2016年1月	太原城市职业技术学院学报
当前国内会展专业建设和发展中存在的典型问题	李中闯	2016年5月	旅游纵览
在变化的世界中对会展专业教育之思考——毕业生适应未来吗	陈颖、Helmut Schwgermannn	2016年6月	应用型高等教育研究
我国本科会展教育现状、问题及对策研究	田秋菊	2016年6月	语文教学与研究
基于校企共同体的高校会展专业教学改革的探索与思考	王瑞君	2016年12月	济南职业学院学报
论基于校企合作的创新高职会展人才的培养	王莹	2016年12月	现代职业教育
中外会展专业人才培养比较分析与启示	刘枭	2015年1月	开封教育学院学报
以就业为导向的会展专业教学体系优化研究——以广西财经学院为例	卢灵	2015年1月	广西财经学院学报
我国会展教育现状及发展对策研究	李朱	2015年2月	中外企业家
会展专业人才的培养模式研究	李琦	2015年3月	中外企业家
会展教育校企合作人才培养模式的创新与思考	钱若	2015年3月	时代教育
"互联网+"理念下的会展教育转型	韩健	2015年4月	现代交际
中国会展教育的现状与发展对策探索	李晓蕾	2015年9月	产业与科技论坛
会展专业课程设置的再思考与境外相关经验的借鉴研究	刘林艳	2015年11月	时代教育
国内外会展经济研究综述	黄珍珍	2015年12月	河北企业

2015—2017年下载数量最多的前10篇文章见表1—5。

表1-5　　2015—2017年关于"会展教育"研究下载量居前10位的文献

文章题目	姓名	发表时间	期刊名称	下载数量（篇）
"互联网+"理念下的会展教育转型	韩健	2015年4月	现代交际	447
中国会展教育的现状与发展对策探索	李晓蕾	2015年9月	产业与科技论坛	274
VR新技术在会展教育中的运用研究	郑晓星	2016年1月	太原城市职业技术学院学报	175
中外会展专业人才培养比较分析与启示	刘枭	2015年1月	开封教育学院学报	170
新常态下高职院校会展人才培养——以重庆财经职业学院为例	向军	2017年7月	现代交际	149
行业能力导向下会展人才培养改革研究	周健华、王东强	2017年4月	商业经济研究	143
高校会展人才培养市场适应性与课程模块化教学探讨——以"会展项目管理"课程为例	黄月玲、张珺	2016年1月	科教文汇	135
我国会展教育现状及发展对策研究	李朱	2015年2月	中外企业家	132
基于"互联网+"的会展专业教学资源库建设研究	吕玉龙、张全	2016年1月	理论导报	120
会展业市场需求与人才培养研究——以重庆市为例	李石隆	2017年1月	劳动保障世界	115

二、我国会展教育发展历程

我国会展专业教育从无到有，发展教育规模现已位列世界首位，仅仅用了不到20年的时间，其快速发展的状态与我国会展产业的兴起与迅猛发展息息相关。为了更好地展现我国会展教育发展历程，本报告分"起步阶段、快速发展阶段、稳定发展"综合描述分析我国会展学历教育发展的状态与特点。

需要说明的是，课题组尽管发动全国开设会展专业的院校提供数据，但某些数据仍有缺项，具体信息与资讯以各省市分报告为依据。硕士层次以下基本上只统计独立开设会展专业的相关数据，基本上不包括在其他专业下开设的会展方向，高职高专（专科）只是名义上的差别，实质上是大专层次的学历教育。

(一)起步阶段(2003—2008年)

1. 2003—2008年我国会展院校设立情况汇总

表2—1是2003—2008年我国会展院校设立情况的汇总。

表2—1　　　　2003—2008年我国会展院校设立情况汇总表

属性	学校名称	专业名称	招生数量(人)	设立时间(年)
博士	/	/	/	/
硕士	湖北大学	会展管理	2	1999
	广东财经大学	服务业(会展业、电信业等)市场营销	5	2006
	广州大学	会展经营管理	8	2007
	广州美术学院	展示艺术设计	2	2008
	华南理工大学	会展经济与节事旅游	5	2008
	中山大学	会展管理	2	2008
小计	6		22	
本科	上海大学	艺术与科技(原会展设计)	30	2005
	上海理工大学	会展经济与管理	90	2006
	上海师范大学	会展经济与管理	80	2004
	上海对外经贸大学	会展经济与管理	80	2004
	上海应用技术大学	会展经济与管理	45	2006
	上海第二工业大学	会展经济与管理	80	2006
	上海工程技术大学	会展与空间设计	30	2001
	重庆文理学院	会展经济与管理	50	2007
	重庆工商大学	会展经济与管理	50	2008
	云南财经大学	会展经济与管理	50	2008
	北京联合大学旅游学院	会展经济与管理	59	2008
	北京第二外国语大学	会展经济与管理	60	2005
	首都师范大学科德学院	会展经济与管理	46	2008

续表

属性	学校名称	专业名称	招生数量(人)	设立时间(年)
本科	首都师范大学科德学院	会展艺术设计	28	2008
	福建农林大学东方学院	会展经济与管理	55	2007
	厦门华厦学院	会展经济与管理	50	2006
	广东财经大学	会展经济与管理	50	2006
	广州大学	会展经济与管理	40	2007
	广州美术学院	展示艺术设计/会展艺术设计	50	2008
	华南理工大学	会展经济与管理	40	2008
	中山大学	会展经济与管理	80	2008
	广西财经学院	会展经济与管理	80	2005
	南京艺术学院	艺术与科技（展示设计）	50	2005
	山东交通学院	会展经济与管理	50	2007
	厦门理工学院	会展经济与管理	50	2006
	湖北经济学院	旅游管理专业下设会展与商务旅游方向	44	2006
	湖南商学院	会展经济与管理	30	2006
	辽宁对外经贸学院	旅游管理（会展管理方向）	50	2006
	沈阳师范大学	会展经济与管理	39	2005
	浙江万里学院	会展经济与管理	40	2004
	河南财经学院	会展经济与管理	60	2008
小计	31		1 636	
大专	昆明学院	旅游管理（会展专业方向）	50	2005
	南开大学	会展策划与管理	/	2008
	重庆工商大学	会展策划与管理	60	2006
	重庆工商职业学院	会展策划与管理	60	2008
	重庆财经职业学院	会展策划与管理	60	2008
	重庆城市管理职业学院	会展策划与管理	60	2006

续表

属性	学校名称	专业名称	招生数量(人)	设立时间(年)
大专	成都信息工程学院银杏酒店管理学院	会展策划与管理	50	2008
	成都职业技术学院	会展策划与管理	72	2008
	北京现代职业技术学院	会展策划与管理	40	2006
	北京农学院	会展策划与管理	60	2005
	厦门理工学院	会展策划与管理	60	2006
	厦门东海职业技术学院	会展策划与管理	40	2008
	厦门华天涉外职业技术学院	会展策划与管理	50	2008
	福州职业技术学院	会展策划与管理	80	2006
	厦门城市职业学院	会展策划与管理	50	2006
	广东交通职业技术学院	会展策划与管理	50	2007
	广东轻工职业技术学院	会展策划与管理	50	2007
	中山火炬职业技术学院	会展策划与管理	50	2007
	珠海城市职业技术学院	会展策划与管理	50	2007
	广东理工职业学院	会展策划与管理	50	2007
	广州科技贸易职业学院	会展策划与管理	45	2007
	广东农工商职业技术学院	会展策划与管理	80	2008
	广州涉外经济职业技术学院	会展策划与管理	80	2008
	顺德职业技术学院	会展策划与管理	50	2008
	珠海艺术职业学院	会展策划与管理	50	2008

续表

属性	学校名称	专业名称	招生数量(人)	设立时间(年)
大专	河北政法职业学院	会展策划与管理	50	2008
	邯郸职业技术学院	会展策划与管理	50	2008
	承德石油高等专科学校	会展策划与管理	/	/
	河北对外经贸职业学院	会展策划与管理	42	2006
	湖北商贸学院	会展策划与管理	40	2006
	武汉职业技术学院	会展策划与管理	30	2006
	三峡旅游职业技术学院	会展策划与管理	30	2006
	武汉商贸职业学院	会展策划与管理	50	2006
	武汉信息传播职业技术学院	会展策划与管理	70	2006
	湖北轻工职业技术学院	会展策划与管理	40	2006
	武汉科技职业学院	会展策划与管理	28	2006
	长沙商贸旅游职业技术学院	会展策划与管理	88	2005
	青岛酒店管理职业技术学院	会展策划与管理	80	2003
	济南工程职业技术学院	会展策划与管理	25	2005
	山东旅游职业学院	会展策划与管理	80	2007
	山东外事翻译职业学院	会展策划与管理	50	2008
	山东商业职业技术学院	会展策划与管理	40	2008
	浙江经贸职业技术学院	会展策划与管理	40	2002
	浙江旅游职业学院	会展策划与管理	44	2003

续表

属性	学校名称	专业名称	招生数量(人)	设立时间(年)
大专	浙江育英职业技术学院	会展策划与管理	27	2004
	宁波城市职业技术学院	会展策划与管理	15	2006
	金华职业技术学院	会展策划与管理	20	2007
	宁夏工商职业技术学院	会展策划与管理	60	2008
	广西国际商务职业技术学院	会展策划与管理	65	2005
	广西外国语学院	会展策划与管理	40	2008
	哈尔滨商业大学	会展策划与管理	40	2003
	黑龙江旅游职业技术学院	会展策划与管理	24	2005
	长春职业技术学院(高职)	会展策划与管理	96	2005
	上海出版印刷高等专科学校	会展策划与管理	80	2003
	上海旅游专科学校	会展策划与管理	80	2003
	上海电子信息职业技术学院	会展策划与管理	80	2005
	上海工艺美术职业学院	展示艺术设计专业(专科)	80	2003
	上海工商职业技术学院	艺术设计(会展设计)	50	2003
	上海工商外国语职业学院	应用艺术设计(数码环艺/会展)(民办专科)	80	2003(专科)/2006(中澳)
	上海城建职业学院	展示艺术设计(民办专科)	80	2004
	内蒙古商贸职业学院	会展策划与营销	80	2006
	辽宁对外经贸学院	商务管理(会展方向)	50	2003
	乌鲁木齐职业大学	会展经济与管理	30	2008

续表

属性	学校名称	专业名称	招生数量(人)	设立时间(年)
大专	甘肃文理文理学院	文化市场经营管理(会展)专业	40	2007
	辽宁交通高等专科学校	会展策划与管理	30	2008
	河南财政税务高等专科学校	市场营销专业（会展经济与管理方向）	60	2007
	郑州市旅游职业学院	旅游管理(会展经济与管理方向)	119	2005
	河南商业高等专科学校	会展策划与管理	70	2008
合计	68		3 620	
中职	重庆龙门浩职业中学	展示设计	50	2008
	上海市曹杨职业技术学校	会展服务与管理	70	1999
	上海工商信息学校	会展服务与管理	30	2006
	上海机械工业学校	会展服务与管理	20	2008
	上海市航空服务学校	会展服务与管理	30	2008
	上海新闻出版学校	会展美术设计与制作	70	2008
	上海市现代职业技术学校	会展服务与管理	30	2004
小计	7		300	
合计	112		5 578	

注：本统计硕士以下基本上只统计独立开设的会展专业，不包括在其他专业下开设的会展方向，高职并入大专一并计算。

2. 相关数据分析

我国最早开展会展专业学历教育的院校是上海曹阳职业技术学校(1999)。会展高等学历教育最早始于湖北大学，1999年马勇教授招收会展管理方向的硕士。上海工程技术大学2001年设立会展与空间设计专业方向。2002年，北京第二外国语大学在旅游管理下设置了会展方向，当年实现招生60人；浙江经贸职业技术学院会展与广告专业招收了两个班；上海师范大学旅游专业开设了会展方向班。上述院校应该是我国会展学历教育开展最早的院校。2004年,上海师范大学和上海外贸学院首次招收会展经济与管理专业本科新生。

2003—2008年,全国设立会展专业院校达106所,各学历层次招收会展专业的学生达5 229人。其中,6所高校招收会展方面的硕士,31所高校设立了会展本科专业,68所大专院校设立了会展专业,7所中等职业院校设立了会展专业,见表2—1。

就区域分布来看,2003—2008年我国有23个省、市、自治区的院校设立了会展专业,以上海、广州为最多,其次是重庆、湖北、福建、浙江、山东、北京,见图2—1。

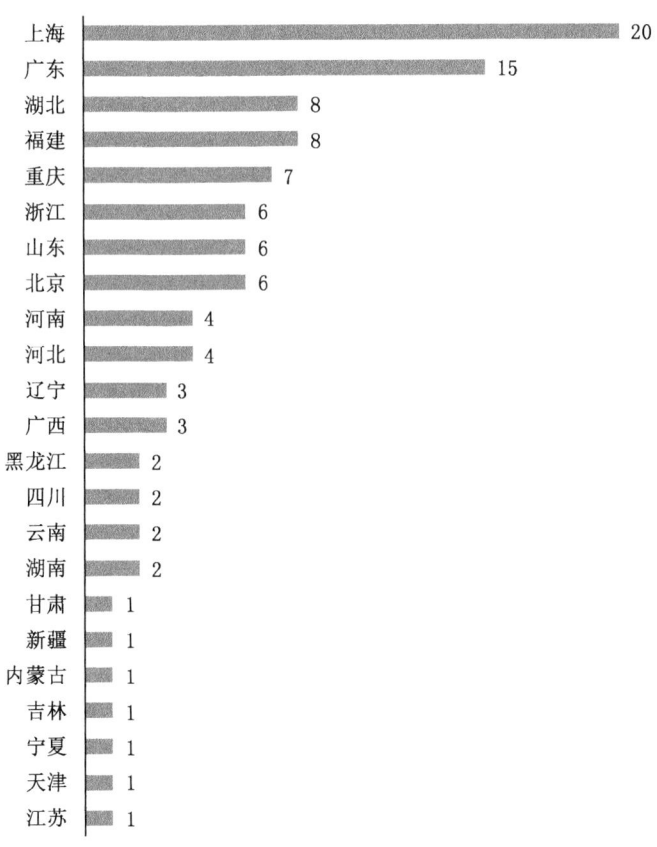

图2—1 2003—2008年我国设立会展专业院校区域分布图

(二)快速发展阶段(2009—2014年)

1. 2009—2014年我国会展专业设立情况汇总

表2—2是2009—2014年对我国设立会展专业的院校进行汇总的情况。

表 2-2　　　　2009-2014 年我国会展设立情况汇总表

属性	学校名称	专业名称	招生数量(人)	设立时间(年)
博士	华南理工大学	节事旅游与会展管理	1	2011
	上海大学	会展管理	1	2013
	复旦大学	会展方向	1	2010
小计			3	
硕士	华南师范大学	节事与文化旅游	1	2013
	华南师范大学	展示艺术与理论研究	2	2014
	四川大学	展览组织管理/会展策划与管理/节事管理	2	2011
	四川农业大学	会展经济与管理	2	2011
	哈尔滨商业大学	会展经济与管理	1	2009
	北京第二外国语大学	会展管理	3	2013
	上海大学	传媒专业会展方向	10	2010
小计			21	
本科	东华大学	会展经济与管理	30	2009
	华东师范大学	旅游与会展管理	20	2009
	上海视觉艺术学院	会展经济与管理	30	2009
	上外贤达经济人文学院	会展经济与管理	30	2013
	重庆第二师范学院	会展经济与管理	88	2013
	四川美术学院	会展艺术与技术	30	2009
	重庆工商大学	会展经济与管理	45	2009
	重庆工商大学融智学院	会展经济与管理	78	2009
	四川外国语大学	旅游管理(会展经济与管理方向)	45	2010
	黄山学院	会展经济与管理	60	2014
	北京石油化工学院	会展经济与管理	30	2012
	北京农学院	会展经济与管理	60	2012

续表

属性	学校名称	专业名称	招生数量(人)	设立时间(年)
本科	华侨大学	会展经济与管理	63	2014
	福建师范大学	会展经济与管理	38	2010
	福建商学院	会展经济与管理	60	2009
	广东工业大学	会展经济与管理	80	2010
	华南师范大学	会展经济与管理	49	2010
	电子科技大学中山学院	会展经济与管理	62	2011
	仲恺农业工程学院	会展经济与管理	70	2013
	暨南大学	会展经济与管理	47	2013
	北京师范大学珠海分校	会展经济与管理	46	2013
	广东外语外贸大学南国商学院	会展经济与管理	65	2014
	海南大学	会展经济与管理	42	2013
	海南热带海洋学院	会展经济与管理	50	2013
	海口经济学院	会展经济与管理	30	2014
	河北经贸大学	会展经济与管理	45	2009
	廊坊师范学院	会展经济与管理	40	2013
	晋中学院	旅游管理(会展旅游方向)	30	2011
	湖北经济学院	会展经济与管理	70	2009
	武汉工商学院	会展经济与管理	30	2012
	武汉传媒学院	会展经济与管理	35	2014
	中南林业科技大学	会展经济与管理	40	2013
	长春大学旅游学院	会展经济与管理	50	2012
	济南大学	会展经济与管理	100	2010
	山东女子学院	会展经济与管理	60	2013
	山东财经大学	会展经济与管理	40	2013
	四川大学	会展经济与管理	50	2011

续表

属性	学校名称	专业名称	招生数量(人)	设立时间(年)
本科	四川农业大学	会展经济与管理	50	2013
	成都大学	会展经济与管理	50	2013
	四川旅游学院	会展经济与管理	50	2014
	成都信息工程学院	会展经济与管理	50	2014
	成都信息工程学院银杏酒店管理学院	会展经济与管理	60	2014
	天津商业大学	会展经济与管理	80	2010
	天津科技大学	会展经济与管理	60	2010
	新疆财经大学	会展经济与管理	30	2013
	乌鲁木齐职业大学＋新疆财经大学	会展策划与管理＋会展经济与管理	31	/
	浙江大学城市学院	会展经济与管理	60	2014
	浙江传媒学院	会展经济与管理	92	2009
	杭州师范大学	会展经济与管理	60	2009
	浙江外国语学院	会展经济与管理	60	2010
	浙江树人学院	会展经济与管理	60	2010
	桂林旅游学院	会展经济与管理	60	2010
	哈尔滨商业大学	会展经济与管理	80	2009
	西安外国语大学	会展经济与管理	40	2013
	内蒙古财经大学	会展经济与管理	20	2009
	贵州财经大学	会展经济与管理	30	2014
小计			2 860	
大专	重庆青年职业学院	会展策划与管理	60	2011
	重庆轻工职业学院	会展策划与管理	70	2011
	重庆财经职业学院	会展策划与管理	60	2011

续表

属性	学校名称	专业名称	招生数量(人)	设立时间(年)
大专	重庆城市管理职业学院	会展策划与管理	61	2011
	重庆城市职业学院	会展策划与管理	0	2011
	重庆商务职业学院	广告与会展	60	2011
	重庆电子工程职业学院	图形图像制作(会展方向)	70	2011
	重庆工商职业学院	会展策划与管理	73	2011
	重庆传媒职业学院	应用英语(会展英语方向)	20	2012
	北京农业职业学院	会展策划与管理	40	2013
	北京财贸职业学院	会展策划与管理	50	2012
	北京信息职业技术学院	会展策划与管理	60	2010
	北京京北职业技术学院	会展策划与管理	30	2011
	广东南华工商职业学院	会展策划与管理	30	2009
	广州城建职业学院	会展策划与管理	28	2009
	广州城市职业学院	会展策划与管理	30	2010
	山西省财政税务专科学校	会展策划与管理	40	2014
	太原旅游职业学院	会展策划与管理	50	2010
	山西省旅游职业学院	会展策划与管理	35	2012
	山西国际商务职业学院	会展策划与管理	40	2012
	石家庄铁路职业技术学院	会展策划与管理	48	2012
	中国环境管理干部学院	会展策划与管理	49	2011

续表

属性	学校名称	专业名称	招生数量(人)	设立时间(年)
大专	湖南外国语职业学院	会展策划与管理	55	2012
	湖南网络工程职业技术学院	会展策划与管理	/	/
	吉林省经济管理干部学院	会展策划与管理	73	2012
	苏州经贸职业技术学院	会展策划与管理	50	2009
	无锡城市职业技术学院	会展策划与管理	50	2014
	无锡科技职业学院	会展策划与管理	50	2014
	南京旅游职业学院	会展策划与管理	50	2013
	江苏海事职业技术学院	会展策划与管理	50	2014
	南京工业职业技术学院	展示艺术设计	50	2014
	常州信息职业技术学院	展示艺术设计	50	2014
	苏州百年职业学院	展示艺术设计	50	2014
	江西外语外贸职业技术学院	会展策划与管理	30	2011
	江西青年职业技术学院	会展策划与管理	20	2011
	豫章师范学院（南昌师范高等专科学校）	会展策划与管理	30	2011
	南昌职业学院	会展策划与管理	12	2012
	江西应用科技学院	会展策划与管理	30	2012
	江西传媒职业学院	会展策划与管理	0	
	江西工程学院	会展策划与管理	16	2014
	山东电子职业技术学院	会展策划与管理	30	2010

续表

属性	学校名称	专业名称	招生数量(人)	设立时间(年)
大专	济南职业学院	会展策划与管理	70	2012
	山东外贸职业学院	会展策划与管理	50	2013
	山东城市建设职业学院	展示艺术设计	55	2014
	四川工业科技学院	会展策划与管理	60	2009
	四川文化产业职业学院	会展策划与管理	60	2009
	四川新华现代职业学院	会展策划与管理	60	2009
	四川文化艺术学院	会展策划与管理	70	2012
	四川旅游学院	会展策划与管理	40	2014
	天津城市职业学院	会展策划与管理	50	2009
	天津艺术职业学院	会展策划与管理	27	2012
	天津国土资源和房屋职业学院	会展策划与管理	24	2014
	天津商务职业学院	会展策划与管理	59	2009
	天津轻工职业技术学院	会展策划与管理	44	2014
	天津电子信息职业技术学院	会展策划与管理	0	2012
	义乌工商职业技术学院	会展策划与管理	40	2009
	杭州科技职业技术学院	会展策划与管理	70	2009
	浙江农业商贸职业学院	会展策划与管理	90	2009
	浙江金融职业学院	会展策划与管理	34	2011
	安徽工商职业学院	广告与会展	30	2009

续表

属性	学校名称	专业名称	招生数量(人)	设立时间(年)
大专	安徽工业经济职业技术学院	广告与会展	44	2009
	安徽广播影视职业技术学院	会展策划与管理	15	2009
	安徽经济管理干部学院	会展策划与管理	20	2009
	安徽绿海商务职业学院	会展策划与管理	10	2009
	安徽新闻出版职业技术学院	展示艺术设计	30	2009
	安徽职业技术学院	会展策划与管理	40	2009
	合肥财经职业学院	会展管理	36	2009
	六安职业技术学院	会展策划与管理	20	2009
	马鞍山职业技术学院	会展策划与管理	50	2009
	北海职业学院	会展策划与管理	30	2010
	上海城建职业学院	会展策划与管理	80	2012
	乌鲁木齐职业大学	会展策划与管理	97	2013
	陕西职业技术学院	会展策划与管理	70	2013
	陕西青年技术学院	会展策划与管理	70	2013
	陕西工商职业技术学院	会展策划与管理	70	2013
	陕西能源职业技术学院	广告与会展	50	2013
	黑龙江生态工程职业技术学院	会展策划与管理	66	2012
	郑州牧业工程高等专科学校	会展策划与管理	50	2010
	黄河水利职业技术学院	会展策划与管理(对外合作办学)	80	2009

续表

属性	学校名称	专业名称	招生数量(人)	设立时间(年)
大专	漯河职业技术学院	会展策划与管理	60	2010
	信阳师范学院	文化产业管理(会展策划与管理)	60	2010
	河南建筑职业技术学院	广告与会展	1	2011
	兰州职业技术学院	会展服务与管理	40	2014
	内蒙古农业大学职业学院	会展策划与营销	40	2013
	中国环境管理干部学院	会展策划与管理	49	2011
小计			3 838	
合计			6 812	

2. 相关数据分析

2009—2014年我国会展专业设立数量有了较大的增长。在此期间全国新设会展专业的院校达144所,增长35.8%。其中新设会展专业的本科院校达57所,比2003—2008年的31所增长87.09%;新设会展专业的大专院校达86所,增加22.7%。至此,我国设立会展专业的院校达250所以上(本科、大专)。

2012年教育部明确会展专业归旅游大类进行管理,其学科属性为旅游管理学科,学科代码为(120203),连同早前设立的会展专业代码(110311本科/640107高职,本科代码2012年调整为120903),双重代码的确立对会展教育在学科研究与专业教育层面都给予了充分的肯定。

值得关注的是,高学历会展人才培养也有了新的突破。拥有会展研究方向硕士点的院校新增华南理工大学、四川大学、四川农业大学、哈尔滨商业大学、北京第二外国语大学、上海大学六所院校,在这一阶段广东财经大学、上海大学、复旦大学开始招收会展研究方向的博士生。

期间有些院校开展了中职和高职、高职与本科联合培养会展专业学生模式,亦即"高本通"和"中高通"[①],如新疆乌鲁木齐职业大学与新疆财经大

---

① "高本通"和"中高通"培养模式探索始于2000年。我国为发展职业教育出台一系列相关文件,如《国务院关于大力推进职业教育改革与发展的决定》(2002)《国务院关于大力发展职业教育的决定》(2005年)《国家中长期教育改革和发展规划纲要(2010—2020年)》(2010年)。2000年后我国各省市开始探索现代职教体系教育层次的贯通试点项目——高等职业院校与普通本科"3+2"分段培养项目,高等职业院校与普通本科联合培养项目,中等职业教育与本科"3+4"分段培养项目,五年制高职与普通本科"5+2"分段培养项目等。

学实现了5年一贯制中高职衔接,上海曹杨职业技术学校与上海电子信息技术学院开展了"中高通"会展专业连续培养模式。有些院校开始扩大会展专业的招生,也有院校在削减会展专业招生规模。会展专业学历教育的快速增长引发了内涵建设与规模化发展问题的思考。

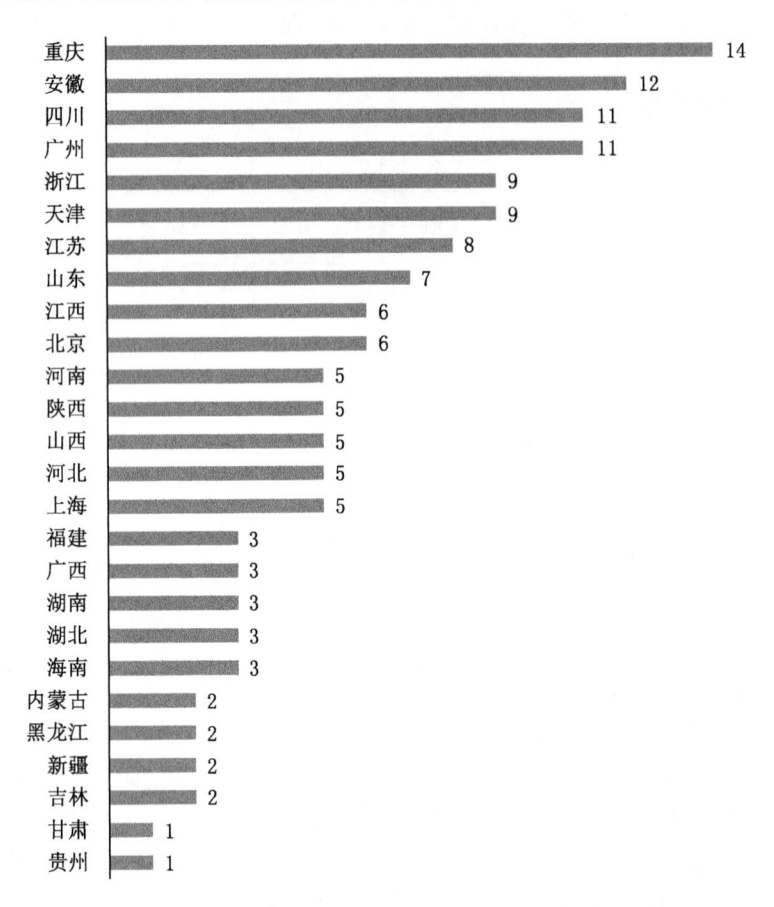

重庆	14
安徽	12
四川	11
广州	11
浙江	9
天津	9
江苏	8
山东	7
江西	6
北京	6
河南	5
陕西	5
山西	5
河北	5
上海	5
福建	3
广西	3
湖南	3
湖北	3
海南	3
内蒙古	2
黑龙江	2
新疆	2
吉林	2
甘肃	1
贵州	1

图2-2 2009-2014年我国设立会展专业院校区域分布图

就区域分布而言,本阶段我国新设会展专业院校的区域有扩大,新增的地区有山西、海南、安徽、吉林、陕西、贵州6个省份,其中以重庆、安徽新增会展院校数量为最多,分别达14和12所,见图2-2。到2014年全国有29个省市自治区设立会展专业。

(三)稳定发展阶段(2015-2017年)

1.2015-2017年我国会展专业设立情况汇总

表2-3是2015-2017年我国新设会展专业院校数量的汇总。

表 2－3　　　　　2015－2017 年我国会展专业设立情况汇总表

属性	学校名称	专业名称	招生数量(人)	设立时间(年)
博士	中山大学	旅游管理(会展方向)	3	2015
	四川大学	旅游管理(会展方向)	1	2017
	海南大学	会展方向	1	2017
小计			5	
硕士	北京联合大学旅游学院	会展经济与管理	10	2017
	成都理工大学	酒店与会展管理	3	2016
小计			13	
本科	云南民族大学	会展经济与管理	35	2015
	昆明学院	会展经济与管理	35	2017
	巢湖学院	会展经济与管理	80	2016
	安徽外国语学院	会展经济与管理	30	2016
	贵州商学院	会展经济与管理	60	2015
	贵州民族大学	会展经济与管理	31	2015
	三亚学院	会展经济与管理	68	2016
	太原学院	会展经济与管理	100	2016
	山西应用科技学院	会展经济与管理	36	2015
	武汉商学院	会展经济与管理	80	2016
	湖南师范大学	会展经济与管理	40	2015
	吉林艺术学院	会展经济与管理	70	2015
	吉林工商学院	会展经济与管理	32	2017
	长春科技学院	会展经济与管理	38	2017
	民办三江学院	会展经济与管理	40	2016
	南昌师范学院	会展经济与管理	44	2016
	四川外国语大学、成都大学	会展经济与管理	105	2016
	四川文化艺术学院	会展经济与管理	40	2016
	成都理工大学	旅游管理类(会展经济与管理)	33	2017

续表

属性	学校名称	专业名称	招生数量(人)	设立时间(年)
本科	上海财经大学浙江学院	会展经济与管理	45	2016
	西安欧亚学院	会展经济与管理	80	2015
小计			1 122	
大专	首钢工学院	会展策划与管理	23	2015
	石家庄职业技术学院	会展策划与管理	/	/
	河北艺术职业学院	会展策划与管理	/	/
	河北青年管理干部学院	会展策划与管理	/	/
	河北机电职业技术学院	会展策划与管理	/	/
	廊坊职业技术学院	广告与会展	/	/
	石家庄工商职业学院	广告与会展	/	/
	承德石油高等专科学校	会展策划与管理	50	2015
	重庆轻工职业学院	会展经济与管理	17	2015
	苏州市职业大学	会展策划与管理	50	2015
	苏州农业职业技术学院	会展策划与管理	51	2015
	黑龙江职业学院	会展策划与管理	70	2015
	上海视觉艺术学院	环境设计(会展设计与策划)	25	2015
	上海交通职业技术学院	展示艺术与设计	40	2015
	内蒙古化工职业学院	会展策划与营销	40	2016
	内蒙古轻工学院	会展策划与营销	40	2016
	呼和浩特市职业学院	企业管理专业会展方向	40	2017
	云南开放大学	会展策划与管理	37	2017
	四川工业科技学院	会展策划与管理	/	2015
	云南民族大学	会展策划与管理	92	2016
小计			575	
中职	成都蜀兴职业中学	会展服务与管理	50	2015

续表

属性	学校名称	专业名称	招生数量(人)	设立时间(年)
小计			50	
合计			2 321	

注:硕士以下基本上只统计独立开设的会展专业,不包括在其他专业下开设的会展方向,高职并入大专一并计算。

2. 相关数据分析

2015—2017年,中国的会展教育出现了新的变化,新增会展专业的院校数量较前减少,新设增速明显放缓。本阶段新增设会展专业的本科院校为21所,招生规模在1 121人;新增会展专业的专科院校为20所,招生规模为575人;设立会展专业的中职院校有1所。

本阶段增加3所会展博士研究方向的高校,分别是中山大学、四川大学、海南大学。新设会展研究硕士的院校有2所,分别是北京联合大学旅游学院和成都理工大学。相关省市增设会展专业院校都没有超过10所,以河北、四川增设最多,各有7所与5所院校,见图2—3。

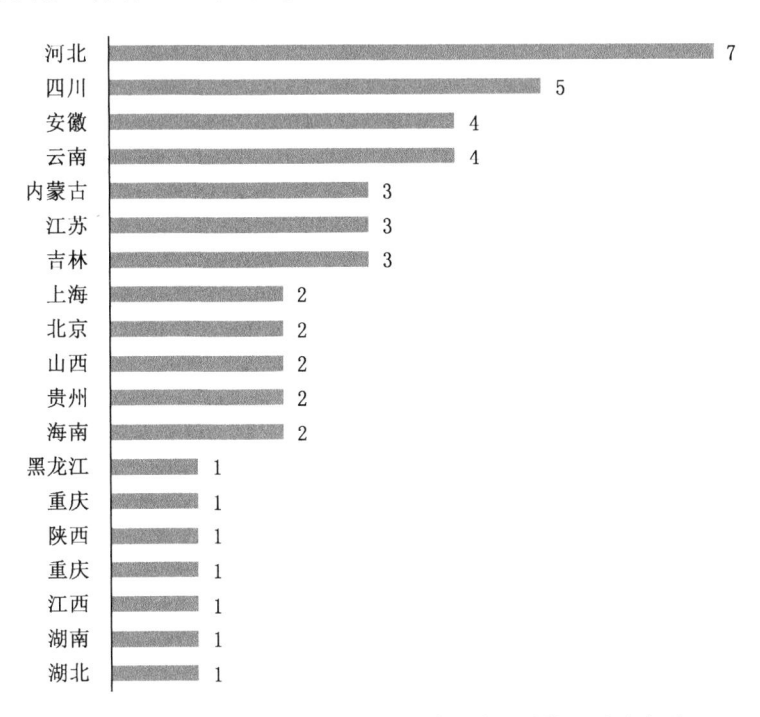

省份	数量
河北	7
四川	5
安徽	4
云南	4
内蒙古	3
江苏	3
吉林	3
上海	2
北京	2
山西	2
贵州	2
海南	2
黑龙江	1
重庆	1
陕西	1
重庆	1
江西	1
湖南	1
湖北	1

图2—3 2015—2017年我国设立会展专业院校区域分布图

综上,自1999年我国开展会展学历教育以来,我国会展教育学历梯次体系逐步完善,历经起步发展、快速增长、平稳调整三个阶段,见图2—3。目前已形成中职、专科(高职)、本科、硕士和博士研究生的学历教育体系,设立会展专业的院校达300所(含中职、专科、本科),招生规模约在1.37万人,在校生规模约在6.5万人,表2—4。会展院校人才培养的规模化有效满足了我国会展行业对会展人才的需求,大力支持了我国会展产业的发展。

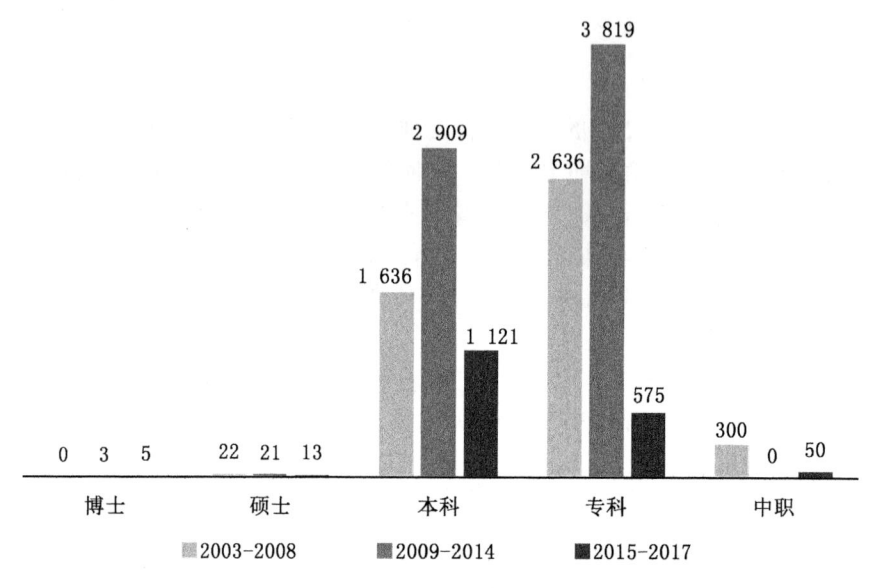

图2—4 2003—2017年我国会展教育发展历程

表2—4　　　　2003—2017年我国会展院校阶段性招生规模　　　　单位:人

学历层次	2003—2008年 招生数量	2003—2008年 在校生规模	2009—2014年 招生数量	2009—2014年 在校生规模	2015—2017年 招生数量	2015—2017年 在校生规模
博士	0	0	3	9	5	15
硕士	22	66	21	63	13	39
本科	1 636	6 544	2 909	11 636	1 121	11 636
专科	2 636	7 908	3 819	11 457	575	11 457
中职	300	900	0	0	50	150
合计	4 594	15 418	6 752	23 165	1 764	23 297

需要说明的是,表2—4中的数据由各省市提供的原始数据整理所得,因统计的不完全,实际数据与此有一定的偏差,其中原因请参见相关数据来源的各省市分报告。

2003—2017年各省市、自治区会展院校分布情况如图2—5所示。

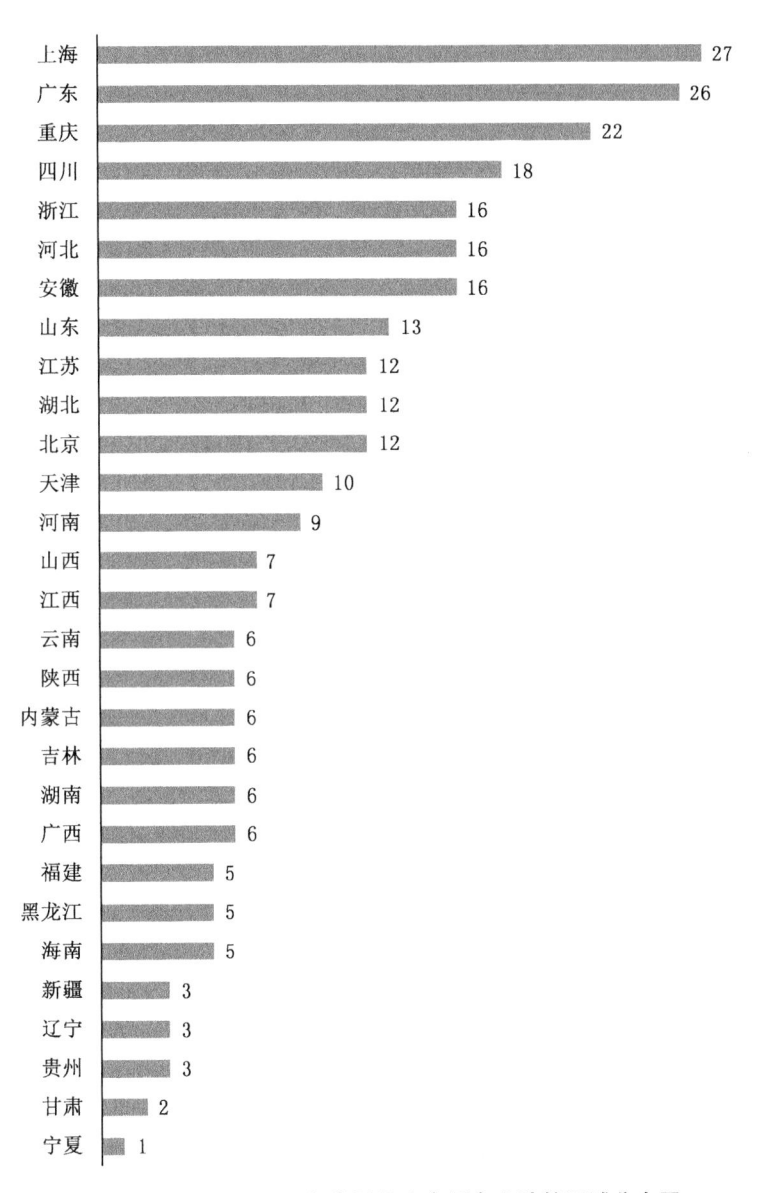

上海	27
广东	26
重庆	22
四川	18
浙江	16
河北	16
安徽	16
山东	13
江苏	12
湖北	12
北京	12
天津	10
河南	9
山西	7
江西	7
云南	6
陕西	6
内蒙古	6
吉林	6
湖南	6
广西	6
福建	5
黑龙江	5
海南	5
新疆	3
辽宁	3
贵州	3
甘肃	2
宁夏	1

图 2—5　2003—2017 年我国设立会展专业院校区域分布图

三、我国会展学历教育招生情况

(一)会展专业学历招生概况

相关统计显示(见表 3—1),我国自 1999 年正式建立会展学历教育以来,招生呈现出规模化发展态势,2009—2014年招生规模达到高峰,本科招生人数为2 909人,比2003—2008年增长105.7%;新增专科/高职招生人数为3 819人,比2003—2008年增长44.8%。

2015—2017年,本科与专科(及高职)招生规模都有所减少,新设本科21所,本科生的招生规模减少到1 121人。专科/高职类新设院校较前也有所减少,新设院校20所,招生规模骤降到不足千人。

表3—1　　　　　　　2003—2017年我国会展学历教育招生情况

属性	时间(年)	专业名称(或方向)	学校数量(所)	招生数量(人)
博士	2003—2008	会展管理或会展方向	0	0
	2009—2014		3	3
	2015—2017		3	5
	小计		6	8
硕士	2003—2008	展览组织管理/会展策划与管理/节事管理/展示艺术与理论研究/会展管理	6	22
	2009—2014		6	21
	2015—2017		2	13
	小计		14	56
本科	2003—2008	会展经济与管理/艺术与科技(展示设计)/会展艺术与技术	31	1 636
	2009—2014		57	2 909
	2015—2017		21	1 121
	小计		109	5 666
大专	2003—2008	会展策划与管理/艺术与科技(展示设计)/会展艺术与技术/节事管理	68	2 636
	2009—2014		86	3 819
	2015—2017		20	575
	小计		174	7 030
合计				12 760

(二)会展专业高学历层次招生情况

从图3—1可以看出,会展方向博士学历招生数量从无到有,近10年稳步增长。由数据可知,"会展"博士培养院校有6所,招生规模在8人/年左右。需要说明的是,因会展学科的学术研究定位在旅游管理学科之内,相关院校在旅游管理学科下设置会展研究方向,会展专业的高校教师在读博时大多选择旅游管理相关课题,会展研究方向的招生数量并不能完全显现,其数据统计存在一定的信息不对称,与实际数据可能存在一定的偏差,会展研究博士生数量可能大于本文所显现的数据。会展学科地位不独立,直接影响会展管理学博士点的设立。

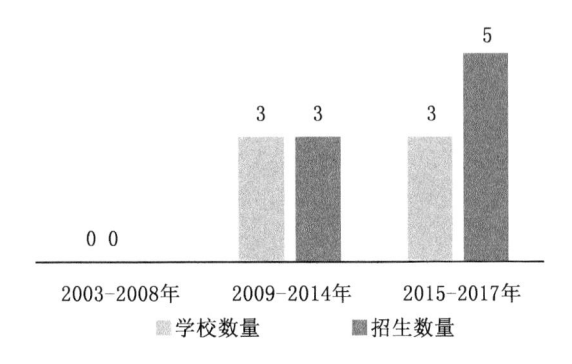

图 3－1　2003－2017 年会展学历教育(博士)招生情况

从图 3－2 可以看出,会展硕士教育与本科学历教育起步时间基本一致,招生院校与招生人数在逐渐增加。2003－2008 年招生院校有 5 所,招生规模达 22 人/年;2009－2014 年新增院校 6 所,招生规模为 21 人/年;2015－2017 年新增院校只有 2 所,招生数量为 13 人/年。设立会展研究硕士的院校约为 14 所。在招生目录中充分明确了会展硕士研究方向,且出现了细分研究方向的现象,如华南师范大学硕士研究生的研究方向分为节事与文化旅游、展示艺术与理论研究、展览组织管理研究等。会展研究方向的细化从某种程度上反映出会展产业深度化发展的态势,能够衍生出诸多值得研究与关注的焦点与热点问题。

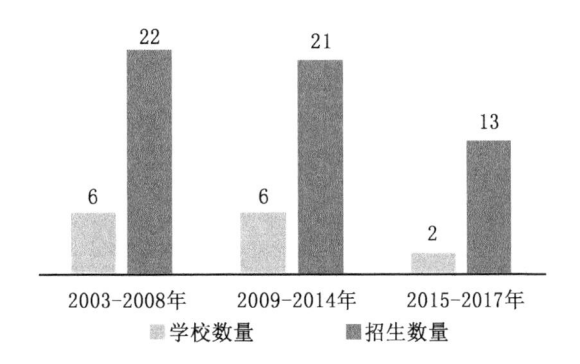

图 3－2　2003－2017 年会展教育学历(硕士)招生情况

(三)会展专业本科与专科(高职)招生情况

将会展本科数据进行单独统计,得出会展本科三个阶段招生的相应数据。从图3—3可以看出,会展本科学历教育招生情况处于正态分布,2003—2008年设立院校数量为31所,设置会展专业当年招生人数为1 636人/年;2009—2014年新增会展院校57所,招生2 909人/年;2015—2017年新增院校21所,招生1 121人/年。

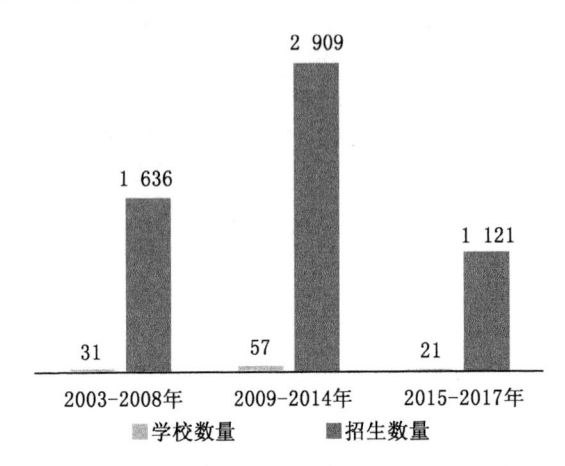

图3—3 2003—2017年会展学历教育(本科)招生情况

从图3—4可以看出,截至2017年底我国会展专科/高职设立会展专业(会展策划与管理)的学校达到184所。学历教育招生情况处于正态分布,但招生数量变化较大。2003—2008年设立院校数量为68所,设置会展专业当年实际招生人数为2 636人/年;2009—2014年新增会展院校86所,招生3 819人/年;2015—2017年新增院校30所,招生575人/年[①]。

图3—5根据表3—1整理而来,以设置会展专业当年实际招生规模数据为依据,会展学历教育招生规模最大的应该是高职高专层次,全国设置会展专业的高职高专院校达174所,招生规模约7 030人。本科层次设置会展专业的院校达109所,招生人数约5 554人。本科与专科会展院校合计年招生达12 584人。硕士与博士会展教育年招生大约70人。如果将设置会展专业的中职院校招生数量也纳入其中,并将设立在其他专业的会展方向的本科与专科学生数量也包含在内的话,我国会展学历教育每年毕业生应该在1.3万人。

---

① 在调研过程中,2015—2017年大专院校相关数据有所缺失的原因是有的院校在2017年停止招生,无法提供当年设立会展策划与管理专业时的具体招生数量。

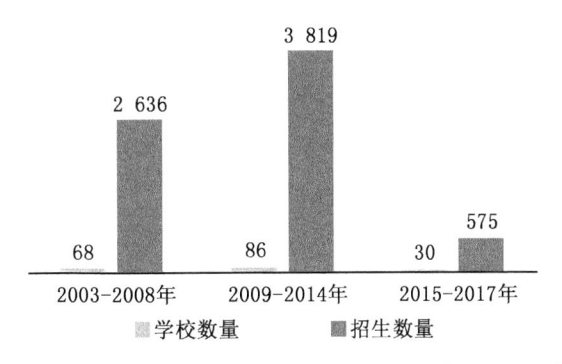

图 3-4　2003—2017 年会展学历教育(专科/高职)招生情况

	博士培养院校数量（所）	硕士培养院校数量（所）	本科专业院校数量（所）	高职高专院校数量（所）
学校数量（所）	6	14	109	174
招生数量（人）	24	168	5 554	7 030

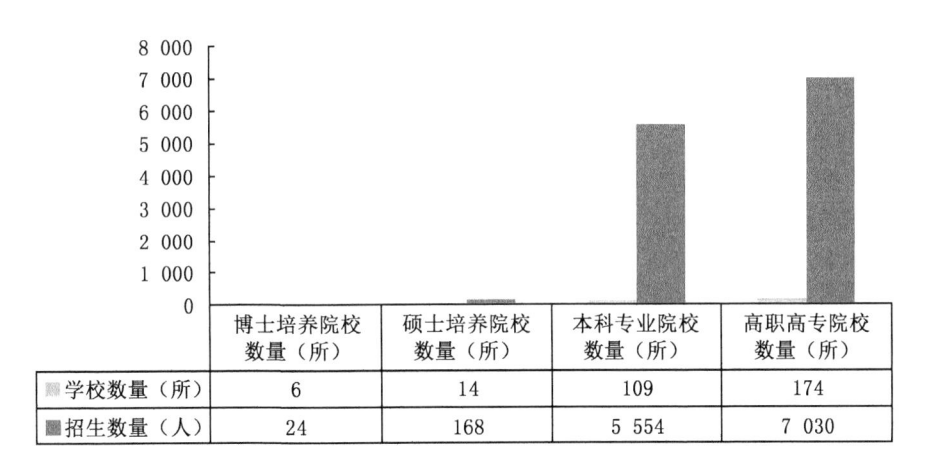

图 3-5　2003—2017 年会展教育学历招生情况

四、我国会展教育主体结构分析

自 20 世纪末开始，随着中国会展经济快速发展，会展教育一路高歌猛进，成绩显著。寻根溯源，我国会展教育最早是从相关专业派生出来的，如 1991 年中央美术学院设立展示设计方向，2000 年浙江大学城市学院设立会展管理方向，2002 年广州大学首先在旅游管理专业下开设会展与商务旅游以及会展经营管理专业方向，2002 年北京第二外国语学院在旅游管理下设置会展管理方向等。

2003 年，教育部正式批准上海师范大学和上海对外贸易学院开设会展经济与管理本科专业，开启了中国会展本科学历教育的篇章。经过多年的发展，中国会展教育主体在开设会展专业院校数量、人才培养类型、区域分布等方面取得了长足的发展。项目组通过对全国会展教育院校的调研统计，对以上问题进行了全面的分析。

需要说明的是，本数据均由从事会展教育的一线教师提供。经过长达10个月的统计、复查和订正，从29个省、市、自治区汇聚来真实、有效的一手数据。本次统计数据截至2017年底开设的会展专业，剔除了曾开设会展相关专业但目前停止招生的院校。港澳台地区的相关专业暂不列入本次统计中。统计结果显示，目前全国开展会展学历教育的院校共计297所，其中开展硕/博士培养的院校有20所，开设会展本科专业学历教育的院校总计109所(湖北、山东、安徽、山西等院校已经停止招生或大幅度减少招生)，开设会展教育的高职高专院校历史数据统计为174所，截止到2017年底实现规模化招生的会展高职院校约为150所(河北、湖南、江西、山东等省市有关院校停止或减少会展专业招生)。开设中职中专类会展教育的院校有19所，如图4－1所示。

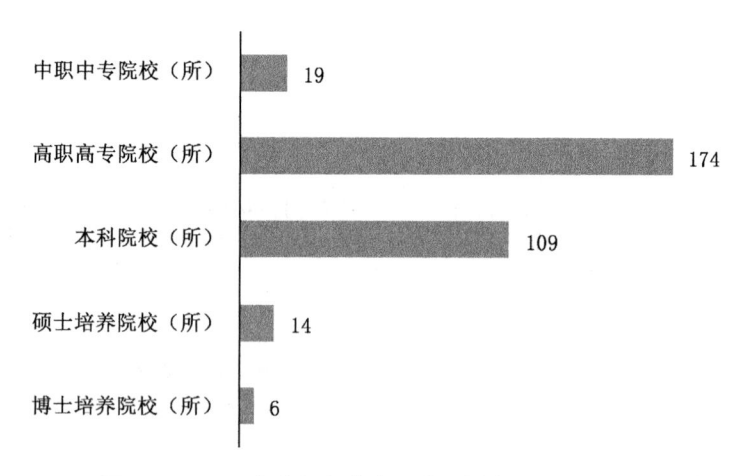

图4－1　2017年全国各类会展学历教育招生总体情况

由此可见，开设会展教育高职高专的院校数量最多，占开设会展专业院校的半壁江山；本科会展专业教育的数量占比也超过1/3，本科和高职高专加起来的占比达84%；硕/博培养总体占比为9%，其中博士培养院校占比只有2%；中职中专院校占比也达到了7%，如图4－2所示。如果以2003年作为会展学历教育规模化发展的起点，15年来我国会展教育主体已形成一支庞大的教育队伍，这个队伍的形状接近两端少中间多的正态分布。各类教育主体培养出的人才是会展行业发展、会展教育研究等的重要专业支撑和宝贵人才资源。

图4－3清晰呈现了我国会展教育主体的分布情况。在提交调研数据的

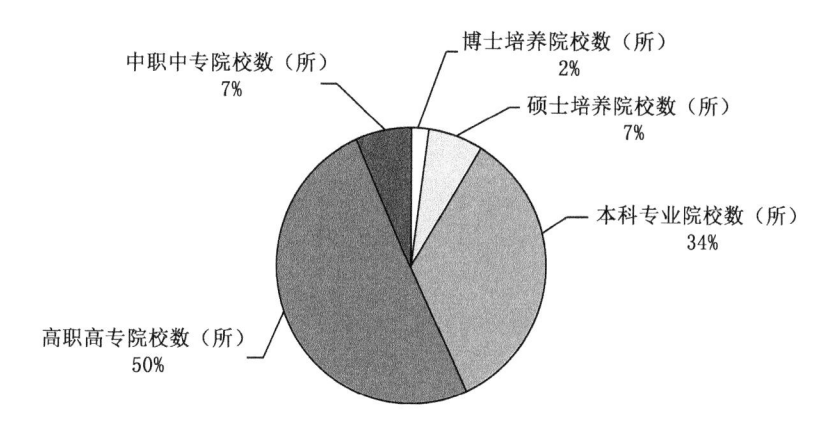

图 4—2　全国各类会展学历教育主体占比情况

29个省、直辖市和自治区，会展本科和高职高专基本都有分布。图上最突出的两个波峰是上海和广东，这两个地区不仅会展教育主体的数量最多，教育主体的类型也最齐全，覆盖了全部培养类型。图中还有几个在会展本科和高职高专教育主体较为集中的小波峰，如浙江、江苏、湖北、北京、安徽、四川、山东等。

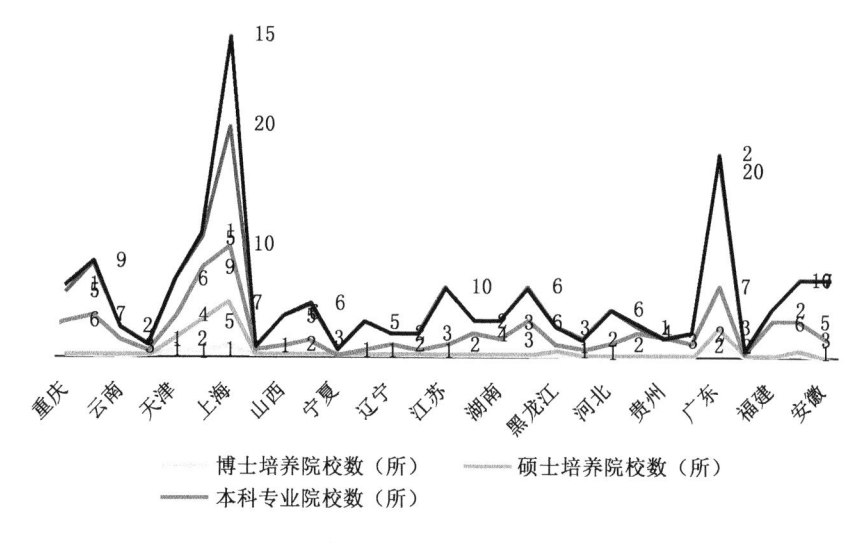

图 4—3　全国会展教育主体区域分布情况

(一)会展专业高等教育(硕博研究生/本科)情况

1. 会展硕博研究生/本科教育主体设置情况

根据29个省、自治区、直辖市会展专业教师提供的数据统计，全国目前开展博士研究生培养的教育主体有 6 所,分别是四川大学、中山大学、华南理工大学、南开大学、上海大学和海南大学。开展硕士研究生培养的教育主体有 19 所,分别是上海 7 所、四川 5 所、广东 3 所、天津 2 所、北京和黑龙江各 1 所。由于硕博研究生培养多是在本科专业教育基础上开展的,本次统计中同一所院校同时开展两个或者三个层次教育的院校数有 18 所,只有硕士或博士研究生培养的院校有 2 所。去掉重复计算的数量,实际上会展高等教育的主体总计 109 所。具体数据见表 4—1。

表 4—1 各省、市、自治区开设会展硕博研究生/本科教育主体的数量情况

省份类别	本科院校数（所）	硕士培养院校数（所）	博士培养院校数（所）	省份类别	本科院校数（所）	硕士培养院校数（所）	博士培养院校数（所）
重庆	7			吉林	4		
浙江	8			湖南	3		
云南	3			湖北	5		
新疆	1			黑龙江	1	1	
天津	3	2	1	河南	1		
四川	9	5	1	河北	3		
上海	11	7	2	海南	4		
陕西	2			贵州	2		
山西	3			广西	2		
山东	4			广东	12	3	2
宁夏	/			甘肃	/		
内蒙古	1			福建	5		
辽宁	2			北京	6	1	
江西	1			安徽	3		
江苏	2			总计	109	19	6

2. 会展硕博研究生/本科教育主体比较分析

图 4—4 是开设会展硕博研究生教育主体的散点图,图中只有 6 个省市,即 19 所硕士研究生培养主体(含 5 所博士研究生培养主体)和 1 所博士研究生培养主体分布在上海、广东、天津、四川、北京和黑龙江 6 个区域。由此可见,会展硕博研究生教育主体非常集中。而且,博士研究生培养主体都是国家"985 工程""211 工程"重点建设高校,如四川大学、中山大学、华南理工大学、南开大学、上海大学和海南大学。

我国会展教育发展总报告

◆ 博士培养院校数（所）
■ 硕士培养院校数（所）

■ 上海，7

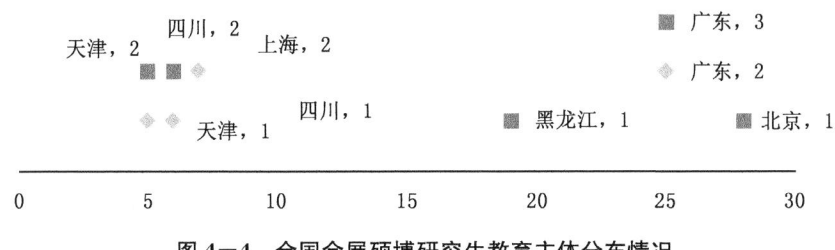

■ 天津，2　■ 四川，2　■ 上海，2　　　　　　　　■ 广东，3
　　　　　　　　　　　　　　　　　　　　　　　　◆ 广东，2
◆ 天津，1　　◆ 四川，1　　■ 黑龙江，1　　　　■ 北京，1

0　　　　5　　　　10　　　15　　　20　　　25　　　30

图4－4　全国会展硕博研究生教育主体分布情况

从统计上来的数据看，在27个省、自治区和直辖市都有会展本科教育主体分布。只有宁夏没有开设会展本科教育，甘肃本科会展教育停止招生，所以这两个地区的会展本科教育主体数量显示为0。图4－5的折线图形象地呈现了本科会展教育主体的集中分布情况，最突出的波峰是广东与上海，分别有12所与11所会展本科教育主体。比较突出的波峰还有四川、浙江、广东、湖北、福建、重庆和北京。

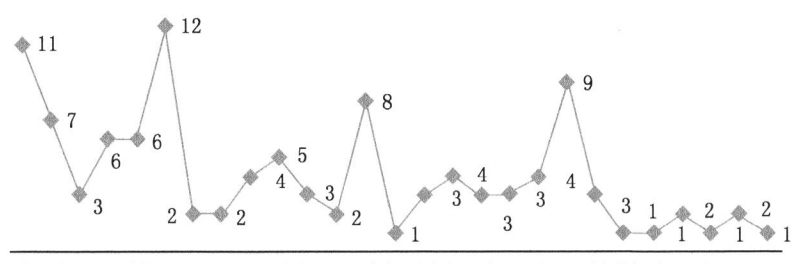

图4－5　2017年我国本科会展教育主体的分布情况

(二)会展专业专科/高职情况

1. 会展专业专科/高职教育主体设置情况

根据29个省、市、自治区会展专业教师提供的数据，全国目前开设会展专业的专科/高职院校有 174 所(下文称高职高专)。从统计上来的数据看,在 27 个省、自治区和直辖市都有专科/高职会展教育主体分布,具体数据见表 4-2。

表 4-2 各省、市、自治区开设会展专业专科/高职教育主体的数量情况

省份	高职高专院校数(所)	省份	高职高专院校数(所)
重庆	10	吉林	2
浙江	9	湖南	3
云南	3	湖北	7
新疆	1	黑龙江	4
天津	7	河南	8
四川	8	河北	13
上海	14	海南	1
陕西	4	贵州	1
山西	4	广西	3
山东	9	广东	14
宁夏	1	甘肃	2
内蒙古	5	福建	5
辽宁	2	北京	7
江西	7	安徽	10
江苏	9	总计	173

2. 会展专业专科/高职院校的对比分析

图 4-6 清晰呈现了 29 个省、自治区和直辖市会展专科/高职教育主体的分布情况。该图是明显的双高峰结构,上海和广东会展高职高专教育主体的数量相同,达 14 所,遥遥领先其他区域。就数量而言,处于第二梯队的是江苏(10 所)、安徽(10 所)、浙江(9 所)和北京(7 所)。处于第三梯队的区域有天津、山东、湖北、河北、重庆、四川、山西、内蒙古,会展高职高专教育主体的数量有 4-6 所。处于第四梯队的区域,其会展高职高专教育主体的数量都在 3 所(含 3 所)以下。具体数据见图 4-6。

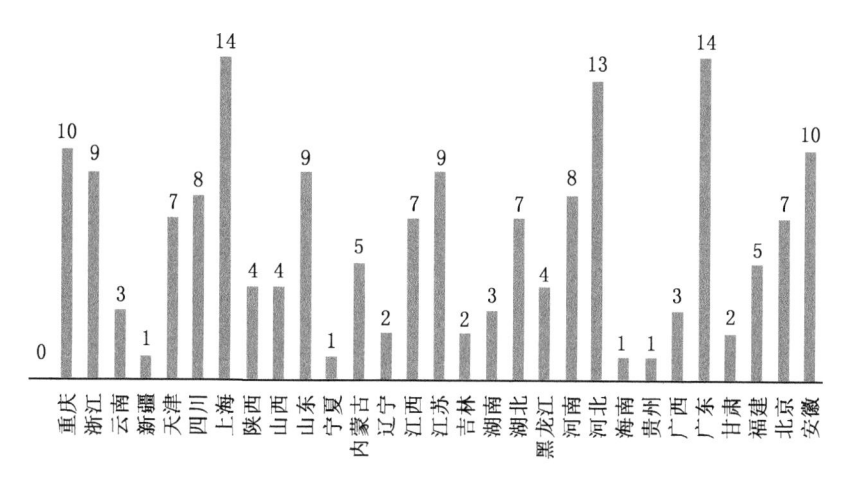

图 4-6　2017 年我国高职高专会展教育主体的分布情况

(三)会展专业国际合作教育情况

1. 国际合作主体

根据 29 个省、市、自治区会展专业教师提供的数据,全国目前开展会展专业国际教育的主体只有 3 所。上海对外经贸大学是最早开设国际合作办学的主体。上海对外经贸大学与德国奥斯纳布吕克应用技术大学合作开设会展经济与管理(中德合作)专业。2006 年,上海理工大学获批开设会展经济与管理专业,合作对象是英国哈德斯菲尔德大学。2015 年,海南大学获批开设会展经济与管理专业,合作对象是爱尔兰都柏林理工学院。

另外,国内也有不少院校通过为学生提供国际短期互访交流学习机会,加强国际合作。此种国际合作形式,一因院校数量较多,二因特点不突出,在此不做赘述。

2. 国际合作层次

上海对外经贸大学会展经济与管理(中德合作)专业,学制四年。学生修完专业教学计划规定的全部课程并经考核合格,由上海对外经贸大学颁发本科学历证书及学士学位,并获得德国奥斯纳布吕克应用技术大学颁发的学位证书。

上海理工大学会展经济与管理专业,学制四年,学生可以选择在 SBC 完成四年的学位课程,毕业后授予英国哈德斯菲尔德大学会展经济与管理(荣誉)文学学士学位。同时,学生可以选择在 SBC 完成一部分学位课程后,前往英国哈德斯菲尔德大学或其他英国成员大学中的一所继续学习,以获取所选英国大学所颁发的学位证书。

海南大学会展经济与管理本科双学位国际教育项目学制为四年，完成全部课程且达到毕业要求的学生将获得海南大学颁发的本科毕业证书和学士学位证书及爱尔兰都柏林理工学院颁发的学士学位证书。

上述三所院校的国际合作均属于本科教育层次。

3. 国际合作方式

上海对外经贸大学与德国奥斯纳布吕克应用技术大学合作，引进该大学会展方面的专业课程体系，包括师资、教材、教学方法和考试体系等。中德双方都开设专业课。在一、二年级打下坚实的英语听说读写的基础，为德方所开的会展专业核心课程做好准备。进入第三学年，德方教师将集中用英语讲授会展课程，并要求学生阅读大量的英文教材和参考资料，布置英文作业。到第四学年，按德方教学评估的严格要求，学生必须撰写与德国学生相同篇幅的毕业论文，根据论文主题，广泛引用相关数据和资料，并用英文清晰阐述自己的观点，才可获得德方大学颁发的学位证书。

上海理工大学会展经济与管理专业隶属于中英国际学院。中英国际学院是上海理工大学和谢菲尔德大学、利兹大学等9所英国大学共同创办的非独立学院，主要实施本科层次学历、学位教育和境外学士学位教育，也是目前国内少数采用"1对n"模式的中外合作大学。会展经济与管理专业的培养模式有"4+0""2+1+1"和"2+2"三种类型。具备优异的专业知识及学术英语能力的国际学生，可免修大一基础学年的课程，大二可选专业方向，直接进入大二学年，用三年时间完成本学位课程的学习。符合条件的学生可以获得双联学位（"2+2"学士）。

海南大学会展经济与管理本科双学位国际教育项目学制为四年，招生规模为每年100名，招生录取纳入国家普通高等教育统一招生计划。本项目的培养模式为"境内4+0"和"2+2"。"境内4+0"模式由两校联合设置课程和教学大纲，共同授课。"2+2"模式是学生在海南大学学习四年，爱尔兰都柏林理工学院提供专业核心课程大纲并选派优秀师资在海南大学授课。若满足相应条件，学生可申请在第三、四学年前往爱尔兰都柏林理工学院学习。

综上所述，从分布上看，提供数据的29个省、自治区和直辖市均有会展教育主体的分布。虽然会展教育呈现全面开花的布局，但并非平均分布，集聚的态势非常明显，以上海和广东最为突出。

从层次上看，我国会展教育主体包含硕博研究生、本科、高职高专、中职中专多个层次，高、中、低俱全，类型多样。以本专科层次人才教育主体为主，硕博研究生高层次教育主体也有较快发展。

从数量上看，我国会展教育主体达到288所，已远超世界会展业发达国家会展教育规模。短短15年的时间，中国会展教育走完了其他国家几十年甚至上百年的发展道路，成为世界上名副其实的会展教育大国。

从质量上看,我国会展教育主体从普通院校逐步扩展到"211 工程""985 工程"重点建设高校,会展教育主体的质量得到了大幅提高。会展教育主体质量是会展学科发展的重要支撑,是会展教育后续发展的保障。

五、我国会展专业设置情况

在 2003 年教育部批准设立会展专业前,从相关专业中已衍生出为会展业服务的各类专业方向。2012 年以后,教育部将会展经济与管理专业调整为旅游管理一级学科下的二级科目,将原会展艺术与技术名改为艺术与科技。经过 15 年的发展,随着我国会展教育主体数量的快速增长,会展相关专业的类型也多种多样。项目组通过对全国会展教育院校的调研统计,分析了会展各专业的设置、层次、规模等情况,为我国会展相关专业的建设和发展提供一定的数据参考。

需要说明的是,统计数据截至 2017 年底开设的会展专业,剔除了曾开设会展相关专业但目前停止招生的院校。另外,港澳台地区的相关专业暂不列入本次统计中。

(一)会展专业设置

对提交调研数据的 29 个省、自治区和直辖市会展教育主体的专业进行梳理,将各种层次和类型的会展专业分为两类:会展管理类和展示设计类。由表 5-1 可知,我国会展专业设置中专业名称总计 33 种。其中,会展管理类专业名称有 24 种,展示设计类专业名称有 9 种,会展管理类是展示设计类的近 3 倍,两者差距明显。具体数据见表 5-1。

表 5-1　　　　我国会展专业设置中各层次专业名称的数量

专业类别 \ 教育层次	博士	硕士	本科	高职	中职
会展管理类专业名称数量	3	12	4	4	1
展示设计类专业名称数量	0	2	4	2	1

从博士到中职,会展管理类专业都有分布,其中硕士层次的专业名称最多,占会展管理类专业名称的 50%,可见该层次人才培养的类型多元、分散;博士层次的专业名称数量虽不多,但在会展教育最高层次的专业设置上也不一致。展示设计类专业没有博士,本科层次的名称最多。在会展管理和展示设计两种类型的专业设置中,具有统一名称的只有中职层次的会展专业。具体数据见图 5-1。

```
        12, 50%


                    4, 17%
                4, 45%          4, 17%
  3, 12%
           2, 22%                        1, 4%
                                 2, 22%  1, 11%
  博士      硕士      本科      高职      中职
    ——会展管理类专业名称    ——展示设计类专业名称
```

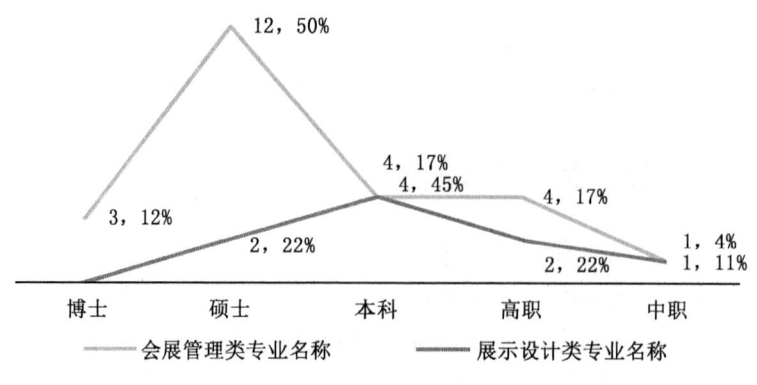

图 5—1　会展管理和展示设计专业名称在各层次占比

(二)会展相关专业规模

在提交资料的 288 个会展教育主体中,270 个会展教育主体开设的是会展管理类专业,占所有会展教育主体的 93.75%。有 18 个会展教育主体开设的是展示设计类专业,占所有会展教育主体的 6.25%。在所有教育层次总计 33 种专业名称中,会展策划与管理的数量最多,达 133 个;会展经济与管理的数量次之,有 93 个;会展服务与管理的数量有 18 个;旅游管理的数量有 10 个;展示艺术设计有 6 个;广告与会展有 4 个。其他专业名称只有 1—2 个教育主体开设,数量少且分散。具体专业名称及数量见表 5—2。

表 5—2　　　　　　　会展管理类各专业名称规模统计

类别	属性	专业名称	数量(个)
会展管理类	博士	传播学与广告	1
		旅游管理	4
		节事旅游与会展管理	1
	硕士	公共管理	1
		展览组织管理	1
		旅游管理类	3
		酒店与会展管理	1
		节事与文化旅游	1
		节事管理	1
		会展经营管理	1

续表

类别	属性	专业名称	数量(个)
会展管理类	硕士	会展经济与节事旅游	1
		会展经济与管理	4
		会展管理	1
		会展策划与管理	1
		服务业(会展业)市场营销	1
	本科	文化产业管理(会展经济与管理方向)	1
		旅游管理(会展旅游方向)	2
		旅游管理(会展管理方向)	1
		会展经济与管理	89
	高职	商务管理(会展方向)	1
		企业管理(会展方向)	1
		会展管理	2
		会展策划与管理	132
	中职	会展服务与管理	18
	小计		270
展示设计类	硕士	展示艺术与理论研究	1
		展示艺术设计	1
	本科	艺术与科技(展示设计)	1
		艺术与科技(会展艺术与技术方向)	2
		会展艺术与技术	1
		会展艺术设计	2
	高职	展示艺术设计	5
		广告与会展	4
	中职	展示设计	1
	小计		18
总计			288

(三)会展相关专业层次

在教育层次总计 33 种专业名称中,会展管理类的专业名称在博士、硕士、本科、高职和中职均有分布。具体情况参见图 5-2。

```
  1    4   1   1   1   3   1   1   1   1   1   4   1   1   1   1   1   2   1       89          1   1   1   2      132        18
```

传播学与广告类　旅游管理类　节事旅游与会展管理　公共管理　展览组织管理　旅游管理类　酒店与会展管理　节事与文化旅游　节事管理　会展经营管理　会展经济与节事旅游　会展经济与管理　会展管理　会展策划与管理　服务业（会展业）市场营销　文化产业管理（会展经济与管理方向）　旅游管理（会展旅游方向）　旅游管理（会展管理方向）　会展经济与管理　商务管理（会展方向）　企业管理（会展方向）　会展管理　会展策划与管理　会展服务与管理

　　博士　　　　　　　　硕士　　　　　　　　　　本科　　　　高职　　中职

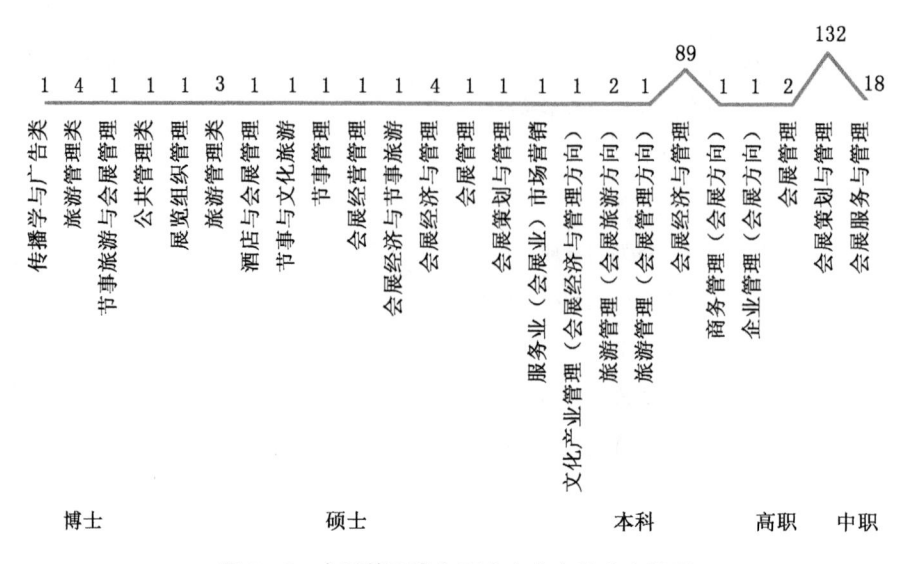

图 5—2　会展管理类各层次专业名称分布情况

　　会展博士层次有 3 个专业名称,其中 4 个教育主体的专业名称是旅游管理类,各有 1 个教育主体的专业名称是传播学与广告类、节事旅游与会展管理。可见在博士教育主体层面,专业名称比较集中。这与教育部把会展经济与管理专业划为旅游管理学科有一定的关系。

　　硕士层次的专业名称有 12 个,分别是公共管理 1 个、展览组织管理 1 个、旅游管理 3 个、酒店与会展管理 1 个、节事与文化旅游 1 个、节事管理 1 个、会展经营管理 1 个、会展经济与节事旅游 1 个、会展经济与管理 4 个、会展管理 1 个、会展策划与管理 1 个、服务业（会展业）市场营销 1 个。虽然会展经济与管理、旅游管理这两个名称的数量稍多于其他专业名称的数量,但从整体上看,硕士层次会展教育主体的专业名称较分散。

　　本科层次的专业名称有 4 个,主要都集中在会展经济与管理上,有 89 个会展教育主体的专业名称是会展经济与管理;有 2 个旅游管理,1 个是旅游管理（会展旅游方向）,1 个是旅游管理（会展管理方向）,还有 1 个文化产业管理（会展经济与管理方向）。可见,本科层次会展专业名称的集中度非常高。

　　高职层次的专业名称也有 4 个,但集中度更高。有 132 个会展教育主体的专业名称是会展策划与管理,另外商务管理（会展方向）、企业管理（会展方向）和会展管理专业名称各有 1 个。

　　中职层次的专业名称均为会展服务与管理。

　　展示设计类的 9 个专业名称分布于硕士、本科、高职和中职 4 个教育层次。硕士层次的专业名称有展示艺术与理论研究 1 个、展示艺术设计 1 个。

本科层次的专业名称有 4 个,即艺术与科技(展示设计)1 个、艺术与科技(会展艺术与技术方向)2 个、会展艺术与技术 2 个、会展艺术设计 1 个。高职层次的专业名称有 2 个,分别是展示艺术设计 5 个、广告与会展 4 个。中职层次的专业名称是展示设计 1 个。高职层次的教育主体最多,其专业名称占比分别是 28% 和 22%。具体情况见图 5—3。

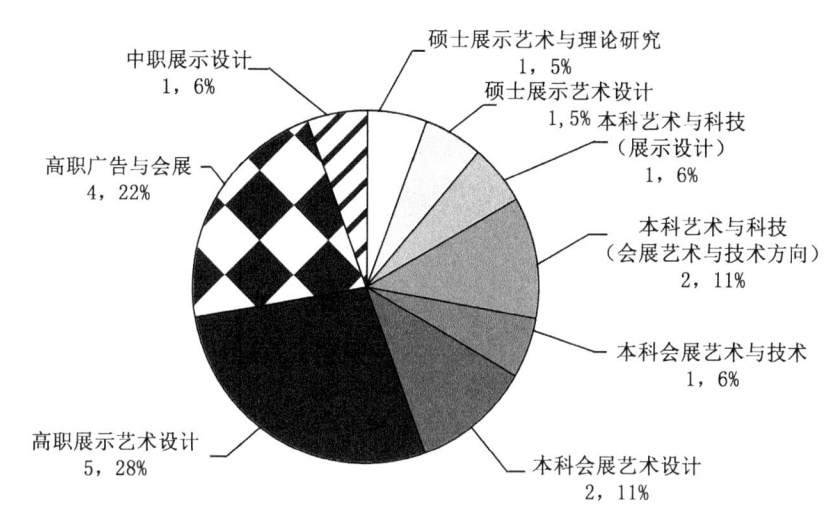

图 5—3　展示设计类各专业数量及占比情况

六、我国会展专业培养计划情况

依据各地会展院校本科培养计划的内容架构来看,培养计划方案主要涉及如表 6—1 所示的几个方面。

表 6—1　　　　我国高校会展经济与管理本科专业培养计划内容架构

培养计划(本科)一级目录	内容架构
	专业简介
	专业培养目标
	专业培养要求
	学制与学位授予情况

(一)会展专业简介

会展专业简介主要包括对会展经济与管理专业的设置背景、设置的历史年限、发展进程、学生招收情况、教师梯队、实验室建设、校企合作情况、毕业生就业率以及在当地和全国的社会影响力、专业特色等方面的介绍。

(二)会展专业培养目标

依据各地会展院校本科培养计划的设置情况来看,我国会展经济与管理本科专业的培养目标主要有以下各个层面的方向界定:

1. 会展人才类型

各高校将会展人才培养类型基本界定为应用型人才,如应用型复合人才、高级应用型人才、高素质应用型会展专业人才、高素质技能型专门人才、应用技能型会展业高级专门人才。

重点本科院校强调培养"策划、组织和运营能力",普通本科院校强调培养"应用型、复合型、创新型"人才。

2. 会展人才职位

包括各级会展行业协会、各级会展企事业单位、各级政府部门、各类和各级会展项目组织与管理的辅助和支持相关部门及企事业单位。

3. 会展专业相匹配的工作岗位

包括市场调研、会展项目策划、会展项目销售、会展现场运营管理、会展教学与科研等。

(三)会展专业培养要求

依据各省市高校对会展经济与管理专业培养要求的具体阐述,对会展本科专业人才培养要求进行了归纳总结,构建会展本科专业人才的综合素养结构体系,如表6—2所示。

表6—2　　　　　　　　会展专业综合素养结构体系

一级	二级	三级
理论与知识	基础理论	管理学基本理论
		经济学基本理论
		会展业务理论
		其他相关理论
	基础知识	管理学基本知识
		会展业务知识
		其他相关知识
技能	专业技能	与会展相关的调查研究、策划、设计、组织、控制、管理、评估、营销等基本技能
	岗位技能	岗位接待、讲解、谈判、领导、协调、组织、管理与问题处理技能与技巧
	团队协同	团队意识、团队精神等
	外语水平	英文等外文能力

续表

一级	二级	三级
创新性	创新精神	
	创新思维	
	创业能力	
职业道德与法律法规	三观	正确的世界观、人生观和价值观
	职业道德	良好的职业道德
	国家政策与法律法规	会展业涉及的国家相关政策、法律、法规
	国际惯例与规则	会展业涉及的相关国际市场惯例、规则与国际法
其他知识技能		

上述综合素养的结构体系是各高校对会展经济与管理本科专业学生的普遍要求。除此之外，部分高校还对学生的其他素养进行了规定和要求，如文献检索和研究能力、计算机水平、人文科学知识和自然科学知识等。这些内容在表中用其他知识和技能来代替。

(四)学制与学位授予情况

依据高校会展经济与管理专业培养计划，对会展本科专业学生培养的学制与学位授予情况进行总结，如表6－3所示。

表6－3　　　　　　　　　会展专业学制与学位

项目	内容	具体情况
学科门类	管理学—旅游管理	专业代码:120903
学制	4年	
学位	管理学学士	

会展经济与管理本科专业属于管理学一级门类、旅游管理二级门类，实行4学年的基本学制。基本按学分制管理，实行弹性学习年限，修业年限为3－6年或3－8年。修业3－6年是指学生提前学完全部课程并取得相应学分，允许提前毕业(修业年限不得少于3年)或辅修第二专业，学习年限最多不得超过6年。修业3－8年是指学生提前学完全部课程并取得相应学分，允许提前毕业(修业年限不得少于3年)或辅修第二专业；没有按时修完学分，可延期毕业，学生学习年限最多不得超过8年。

(五)会展专业相关课程设置情况

由表6—4可见,从各地高校会展经济与管理本科专业培养计划的课程设置情况来看,该专业本科生四年课程规划设计的主要内容可概括为课程类别、课程性质、学分、学时及周学时数、学期及教学周数五个方面,在课程类别上的共同特征为:

在全面实行学分制的情况下,课程修完达到的学分要求为150—185分,总计学时为2 000—3 500个。

表6—4 我国高校会展经济与管理本科专业培养计划总体情况

课程类别	课程性质	学分	学时及周时数
专业通识教育课程	全校通修(平台)课程	必修或选修	
	学科通修课程		
专业教育课程	专业基础课	必修	
	专业主干课		
	专业方向课		总学分 150—185 / 总学时 2 000—3 500
选修课	专业必选课	必须或选修	
	专业任选课（专业拓展课）		
	专业限选课		
	跨学科专业任选		
实践课程		必修或选修	

(六)会展专业核心课程开设情况

1. 核心课程开设基本情况

由表6—5可知,187所开设会展专业的本科和高职院校专业核心课程的开设门次从6到120不等(说明:门次即该地区各会展院校核心课程的门数及出现频率,有重复计算。如山西省共有6所会展本科和高职院校,开设的核心课程总门次为120,其中会展概论在山西省6所会展本科和高职院校中有4所设置为核心课程,即计算次数为4次,频率是4),基本上为学生的专业必修课。

开设的核心课程出现频率排在前 10 位的省市分别是山西省 120、北京市 108、山东省 89、云南省 88、上海市 88、江西省 75、吉林省 70、重庆市 65、广东省 62、海南省 60、四川省 55(见图 6—1)。

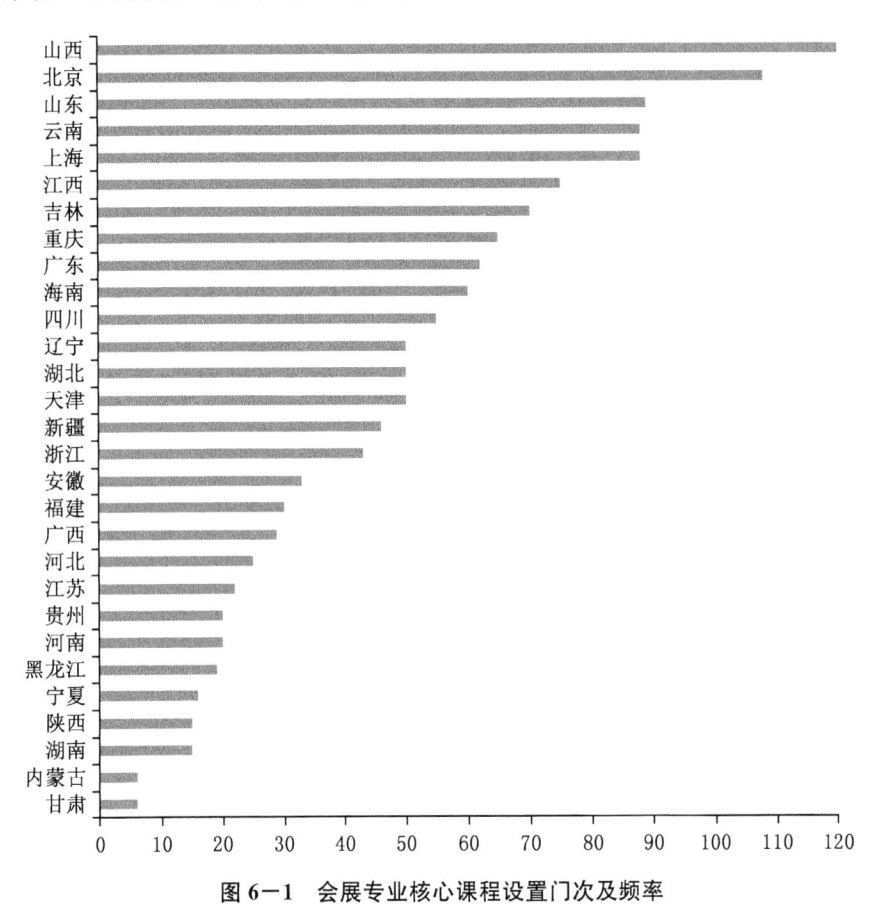

图 6—1 会展专业核心课程设置门次及频率

由表 6—5 可知,在各省市会展院校专业核心课程的设置上,开设门次和出现频率排在前 10 位的课程分别是会展概论、会展策划、会展项目管理、节事活动策划与管理、会展场馆经营与管理、会展市场营销、会展文案、会展英语、管理学以及会议运营与管理(说明:有些课程名称略有差别,将相似课程名称进行了合并,如课程名称会展场馆运营与管理和场馆经营与管理课程内容相似,即合并统计)。排在前 10 位的课程在 29 个省市 187 所会展院校开设的比率如图 6—2 所示。

52　中国会展教育发展蓝皮书

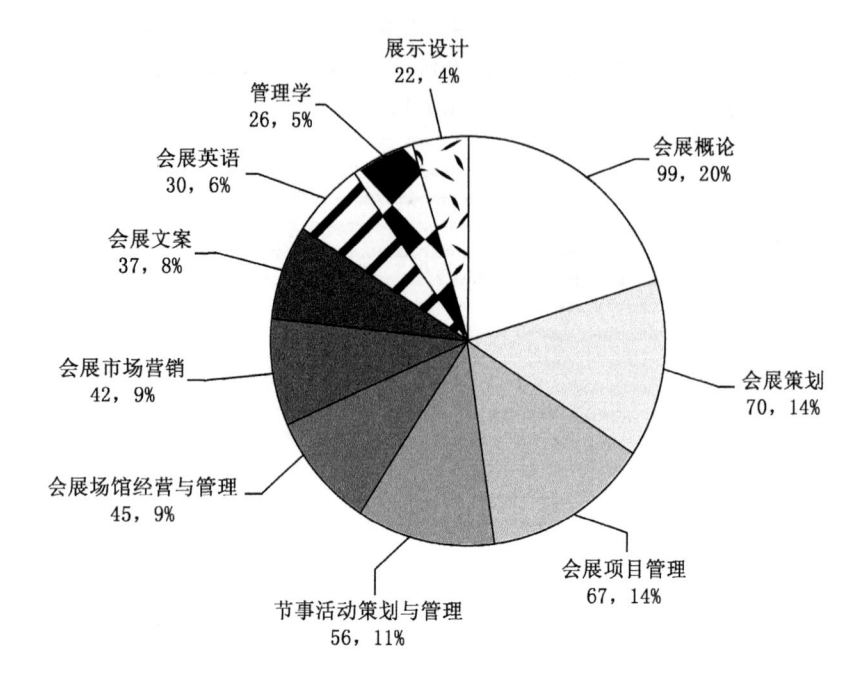

图6-2　排名前10的会展专业核心课程数量及占比

表6-5　全国各省市会展院校专业核心课程出现门次

省、市、自治区	统计高校数量 （包含会展本科/高职）	会展专业核心课程 设置门次及频率
甘肃	3	6
内蒙古	1	6
湖南	6	15
陕西	1	15
宁夏	1	16
黑龙江	3	19
河南	2	20
贵州	3	20
江苏	12	22
河北	8	25
广西	2	29
福建	8	30
安徽	3	33

续表

省、市、自治区	统计高校数量（包含会展本科/高职）	会展专业核心课程设置门次及频率
浙江	12	43
新疆	2	46
天津	9	50
湖北	6	50
辽宁	4	50
四川	13	55
海南	4	60
广东	19	62
重庆	9	65
吉林	6	70
江西	7	75
上海	15	88
云南	3	88
山东	9	89
北京	10	108
山西	6	120

表6-6　　　　排名前10的会展专业核心课程

课程名称	门次与频率	高校比例(%)
会展概论	99	52.9
会展策划	70	37.4
会展项目管理	67	35.8
节事活动策划与管理	56	29.9
会展场馆经营与管理	45	24.1
会展市场营销	42	22.5
会展文案	37	19.8
会展英语	30	16.0
管理学	26	13.9
会议运营与管理	22	11.8

2. 课程开设特征

(1)核心课程设置与培养计划相对应

从全国会展院校核心课程的设置情况来看,本科和高职院校都紧紧围绕会展人才培养计划来展开,所开设的专业核心课程基本上为专业基础课和专业必修课,在课程所呈现的学科类别上与学科大类(即管理学门类)相对应。其中,本科会展院校的核心课程基本围绕会展概论、会展策划、会展组织、会展管理、会展营销、会展文案等项目流程和项目需求进行设置;高职会展院校的核心课程基本围绕会展策划、展示设计、会展文案、会展英语等会展技能进行设置。

(2)核心课程设置与培养目标相匹配

会展项目前期、中期和后期的主要运营与管理,以及会展项目辅助和支持管理技能是会展专业课程设置的前提,也是高校培养学生的主要目标。

从各省市会展本科核心课程的设置情况来看,尽管各高校在核心课程设置的门数和名称上有侧重,但基本上体现了高素质应用型本科专业人才的培养目标,如会展项目管理、会展策划、会展运营与管理、场馆运营与管理、节事活动策划与管理、展示设计、会展营销、会展人力资源管理、会展财务管理等核心课程的设置是对会展应用型本科专业人才的培养目标的集中体现。

从各省市会展高职核心课程的设置情况来看,基本上体现了会展策划与管理高职专业技能型人才的培养目标,如会议策划与管理、会展服务与管理、会展礼仪、会展现场管理、会展物流、展示材料与工艺、会展营销、会展人力资源管理等核心课程的设置是对会展高职专业学生策划、组织、设计、服务、营销、传播等技能的培养目标相一致。

(3)新开课程不断增加

会展人才的培养与会展产业的发展紧密结合,随着中国"互联网+会展""会展+""大会展"等新概念的提出,会展本科和高职院校在课程体系的设置和课程建设上不断与时俱进。产业经济学、会展服务与管理、会展消费心理学等新开课程不断涌现,并设置为核心课程。

(4)课程专业化程度不断加强

随着会展产业的发展以及会展专业教育评估工作的开展,各省市会展院校不断加强课程建设和课程改革,有些高校课程的专业化程度在不断加强。如将会展运营与管理拆分为会议运营与管理、展览运营与管理、节事活动策划与管理、婚庆管理,一方面体现了会展概念的内涵和外延,另一方面使课程更具专业性和针对性。

（七）专业特色课程的开设情况分析

1. 专业特色课程凸显人才培养个性化

依据会展院校的培养计划，在课程体系的建设上，部分院校注重人才培养的"个性化"，将学校人才培养的方向和目标定位与专业特色结合，课程名称体现了该学校专业特色与方向。如演艺赛事活动运营、婚庆策划与组织等课程体现了活动管理人才的培养，展示设计、展示材料与搭建、展示色彩等课程体现了会展艺术设计人才的培养等。

2. 专业特色课程的设置与会展产业业态相匹配

如有的院校将会议运营与管理、展览运营与管理、婚庆策划与管理、体育赛事策划与管理、大型演艺活动策划与管理、奖励旅游策划等课程纳入会展专业人才的培养方案中，充分考虑到会展产业的会、展、节、演、赛、奖、婚庆等业态的发展对人才的需求。又如太原学院开设了中外会展纵览和文物与博物馆学等特色选修课程，从会展行业的角度对中外会展的发展现状和趋势进行了介绍，并加强了对会展场馆之一的博物馆的介绍，帮助学生加强对博物馆相关知识的认知。

3. 专业特色课程与产业发展的需求相拟合

如海南大学会展专业依据会展行业最新发展趋势，因地制宜设置海南会展产业研究专题、会议目的地品牌塑造研讨、会展前沿问题等特色课程。

4. 专业特色课程以实训实操为主

如重庆市本科及高职会展专业分别将会展项目管理实训、节事活动策划与管理实训、会展综合实训、展示陈列设计实训等实训课程作为专业核心课程。又如浙江省高职会展专业将项目管理实训、会展承办操作实务、会奖旅游实务、会议速录、中国国际动漫节实训等作为专业特色课程，以加强技能型会展人才的培养。

5. 通过重点/精品课程的建设培育专业特色课程

部分院校在专业课程体系设置的基础上，通过不断加强课程建设来培育特色课程。如吉林省级会展优秀课1门、校级精品课1门、校级优秀课3门，主要集中在会展概论、会展策划与管理、会展营销三门课程。

6. 通过校企合作共同开发特色课程

如河北经贸大学积极引进企业精英与资源协同展开课堂教学，实现专业教学与会展行业的无缝对接，主要课程为会展概论、国际参展实务。

（八）实践课程设置情况分析

由表6—7可知，会展本科及高职专业实践课程的设置形式包括专业课内实践环节和独立实践课程两类。专业课内实践环节是指在专业课程教学周期内设置实践环节,即理论课时为主,实践课时为辅。如上海第二工业大学会展概论课程总学时为48,其中实践教学时数为9,理论教学时数为39,9个实践教学时数可安排学生展开适当的实践和实操,包括校外调研与参观、上机、方案策划、案例分析和模拟操作等形式。独立实践课程主要是指独立学期开展的集中实践课程,主要教学形式为案例分析、项目研究、项目实操、校内模拟实践、校外企业岗位实习和观摩等。

表6-7　　　　　　　我国会展专业实践课程的设置情况

设置形式	理论课课内实践环节(分散实践)	独立实践课程(集中实践)
教学方式	校外调研与参观	案例分析
	上机	项目研究
	方案策划	项目实操
	案例分析	校内模拟实践
	模拟实操	校外企业岗位实习和观摩
教学时间	理论课教学周期	独立学期

七、我国高校会展实践教育情况分析

(一) 行业培训情况分析

表7-1显示,各省市会展本科和高职院校对学生的培训及证书领取主要有三种情况:一是学校组织学生参加各种会展相关证书的培训认证,二是省/市/自治区行业协会或企业组织的会展岗位证书及岗前培训,三是学生自主参加各类会展专业的证书认证培训与认领。

表7-1　　　　　　　我国会展专业学生接受培训情况

培训类型	案例
学校组织学生参加各种会展相关证书的培训认证	如会展职业经理人资格认证培训与证书申领
省市地区行业协会或企业组织的会展岗位证书及岗前培训	如上海师范大学组织学生参加汽车展岗前培训
学生自主参加各类会展专业的证书认证培训与认领	如山东各高校学生自主参加会展职业经理人资格认证培训与证书申领

据不完全统计,目前有15个省、市、自治区均开展了对学生的行业或企业培训及证书申领工作,培训项目从1到12个不等,主要项目如表7-2所

示。由图7-1可见,15个省、市、自治区会展高校培训项目的参与程度和比例各不相同,其中云南、陕西的参与比例为100%,但统计高校的总量不高;北京市10所会展本科/高职院校中有9所高校参与了项目培训,参与比例为90%,其他省市地区具体参与比例如表7-3所示。

表7-2 我国会展专业学生参加培训项目数量与项目

省、市、自治区	高校数量（含本科/高职）	参加培训的高校数量	参加培训项目数量	培训项目名称
河北	8	1	1	会展职业经理人（中国会展协会）
四川	13	1	1	会展职业经理人（中国会展协会）
江西	7	4	1	江西省会展业技能培训大会（江西省会议展览业协会）
云南	3	3	1	会展行业专题讲座（昆明市政府）
山东	9	0	1	会展业职业经理人
陕西	1	1	2	蓝装家博会现场管理（企业提供志愿者证）、会展综合技能培训（无证）
湖北	6	2	2	中国会展集训营暨精英论坛、经贸会展从业能力综合实训（中国国际贸易促进委员会商业行业分会）
辽宁	4	3	2	会展职业经理人（中国贸促会商业行业分会）、初级会展策划师（人力资源和社会保障部）
海南	4	2	2	海口市会展业人才培训班
重庆	9	6	2	会展策划师（劳动技能鉴定中心）、会展职业经理人（贸促会）
北京	10	9	2	会展职业经理人——中国贸促会商业行业分会、会展职业经理人——中国商业联合会
吉林	6	4	3	全国会展职业经理人（初级）培训——中国商业联合会；全国导游人员资格证书培训——国家旅游局；会展策划师培训——吉林省人社厅
浙江	12	6	4	"会展策划师"——浙江省职业技能鉴定中心劳动技能鉴定中心、会展经理人——中国商业联合会、会展策划师——浙江省人力资源与社会保障厅、助理会展师——宁波市会展促进会
广东	19	5	4	会展职业经理人——中国商业联合会；会展策划师、会展管理师——中国商业技师协会；会展策划师——中国会展经济研究会

续表

省、市、自治区	高校数量（含本科/高职）	参加培训的高校数量	参加培训项目数量	培训项目名称
上海	15	5	12	车展岗前培训——国际展览公司培训；会展策划师——上海市人力资源与社会保障局；计算机操作员——人保部上海市职业技能鉴定中心；工艺美术培训——上海市人力资源与社会保障局；展览讲解员——上海市职业资格鉴定中心；会展策划师——上海市职业资格鉴定中心；电子商务师——上海市职业资格鉴定中心；助理会展师——上海市旅游培训中心；上海市旅游行业员工上岗证（法律道德）；饭店情景英语证书（A级/B级）；会务服务员中级证书；计算机操作员初级证书

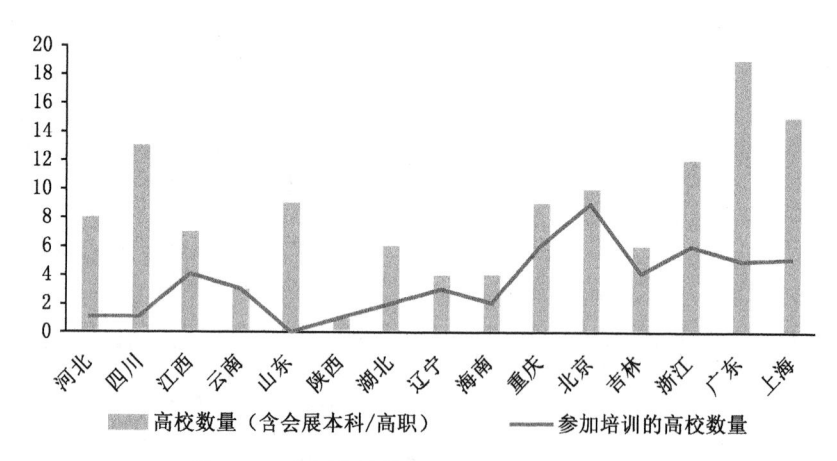

图7—1　会展高校培训项目的参与程度和比例

表7—3　　　　我国会展院校参加行业资格培训情况

省、市、自治区	会展高校数量（含本科/高职）	参加培训的高校数量	参与比例（%）
四川	13	1	7.7
河北	8	1	12.5
广东	19	5	26.3
湖北	6	2	33.3
上海	15	5	33.3

续表

省、市、自治区	会展高校数量（含本科/高职）	参加培训的高校数量	参与比例(%)
海南	4	2	50.0
浙江	12	6	50.0
江西	7	4	57.1
重庆	9	6	66.7
吉林	6	4	66.7
辽宁	4	3	75.0
北京	10	9	90.0
云南	3	3	100.0
陕西	1	1	100.0

(二) 校企合作情况分析

行业实践是专业学习的重要补充。在对会展专业人才培养的过程中，各省市大部分会展本科和高职院校都重视学生实践和创新能力的培养，积极加强校企合作。学生通过参加校企合作企业提供的各种实习岗位和实习机会，不断取得实践经验，锻炼实践能力。表7-4显示，各省市签订校企合作的会展院校数量各不相同，其中12省市校企合作比例为100%，具体如图7-2所示。由表7-4可知，目前各省市会展院校校企合作数量各不相同，从3家到81家不等，其中上海市会展高校的校企合作数量最高，在15所会展本科和高职院校中共有12所院校先后与81家企事业单位签订了校企合作。

表7-4　　　　　我国会展院校签订校企合作的会展院校数量

省、市、自治区	会展高校数量（含本科/高职）	校企合作的高校数量	比例(%)
内蒙古	1	1	100.0
湖南	6	1	16.7
陕西	1	1	100.0
宁夏	1	1	100.0
河南	2	1	50.0
四川	13	1	7.7
黑龙江	3	2	66.7

续表

省、市、自治区	会展高校数量（含本科/高职）	校企合作的高校数量	比例(%)
新疆	2	2	100.0
贵州	3	3	100.0
安徽	3	3	100.0
湖北	6	3	50.0
云南	3	3	100.0
河北	8	4	50.0
福建	8	4	50.0
辽宁	4	4	100.0
海南	4	4	100.0
江西	7	4	57.1
山西	6	4	66.7
吉林	6	6	100.0
天津	9	7	77.8
浙江	12	9	75.0
重庆	9	9	100.0
山东	10	10	100.0
广东	19	11	57.9
北京	11	11	100.0
上海	15	12	80.0
合计	189	121	

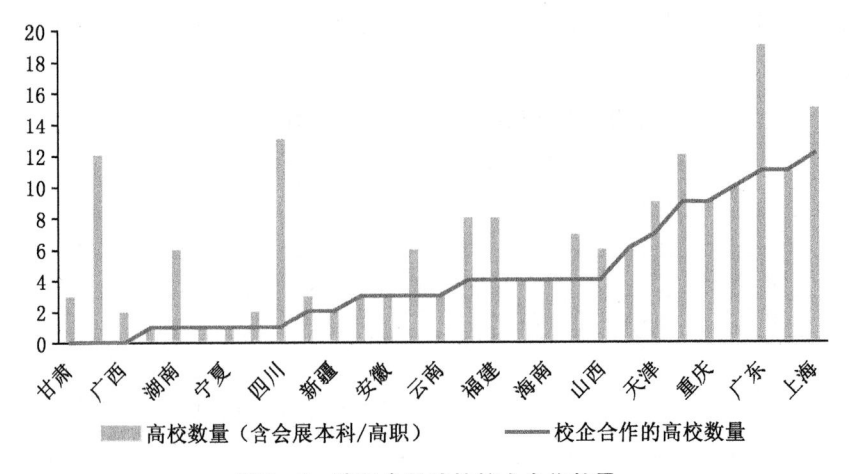

图7—2 我国会展院校校企合作数量

表 7-5　　　　　　　　我国会展院校校企合作分布情况

省、市、自治区	会展高校数量（含本科/高职）	校企合作的高校数量	校企合作的企业数量
内蒙古	1	1	3
湖南	6	1	3
陕西	1	1	4
宁夏	1	1	4
河南	2	1	4
四川	13	1	5
黑龙江	3	2	6
新疆	2	2	7
贵州	3	3	7
安徽	3	3	13
湖北	6	3	13
云南	3	3	13
河北	8	4	13
福建	8	4	15
辽宁	4	4	19
海南	4	4	20
江西	7	4	25
山西	6	4	26
吉林	6	6	26
天津	9	7	32
浙江	12	9	35
重庆	9	9	42
山东	10	10	43
广东	19	11	51
北京	11	11	54
上海	15	12	81
合计	189	121	564

（三）相关竞赛情况分析

各省市会展院校会展专业学生参加的相关专业竞赛可分为三类：一是由我国相关政府部门、行业协会、企业或国内其他院校等联合举办的全国性会展专业竞赛；二是由各地政府、行业协会等联合举办的每年一届的省市级会展行业大学生创意设计竞赛；三是由我国相关政府部门、行业协会、企业或国内其他院校等联合举办的全国性其他专业或技能竞赛。由表7－5可知，各省市会展院校参加全国和地方性各类比赛和竞赛的比例各不相同，如图7－3所示。表7－6显示了目前各省市会展高校参加的各类竞赛的数量共计247项。图7－4显示了各省市会展高校参加各类竞赛所占的比重。

表7－6　各省市会展院校参加全国和地方性各类比赛和竞赛情况

省、市、自治区	会展高校数量（含本科/高职）	参加竞赛的高校数量	参加比例（%）
内蒙古	1	1	100.0
湖南	6	1	16.7
陕西	1	1	100.0
黑龙江	3	1	33.3
四川	13	1	7.7
江西	7	1	14.3
安徽	3	2	66.7
新疆	2	2	100.0
湖北	6	2	33.3
山西	6	2	33.3
贵州	3	3	100.0
江苏	12	3	25.0
云南	3	3	100.0
河北	8	4	50.0
福建	8	4	50.0
辽宁	4	4	100.0
吉林	6	6	100.0
天津	9	7	77.8
海南	4	7	175.0
重庆	9	9	100.0
上海	15	9	60.0
山东	10	10	100.0
北京	13	10	76.9

续表

省、市、自治区	会展高校数量（含本科/高职）	参加竞赛的高校数量	参加比例(%)
浙江	12	12	100.0
广东	19	13	68.4
合计	191	118	

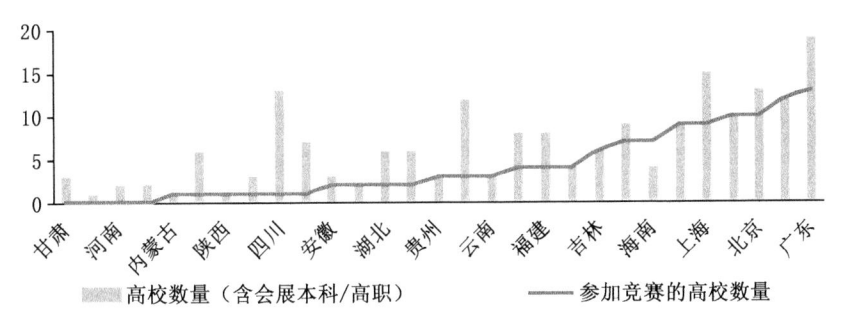

图7-3 我国会展高校参加各类竞赛比例

表7-7　　　　各省市会展高校参加各类竞赛的数量

省、市、自治区	参加竞赛的数量(个)	全国比例(%)
内蒙古	1	0.4
湖南	1	0.4
陕西	1	0.4
黑龙江	1	0.4
四川	2	0.8
江西	2	0.8
安徽	3	1.2
新疆	3	1.2
湖北	3	1.2
山西	4	1.6
贵州	4	1.6
江苏	4	1.6
云南	6	2.4
河北	6	2.4
福建	7	2.8
辽宁	7	2.8
吉林	10	4.0

续表

省、市、自治区	参加竞赛的数量(个)	全国比例(%)
天津	13	5.3
海南	13	5.3
重庆	15	6.1
上海	18	7.3
山东	21	8.5
北京	21	8.5
浙江	22	8.9
广东	59	23.9

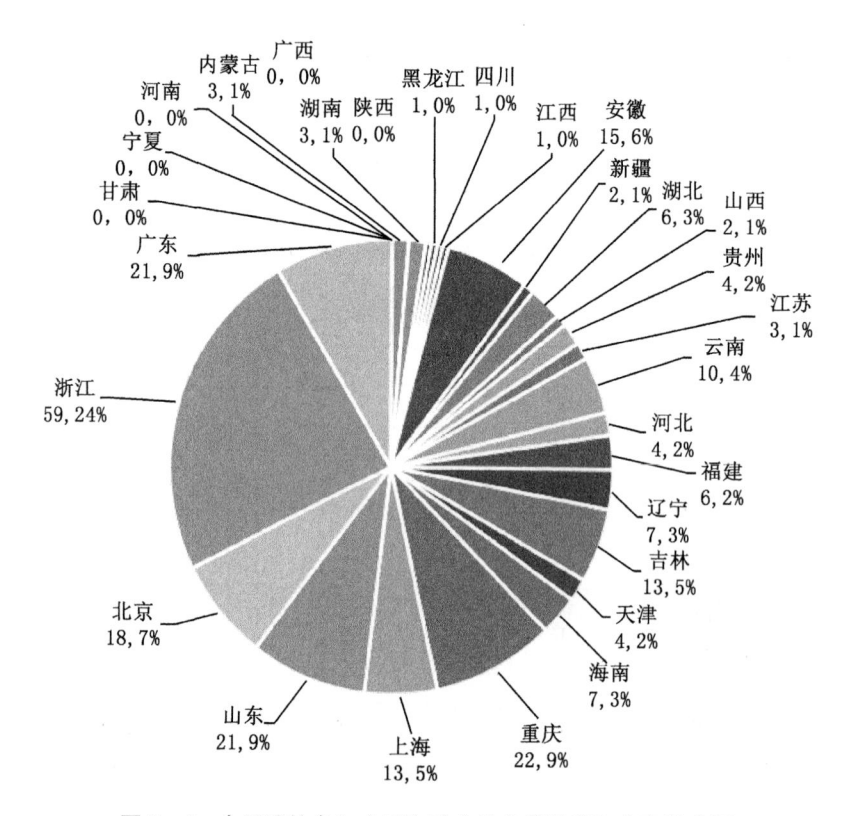

图7-4 会展院校参加全国和地方性各类比赛和竞赛的比例

八、我国会展专业师资情况分析

会展专业师资队伍直接关系到会展专业人才的培养。我国会展教育已进入学历教育规模化发展阶段,会展专业教师队伍也在不断扩大。本报告选择师资规模、师资学历资历、专业背景、师资年龄结构、师资职称等方面展开调研与分析。

(一)会展专业师资规模

表8-1是部分省市本科会展专业教师数量统计(某些省、市、自治区提供的数据不够完整,未纳入其中)。从表8-1可以看出,各院校教师数量有一定的差异,最高平均值是15,最低平均值是6,其中有7个省份会展教师平均数在10人以上(含10人),分别是福建、河北、上海、山西、河南、辽宁、山东。

全国约有106所本科会展院校,表8-1所涉及会展院校有70所,占66%。根据所提供的数据计算得到总平均数是8人,据此推算全国会展本科院校会展专业教师数量应该在850人以上。

表8-1　　　　部分省、市、自治区会展专业教师数量(本科)统计表

省、市、自治区	教师数量(人)	院校数量(所)	平均值(约)
湖北	28	5	6
重庆	42	6	7
福建	33	3	11
海南	34	4	9
河北	20	2	10
湖南	23	3	8
吉林	24	4	6
江西	7	1	7
上海	21	2	11
陕西	7	1	7
山西	25	2	13
北京	42	5	9
贵州	27	3	9
云南	21	3	7
新疆	7	1	7
内蒙古	8	1	8
河南	10	1	10
山东	36	3	12

续表

省、市、自治区	教师数量（人）	院校数量（所）	平均值（约）
辽宁	44	3	15
天津	28	4	7
合计	496	70	8

表8-2是部分省、市、自治区高职高专会展院校的会展专业教师数量统计表（某些省市提供的数据不够完整，未纳入其中）。从表8-2可以看出，各省市之间也存在一定的差异，最高平均值是13，最低平均值为3，多数省份会展教师平均值在10人以下。

全国约有174所本科会展院校，表8-2涉及会展院校有44所，占25.2%。根据所提供的数据计算得到总平均数是7人，据此推算全国会展院校会展高职高专专业教师数量应该在1 200人以上。

表8-2　部分省、市、自治区会展专业教师数量（高职高专）统计表

省、市、自治区	教师数量（人）	院校数量（所）	平均数（约）
宁夏	9	1	9
四川	5	1	5
重庆	26	5	5
福建	12	2	6
广西	3	1	3
黑龙江	14	2	7
吉林	26	2	13
江西	23	4	6
上海	64	9	7
山西	28	4	7
江苏	25	5	5
云南	7	1	7
新疆	8	1	8
山东	43	5	9
辽宁	9	1	9
合计	302	44	7

需要说明的是,会展院校除了在编专业教师外,有的聘用行业企业高管人员作为兼职教师到校授课,有的聘请国内外名家名师任兼职教师,这些数据不在本部分统计之中。

(二)会展师资情况

1. 会展院校师生比例情况

根据教育部对本科专业的师生比要求,社科类专业的师生比原则上不低于1:16。表8-3是对部分省市本科会展院校的会展专业教师师生比例的统计(某些省市提供的数据不够完整,未纳入其中)。从表8-3可以看出,各省市院校师生比例有一定的差异,最高比例为27.50%,最低比例为3.28%。在29个省份中有10个省份会展院校师生比例超过15%,分别是湖北、江西、浙江、山西、北京、贵州、内蒙古、山东、辽宁、天津。

表8-3 部分省、市、自治区会展院校(本科)会展专业师生比例统计表

省、市、自治区	在校生数量(人)	师资数量(人)	师生比(%)
湖北	144	28	19.44
重庆	459	42	9.15
海南	355	34	9.57
河北	440	20	4.56
黑龙江	247	9	3.64
湖南	291	23	7.90
吉林	260	24	9.23
江西	44	7	15.91
上海	640	21	3.28
陕西	165	7	4.24
山西	40	11	27.50
浙江	40	9	22.50
北京	257	42	16.34
贵州	175	27	15.43
云南	487	28	5.75
新疆	175	7	4.00
内蒙古	41	8	19.51
河南	120	10	8.33
山东	176	36	20.45
辽宁	113	20	17.70
天津	174	23	13.22

表8-4是对部分省市高职会展院校的会展专业教师师生比例的统计（某些省市提供的数据不够完整，未纳入其中）。从表8-4可以看出，各省份院校师生比例也存在差异，最高比例为18.98%，最低比例是3.77%，在15个省份中有7个省份会展院校师生比例超过15%，分别是黑龙江、吉林、云南、山东、辽宁、山西。

表8-4　部分省、市、自治区会展院校（高职）会展专业师生比例统计表

省、市、自治区	在校生数量（人）	师资数量（人）	师生比（%）
宁夏	122	9	7.38
四川	51	5	9.80
重庆	385	26	6.75
广东	1 036	95	9.16
广西	26	3	11.54
黑龙江	78	14	17.95
吉林	169	26	15.38
江西	285	23	3.77
上海	4 700	60	8.07
山西	174	28	16.10
江苏	520	25	4.80
云南	37	7	18.92
新疆	193	8	4.15
山东	158	30	18.98
辽宁	55	9	16.36

需要指出的是，师生比例是按照省市的平均教师数量得出，具体到每个院校的实际情况应该与该比例有一定的偏差，需要了解其具体的师生比例情况，参见各省市分报告相关部分的分析。

2. 会展专业师资学历情况

表8-5是部分省、市、自治区本科会展院校的会展专业教师学历学位情况的统计，有29个省、市、自治区会展院校，提供482位教师的学历学位情况（某些省市提供的数据不够完整未纳入其中）。

从表8-5可以看出，各院校教师学位最多的是硕士与博士研究生，其中博士后占比3.53%，博士研究生比例为33.82%，硕士比例为55.19%，博士以上占37.34%,硕士以上占92.53%。

表8-5 部分省、市、自治区会展院校(本科)会展专业教师学位情况统计表 单位:人

省、市、自治区	教师数量	博士后	博士	硕士	本科
湖北	19	2	9	8	
重庆	42		6	35	1
福建	33		21	10	2
海南	34	1	9	22	2
河北	20		6	13	1
湖南	23	1	9	12	1
吉林	24		4	17	3
江西	7			2	5
上海	14		12	1	1
陕西	7	1		6	
山西	25		2	21	2
浙江	9	2	4	2	1
北京	42	2	22	17	1
贵州	27	1	3	19	4
云南	21		2	19	
新疆	9	2	2	5	
内蒙古	8	1	3	4	
河南	10		3	7	
山东	36	1	19	14	2
辽宁	44		8	27	9
天津	28	3	19	5	1
合计	482	17	163	266	36
占比(%)		3.53	33.82	55.19	7.47

表8-6是部分省、市、自治区高职会展院校的会展专业教师学历学位情况的统计,有15个省、市、自治区会展院校提供289位教师的学历学位情况(某些省、市、自治区提供的数据不够完整,未纳入其中)。

从表8-6可以看出,各省、市、自治区院校教师学历学位以硕士与本科为主,其中硕士研究生比例为70.93%,本科比例为18.38%,本科以上学历占90.31%。

表8-6　部分省、市、自治区会展院校(高职)会展专业教师学历学位情况统计表　单位:人

省、市、自治区	高职教师	博士后	博士	硕士	本科
宁夏	9			5	4
四川	5			4	1
重庆	26			18	8
福建	12		2	8	2
广西	3			1	2
黑龙江	14		2	9	3
吉林	26			16	10
江西	23		1	21	1
上海	64	1	16	40	7
山西	28		1	20	7
江苏	12			11	1
云南	7			7	
新疆	8		2	6	
山东	43		3	34	6
辽宁	9			5	4
合计	289	1	27	205	56
占比(%)		0.35	9.34	70.93	19.38

3. 会展专业师资职称情况分析

表8-7是部分省、市、自治区本科会展院校的会展专业教师职称情况的统计,有22个省、市、自治区会展院校提供472位教师的职称情况(某些省、市、自治区提供的数据不够完整,未纳入其中)。

从表8-7可以看出,在会展本科院校中,中高级职称教师占91.74%。其中,拥有教授高级职称的教师占12.92%,拥有副教授高级职称教师占31.57%,拥有讲师职称的教师占47.25%。

表8-7　部分省、市、自治区会展院校(本科)会展专业教师职称情况统计表　单位:人

省、市、自治区	教师数量	教授	副教授	讲师	助教
湖北	23	1	6	14	2
重庆	42		1	21	20
福建	29	9	15	5	
海南	34	3	9	21	1
河北	20	3	6	8	3

续表

省、市、自治区	教师数量	教授	副教授	讲师	助教
黑龙江	9	2	6	1	
湖南	23	7	5	8	3
吉林	24	3	5	15	1
江西	7	1	3	2	1
上海	14	1	7	6	
陕西	7		1	6	
山西	25	1	5	17	2
浙江	9	3	3	3	
北京	34	7	16	11	
贵州	27	4	8	12	3
云南	21	2	6	13	
新疆	7			7	
内蒙古	8	1	5	2	
河南	10	1	3	4	2
山东	36	4	12	20	
辽宁	35	6	17	12	
天津	28	2	10	15	1
合计	472	61	149	223	39
占比(%)		12.92	31.57	47.25	8.26

表8－8是部分省、市、自治区高职会展院校的会展专业教师职称情况的统计,有15个省、市、自治区会展院校提供290位教师的职称情况(某些省、市、自治区提供的数据不够完整,未纳入其中)。

从表8－8可以看出,在会展高职院校中,大多数教师拥有中高级职称,其比例为86.55%。其中,拥有教授高级职称的教师占7.59%,拥有副教授高级职称教师占24.48%,拥有讲师职称的教师占54.48%,助教占13.45%。

表8－8　部分省、市、自治区会展院校(高职)会展专业教师职称情况统计表　　单位:人

省、市、自治区	教师数量	教授	副教授	讲师	助教
宁夏	9	2	1	2	4
四川	5		1	3	1
重庆	26	1	7	16	2
福建	9	1	4	4	

续表

省、市、自治区	教师数量	教授	副教授	讲师	助教
广西	3			3	
黑龙江	14	1	5	8	
吉林	26	5	7	10	4
江西	22	1	1	20	
上海	64	5	19	34	6
山西	28	1	3	14	10
江苏	19		8	7	3
云南	7		3	4	
新疆	8	2	1	5	
山东	43	1	8	25	9
辽宁	7	1	3	3	
合计	290	22	71	158	39
占比(%)		7.59	24.48	54.48	13.45

4. 会展专业师资背景情况分析

高校教师任教资质一般要求为硕士学位及博士。会展高职与本科专业是2004年后才普遍在全国设立，当时对会展硕士博士的培养还没有起步，会展专业的师资大多来自其他专业。经过十几年的发展，已经有会展专业背景高学历的教师在高校任教。

表8－9是部分省、市、自治区本科会展院校的会展专业教师职称情况的统计，20个省市的会展院校提供480位教师的专业背景情况（某些省、市、自治区提供的数据不够完整，未纳入其中）。

从表8－9可以看出，在会展本科院校中，拥有相关专业背景的教师占比分别是：会展专业8.96%，经济学13.33%，管理学46.67%，营销6.25%，英语2.08%，计算机1.04%，其他21.67%。其中，拥有管理学专业背景的教师最多，其次是经济学，再次是会展专业。

表8－9 部分省、市、自治区会展院校(本科)会展专业教师背景情况统计表　　单位：人

省、市、自治区	教师数量	会展专业	经济学	管理学	营销	统计学	英语	计算机	其他专业
湖北	22		2	14	1				5
重庆	42		8	20					14
福建	36		10	25			1		
海南	34		6	24					4

续表

省、市、自治区	教师数量	会展专业	经济学	管理学	营销	统计学	英语	计算机	其他专业
河北	20		1	13	1			1	4
湖南	23	1		16	2		1		3
吉林	24		2	8	2		1		11
江西	8			2	1			2	3
上海	21		4	9	1		2		5
陕西	7			6					
山西	25	1	2	15					7
浙江	9	3	3	3					
北京	42	2	10	17	2		1		10
贵州	27	2	4	12	1		2		6
云南	21		6	10	1		2		2
新疆	7			2	1				4
内蒙古	8			4					4
河南	10	2	2	6					
山东	36	5	1	8	2				20
辽宁	58	27	3	10	14			2	2
合计	480	43	64	224	30	0	10	5	104
占比(%)		8.96	13.33	46.67	6.25	0.00	2.08	1.04	21.67

表8-10是部分省、市、自治区高职会展院校的会展专业教师职称情况的统计。15个省、市、自治区的会展院校提供290位教师的专业背景情况（某些省、市、自治区提供的数据不够完整，未纳入其中）。在会展高职高专院校中，拥有相关专业背景的教师占比分别是：会展专业5.17%，经济学6.21%，管理学52.41%，营销3.79%，英语0.34%，计算机1.72%，其他27.24%。其中，拥有管理学专业背景的教师最多，再次是经济学，会展专业背景的教师仅占5.17%。

表8-10 部分省、市、自治区会展院校(高职)会展专业教师背景情况统计表

省、市、自治区	教师数量	会展	经济	管理	营销	统计	英语	计算机	其他
宁夏	9		2	3					4
四川	5			3				1	1
重庆	26			17					9
福建	12		2	9			1		

续表

省、市、自治区	教师数量	会展	经济	管理	营销	统计	英语	计算机	其他
广西	3			2					1
黑龙江	14			12					2
吉林	26		1	6	5		1		13
江西	21	2	3	3	1		1		11
上海	64	13	4	28	3	1	5	1	9
山西	28		2	15	1				10
江苏	25			14				2	9
云南	7			4			1		2
新疆	8		2	2					4
山东	33		2	25	1			1	4
辽宁	9			9					
合计	290	15	18	152	11	1	9	5	79
占比(%)		5.17	6.21	52.41	3.79	0.34	3.10	1.72	27.24

5. 会展专业师资年龄结构分析

专业教师年龄结构也是衡量师资队伍潜力与发展的重要指标。表8—10是部分省、市、自治区本科会展院校的会展专业教师年龄结构情况统计表。21个省、市、自治区的会展院校,提供496位教师的年龄状况(某些省、市、自治区提供的数据不够完整,未纳入其中)。在会展本科院校中,30－50岁的教师占73%。其中,30－40岁的教师比例为最高(49%),其次是40－50岁的教师比例(24%),再次是30岁以下占18%。会展专业的教师在50岁以下的占91%。

表8—11　部分省市会展院校(本科)会展专业教师年龄构成情况统计表

省、市、自治区	教师数量(人)	30岁(含)以下	占比(%)	30－40岁	占比(%)	40－50岁	占比(%)	50岁(含)以上	占比(%)
湖北	22	2	0.091	15	0.68	5	0.23		0.0
重庆	42	3	0.071	25	0.60	13	0.31	1	0.02
福建	33	1	0.030	19	0.58	11	0.33	2	0.06
海南	34	4	0.118	24	0.71	5	0.15	1	0.03
河北	20	5	0.250	8	0.40	5	0.25	2	0.10
湖南	23	4	0.174	9	0.39	5	0.22	5	0.22
吉林	23	3	0.130	11	0.48	7	0.30	2	0.09

续表

省、市、自治区	教师数量（人）	30岁（含）以下	占比（％）	30—40岁	占比（％）	40—50岁	占比（％）	50岁（含）以上	占比（％）
江西	7	1	0.143	2	0.29	2	0.29	2	0.29
上海	21	2	0.095	8	0.38	8	0.38	3	0.14
陕西	12	5	0.417	3	0.25	4	0.33		0.00
山西	25	2	0.080	18	0.72	4	0.16	1	0.04
浙江	9	1	0.111	6	0.67		0.00	2	0.22
北京	42	2	0.048	20	0.48	15	0.36	5	0.12
贵州	27	4	0.148	16	0.59	4	0.15	3	0.11
云南	21	2	0.095	11	0.52	7	0.33	1	0.05
新疆	7	4	0.571	2	0.29	1	0.14		0.00
内蒙古	8		0.000	6	0.75	1	0.13	1	0.13
河南	10	2	0.200	3	0.30	3	0.30	2	0.20
山东	36	3	0.083	23	0.64	6	0.17	4	0.11
辽宁	44	3	0.068	18	0.41	14	0.32	9	0.20
天津	28	22	0.786	6	0.21				
合计/平均值	494	75	18	253	49	120	24	46	11

表8-12是部分省、市、自治区高职会展院校的会展专业教师年龄结构情况统计表。14个省、市、自治区会展院校提供292位教师的年龄状况（某些省、市、自治区提供的数据不够完整，未纳入其中）。在会展高职院校中，30—50岁的教师占83.94％，其中30—40岁的教师比例为最高（60.93％），其次是40—50岁的教师（23.01％），再次是30岁以下的教师（8.52％）。会展专业教师在50岁以下的占92.45％。

表8-12 部分省、市、自治区会展院校（高职）会展专业教师年龄构成情况统计表

省、市、自治区	教师数量（人）	30岁（含）以下	占比（％）	30—40岁	占比（％）	40—50岁	占比（％）	50岁（含）以上	占比（％）
宁夏	9	2	0.22	4	0.44	2	0.22	1	0.11
四川	5		0.00	4	0.80	1	0.20		0.00
重庆	26	4	0.15	17	0.65	5	0.19		
福建	12		0.00	7	0.58	3	0.25	2	0.17
广西	3		0.00	2	0.67	1	0.33		
吉林	26	1	0.04	15	0.58	6	0.23	4	0.15
江西	23	7	0.30	13	0.57	3	0.13		0.00

续表

省、市、自治区	教师数量（人）	30岁（含）以下	占比（%）	30—40岁	占比（%）	40—50岁	占比（%）	50岁（含）以上	占比（%）
上海	64	9	0.14	29	0.45	16	0.25	10	0.16
山西	28	3	0.11	19	0.68	5	0.18	1	0.04
江苏	25	1	0.04	14	0.56	7	0.28	3	0.12
云南	7		0.00	5	0.71	2	0.29		0.00
新疆	8	1	0.13	4	0.50	3	0.38		0.00
山东	33	2	0.06	22	0.67	6	0.18	3	0.09
辽宁	9		0.00	6	0.67	1	0.11	2	0.22
合计/平均值	278	30	8.52	161	60.93	61	23.01	26	7.55

九、我国会展专业学生就业及薪资情况

会展专业学生的就业与薪资问题历来被业内外所关注。作为一个新兴行业与新兴专业，毕业生能否有比较好的就业前景与较好的收入，不仅关乎该行业长期发展的问题，也是会展教育者必须关心的问题。一方面企业期待会展院校能为它们输送优秀的专业人才，另一方面会展教育者也期待企业能给予会展毕业生较好的收入与良好的发展空间。会展人才需求与人才培养之间的矛盾也一直困扰着业界与学界。

从要素角度而言，会展行业属于劳动密集型行业或知识密集型行业。将"管理"也看作一个企业发展要素的话，会展行业应该属于"管理"密集型行业。一个展会从项目策划、立项、招商、市场运作、销售管理、现场管理、客户的跟踪与管理等是一个庞大的系统，需要调集全方位的资源，无不需要强大的人力资源和管理者的协调与组织能力做支撑。展会项目展期虽短，但准备周期长达半年、一年乃至数年，极大地考验着组织运营人员的能力、智慧和管理水平。

本次调研所获得的就业薪资数据与其他数据资料相比，其完整度有一定的差距。如就业对口情况、就业率、薪资平均收入及三个等级（2 000元、2 000—3 000元、3 000以上）等指标，数据回返完整率不高，且存在理解不统一的现象。从本次调研的数据来看，并不能完全具有代表性，相关数据与分析仅做参考。

（一）就业比例与就业对口情况

相对于全国万余人的会展毕业生规模而言，表9—1涉及的毕业生数量

为6 873人，占比约为50%。从相关数据可以看出，会展专业本科院校学生就业率均值为92.74%，专业对口率为68.26%，高职高专的就业率均值为96.86%，专业对口率为76.63%。在现有的规模下，各省市提交的数据反映出就业率普遍高于专业对口率，不同省市就业率与专业对口率也存在一定的差距。专业对口率之间的差距要大于就业率之间的差距。

表9—1　　　　2017年会展院校毕业生就业率与专业对口情况[①]

省、市、自治区	本科 毕业生数量	本科 就业率(%)	本科 专业对口率(%)	高职高专 毕业生数量	高职高专 就业率(%)	高职高专 专业对口率(%)
湖北	144	86.67	49.00			
宁夏				46	100	94
四川				51	90	80
重庆	459	96.00	94.00	385	97.00	93.00
海南	355	93.00	74.79			
广东				1 036	98.39	68.53
广西				26	96.15	
河北				120	97	65.80
黑龙江				78	97	75
湖南	25	100		64	95	68
吉林	162	100	41	499	100	
江西				126	92.21	75.13
上海	670	100	82.50	870	96.90	60—80
山西	40	78		174		
浙江	132			1 010	99.50	76.80
云南	192	96				
内蒙古	41	85	20			
辽宁	113			55	100	70
平均值	2 333	89.81	68.26	4 540	96.86	76.63

在各省、市、自治区的会展教育分报告中，对当地会展专业毕业生就业情况与专业对口情况都进行了不同程度的分析。如北京会展教育发展报告指出，2017年北京市会展专业应届毕业生为257人。其中，北京第二外国语学院毕业生为58人，就业比例为55.20%，就业比例较低的原因在于58人中

---

① 本表只显示已经提交数据的省市区域情况。

有25人出国深造;北京联合大学旅游学院毕业生为56人,就业率为100%;北京农学院毕业生为53人,就业率为100%。

(二)会展专业毕业生薪资情况

各省、市、自治区提供的有关资料显示,截至2017年12月,会展专业本科院校学生平均薪资在上海约为6 000元,浙江省约为4 847元,湖北省约为4 350元,山东省约为3 500元,内蒙古约为3 000元。会展专业高职院校学生平均就业薪资总体上低于本科院校的毕业生,上海约为5 386元,浙江省约为3 962元,湖南省约为3 500元。

需要说明的是,上述数据仅限于提供资讯的部分省市院校。因缺少完整的数据,无法应用均方差分析将数据还原统计误差,各省市的分报告对毕业生薪资都有较为完全的说明。若要了解各地的具体情况,可以参见各省市分报告。

在上述第八、第九部分撰写过程中,要特别感谢上海信息技术学院王峰老师及其学生——夏进勇、伍建华、郑燕、付玉思、蒋清华——在相关资料梳理过程中给予了大力的协助与支持。

第二部分

上海会展教育发展报告

王胜英

一、上海会展教育院校基本情况

自2004年上海师范大学申请设立会展本科教育以来,截至2017年12月,上海68所在册高等院校(包括高职高专)中开设会展专业及与会展教育教学有关联的院校达23所,见表1-1。

表1-1　　　　　　　上海与会展教育有关的高等院校

序号	学校名称	序号	学校名称
1	复旦大学	13	上海出版印刷高等专科学校
2	上海大学	14	上海旅游专科学校
3	东华大学	15	上海电子信息职业技术学院
4	华东师范大学	16	上海科学技术职业学院
5	上海理工大学	17	上海工艺美术职业学院
6	上海师范大学	18	上海工商职业技术学院

续表

序号	学校名称	序号	学校名称
7	上海对外经贸大学	19	上海思博职业技术学院
8	上海应用技术大学	20	上海交通职业技术学院
9	上海第二工业大学	21	上海工商外国语职业学院
10	上海工程技术大学	22	上海电影艺术职业学院
11	上海视觉艺术学院	23	上海城建职业学院
12	上海外国语大学贤达经济人文学院		

通过对表1—1内高等院校的调研,上海有23所院校开展了会展教育教学,涵盖了不同教育规模、不同学历层次(研究生、本科、大专、高职)、不同会展专业方向、不同的院校属性("211"、公办、民办)。

(一)上海会展专业设立情况

从设立的时间来看,公办会展本科基本上是在2008年以前设立,最早设立会展的学校是上海师范大学(本科2004,专科2003)、上海对外贸易大学(2004,中德合作)、上海大学(2005)、上海第二工业大学(本科2006,专科2004)、上海理工大学(本科2006)。

需要说明的是,上海师范大学旅游学院的会展专业是全国首批经教育部批准设立会展经济与管理本科专业的院校之一。2002年11月,该校首次在旅游管理专业下开设会展方向,时称"上海会展第一班";2004年设立会展经济与管理专业。2008年9月,上海旅游高等专科学校开设会展策划与管理专科专业。2015年11月,上海旅游高等专科学校又成立了"会展与经济学院",下设会展策划与管理专业(专科)。

上海大学会展专业2005年起正式招收本科生,2007年开始培养硕士生,2010年招收博士生。

民办专科最早设立会展专业的是上海工商外国语职业学院(2003)。值得注意的是,上海最早设立会展专业的是上海曹阳职业技术学校,该校1999年设立了会展服务与管理专业,当年实现招生70人。且该校会展专业发展至今已成为上海市精品特色专业、市奖励专业,还建有上海市会展开放实训中心。

复旦大学旅游学系并未设置会展本科专业,但旅游学系有从事会展市场研究的博士生导师,招收会展研究方向的博士生,该系还承担复旦大学网络教育学院和复旦大学继续教育学院旅游管理本科、会展管理本科培训教育的教学工作。

经正式批准设立会展专业的院校,都有相应的招生规模,上海会展专业规模化发展集中在2006年以后,见表1-2。调研数据显示,上海形成规模化会展教育的本科院校有11所,分别是东华大学、上海大学、华东师范大学、上海理工大学、上海师范大学、上海对外经贸大学、上海应用技术大学、上海第二工业大学、上海工程技术大学、上海视觉艺术学院、上海外国语大学贤达经济人文学院。高职院校有12所。中职院校设置会展专业时间比较早、数量多,大多在2010年前设置。

表1-2　　　　上海形成规模化会展教育教学的高等院校[①]

学校名称	设立时间(年)	招生规模(人)	在校生规模(人)
东华大学	2009	30	120
上海大学	2005	30	120
华东师范大学	2009	20	80
上海理工大学	2006	90	360
上海师范大学	2004	80	320
上海对外经贸大学	2004	80	320
上海应用技术大学	2006	45	180
上海第二工业大学	2004(专科)/2006(本科)	40/80	440
上海工程技术大学	2003	30	120
上海视觉艺术学院	2009	30	120
上海外国语大学贤达经济人文学院	2013	30	120
上海出版印刷高等专科学校	2003	80	240
上海旅游专科学校	2003	80	240
上海电子信息职业技术学院	2005	80	240
上海科学技术职业学院	2009	50	150
上海工艺美术职业学院	2003	80	240
上海工商职业技术学院	2003	50	150
上海思博职业技术学院	2009	30	90

---

① 调研数据显示各校每年招生数量有所差异,表内招生规模为2015—2017年会展专业招生数量平均值。

续表

学校名称	设立时间(年)	招生规模(人)	在校生规模(人)
上海交通职业技术学院	2010	40	120
上海工商外国语职业学院	2003(专科)/2006(中澳)	80	240
上海电影艺术职业学院	2010	30	90
上海城建职业学院	2004	80	240
合计		1 235	4 220

会展专业规模较大的院校是上海师范大学,其本科与专科招生规模分别为80人,在校生人数约为560人;其次是上海第二工业大学,其本科与专科招生规模分别为80人和40人,在校生人数约为440人;再次是上海对外贸易大学在校生规模约为320人。

高职高专每年招生规模大多在80人,在校生规模每年保持在300人左右。中职会展专业招生数量高峰也在2010年,2017年底中职在招专业已有所减少,规模也在减少,现在常规开展会展教育的院校主要是上海曹杨职业技术学校、上海工商信息学校和上海机械工业学校。

从各校公布的招生规模来看,上海市形成规模的会展教育高等院校在校生为4 340人,其中本科生规模为2 300人,专科为2 040人,每年毕业生规模为1 235人。加上中职院校的会展专业在校学生数量(见表1-3),上海会展院校在校生约4 560人。

表1-3　　　　　2000—2017年上海会展中职院校设立情况①

序号	学校名称	专业名称	招生数量	设立时间
1	上海市曹杨职业技术学校	会展服务与管理	70	1999
2	上海工商信息学校	会展服务与管理	30	2006
3	上海机械工业学校	会展服务与管理	20	2008
4	上海市航空服务学校	会展服务与管理	30	2008
5	上海新闻出版学校	会展美术设计与制作	70	2008
6	上海市现代职业技术学校	会展服务与管理	30	2004
	合计		250	

① 据调研统计,上海中职院校最高峰时设立会展专业的院校达10余所,近年来有所减少,表1-3内院校为目前常年稳定招生的会展院校。

(二)会展专业设置情况

根据教育部对会展专业设置的规定,会展本科专业名称为会展经济与管理,高职高专会展专业名称为会展策划与管理,中职会展专业名称为会展服务与管理。有关会展设计专业,有的院校为艺术与设计,有的院校为艺术与科技等。

上海设置会展经济与管理的规模化招生高校有8所(见表1-4),其中华东师范大学在2014年将会展与旅游合并为旅游与会展管理专业。设置会展策划与管理专业上海院校有8所,见表1-5。

表1-4　　　　　设置会展经济与管理专业的上海高等院校

序号	学校名称	专业名称
1	东华大学	会展经济与管理(本科)
2	华东师范大学	旅游与会展管理(本科)
3	上海理工大学	会展经济与管理(本科)
4	上海师范大学	会展经济与管理(本科)
5	上海对外经贸大学	会展经济与管理(本科)(中德合作)
6	上海应用技术学院	会展经济与管理(本科)/会展策划与管理(自考本科)
7	上海第二工业大学	会展经济与管理(本科)/会展策划与管理(专科中澳合作)
8	上海外国语大学贤达经济人文学院	会展经济与管理

表1-5　　　　　设置会展策划与管理专业的上海高等院校

序号	学校名称	专业名称
1	上海出版印刷高等专科	会展策划与管理(专科)
2	上海旅游专科学校	会展策划与管理(专科)
3	上海电子信息职业技术学院	会展策划与管理(专科)
4	上海科学技术职业学院	会展策划与管理(专科)
5	上海工商职业技术学院	会展策划与管理(民办专科)
6	上海思博职业技术学院	会展策划与管理(民办专科)
7	上海工商外国语职业学院	会展策划与管理(民办专科)
8	上海城建学院	会展策划与管理(专科)

上海工商外国语职业学院的会展策划与管理专业于2003年正式设立,

2006年该校与澳大利亚北墨尔本理工学院达成协议，合作兴办会展策划与管理三年制专科专业。上海曹杨职业技术学校在2017年实现了中高职贯通，学生在就读三年会展服务与管理专业后，在上海电子信息职业技术学院会展策划与管理专业就读二年，毕业后获得大专文凭。

近几年上海会展设计专业形成了一定的规模，有6所院校设置与会展设计有关的专业，见表1—6。

表1—6　　　　　　　设置展示设计专业的高等院校

序号	学校名称	专业名称
1	上海工程技术大学	艺术与科技
2	上海大学	艺术与科技
3	上海应用技术学院	展示设计（自考本科）
4	上海视觉艺术学院	环境设计专业（会展设计与策划方向）（民办本科）
5	上海工艺美术职业学院	展示艺术设计专业（专科）
6	上海思博职业技术学院	艺术设计（会展设计）
7	上海电影艺术职业学院	应用艺术设计（数码环艺/会展）（民办专科）
8	上海交通职业技术学院	展示艺术设计（民办专科）

需要指明的是，上海大学影视艺术技术学院设置艺术与科技专业，前身是教育部2012年命名的原会展设计专业，是上海大学影视艺术技术学院的重点专业，经过近十年的发展，现已成为国内高校艺术与科技（会展）专业教学领域的特色品牌，拥有本专业方向的博士、硕士和学士学位授予权。国家商务部和上海大学合建的上海会展研究院，也是该校会展专业学生的学术研究和实践基地。

上海工程技术大学在2008年将会展设计专业更名为会展艺术与技术专业，该专业在2001年开始设立会展与空间设计专业方向，在2003年经上海市教委批准为艺术设计（会展与空间设计）专业方向，该校成立会展系，也是上海市高校中独立设会展系的院校之一。2005年成为上海市本科教育高地建设的专业方向。2008年该专业方向成为教育部艺术设计特色专业建设点之一，同年该专业更名为会展艺术与技术。2012年该专业获批为中国会展创意基地。2013年其专业更名为艺术与科技。

二、上海会展高学历层次教育情况

从数据资料整理的结果可以看出（见表2—1），上海会展教育硕士以上学历设置院校有 5 个。2011 年 9 月,上海师范大学旅游学院在工商管理一级学科硕士点企业管理专业下设会展与节事管理方向,开始会展方向硕士研究生教育。上海对外贸易大学在 2016 年设置会展经济与管理硕士点。其他学校均是在其他专业硕士点与博士点下设会展研究方向,如复旦大学在旅游学专业下设会展研究方向招收博士生,上海大学在广告与传播博士点下开展会展研究方向的硕士、博士生教育,上海师范大学、东华大学在旅游管理硕士点下设会展硕士研究方向。

表 2—1　　　　　　　与会展高学历教育有关的上海院校

序号	学校名称	硕士	博士
1	复旦大学	/	旅游管理博士 会展市场研究方向
2	华东师范大学	旅游管理硕士点 (会展节事方向)	/
3	上海财经大学	旅游管理硕士点	旅游管理博士点
4	上海大学	广告与传播硕士点	广告与传播博士点
5	上海师范大学	旅游管理硕士点	/
6	上海对外经贸大学	旅游管理硕士点/会展经济与管理硕士点	/

上海对外贸易大学设有旅游管理硕士点和会展经济与管理硕士点,招生规模为每年 6—8 名:旅游管理硕士点,研究方向为旅游服务管理、都市旅游、会展旅游;会展经济与管理硕士点,研究方向为活动管理、会展经济、城市会展业。

华东师范大学在旅游管理专业下设"会展节事管理"方向,每年招收 2—3 人。

三、师资情况

与其他专业相比,会展专业开设较晚,会展专业毕业的博士寥若晨星。近几年进入上海高校会展专业的教师基本上具有硕士(含)以上学历,来自旅游管理专业与管理学专业较多。会展专业专职教师总数为 150 人,拥有博士学位的教师为 56 人,高级职称的教师为 57 人。其中,会展本科专业专职教师为 98 人,博士为 48 人,占 48.9%,高级职称 41 人,占 41.8%。会展专科师资背景以硕士为主,占 80%,高级职称占比不足 10%。师资数量各个院校也有所差异,一般为 4—10 人。配备师资比较到位的院校大多集中在形成规模化院校。具体情况见表 3—1。

表 3—1　　　　　上海会展专业师资情况一览表①

序号	学校名称	专职教师数量	博士	高级职称
1	东华大学	10	4	5
2	上海大学	9	4	6
3	华东师范大学	4	3	3
4	上海理工大学	8	1	3
5	上海师范大学	15	12	9
6	上海对外经贸大学	8	5	3
7	上海应用技术大学	4	3	3
8	上海第二工业大学	8	4	4
9	上海工程技术大学	15	5	5
10	上海视觉艺术学院	5	2	2
11	上海外国语大学贤达经济人文学院	5	0	1
12	上海出版印刷高等专科学院	6	2	2
13	上海旅游专科学校	10	9	4
14	上海电子信息职业技术学院	5	1	2
15	上海科学技术职业学院	4	0	1
16	上海工艺美术职业学院	4	/	4
17	上海工商职业技术学院	3	/	/
18	上海思博职业技术学院	5	/	/
19	上海交通职业技术学院	4	/	/
20	上海工商外国语职业学院	5	/	/
21	上海电影艺术职业学院	10	3	5
22	上海城建学院	8	/	/
	合计	155	58	62

① 表内"/"是指统计不完全数据。

四、培养方案与课程设置情况

据教育部会展专业名称的规定,上海各会展院校设置的会展专业名称基本一致,主要是会展经济与管理专业、会展策划与管理专业、展示设计专业,但各校的培养方案均有所差异,其课程设置也有一定的差别。上海开办会展本科的院校有 10 所,各个院校依据各自的实际情况对会展相关专业特色进行了定位。

(一)上海会展本科院校培养方案与课程设置情况

东华大学会展经济与管理专业的培养目标是培养德、智、体全面发展的,具备扎实的经济学、管理学、公共管理和传播学理论相关的基本知识;系统掌握会展及活动事件经营和(会展)项目管理的基本理论、专业知识,熟悉国内外会展行业管理的运行规则及有关方针、政策法规,能适应 21 世纪中国会展业国际化发展需要的,在各类型专业会展公司、行政事业单位及活动事件组织机构从事会议、展览、大型活动的宣传推广、项目经营与管理的高级人才。在课程设置上,部分核心课程采用双语教学,以提高学生的外语能力,同时加强实践环节的比重,会展产业网络化服务平台模拟系统为学生提供实践操作平台。此外,由东华大学旭日管理学院会展与旅游管理系 2005 年承担的会展项目管理人员职业资格研发项目已被国家劳动保障局正式纳入职业资格考试,为行业提供了有关职业标准和人才培养体系。

上海大学艺术与科技专业的培养目标是培养在会展行业、广告行业、网络咨询业等企事业单位从事会展与广告创意、大型活动设计、企业形象设计、商品包装设计、各类品牌视觉传达等工作的专业创意与设计人才,培养适应市场经营发展和专业管理的创意设计管理人才以及研究人才。其主要课程有传播学概论、市场营销、会展概论、会展策划、大型活动策划、会展实务、展示空间设计、展示材料与制作、虚拟会展、3DMAX 设计与制作等。

华东师范大学 2005 年 8 月设立会展学院挂在继续教育学院下主要从事会展行业培训工作,龚维刚、吴承鳞曾在该院兼职领导岗位,2009 年正式成立会展本科教育专业。该校工商管理学院前两年不分专业,后两年由学生报名选择专业,每届保持在 20—30 人。该校会展专业的专业基础课与专业课为微观经济学、宏观经济学、管理学、会计学、管理信息系统、会展概论、会展经济学、会展管理、会展营销、会展策划、会展商务沟通、会展法规等,还安排观摩、见习、实训和实习等多种形式的实践活动。

上海理工大学会展经济与管理专业设置在该校中英国际学院(SBC),该专业大二学年可选专业方向,毕业后可获英国哈德斯菲尔德大学会展经济与管理(荣誉)文学学士学位,含双联学位(4+0学士/2+1+1学士/2+2学士)。具备优异的专业知识及学术英语能力的国际学生,可免修大一基础学年的课程,直接进入大二学年,用三年时间完成本学位课程的学习。会展经济与管理(荣誉)文学学士学位课程由英国哈德斯菲尔德大学在中英国际学院开设,毕业后学生可授英国哈德斯菲尔德大学会展经济与管理(荣誉)文学学士学位。

上海师范大学会展经济与管理专业的培养目标是按照工商管理人才培养的基本框架,实行宽口径培养,旨在培养德才兼备、熟悉国内外会展业发展规律和会展产业链上各个环节的主要知识,了解会展及各类活动策划与管理的基础理论,具有创新精神和实践能力,具有较强的双语表述能力和人际沟通能力,能在会展或相关企事业单位从事活动策划与组织、企业经营管理或科学研究的应用型人才。该校会展经济与管理专业必修课涵盖了教育部高等学校工商管理类学科专业指导委员会确定的各门核心课程,包括西方经济学、管理学原理、统计学原理、市场营销学、组织行为学、项目管理、运营管理和财务管理等;同时开设会展导论、创意产业导论、活动策划与管理、会展融资、会议策划与管理、展览会策划与管理、奖励旅游策划与组织、会展场馆经营与管理、会展业经典案例研究、参展实务等专业课程。

上海对外经贸大学会展经济与管理专业是与德国奥斯纳布吕克应用技术大学(Fachhochschule Osnabruck, University of Applied Sciences)合作举办的,其培养目标是为国际博览会、展览会和国际会议培养掌握现代企业管理、市场营销及会展专业理论知识和操作技能的策划与营销的复合型人才,培养具有国际竞争力、具有开阔视野和营销能力的展览业经营管理人员。以重国际交流能力、重社会实践、重案例教学为特色,强调宽口径、厚基础的培养方针。该校会展专业设有中方与德方专业课程:中方专业课程主要有国际贸易、财务管理、统计学、中国会展业概论、中国展览会项目实施、中国会展业法律法规、第二外语(德语)等;德方专业课程主要有商务管理原理、服务营销、会计学、微观经济学、管理概念、商务交际基础、宏观经济学、会展管理原理、会展项目管理、商业展览会管理、企业参展基本原理、会议管理、会展风险管理与会展法、场馆与目的地管理、文化管理等。学生修完专业教学计划规定的全部课程并经考核合格,颁发本科学历证书,通过论文答辩后由两校颁发学士学位。

上海应用技术大学会展专业的培养目标是以营销、英语、艺术设计、信息管理为学科背景,用具有国际化标准的会展业人才的培养方案并结合长三角地区社会经济发展的需要,着重培养具有会展策划和会展营销等能力,具有较高的艺术设计品位和较强的跨文化沟通和跨文化交流能力的会展策划师、会展经纪人、会展项目经理等复合型的会展业核心人才,同时根据会展产业链的要求培养具有不同专长的其他会展业人才。该校会展专业的主要课程有大学英语、高等数学、微观经济学、宏观经济学、管理学、市场营销、国际贸易理论与实务、会展概论、会展经营、会展策划与组织实施、会展设计概论、会展项目管理等。

上海第二工业大学会展经济与管理专业的培养目标是培养理论基础扎实、实践能力强、政治文化素养良好，能够系统掌握会展经济与管理基本理论知识、专业技能与方法，了解国际会展项目营运流程与管理方法，熟悉先进的会展管理软件，有较强沟通能力及专业文档写作能力，能够熟练运用所学知识、技能及现代信息技术开展会展项目市场调研、策划、营销、运营及后期管理等一系列实践活动的应用型中高级会展项目管理人才。该校会展专业的主要专业课程有会展导论、会展信息管理、会展策划、会展项目管理、会展产业经济学、会展风险与安全管理、参展原理与实务、大型事件管理、会展场馆经营与管理等。该校会展专业的特色主要体现在两个方面：一是会展行业实践体系化；二是建立学科综合研究平台。在会展行业实践方面建立"课程安排＋展会现场＋双重考核"制度体系，围绕"展、会、活动"设计实践课程，从大一到大三均配备相应的实践课程，见表4－1。大一学生以现场观摩调研为主，大二与大三学生必须到展会现场参与岗位实践活动，并在校内策划一次主题展会。实践课程的成绩由校内任课教师与企业带教导师共同给予评价。现在该校会展专业已有5家企业设置了企业奖学金，鼓励学生参与企业实践。

表4－1　　　　　上海第二工业大学会展专业实践课程安排

序号	实践课程名称	课时	年级	对应专业展会	实践形式
1	会展行业职业规划	24	大一	国际自行车展	现场调研
2	会展市场调查	48	大一	国际酒店用品展	现场调研
3	会展专业认识实践	48	大一	环博会	现场调研
4	展会模拟实战	72	大二	校内主题策展	自办展
5	会展信息管理软件	48	大二	国际医药原料展	顶岗实践
6	会展营销模拟	24	大二	中国国际工业博览会	顶岗实践
7	活动模拟实战	48	大三	国际自行车展/环博会	顶岗实践
8	参展模拟操作	24	大三	双线会展（在线）	顶岗实践
9	会议模拟实战	48	大三	31会议/国际酒店用品展	顶岗实践

该校在2017年10月成立了国际会展产业研究院，与中国会展经济研究会、上海浦东政府商务委员会会展办、上海会展行业协会、中贸慕尼黑（上

海)国际展览有限公司、迅狐国际科技有限公司协同建立综合研究平台,汇聚政府、企业、高校各方优势,凸显"政产学研用"五位一体的特征,建立开放与互动的创新性研究平台。

上海工程技术大学的会展专业是教育部国家级特色专业、上海市本科教育高地。专业培养目标是依托国家会展中心以及国际会展之都等产业地域优势,紧贴创意产业与会展市场人才需求,以会展与空间设计搭建为主要特色,重视会展艺术与技术相融的知识技能培养。要求学生成为综合素质高、专业能力强,有创新的设计思维,能独立进行会展艺术设计、工程实施,能胜任展会项目整体策划和设计、展会环境设计、具体展位和节事活动、会议等相关艺术设计工作的高素质专门人才,最终达到卓越会展设计师的水平。该校会展专业的主要课程有会展概论、会展文案、创意思维与设计实现、设计心理学、表现技法、展示空间分析、展示设计与搭建、材料与工艺、模型制作、工程施工工艺、计算机三维软件、会展数字化流程设计、展示信息设计、会展服务管理、展示设计、家具设计、广告设计、展示空间搭建、会展策划、展示照明系统设计、品牌展示设计、展示设计程序与方法、会展项目策划与组织、展示空间影像处理等理论课程及实践教学环节。

上海外国语大学贤达经济人文学院的会展经济与管理专业中英文双语班。其培养目标是培养系统掌握会展经济与管理的理论知识,熟悉会展策划、营销和管理等运作流程,具备较强的会展策划、管理和跨文化沟通能力的复合型、应用型、国际性会展管理人才。培养方式主要是在课程设置、教学设计、实践教学等方面以"宽口径、厚基础、强应用、重能力"为指导,聘请资深教授、优秀海归教师以及外教任教,依托本校英语教学优势,强化基础英语教学。专业核心课程部分采用国外大学原版教材,双语授课部分采用国内优秀教材。建立了一支由行业专家组成的兼职教师队伍,大力加强实践教学。其专业特色是注重理论知识学习和实践能力培养并重,与上海多家知名国际性会展企业建立校企合作关系,有多个校外实训基地。通过校企合作、"产、学、研"结合、外语教学及国际交流,培养既有较扎实专业理论基础,又具备创新和实际操作能力、具有国际视野和跨文化交流能力的会展专门人才。

上海视觉艺术学院会展专业设置在视觉—德稻设计学院,专业名称为环境设计专业(会展设计与策划方向),其培养目标是培养具有良好艺术修养、文理交叉的复合型会展设计应用人才。要求学生具备扎实的艺术设计能力和理论知识,熟悉工程技术和材料,具有创新思维和掌握科学的研究方法,了解国内外会展行业的最新成果和发展动向,能够参与实施会展项目的管理,适应中国会展业国际化发展需求并具有团队合作精神。会展专业的主要课程有展示设计初步、展示空间与道具设计、展位设计与搭建、展示视觉设计、会展营销、橱窗陈列设计、会展项目管理、商业展示设计、展示照明应用、文博场馆展示设计、会展多媒体应用、大型活动策划与设计等。

(二)上海会展高职高专院校培养方案与课程设置情况

上海出版印刷高等专科学校在出版传播系下设会展策划与管理专业。该专业的培养目标和专业特色是培养熟练掌握会展实际运作,能够在会展、旅游、广告、图书等文化创意产业、政府事业单位或非政府组织从事会展策划、营销推广以及展示设计的技能应用型人才。强调学习会展基础理论与基本技能,强化计算机应用能力,注重外语尤其是口语能力培养,培养学生从事各类会展的市场调研、策划、宣传推广、组织管理和运作能力以及展示设计能力。该校会展专业主干课程有会展概论、美术设计基础、市场营销、会展广告、会展接待实务、会展管理决策与实务、会展文案、会展项目管理、市场调查与预测、展示设计基础、展示设计应用、商务谈判、会展交际英语、电子商务等。

上海旅游专科学校会展策划与管理专业的培养目标是培养德、智、体、美全面发展,具有良好的综合素质,熟练掌握实践操作技能,具有调研、策划、营销、组织、运营等岗位服务与管理能力的高素质技能型会展业人才。该校会展专业的主要课程有会展基础、会展专业英语、会展文案、会展接待与服务、会议策划与管理、展览策划与管理、商业展示设计、广告实务、跨文化沟通与谈判技巧、场馆管理与服务、会议设备管理等。

上海电子信息职业技术学院会展专业的培养目标是培养德、智、体、美全面发展,适应上海国际会展中心城市发展的要求,面向节事婚庆、会议策划、展览设计、制作搭建、会展物流等企业,培养具有较高综合素养,熟练掌握会展相关岗位的核心技能,掌握会展项目策划运营流程、设计方法、服务管理等工作的知识和技能,能从事会展服务、招展招商、设计制作的现代服务领域的高素质技术技能型人才。该校会展专业的主要课程有会展策划业务、会展现场管理、会展管理业务、会展商务沟通、会展现场运作基础、会展客户关系管理、网络虚拟展实训、会展营销、会展物流、会展设计、广告设计等课程。

上海科学技术职业学院会展专业的培养目标与专业特色是培养会展项目管理、策划的经营型人才,传授系统的会展知识及技能,注重学生基本艺术素养和技巧培养,加强英语口语和计算机应用能力的教学,使学生具有良好的项目开发和业务经营能力。其主要课程有会展概论、展览项目策划与管理、会展市场营销、展台设计、展览实务、场景制作、管理学等。

上海工艺美术职业学院展示艺术设计专业是中央财政支持的重点建设专业。该校展示设计专业以国际化为导向,培养从事空间设计、平面设计、跨媒体设计的技能型人才。该校展示设计专业与西班牙巴塞罗那理工学院开展合作,突出展示跨媒体跨界技术运用及新材料开发专业特色。该专业在新媒体展示运用、展示灯光音响效果方面与国内有关会展公司合作,联合培养商业展示的空间设计、工艺与制作技能型人才。

上海工商职业技术学院会展专业的培养目标是旨在培养具有国际视野、善于沟通、英语交流通畅、专业知识够用、会展技能过硬的高素质技能型专门人才。其主干课程有会展概论,会展营销,会展设计实务,会展策划实务,参展商策划。

上海思博职业技术学院艺术设计(会展设计)专业的培养目标是掌握现代商业展示设计与专业技能,能运用现代设计方法与综合工程技术进行商业展示(展示宣传、展示策划、展示施工)相关的设计与制作的高素质、高技能的应用型设计人才。该校会展专业的主干课程包括:设计素描、设计色彩、艺术设计基础、现代设计史、展示设计概论、手绘效果图表现、设计Photoshop、Coreldraw、Illustrator、平面设计软件综合运用、展示工程CAD、3DMax、展示道具设计与制作、陈列设计、商业展台设计、会展舞美设计、产品展览展示设计、主题专卖店展示设计、展示材料与展示工程预算等。该专业所设置的基础课程有设计素描、设计色彩、结构与空间、展示工程CAD、Photoshop、3DMax、手绘效果图表现和会展设计概论等。安排的实践课程有建筑装饰制图、装饰材料与施工技术、展览展示陈列设计、商业环境设计、会展设计、项目预决算编制等。

上海交通职业技术学院展示艺术设计(民办专科)的培养目标是培养具有良好职业素养,掌握展示设计专业基本理论及展示活动策划、组织和管理基本知识,具备扎实艺术设计能力,熟悉工程技术与材料,以及展示活动空间环境、展示设计制作的技术技能型人才。该校会展专业的主要课程有造型基础、计算机辅助图形(Ⅰ、Ⅱ)、设计构成、设计概论(含美学原理)、基础制图、设计表现技法Ⅰ、市场营销及设计心理学、展示设计基础、展示材料与工艺、展示色彩与照明、数字影像、设计表现技法Ⅱ、模型设计与制作、展示视觉传达、交互设计、活动方案设计。

上海工商外国语职业学院的会展策划与管理专业的培养目标是从会展人才市场需求特点出发,以职业能力分析为依据,以职业素质和能力培养为目标,吸收整合了会展策划职业资格考试的主要内容,不断完善专业课程体系。基于中澳办学特点,加大课程外语教学比重,专业课程双语教学,培养学生"外语+专业"的能力。

上海电影艺术职业学院应用艺术设计(数码环艺/会展)专业的培养目标是以市场为导向,培养符合会展设计与制作一线岗位及行业发展需要的,具有活动和展示方案策划的基本能力,重点掌握展示策划设计及三维虚拟现实技术的基本技能,能熟练地为大型会议、文化类活动、博物馆、工商业会展及企事业单位的大型推广活动进行策划、设计与制作,具有创新意识和团队精神,具备良好的职业道德与敬业精神的德艺双馨的高级技能应用型专门人才。该校会展专业主干课程有博物馆纪念馆展示设计、商业会展设计、交互设计、展示表现效果图、展示动画、虚拟现实等。

上海城建职业学院会展策划与管理专业的培养目标是具有一定会展专业知识,能够从事会议、展览及活动策划、营销、展示设计、服务及管理等相关岗位工作的高素质技术技能型会展专业人才。该校会展专业特色采用"2+1"人才培养模式,注重学生的实践能力、沟通能力及职业素养的培养。其主要课程有展览策划实务、节事活动策划、会议组织与管理、会展服务、会展营销、会展项目管理、参展商实务、平面设计、三维效果图制作、商务沟通、电子商务、国际贸易实务、应用文写作等课程。

五、上海会展教育国际合作情况

上海会展教育国际合作形式多样,各高校都不同程度地开展了国际交流与合作。在本科院校中,国际交流生是常态化的国际交流方式,教师出国深造也是极为常见的国际交流形式。

在会展专业教育与学历层面上开展深度合作的院校不是很多,主要有上海对外经贸大学、上海理工大学、上海第二工业大学等。这些高校与德国、英国、澳大利亚会展院校的合作事宜开展较早,也比较成熟,在学历层次上达到了一定的高度,均可以颁发双重学历,但学历层次上有所差异,本科较少,专科较多。具体情况见表6—1。

表6—1　　　　　　上海会展院校国际合作情况汇总表

学校名称	合作时间与合作方	专业名称
上海理工大学	2006,英国	会展经济与管理(本科)
上海对外经贸大学	2004,德国	会展经济与管理(本科)
上海第二工业大学	2006,澳大利亚	会展经济与管理(专科中澳合作)
上海工商外国语职业学院	2006,澳大利亚	会展策划与管理(民办专科)

六、上海会展教育行业实践与行业培训情况

上海是我国会展产业最为活跃的城市之一。随着2015年国家会展中心

建成运营,上海形成了新国际博览中心(30万平方米)、世博中心(10万平方米)、国家会展中心(50万平方米)三大场馆为主,其他小型展馆并存的局面,为举办各类型的展览奠定了坚实的基础。在上海,每年会展数量近千个,大量的人才需求使得会展企业对于会展教育也十分关注,也为上海会展院校开展校企合作提供了良好的条件。校企合作培养、校企联动参与行业实践、会展企业奖学金、企业高管进校开展讲座等日趋增多,其形式也多样化。开展校企密切合作已成为大多数上海开设会展专业的院校开展会展教育的一种重要手段。实施校企合作模式较为典型的院校情况如表7-1所示。

表7-1　　　　　　　　上海会展院校行业实践情况汇总表

学校名称	合作形式	合作程度
东华大学	参与行业实践、讲座	不定期
华东师范大学	参与行业实践、讲座	不定期
上海理工大学	参与行业实践、讲座	不定期
上海师范大学	参与行业实践/企业奖学金(励展)	定期/合约
上海对外经贸大学	参与行业实践、讲座、企业项目合作	不定期
上海应用技术大学	参与行业实践	不定期
上海第二工业大学	参与行业实践/企业奖学金(博华国际、慕尼黑等5家企业奖学金)、讲座	定期/合约
上海工程技术大学	参与行业实践	定期/合约
上海视觉艺术学院	参与行业实践	不定期
上海外国语大学贤达经济人文学院	参与行业实践	不定期
上海出版印刷高等专科学校	参与行业实践	定期/合约
上海旅游专科学校	参与行业实践、讲座、励展奖学金	定期/合约
上海电子信息职业技术学院	参与行业实践、讲座	定期/合约
上海科学技术职业学院	参与行业实践、讲座	定期/合约
上海工艺美术职业学院	参与行业实践、讲座	不定期
上海工商职业技术学院	参与行业实践、讲座	不定期
上海思博职业技术学院	参与行业实践、讲座	不定期
上海工商外国语职业学院	参与行业实践、讲座	不定期
上海电影艺术职业学院	参与行业实践、讲座	不定期
上海交通职业技术学院	参与行业实践、讲座	不定期
上海城建职业学院	参与行业实践、讲座	不定期

除此之外,上海行业协会在会展教育方面发挥着行业与学校的引领作用,一是向高校开放行业职业证书培训窗口;二是建立企业与院校交流平台,举办会展教育与行业需求研讨会;三是开展会展教育课题研究等。

上海会展行业内的会展培训教育在2015年前相对较多,上海师范大学、华东师范大学、复旦大学网络教育学院都举办过会展教育培训。其相关证书分别是:会展经营策划师证书,开发单位是上海市劳动和社会保障局;会展师/助理会展师,开发单位是上海紧缺人才培训办公室、复旦大学网络教育学院培训中心。

现在常规性的培训主要是上海会展行业协会开办的会展管理讲解员与会展管理专业技术水平认证培训。该培训由上海市会展行业协会、上海世博人才发展中心联合上海人事局共同开发,上海市职业能力考试院颁发上海市会展管理专业技术水平认证证书(初、中、高级)。

本部分撰写过程中,要特别感谢兄弟会展院校老师给予的大力支持与帮助:上海大学会展研究院的张敏教授,艺术与科技系副主任郜明老师;上海应用技术大学会展专业负责人王晶老师;上海师范大学会展专业负责人刘德艳老师;上海工艺美术职业技术学院专业负责人王志量老师;上海电子信息职业技术学院会展专业负责人王峰老师;上海曹阳职业技术学校会展专业负责人秦国萍老师;东华大学旭日工商管理学院会展系负责人吴晓隽老师;上海师范大学会展系姜晨博士;上海第二工业大学会展系王尚君老师等。

广东省会展教育（本科）发展报告

庞 华[①]

一、广东省会展教育研究文献综述

（一）广东开设会展专业的本科院校概况

就广州而言，根据吴琼2012年的论文[1]，"最早开设会展专业方向的是广州大学旅游学院。2002年，广州大学首先在旅游管理专业下开设会展与商务旅游以及会展经营管理专业方向。2005年，广东商学院会展经济与管理专业开始对外招生。通过阳光高考网、广东招生信息网、广东招考网等网站数据统计，2011年广州以会展及相关专业方向进行招生的高等院校有15所，包括8所本科院校：中山大学、华南理工大学、广州大学、广东商学院、广东工业大学、华南师范大学、广东外语外贸大学、广东培正学院。其中，华南理工大学会展经济与管理专业设有我国第一个节事与会展管理的博士点。从开设会展及相关专业的高等院校类型可以看出，目前会展专业开始渗入

---

① 庞华，华南理工大学副教授、管理学博士、会展系主任、专业负责人、硕士生导师，研究方向：会展经济与管理，服务创新。

各种不同类型的高校,包括文、工、商、师范及综合性大学等各类院校。"论文中的广东商学院现已改名为广东财经大学。论文还提及,我国的会展学历教育始于 2000 年,最早是以专业方向的方式进行招生。根据赵现红 2014 年的论文,我国在 2002 年才由北京第二外国语学院率先试办会展教育,而广州于同年已经在本科招收会展专业方向,这说明广东在会展教育上的开拓性。

张静在 2014 年的论文[2]中提到,"2011 年广州以会展策划与管理专业或者相关专业方向进行招生的高等院校有 15 所,其中本科院校 8 所"。论文还补充道:"除了广州大学等 4 所高校外,其他高校多数开设于 2008 年之后。"张静还提及,"从 2008 年至 2011 年各高校招生人数统计,每年会展以及相关专业培养的人数约 500 人。与会展行业内人才数量的巨大缺口相比,会展的人才供给明显不足"。我们根据该论文的观点不难看出,截至 2011 年,虽然广东的本科会展教育不断发展,开设会展专业的院校为数不少,但还不能在数量上满足会展行业的人才需求。

2017 年,根据《中国展览经济发展报告(2017)》,广东共有 11 所本科院校开设会展相关专业。广州开设会展专业的本科院校在广东省中占绝大部分,集中度非常高,本科会展教育占绝对优势。

(二)广东省会展专业的具体设置和建设情况

从近 5 年的研究看出,对广东省会展本科专业的设置和建设情况研究最详尽的是 2012 年吴琼的论文(见表 1—1),该文对广州市会展本科教育层次、专业设置、课程设置、教学内容、师资及招生现状进行了仔细的调查分析。

表 1—1　　　　　　广东省本科院校会展专业设置情况一览表

学校名称	层次	专业名称	专业类别	所属院(系)
华南理工大学	本科	会展经济与管理	管理学	经济与贸易学院
	研究生			
中山大学	本科	会展经济与管理	旅游管理	旅游学院
	研究生			
广东工业大学	本科	会展经济与管理	会展经济与管理	经济与贸易学院
广州大学	本科	会展与商务旅游	旅游管理	旅游学院
		会展经济与管理	会展经济与管理	
广东商学院	本科	会展经济与管理	会展经济与管理	旅游学院
	研究生	会展管理方向	旅游管理	
华南师范大学	本科	会展经济与管理	会展经济与管理	旅游管理系

续表

学校名称	层次	专业名称	专业类别	所属院(系)
广东外语外贸大学	本科	国际会展与旅游	英语	英语语言文化学院
广东培正学院	本科	英语(会展方向)	英语	外语系

资料来源:吴琼《广州会展人才供求匹配问题研究》,2012.

该文认为,在会展教育层次上,与国际高校会展专业的教育层次相比,广州市会展教育层次较低,主要表现在硕士研究生层次的培养上。广州市15所会展招生院校中,中山大学、华南理工大学和广东商学院开设有会展专业或方向的本科及研究生教育,其他高校目前只有会展专业本科及专科教育。然而,从教育界对会展人才的需求层面来看,会展理论研究、学科建设、教材编写、师资来源等都应以较高层次的会展人才为依托。

该文指出,在专业设置方面,与其他国家会展专业设置相比,我国会展学科归属和门类划分不明确、会展专业和方向的设置较单一,导致会展专业和方向与会展学科的外延还有很大的差距。

在课程设置方面,该文将广州市高校的会展专业所开设的专业课程分为三类:专业基础、专业必修、专业选修,并列举每一类别的具体课程,同时说明开设在经贸学院内的会展专业的专业必修包含了较多国际贸易的相关学科,而开设在旅游学院内的会展专业则开设了较多与旅游相关的专业必修课。通过中山大学、广东商学院与德国瑞文斯堡大学的比较,说明广州市高校会展专业基础课程与国际差别不大,而专业必修和专业选修的涉及面较窄、专业深度不够,会展核心课程不突出(见表1-2)。

表1-2　　　　　广州市会展专业课程设置一览表

专业基础课程	专业必修课程	专业选修课程
管理学、经济学营销学、统计学会计学、法学	会展概论、展览策划与组织、节庆策划与管理、会议策划与组织、会展项目管理、会展营销、展示设计、会展服务管理、公共关系学(一些院校根据需要将会展物流管理、会展文案、广告、会展英语等纳入在内)	沟通交流技巧、休闲学、文化学

资料来源:吴琼《广州会展人才供求匹配问题研究》,2012.

该文在论述教学内容方面,总结了以下特点:

(1)教材建设紧跟会展产业发展步伐,内容更新快,形成了较为完善的会展教材体系。会展专业与相关基础课程教材重合度较高,有的是将成熟学科课程教材简单地冠以"会展"二字,内容空泛,没有专业针对性。

(2)教学实践上,广州市多数会展专业学生有机会参加校外实践,主要形式是到会展企业实习,或者学校组织直接参与展会活动。学生大多只参加展会现场活动,做一些现场服务工作,很难得到有针对性的会展专业技能锻炼;在校内实践方面,目前只有华南理工大学设立了案例室和实验室实训,但会展培训与教育方面的软件尚不完善。与国际会展专业产学结合的实践形式相比,广州市还有很大差距。

在师资方面,该文指出广州市会展专业师资方面最大的问题不是师资数量与学历结构,恰恰是师资专业结构及参与会展实践的阅历。广州市会展专业教师多数具有博士、硕士学历,但绝大多数是非本专业背景,并且缺乏企业背景,出国进修学习的机会也较少。由于缺乏行业认识和实践,会展专业教师的授课偏重于书本的理论概念和知识,脱离会展行业实际的情况较严重,并缺乏国际视野。

在招生方面,该文通过对广州市部分院校2009—2011年的会展专业计划招生人数的分析,认为广州市各本科院校会展专业招生人数规模不大,招生人数稳定。通过调查各高校每年实际录取人数情况得知,会展专业实际录取人数往往少于计划招生人数。毕业后从事会展专业的人才数量有限,这就造成了会展专业人才流失的现象。

(三)广东在会展教育中的地位

近年来,广东在会展教育的规模上占据着极其重要的地位。

2014年,赵现红在论文[3]中提及:"十年间,尽管会展教育呈现出星火燎原之势,有多达22个省级行政区拥有会展本科教育院校,但会展教育仍然高度集中于长三角、珠三角和环渤海三大会展经济发达区,其院校数量占全国总量的半数以上,很好地验证了会展教育的市场导向特征。"文中所指的10年即是我国正式开设会展本科专业的2004—2014年。不难从该文看出,广东是我国会展本科教育三大集中地区之一。

2015年,刘松萍等人在论文[4]中宣布,"我国会展教育集中度较高,2014年广州荣登会展教育集中度首席,取代上海成为会展专业在校生首位城市"。这一说法在《中国会展教育发展报告(2015)》中得到了具体的表述。在该报告中,根据我国会展专业在校生规模10强城市示意图,广州会展专业在校生数量名列第一,遥遥领先于位居第二的上海。

此外,我国会展教育"专业集中度高,粤浙沪三巨头占30%。自2012年起,广东省会展专业招生数连续4年超过浙江和上海,成为全国会展招生大省。2015年,广东有26所高校设有会展专业,其在校生数占全国的15%,与浙江和上海之和相当,稳居第一。从三巨头排名可以看出一个有趣的变化:短短几年间,无论是招生数还是在校生数,广东每年强力递增,迅速由老三变身老大;上海急剧滑坡,从老大退居老三;浙江稳居老二。会展院校数变化也一样,2010年广东为10所,浙江13所,上海22所;到2015年广东为26

所,浙江12所,上海11所。"该报告同时反映了广东会展教育在规模上迅速发展的态势。

2017年,广东会展教育在规模上的地位并未受到冲击。首先,根据《中国展览经济发展报告(2017)》,在2017年9月入选一流大学建设的4所已开设会展专业的院校中,广东就占据两所,即中山大学和华南理工大学。其次,"专业集中度高,粤浙沪三巨头占30%。广东会展专业在校生数为6 648,远大于排行第二的浙江省,仅为3 823。自2012年起,广东省会展专业招生数连续6年超过浙江和上海,成为全国会展招生大户。2017年,广东一马当先,有32所高校设有会展专业,其中在校生数量占全国的15%左右,与浙江和上海之和相当,稳居第一。从前三位的排名可以看出,短短几年间,无论是招生数还是在校生数,广东每年强力递增,迅速由第三变身第一"。

(四)广东会展教育的特点

毛国民等人[5]对广东会展本科教育的特点论述得较为详尽。他们从行业的视角出发,把广东会展本科专业的发展特点归纳为以下三点:

(1)由于行业的涉外性而重视外语能力的培养。

(2)由于从业人员的综合素质要求而进行跨学科、交叉学科的课程设置,偏重理论而应用方面投入不足。

(3)重视学生的实践经验和实践水平,安排相关实践活动(见表1-3)。

表1-3　　　　　　　　广东省会展本科教育特点一览表

由于行业的涉外性而重视外语能力的培养	根据相关的访问和调查,广东省内的会展专业高校对于学生的英语能力进行重点培养,而高职院校对于外语课程并没有达到这个程度。高校在英语的教育和培养中,中山大学比较倾向于学生在实际的生活和工作中对于外语的应用,也就是实际的交际能力的培养,注重于跨文化交际,并且在专业课程中选择使用英语进行教学
由于从业人员的综合素质要求而进行跨学科、交叉学科的课程设置,偏重理论而应用方面投入不足	在高校对于学生的教育中,所开设的许多课程,多涉及对于项目的调研和策划能力的培养,对于会展的设计以及管理能力的培养。在相关专业课程中,经常会有多领域的交叉,往往涉及商务学科和专业的管理。在诸多本科学校当中,部分学校为学生开设礼仪课程
重视学生的实践经验和实践水平,安排相关实践活动	在三年级,学校就为学生安排相应的实践活动,广交会就是合适的机会

资料来源:毛国民:《广东高校会展教育现状与会展人才培养探究》,2012.

(五)广东会展教育存在的问题

关于广东会展教育存在的问题,近5年来的研究主要集中于人才素质和毕业生走向两个方面。

表1-4　　　　　　　广东省会展教育存在的问题一览表

角度	问题	作者	具体论述	发展建议
人才素质	偏重理论能力，缺乏实操能力	毛国民等（2012）	本科学校相比之下还是偏向于理论方面的提升，对于应用方面投入不足	
		吴琼（2012）	由于缺乏行业认识和实践，会展专业教师的授课偏重于书本的理论概念和知识，脱离会展行业实际的情况较严重，并缺乏国际视野	理论与实践相结合，会展教育机构与用人单位之间应进行互动与合作
		张静（2014）	高等院校作为会展专业人才的主要供给方，存在固有的缺陷，即理论知识扎实，而实操能力欠缺	结合完善的在岗培训以及突破个人能力短板的专项职能培训，是提高会展人才综合实习的必然要求。（可在实习中完善在岗培训）
		范娜娜[6]（2014）	企业对会展人才的工作态度和是否有行业经验成为人才选择的关键。高职会展学生技能水平相对于本科生较强	
	缺乏高素质人才	刘松萍等（2015）	广州在会展人才培养方面政府投入较少，院校与会展企业尚未形成有效的对接机制，会展政、产、学、研基地没有建立，缺乏高素质会展人才	深化人才培养和培训体系，形成不同层次的多元化会展人才培养体系。建立政、企、校会展人才联合培养的机制，政府给政策与资金、企业提供实训基地和实训导师、高校完善人才培养方案
毕业生走向	较少毕业生从事会展行业	毛国民等（2012）	专业信心不足，并且教育资源不足和缺乏行业前辈的指导，相当数量的学生并不打算从事该行业，因为他们认为这一新兴行业不具有足够的吸引力，对它的发展前景不具备信心	提升办学信心
		吴琼（2012）	毕业后从事会展专业的人才数量有限，这就造成了会展专业人才流失的现象	会展教育机构有义务为会展人才提供良好的会展教育和就业指导，与用人单位和政府等机构配合
		刘松萍等（2015）	广州会展企业规模小，待遇、发展前景也很难吸引到高端会展人才	为会展优秀人才在落户、住房和子女入学等方面提供便利和支持的鼓励政策

续表

角度	问题	作者	具体论述	发展建议
其他	专业发展方向不清晰	毛国民等（2012）	会展专业发展方向不清晰，因为会展行业和会展专业的建立时间过短	明确专业发展方向
	本科院校之间培养目标差异化不明显	毛国民等（2012）	专业培养目标不明确，办学层次不明朗，人才差异化特征不明显。重点本科院校强调培养"中高级专业人才"和"策划、组织和运营能力"。普通本科院校强调培养"应用型、复合型、创新型"人才，体现理论研究与市场导向相结合的特点。尽管各个高校在会展人才培养目标上各有侧重，但从能力培养内容看，依然在一定程度上界限模糊	突出各高校的会展专业特色，重点本科院校培养管理运营类人才，普通本科院校培养复合型人才，每所院校根据自身基础做出特色
	院校之间信息交流不畅	毛国民等（2012）	各高校会展专业之间相对独立，沟通交流不畅，基本上大多数学生关于其他学校的相关信息知之甚少	高校会展专业之间沟通交流

从表1-4可以看出，近5年来，关于广东会展教育所存在的问题，最为研究者所关注和提及的是"偏重理论能力，缺乏实操能力"，其次为"较少毕业生从事会展行业"。此外，毛国民等（2012）还总结了其他方面的问题。各论文的作者亦针对相关问题提出了关于会展教育发展的建议。

二、广东省会展教育发展历程

（一）起步阶段（2003—2008年）

根据表2-1，在2003—2008年的会展教育起步阶段，广东共计4所院校设立会展本科专业，5所院校设立会展硕士点；从时间上看，2006年起广东每年都有本科院校设立会展专业，并同时设立会展硕士点，设立年份较为密集。

从教育质量上看，广东省仅有的两所"985"院校都在2008年设立会展专业，并相应设立会展硕士方向；从本科教育规模上看，本科招生数量少，除中山大学外其他院校招生数均在50人及以下；从硕士研究生教育上看，会展硕士研究方向的归属专业类别多样，有市场营销（第二年从市场营销纳入旅游管理下）、展示设计、旅游管理；与其他两个阶段相比较，此阶段会展硕士点设立院校明显偏多,会展硕士教育蓬勃发展。

表 2-1　　　　2003—2008 年广东省会展院校设立情况汇总表

属性	序号	学校名称	专业名称	招生数量(人)	设立时间(年)	备注
硕士	1	广东财经大学	服务业(会展业、电信业等)市场营销[1]	5	2006	2017 年该研究方向名为会展与节事管理,列入旅游管理下
	2	广州大学	会展经营管理[1]	8[2]	2007	2017 年该研究方向名为节事活动与会展管理;当年旅游管理招生数量为 40,会展是其下的 5 个研究方向之一,取其平均数
	3	广州美术学院	展示艺术设计[1]	2	2008	2017 年该研究方向名为展示设计研究
	4	华南理工大学	会展经济与节事旅游①	5[2]	2008	2009 年该研究方向正式命名为该名称;当年旅游管理招生数量为 18,会展是其下的 4 个方向之一,取其平均数
	5	中山大学	会展管理[1]	2[2]	2008	2009 年该研究方向名为会展管理;2009 年旅游管理招生数量为 12,会展是其下的 6 个研究方向之一,取其平均数
	小计			22		
本科	1	广东财经大学	会展经济与管理	50	2006	
	2	广州大学	会展经济与管理	40	2007	
	3	华南理工大学	会展经济与管理	40	2008	
	4	中山大学	会展经济与管理	80	2008	
	小计			210		
合计				232		

(二)快速发展阶段(2009—2014 年)

根据表 2-2,2009—2014 年是会展教育快速发展阶段,开设会展专业的本科院校迅速增加,数量几乎比起步阶段翻了一番,共计 7 所本科院校设立会展专业;在教育规模上,此阶段的单所院校招生数量比前一阶段有明显的增加,平均值为 60;2011 年华南理工大学成立了全国第一个会展博士点。与本科教育的蓬勃发展相对比的是,此阶段仅有华南师范大学1所院校设立会展硕士点,硕士教育发展低迷。

表2-2　　　　2009-2014年广东省会展院校设立情况汇总表

属性	序号	学校名称	专业名称	招生数量(人)	设立时间(年)	备注
博士	1	华南理工大学	节事旅游与会展管理	1	2011	2012年该研究方向开始正式确定为该名称;此为该方向2012年招生数量
硕士	1	华南师范大学	节事与文化旅游	1	2013	当年旅游管理招生数量为8,会展是其下的6个方向之一,取其平均数
硕士	2	华南师范大学	展示艺术与理论研究	2	2014	当年美术类招生数量为32,会展是其下的15个方向之一,取其平均数
	小计			4		
本科	1	广东工业大学	会展经济与管理	80	2010	
本科	2	华南师范大学	会展经济与管理	49	2010	
本科	3	电子科技大学中山学院	会展经济与管理	62	2011	
本科	4	仲恺农业工程学院	会展经济与管理	70	2013	
本科	5	暨南大学	会展经济与管理	47	2013	
本科	6	北京师范大学珠海分校	会展经济与管理	46	2013	
本科	7	广东外语外贸大学南国商学院	会展经济与管理	65	2014	
	小计			419		
合计				423		

(三)稳定发展阶段(2015-2017年)

根据表2-3,2015-2017年是会展教育稳步发展阶段,中山大学于2015年设立了会展博士点,而广东设立会展专业和会展硕士点的本科院校不再增长。此阶段广东会展本科院校数呈现稳定局面,会展教育的继续发展主要依靠招生规模的增长和师资力量的增强。

表 2—3　　　　　　2015—2017 年广东省会展院校设立情况汇总表

属性	学校名称	专业名称	招生数量(人)	设立时间(年)	备注
博士	中山大学	旅游管理（会展方向）	3	2015	此为当年旅游管理招生数量，会展为其下方向之一
小计			3		

三、广东本科会展教育存在的问题与相关建议

(一)专业就业与对口问题

就广东省 2017 年度的本科会展院校毕业生的就业情况而言，本科毕业生就业率普遍较高，薪酬水平也处于令人满意的较高水平，就业问题表现为低对口率。与本校其他专业相比，会展的对口率处于最低层次的水平，平均为 41.83%，多数院校处于 30%—40% 的区间。实际上，真正从事会展行业的专业毕业生比就业质量报告所宣布的对口率还要低得多，这都意味着会展行业本科院校专业人才的严重流失、会展专业教学资源的浪费。这背后的原因是复杂多样的。

首先，在学生修习的课程中，有部分内容探讨了会展行业存在的问题，如中小企业占比大但盈利水平低、同质化严重、就业门槛低、品牌建设落后等，这些问题都会降低会展专业学生对行业的期望，对日后的会展职业生涯产生担忧。

其次，本科会展专业学生缺乏有效的途径来详细了解会展行业的就业前景，在会展行业就业仿佛谜一样捉摸不定。广东本科会展院校都开设职业生涯规划课程，并且举办一些行业或就业讲座，但是职业生涯规划本身课时不多，它更主要的内容是让学生发掘出适合自身的职业生涯，教师讲授的真正关于会展从业情况还是少之又少。行业和就业讲座也很少针对会展职业来探讨。

再者，会展本科课程的广泛适用性也在一定程度上为学生从事其他行业的管理类岗位增加了筹码。广东大部分院校的本科会展专业都与旅游管理专业有着密切的联系，也开设了不少旅游方面的课程，这为学生提供了从事酒店、景区等行业的选择。不少管理学科被冠上会展二字，但其理论仍能广泛地适用于其他行业，如会展经济学、会展展示设计、会展项目管理等。

综上所述，我们可以把广东本科会展专业的低就业对口率归咎于信息不对称和教学课程的广泛适用性两大方面。

针对上述存在的问题,我们认为可以从以下几点去改善:

(1)会展教师可以更多地对会展业的就业情况进行研究,发表相关论文,院校的会展系甚至可以建立相关的科研项目。

(2)学生的职业生涯规划课可以设立专门关于会展行业就业形势的章节,布置学生撰写关于会展行业就业形势的报告为作业,甚至可以指定相关书籍为教材。

(3)会展系可以邀请会展行业从业人士来分享就业经验。

当然,并不能因为低对口率就抹杀了会展专业在广东本科会展院校中存在的合理性。事实上,会展专业毕业生的就业率和薪酬水平与大部分其他专业相比偏高,会展专业仍然能很好地解决学生的就业问题。

(二)行业实践与专业教育对接问题

广东本科会展院校行业实践的主要形式是实习,广交会是几乎一半会展院校的实习平台。在行业实践中,会展专业的课程知识是无法得到运用的,因为会展学生的岗位基本属于基层,而会展专业的课程则面向策划、设计、高层管理等高层从业人员的工作,学生更多时候需要运用的是专业知识以外的基本素养。换言之,广东本科会展院校与专业教育无法得到对接。

广东本科会展院校可以借鉴南沙大酒店与中山大学、华南理工大学合作进行的研究型实习模式,即高校安排部分实习生在会展企业的管理岗位上,在部门总监的领导下,针对企业自身的需要和问题进行研究工作,协助企业开展相关工作。这样能让会展学生更好地把自身的专业知识与行业实践对接起来,更好地弥补理论知识的局限。

(三)会展师资专业性问题

在广东本科会展院校的教师中,具有会展专业背景的教师仅占7.23%,分布于5所院校,且较为年轻。会展专业背景教师的稀少部分原因在于会展专业本身的新兴性,大部分教师来自管理类专业,主要为旅游管理,占45.78%。教师在专业上的积淀实际上也在一定程度上影响其专业视野和思维体系,经过相应专业培养过的教师在授课能力、对学生思维的训练拓展上自然优于其他条件相同的情况下缺乏专业背景的教师。

会展专业背景教师稀少这一问题将随着会展专业的发展而有所缓解,因为会展院校的增加和招生规模的扩大能促进会展毕业生的增加,将会有更多的具有对应专业背景的应聘者可以选择。要吸引更多具有会展专业背景的教师,需要从制度上入手,将优秀的专业人员引入教育体系。

(四)专业规模小,主体数量少

在广东本科会展院校中,7所院校每年的招生数量为40－80人,占64%。在某种程度上,专业规模小显示在数量上意味着优质生源减少,同时降低专业学生之间的竞争意识,再者容易降低学生的学习自豪感和行业认同感,使学生感到边缘化。此外,专业规模小本身就代表了发展阶段的不成熟,折射了其理论和培养体系成熟度的欠缺。

对于专业规模小的本科会展院校,可以向广东外语外贸大学南国商学院、暨南大学等4所招生规模较大的院校取经,了解其背后的可行性分析以及具体的操作方式。会展院校可以根据学校实际情况适度扩大招生规模,可以考虑纳入旅游管理类进行大类招生。

截至目前,在本科教育层次,广东省共有11所本科院校开设会展专业,占广东本科院校总数的15.94%,其中一本院校6所,二本院校4所,三本院校1所。单从占比来看,会展专业在广东的本科院校中的开设情况并不普遍,数量过少。从2015年开始,广东便不再增设本科会展院校。主体数量少意味着关于会展行业的研究数量少、课程体系的不成熟,反映了会展专业发展欠成熟。

(五)严重依赖旅游专业

在11所广东本科会展院校中,5所院校的会展专业设置在旅游学院下,其中3所院校在旅游管理大类招生后再分出会展方向,也有3所院校在没有开设旅游管理专业的情况下设立会展专业。此外,广东本科会展专业设置了很大数量的旅游专业课程,一些院校并没有独立的会展经济与管理系,而是从属于旅游管理系或酒店管理系,如电子科技大学中山学院和暨南大学。

在行业实践上,一些院校的会展学生被安排了旅游行业的实习,如中山大学。一言以蔽之,广东本科会展专业主要在旅游管理专业的基础上建立起来,并自始至终深深地依赖着旅游管理的课程培养。会展专业对旅游专业的严重依赖与会展经济与管理的专业设置有一定关系,它从属于二级学科旅游管理,会展业与旅游业也有一定的经济联系,有些旅游者会在旅途中消费会展产品,会奖旅游也是一种具有一定经济规模的旅游形式,并且是会展的重要组成部分。

但是,过多的旅游管理课程意味着会展课程数量上的不足,缺乏对学生更为深入和专业的培养,学生有可能难以胜任会展行业的实操工作,并且这种依赖也削弱了本科会展人才培养体系的独立性,反映了会展专业发展上的稚嫩和不完善。要对这一问题进行改善,则需要使旅游管理课程和会展课程在数量上达到平衡,可以把旅游课程替换成相近的会展课程,如把《旅游商业》替换成《会奖旅游》，把《旅游接待礼仪》替换成《会展商务礼仪》。

整个广东本科会展教育业要致力于出品更多的、更具针对性的会展教材，推动会展专业的课程改革，从而真正具有属于自己的独立培养体系。当然，这一过程是艰辛的，课程改革会遇到培养成本问题，如一些原来的课程是会展、旅游学生一起上，但现在仅仅面向会展学生，自然要付出更多的诸如课室、教师上的成本。如果会展的专业规模能持续扩大，则改革阻力会减少一些。

四、广东省本科会展教育的未来趋势

(一)专业规模扩大

会展经济与管理专业的招生规模将会随着时间的变化而逐渐扩大，最终将稳定在平均110人左右。

(二)会展专业背景的教师占比会增大

随着会展专业的发展，会展院校将会持续增加，招生规模将扩大，由此带来大量会展专业毕业生，广东本科会展院校中具有会展专业背景的教师占比将会增大。

(三)逐渐摆脱对旅游管理专业的依赖

基于会展方面的论文持续增长、会展教材的不断修订和增加，广东本科会展院校对课程设置和人才培养方案将更理性和成熟，会展经济与管理专业将从旅游管理中独立出来，原先的旅游管理下的大部分课程将被新增的会展专业课程取代。

(四)行业实践转向研究管理型

广东本科会展院校除了与中国对外贸易集团合作，还会与其他会展公司进行合作，为学生提供研究型实习平台。会展学生在会展公司各部门总监的领导下，针对公司的某一业务进行研究性调查、探讨，最终形成研究报告。广交会的实习则继续成为会展本科学生的行业基层实践。

(五)就业对口率将提高

随着会展业市场经济的完善以及学生对会展就业形势了解的加深，广东本科会展院校的就业对口率会有所提高，增至中上水平。

(六)竞赛参加量将提高

三大全国性的竞赛——"远华杯"全国大学生会展创意大赛、全国高校商业精英挑战赛会展创新实践竞赛、全国高校商业精英挑战赛商务会展旅游策划竞赛——都会在广东本科会展院校中得到普及。

参考文献：

[1]吴琼.广州会展人才供求匹配问题研究[D].广东商学院，2012.

[2]张静.广东省会展人才需求现状分析及开发对策[J].价值工程，2014(6):185—186.

[3]赵现红.会展本科教育十年:发展、问题与体系构建[J].河南商业高等专科学校学报，2014，27(2):112—114.

[4]刘松萍，蔡伊乐，湛冬燕.广州会展业发展的现状与对策研究[J].城市观察，2015(3):36—45.

[5]毛国民，傅少萌，刘少燕.广东高校会展教育现状与会展人才培养探究[J].黑龙江教育学院学报，2012(6):37—39.

[6]范娜娜.珠三角地区会展企业发展及人才需求现状分析[J].中国市场，2014(26):88—89.

广东省会展教育
（高职）发展报告

陈 颖 郑标文 钟 文 郭晓慧[①]

一、调研背景

（一）广东省会展产业发展现状

自2016年"十三五"开局以来,广东省会展产业的内外环境发生了深刻的变化。《中国展览经济发展报告（2018）》数据显示,华南地区办展面积同比增长最快,达17%。其中,广东办展数量和面积位居全国第二,办展数量占比为13.3%,广东省举办展览面积最大,办展面积占比为21.1%。

广东省会展产业在持续发展的同时,仍面临来自以上海为中心的长三角地区和以北京为中心的京津冀会展城市群的强大威胁,具体表现在国际资源的吸引力、国际品牌展览会的数量、会展市场环境等方面。广东省会展产业急需提高国际化水平,强化珠三角会展的核心竞争力。同时,借助"一带一路"倡议及"中国制造2025""粤港澳大湾区"等国家战略,发挥广交会的

---

① 陈颖：广东交通职业技术学院教师，香港中文大学全球传播硕士，兼任广州国际营销论坛秘书长；郑标文：中山火炬职业技术学院会展策划与管理专业负责人，澳门科技大学工商管理博士（在读）；钟文：现任广州工贸技师学院会展教师，一级会展策划师，广州大学（中法）旅游学院职业导师；郭晓慧：顺德职业技术学院，讲师，毕业于皇家墨尔本理工大学。

国际影响力,打造出一批享有国际美誉度和知名度的品牌展会。

(二)广东省会展高职教育发展背景

广东省自 2012 年始会展专业招生人数连续 4 年超过浙江、上海,在会展招生数量上连续多年全国第一。广东省大部分会展高职院校集中在广州,其他分布在珠海、中山、顺德等地。截至 2017 年,据教育部全国职业院校专业设置管理与公共信息服务平台发布的《2017 年高等职业学校拟招生专业设置备案结果》,广东省开设"会展策划与管理专业"共 20 所高职院校,数量上稳居全国前列。

在课程体系上,广东省高职会展院校主要包括三大方面:公共基础课、工商管理类或酒店旅游管理类专业平台课、会展策划与管理专业课。广东省会展产业具有显著的涉外性,因此,高职院校非常重视英语的教学。近年来,广东省高职院校落实党中央关于"大众创业、万众创新"的决策部署,纷纷开设了双创课程。

在实践方面,广东省高职会展院校十分注重培养学生的实践能力,广东省会展产业提供了非常强有力的支持,如有以广交会为首的不少知名品牌会展给高职院校提供实践机会。校企合作的形式也多种多样,如"工学交替式""弹性培养模式"等。

二、广东省会展高职教育研究现状

在中国知网上查找关于"广东高职会展"的相关文献,获得 646 篇与广东会展研究相关的文献。图 2—1 显示的是关于广东高职会展研究发文的趋势,可看出广东高职院校关于会展的研究论文基本呈现递增的趋势,2016 年最高发文量达 85 篇。这说明了广东省高职院校重视会展教育研究。

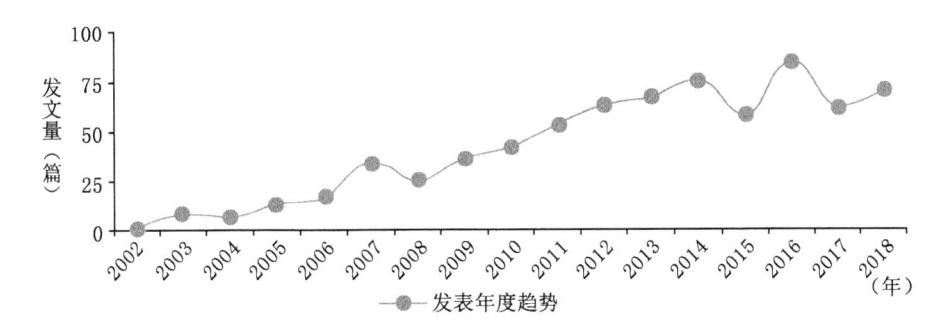

图 2—1 广东省高职会展研究发文趋势图

由图 2-2 及图 2-3 可知,广东省关于会展的相关研究超过 38.84% 属于基础社科研究,29.17% 是行业指导,11.78% 是高等教育,9.84% 是基础教育与中等职业教育。这说明广东省会展教育比较注重跨学科研究,还有很多的研究空间,需要更多的学者进行探索研究。

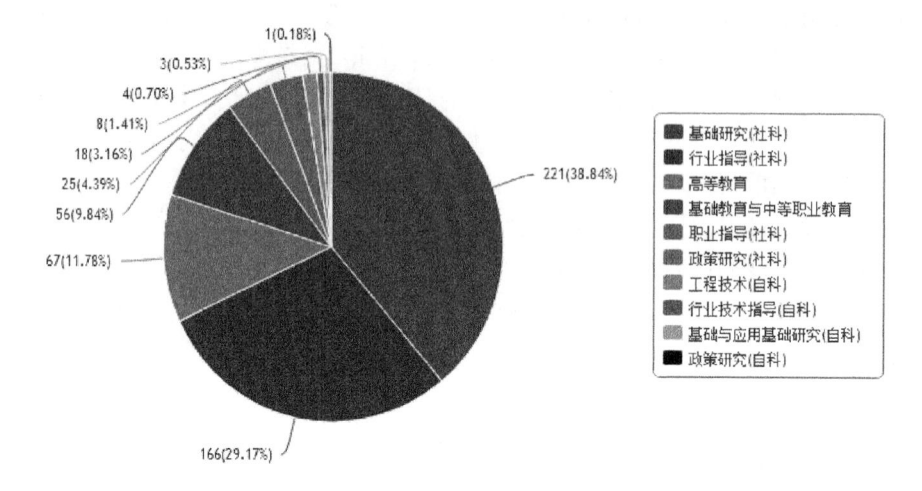

图 2-2　广东省高职会展相关研究主题分类

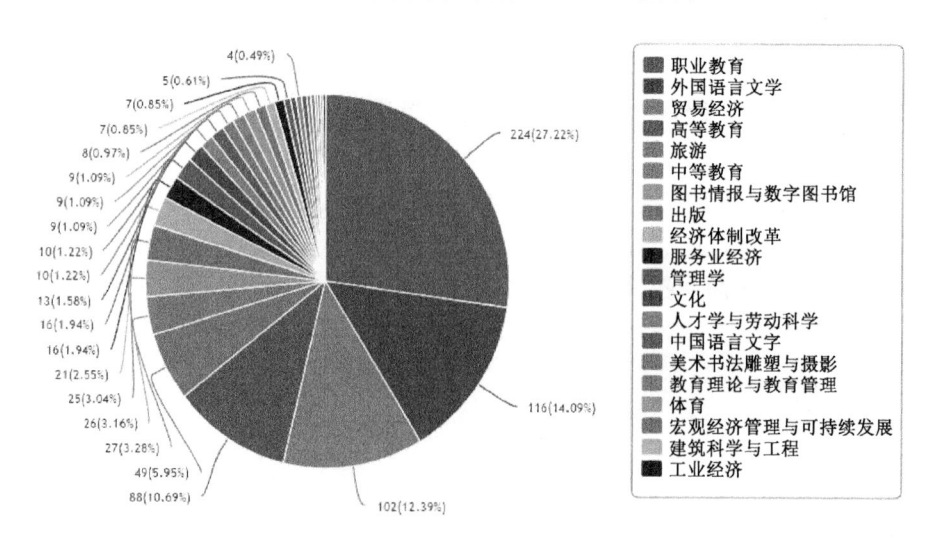

图 2-3　广东省高职会展相关研究学科分布

根据知网给出的关键词共现网络图(见图 2-4 及图 2-5),除去"高职""高职院校""高职教育""会展专业"这四个词外,其他被提及的关键词是"商务英语"(25 篇)、"人才培养"(22 篇)、"校企合作"(19 篇)、"工学结合"(19 篇)、"实践教学"(18 篇)。这符合广东省会展产业的涉外特点,在高职教育中重视外语能力的培养，也反映职业院校在会展人才培养中强调学生实践能力的提升和实践经验的累积。

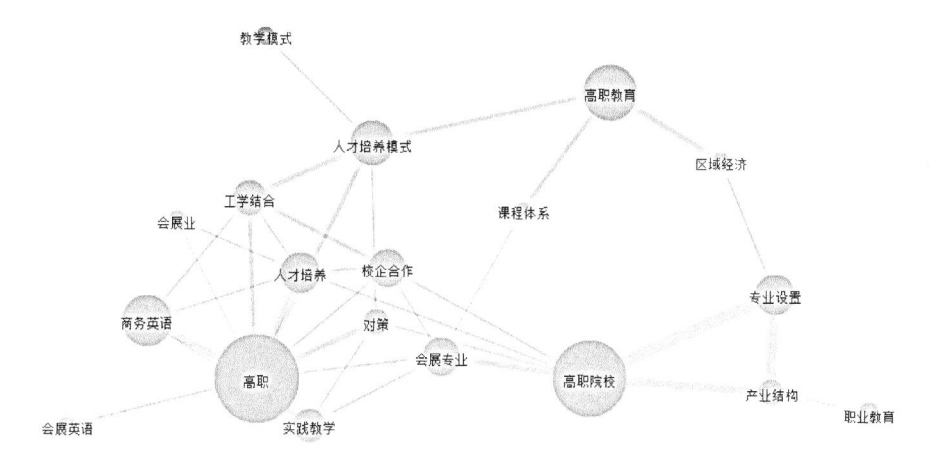

图 2-4 广东省高职会展相关研究关键词共现网络图

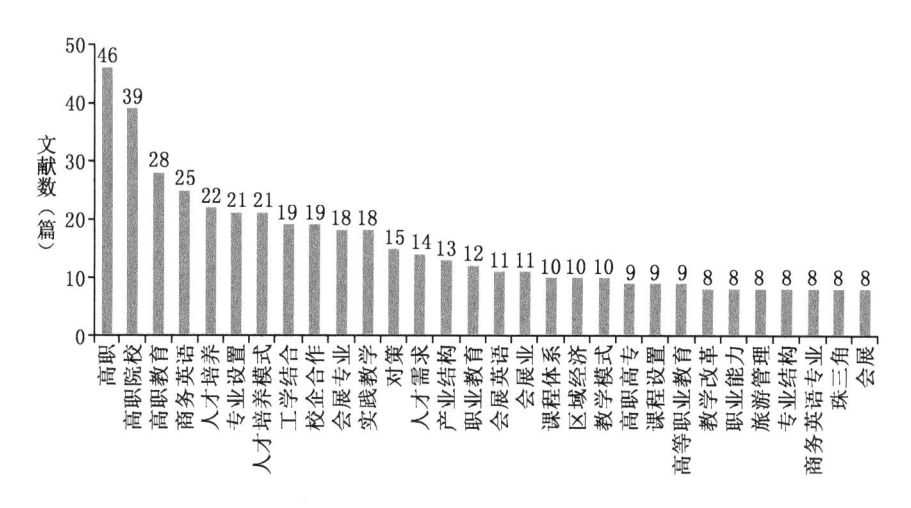

图 2-5 广东省高职会展相关研究关键词分布

三、广东省会展专业高职教育发展现状分析

本次统计共收集 14 家（排名不分先后）：广东交通职业技术学院、广东轻工职业技术学院、广州科技贸易职业学院、中山火炬职业技术学院、顺德职业技术学院、广东科学技术职业学院、珠海城市职业技术学院、广东理工职业学院、广东南华工商职业学院、广东农工商职业技术学院、广州涉外经济职业技术学院、广州城市职业学院、广州城建职业学院及珠海艺术职业学

院。具体如下：

（一）在校学历教育招生规模

广东省会展专业高职教育发展相对全国其他地区比较早。14家会展高职院校2017年招生规模达1 462人，招生校均值超过100人。招生人数过百的学校有广东交通职业技术学院、广东轻工职业技术学院、顺德职业技术学院、广州城市职业技术学院、广东科学技术职业学院、广州城建职业学院、广州涉外经济职业技术学院、广东理工职业学院等。其中，广州城市职业学院招生人数最多，为172人。少部分院校地处广州市中心城区，位置优势明显，师生去琶洲等会展中心实习交通便利。

（二）师资结构

据统计，广东省会展专业高职院校师资情况中教师与学生的平均比例在1∶35.8，教师教学压力比较大。其中，广东农工商职业技术学院的生师比最高，到90.3；其次是广州科技贸易职业学院53.3和中山火炬职业技术学院50。而生师比相对低的学校有珠海艺术职业学院11.3、顺德职业技术学院16.9、广州涉外经济职业技术学院22.7。

另外，有3家学院师资实力比较突出，团队含博士后、博士、副高以上职称，院校团队大多以研究生及讲师为骨干。在专业背景方面，过半教师毕业于管理学、经济学专业，有11%的教师是会展专业科班出身，另有不少是营销、计算机、英语等其他专业毕业，见图3-1。师资队伍的跨学科背景有助于引导学生从多元角度看待会展产业，促进复合型人才的培养。

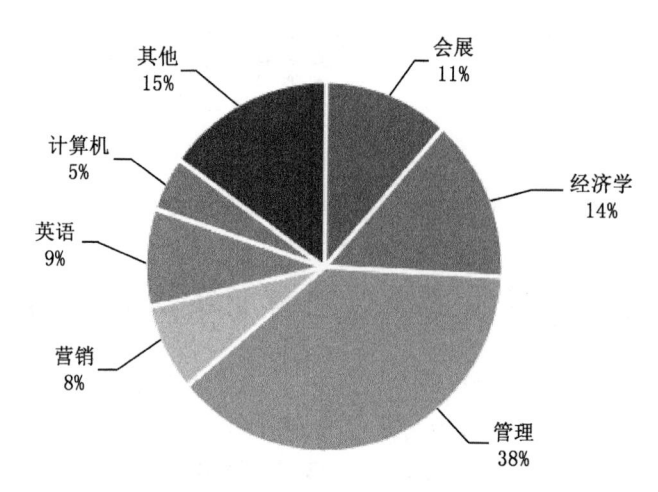

图3-1　2017年广东省会展专业高职院校师资专业背景情况（根据教师最高学历填写）

总体而言,广东省会展专业本科教育生师比过高,教师数量不足,博士学位及副高职称以上教师的比例偏低,需要加大力度引进相关专业的高层次人才,重点培养专业骨干教师,发展称职的专业负责人及专业带头人,以支撑广东省会展专业高职教育。

(三)核心课程设置情况

2017年广东省会展专业高职院校普遍拥有5-6门核心课程,最少有4门,最多达10门。热门核心课程有:会展概论、会展营销、会展策划、展示设计、会议运营管理、展览服务与管理等。

特色课程方面,普遍设置3-4门。不少院校重视专业英语及双语课程的开设,如会展英语、会展口语、会展文案写作(双语)、国际会展实务(双语)、旅游学概论(双语)、展览策划与营销(双语)、会展市场营销(双语)、会议组织与管理(双语)等。另外,结合旅游、广告、礼仪等专项技能开发了一批实操性强的特色课程,如广告策划实务、商务礼仪、演出市场策划、节庆文化传播、新媒体运营、会展志愿者培训与管理、展览讲解技巧、饭店会展产品开发与经营等。

(四)学生实习实践

在学生参加专业培训及考证方面,中国商业联合会的会展职业经理人(初级)、中国商业技师协会的助理会展管理师是热门选择。

顶岗实习及专业实践方面,现场服务、资料宣传、招商招展、方案策划等是常见的学生实习岗位,平均实习月薪为3 200元。

(五)学生技能竞赛

广东高职院校组织队伍参加地方性及全国性学生技能竞赛积极性非常高,对创造理想的竞赛成绩给予高度重视。受访院校中,14家中有13家每年至少派队参加一个省级以上竞赛,最多的院校单个竞赛派出队伍达8支。全国赛方面,热门参赛项目有全国高校商业经营挑战赛系列中的"商业贸促杯"经贸会展竞赛、会展创新实践竞赛、"融易孵·浩方杯"商业信息化创新创业竞赛,以及全国商科院校技能大赛、"远华杯"全国大学生会展创意大赛、教育部及广东教育厅"互联网+"大学生创新创业大赛、"挑战杯"系列赛事。地方赛事方面,主要有广东省高职院校会展技能大赛等。

广东队在全国会展类竞赛中屡屡斩获最高大奖,凭借质量过硬的技能和作品引起全场瞩目,同时抱着虚心向外省兄弟院校学习的良好心态,是国家级赛场中的一道亮丽风景线。

四、广东省会展高职教育存在的问题

(一)刻意追求专业对口率可能导致人才培养规格狭义化

会展业是实操性强、重视行业相关经验积累的一种战略新兴现代服务业。当前,初涉职场的会展专业高职毕业生,难以从策划和创意管理岗位进入该行业。取而代之的,往往是电话营销、展台和展厅设计支撑、会展现场服务支撑等辅助性工作。

业内对"高职院校的人才培养目标是应用型技术技能型"已达成共识,但"应用型技术技能型人才"并不指向具体的工作岗位或企业,如果过度迁就当前会展企业,尤其是展览公司的招聘诉求,如电话营销专员或者展览现场接待专员,可能导致人才培养规格的狭义化。电话营销或现场服务,只能是人才培养方案中的一门课或者一门课中的一个模块。

(二)会展师生练功比武平台的建设水平有待提升

练功比武是会展教师增进业界交流、提升教学水平和自身能力的重要载体,更是会展学生切磋技能技术、巩固学习知识和技能实操的重要方式。但从目前举办的会展技能赛事来看,主办单位主要是以联合教育部各专业教指委和省级各专业教指委的名义,由行业商(协)会等社会组织和相关企业承办赛事。鲜有会展赛事直接纳入教育部及各省教育厅主办的技能比赛统一平台。在一定程度上,使得"赛事更好更快地促进会展教育的平台价值"得不到有效彰显。

(三)产教融合形式稍显陈旧,内涵有待挖掘

深化职业教育,就要发挥企业在高职会展教育中的重要作用,但实施情况依然有很多未尽人意之处。例如,高职院校邀请企业走进校园开展产学研合作,仍有不少停留在浅层次的形式,如搞个挂牌仪式,邀请企业高层和业务骨干给师生做个专题讲座,讲讲企业运营情况或者职场成功经验等。而高职院校最紧迫的需要是从业业务骨干走进教室,常态化地为学生讲解专业实操课程,往往得不到积极的回应。

又如,企业和高校合作的最大动力,主要源于优先招聘到优秀的学生作为企业的储备干部,而对于如何通过指导学生在学业生涯中尽早认知并熟悉胜任职场的能力模型,把职业经理人精神贯穿到高职会展人才培养的全过程中,企业往往表现得不够积极。

个中原因,有些是企业方业务骨干工作繁忙,有些则是高职院校管理机

制的约束等,如对校外授课老师的管理机制呆板、课酬缺乏吸引力。归根结底,还是双方在可持续发展的产教融合机制建立上未充分达成共识。

当前,虽然考核高校毕业生质量的多项指标中,与就业率相关的数据从表面上看普遍很好,但仔细端详,却经不起推敲。初入职场的应届毕业生频繁跳槽、离职率居高不下,成为企业用人单位的困扰。诸如此类的问题,正是产教融合在内涵上值得挖掘的地方。

五、解决对策

(一)以会展活动的策划与管理理念优化核心课程教学模式,主动适配产业需求

在人才培养方面,一是会展专业人才培养的职业面向要体现"宽口径",即"大会展活动",不局限于狭义的展览或会议业,以会展活动的策划与管理思维优化人才培养。在校学生的专业学习在理论和技能上,要体现更高的融合度,通过技能实训巩固知识认知和理解,创新更多有趣、有效的实训体验,强化实操技能,真正落实"理实一体"。

例如,有些院校以《会展项目管理》专业核心课程教学为依托,在教学过程中结合教学任务的推进顺序,通过调动在校生策划并举办专业技能赛事,聘请校企合作单位的企业决策人和部门主管作为指导老师,对参赛队伍进行过程指导,并以练功比武同台竞技的方式,由校企合作单位从比赛现场选拔优秀人才作为企业的实习员工或储备干部。整个赛事从事前策划到事后评估历时一个学期,贯穿专业核心课教学和实操实训的始末,既改变了以往过度依赖教材上编写的"死"案例和"旧"案例的弊端,增加了课堂的新鲜感;又调动了学生动手动脑的参与积极性,考察了学生的创意策划能力、项目管理能力、活动现场服务和文案写作能力,同时帮助表现优异的学生获得企业实习和就业工作的机会。这既是对优异者的奖赏和肯定,更是对后进者的鞭策。当然,这不仅仅是一个赛事,它还融合了活动执行、服务礼仪、媒体运营等相关领域知识的掌握和运用。对学生而言,是从知识认知到技能运用的阅兵,更加深度地尝试将课程的"点状"和"线状"知识认知学习模式向"立体"实操技能转化,巩固了专业核心课程的教学质量。

通过开设《职业经理人素质提升系列》课程,邀请会展相关企业的高层管理人员和业务骨干作为兼职授课老师,为学生讲解和分享初入职场需要注意的细节以及经验教训。注重培养学生的职业经理人综合素质,尤其是良好职业素养的沉淀和职场核心竞争力的提炼,帮助学生实现从"在校学

生"到"职业经理人"的转变,并与会展企业一起积极探索"如何化解会展业职场新晋人员的流失率高"的管理困境。

(二)申请纳入全国及省级"职业院校技能大赛"范围

"全国职业院校技能大赛"和"全省职业院校技能大赛"作为国家及各省主办的职业技能比赛,赛事的含金量、重要程度和受关注程度众人皆知。争取早日将会展技能赛纳入全国及省教育厅主办的赛事范围,有助于调动各会展院校的重视程度,增强会展师生参与的积极性。通过比赛,帮助会展教师增进业界交流、提升教学水平和自身能力建设,帮助会展学生切磋技能技术、巩固知识学习和技能实操。

(三)推进产教融合

高职教育培养的是适用性应用技术技能型人才。高职院校与当地的相关重点产业、重点企业、行业探索共建产业学院,不仅是当前高职院校开展校企合作的升级版,更应该是从之前浅层次交流探讨的"软约束"上升为更深层次的"硬约束"机制。

通过共建产业学院,面向产业的人才需求,协同招人、育人、用人、留人。例如,招生数量不仅仅是高职院校单方闭门造车,而是与产业、行业共同进行人才需求预测。又例如学生的授课和实操场所也不一定局限于校内,可以是企业办公和施工作业场地。

通过打破原有学校和用人单位的管理壁垒,共同把学生从"人材"培养成为企业的"人财"以及社会的"人才",构建校企利益共同体,形成稳定可持续的互惠合作机制,体现高职院校为社会、产业、行业培养人才的社会价值。

北京市会展教育（本科）发展报告

杨为民　夏　龙　申　强[①]

北京是国家首都，是首善之区，其"四个中心"的发展定位以及京津冀一体化发展战略，使其具有强劲的发展活力。由于北京的特殊地位，国际会议、国家会议、大型论坛、大型赛事、大型展销会等会展活动纷呈，形成具有首都特色的会展经济。作为我国重要的会展之都，会展经济的发展催生了会展教育，以满足不断扩大的会展经济需求。从北京会展教育发展历程来看，主要经历了以下三个阶段：

第一阶段，北京是全国较早设立会展专业（方向）的地区之一，主要以本科为主。早在2004年，北京联合大学就设立了旅游管理专业（会展方向），将会展作为本科专业方向。2005年北京第二外国语学院正式设立了会展经济与管理本科专业。

第二阶段，2008年以后，随着北京经济水平的迅速发展，国际化步伐日益加快，尤其是以奥运会为代表的奥运经济的兴起，带动了道路交通、建筑、食品工业、第三产业等一大批相关产业的联动发展，极大地推动了会展经

[①] 杨为民，管理学博士，北京农学院教授。夏龙，经济学博士，北京农学院城乡发展学院副院长、副教授。申强，管理学博士，中共党员，北京农学院城乡发展学院副教授，会展经济与管理系主任。

济。2008年以后相继有3所高校设立会展经济与管理的本科专业,它们分别是北京农学院、北京石油化工学院和首都师范大学科德学院,其中首都师范大学科德学院所设相关专业还有"会展艺术设计",其余高校均为北京市属高校,所设专业为"会展经济与管理"。原有的两所高校也经过不懈的努力,获得了硕士学位授予权。从招生规模来看,受制于北京市的相关政策,市属高校各专业的招生人数一般维系在每年60人的规模。

第三阶段,2015年以后,随着北京市高中生源人数的萎缩和北京市疏解非首都功能政策的实施,北京不再有新的学校设立会展经济与管理专业。

一、北京本科院校对会展经济与管理专业发展的理论探究

高等教育的发展,除了教书育人的本质功能之外,对专业发展的探究始终是教育发展的重要组成部分。会展经济与管理依托于会展经济发展的客观需求,如何培养出"专业对口"的应用型复合型人才,是教育界不断思考的话题。从教育改革角度看,现实的发展往往超出预期,挖掘会展专业教育的规律,成为专业教师努力的方向。借助知网(CNKI),我们以"会展"为搜索关键词或主题,并将作者单位确定为具有会展专业的北京市属本科院校,共获得134篇与"会展"研究相关的文献(未涉及相关会议论文)。北京市相关高校发表研究论文的趋势如图1—1所示。

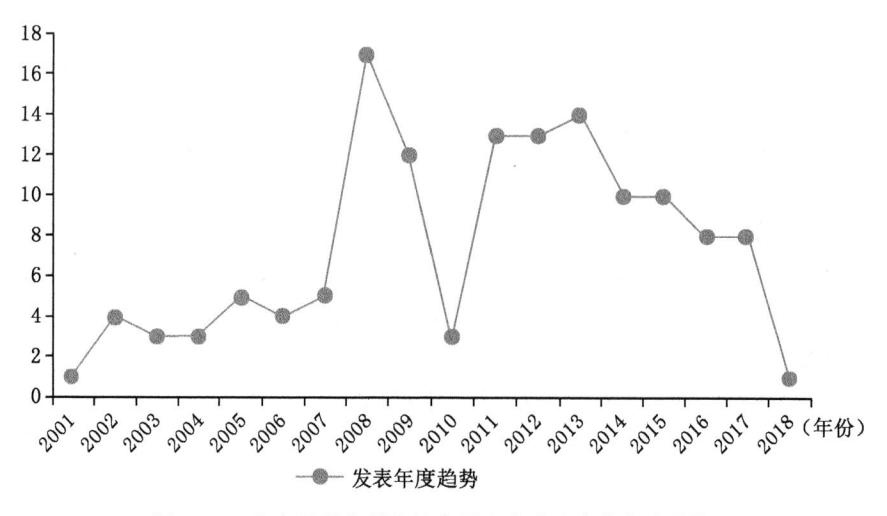

图1—1 北京四所本科院校会展研究论文发表年度趋势图

通过文献查询,北京市本科高校中较早有关会展研究的论文是2001年

在《首都师范大学学报》上发表的。由于会展经济在21世纪初才刚刚起步，还没有引起教育界广泛的关注，2001—2006年以及2010年的发文量较低，每年数量基本上不超过5篇，但2001—2006年的发文数量整体上呈现上升趋势。2008年北京奥运会使得会展经济达到一个发展的峰值，由此对会展经济教育也打了一剂"强心针"，相关会展研究发文数量激增，2008年高达17篇。2009—2010年，文献发表数量又出现下降趋势，2010年只有1篇。而2011—2012年会展经济再度引起关注，相关学术论文发表激增至年12篇左右，2013—2017年的论文发表数量呈曲折式下降，2013年出现小幅度上升，达到了14篇。不难看出，会展专业的发展、会展教育的研究以及会展经济的研究与国家和社会发展息息相关，与会展经济的经济走势息息相关。

值得欣慰的是，以会展经济研究会为代表和主要载体的会展产业界与会展教育界已经将会展教育作为会展人才培养的重要抓手，每次大型会展盛会几乎都设有会展教育专题，会展教育论坛已经成为会展教育交流的重要平台。

从会展相关教材建设看，据不完全统计，北京农学院等高校已经编写出版了《会展项目管理》《会展供应链管理》《农业会展概论》《农业会展策划》《会议运营管理》等教材，并应用于本科教学环节，为会展教育教材建设做出不懈努力。

尽管会展教育发展已经历了十多个年头，与其他传统专业和新兴专业相比，我们在会展教育上的投入（包括相关科研、教育教学改革等相关领域投入）仍存在一定的差距。这就需要我们一起努力，争取更大的发展空间。

二、北京市会展本科发展的总体情况

从会展经济与管理专业发展来看，2005年北京第二外国语学院开始招收"会展经济与管理"专业学生，2008年北京联合大学正式获批设立"会展经济与管理"专业，2009年首都师范大学科德学院（独立学院）设立"会展经济与管理"专业以及"会展艺术与设计"专业，2012年北京农学院和北京石油化工学院分别设立"会展经济与管理"专业。目前，北京市属本科高校中，这五所院校的会展专业建设处于"成长期"，不断面对新的社会发展机遇与挑战。

（一）在校学历教育招生规模

北京市2017年会展院校本科招生规模如表2—1所示。北京第二外国语学院会展经济与管理专业本科招生60人；北京联合大学会展经济与管理本科招生59人；北京农学院会展经济与管理本科招生60人；北京石油化工学院会展经济与管理本科招生30人；首都师范大学科德学院会展经济与管理专业本科招生46人;首都师范大学科德学院会展艺术设计专业本科招生28人。北京第二外国语学院和北京农学院会展专业本科招生最多,均为60人。2017年,北京市会展专业本科总招生283人,见表2-1。

表2-1　　　　2017年北京市会展院校本科招生规模统计表

学校名称	专业名称	招生数量(人)
北京第二外国语学院	会展经济与管理	60
北京联合大学旅游学院	会展经济与管理	59
北京农学院	会展经济与管理	60
北京石油化工学院	会展经济与管理	30
首都师范大学科德学院	会展经济与管理	46
首都师范大学科德学院	会展艺术设计	28

(二)国际合作院校招生情况

据了解,目前与国外高校签署合作办学协议的院校还不多,北京市仅有北京联合大学旅游学院的会展经济与管理专业与美国鲍林格林州立大学有国际合作,且招生数量仅有10人。合作采取"3+1+1.5"方式,合作层次为本硕连读,见表2-2。随着北京"国际交流中心"地位的加强,会展专业院校国际合作规模较小的现状显然与国际化大都市发展要求具有相当差距,应进一步加大合作规模,增加国际合作对象及招生数量。

表2-2　　　　北京市会展专业国际合作办学一览表

学校名称	专业名称	招生数量(人)	国际合作对象	合作方式	合作层次	设立时间(年)
北京联合大学旅游学院	会展经济与管理	10	美国鲍林格林州立大学	"3+1+1.5"	本硕连读	2017

(三)核心课程设置情况

核心课程建设是一个专业发展的"四梁八柱",是会展人才培养的核心要素。据了解,北京第二外国语学院、北京联合大学旅游学院、北京农学院、北京石油化工学院会展经济与管理专业核心课程分别为20、10、22、16门。首都师范大学科德学院会展经济与管理专业核心课程为20门,会展艺术设计专业核心课程为15门。北京第二外国语学院、北京农学院核心课程均为专业必修课。其中,北京联合大学旅游学院特色课程有7门,分别是体育赛事管理、社区休闲体育活动管理、会议组织与管理(双语)、节庆活动策划与管理(双语)、会展管理学（双语)、会展项目策划与管理(双语)、旅游经济学(双语)，突出双语教学。

北京石油化工学院特色课程有1门，是网络创意营销(海峡两岸的网络课程)。首都师范大学科德学院特色课程有10门，分别是会展策划、会议策划技术、会展招标与立项、会展服务管理、会展招标与立项、文化类展示设计(博物馆)、展示道具与工艺、展示照明设计、展示材料应用、展示导向系统设计。

北京第二外国语学院特色课程最多，有11门，分别为会展概论、会议组织与管理、展览会组织与管理、策划学、商务礼仪与文化、节庆活动管理、商务旅游、会展客户关系管理、广告创意与策划、展览展示设计、会展场馆管理。众多特色课程的设置，为专业学生提供了更为个性化的选择。

北京农学院特色课程有8门：展示设计、会议管理、场馆经营与管理、大型活动策划与管理、会展英语、CAD制图、计算机辅助设计、会展项目管理等，为学生综合素质提高和专业技能提升提供了更多选择。

在课程建设方面，各学校既有共性的一面，也有结合学校定位与专业特色着力建设的"个性"一面，使各学校在课程建设方面具有很好的合作与交流基础，见表2-3和表2-4。

表2-3　　　　　　　　2017年北京市会展本科核心课程

学校名称	专业名称	核心课程数量(门)	备注
北京第二外国语学院	会展经济与管理	20	专业必修课
北京联合大学旅游学院	会展经济与管理	10	专业+大类
北京农学院	会展经济与管理	22	专业必修课
北京石油化工学院	会展经济与管理	16	
首都师范大学科德学院	会展经济与管理	20	
首都师范大学科德学院	会展艺术设计	15	

表2-4　　　　　　　　北京市会展专业特色课程

学校名称	专业名称	特色课程数量(门)	特色课程名称
北京联合大学旅游学院	会展经济与管理	7	体育赛事管理、社区休闲体育活动管理、会议组织与管理（双语)、节庆活动策划与管理(双语)、会展管理学（双语)、会展项目策划与管理(双语)、旅游经济学(双语)

续表

学校名称	专业名称	特色课程数量(门)	特色课程名称
北京石油化工学院	会展经济与管理	1	网络创意营销(海峡两岸的网络课程)
北京农学院	会展经济与管理	8	展示设计、会议管理、场馆经营与管理、大型活动策划与管理、会展英语、CAD制图、计算机辅助设计、会展项目管理
首都师范大学科德学院	会展经济与管理	5	会展策划、会议策划技术、会展招标与立项、会展服务管理
首都师范大学科德学院	会展艺术设计	5	文化类展示设计(博物馆)、展示道具与工艺、展示照明设计、展示材料应用、展示导向系统设计
北京第二外国语学院	会展经济与管理	11	会展概论、会议组织与管理、展览会组织与管理、策划学、商务礼仪与文化、节庆活动管理、商务旅游、会展客户关系管理、广告创意与策划、展览展示设计、会展场馆管理

(四)北京市属高校会展教育师资情况

目前,北京市会展专业本科院校师资数量及结构从总体来讲仍需补充和优化。北京第二外国语学院拥有专职教师数量为9位,其中教授2位、副教授3位、讲师4位,教师中具有硕士学位教师有2位,具有博士学位教师有6位,具有博士后研究经历教师1位,生师比为26.67∶1。

北京石油化工学院拥有专职教师数量为8位,其中具有硕士学位教师有6位,具有博士学位教师有2位,生师比为11.25∶1。

北京农学院拥有专职教师数量为8位,其中副教授6位,讲师2位,教师中具有硕士学位有4位,具有博士学位有4位,生师比为30∶1。

北京联合大学旅游学院拥有专职教师数量为11位,其中教授4位,副教授5位,讲师2位,教师中具有硕士学位有2位,具有博士学位有8位,具有博士后研究经历1位,生师比为25.73∶1。

首都师范大学科德学院拥有专职教师数量为6位,其中教授1位,副教授2位,讲师3位,教师中具有本科学位有1位,具有硕士学位有3位,具有博士学位有2位。

总体而言,北京市会展专业本科教育生师比较高,教师数量较少,需扩大教师队伍。教师学位主要为硕士及博士,硕博比例占教师整体的92.6%,教师质量较高,见表2—5。

表 2—5　　　　　　2017 年北京市会展专业(本科)师资情况　　　　　单位:人

学校名称	专业名称	学生总数	教师数量	其中博士后	博士	硕士	本科	其中教授	副教授	讲师
北京第二外国语学院	会展经济与管理	240	9	1	6	2		2	3	4
北京石油化工学院	会展经济与管理	90	8			2	6			
北京农学院	会展经济与管理	240	8	4	4			6	2	
北京联合大学旅游学院	会展经济与管理	283	11	1	8	2		4	5	2
首都师范大学科德学院	会展艺术与管理		6		2	3	1	1	2	3

通过了解,北京市会展专业本科院校师资背景情况以经济学和管理学专业为主,占师资学科背景总比例的 64.29%。会展专业背景师资结构偏少,仅占师资学科总背景的 4.76%,这与我国会展专业发展起步较晚有直接关系,见表 2—6。

表 2—6　　　　　2017 年北京市会展院校(本科)专业师资背景　　　　单位:人

学校名称	教师数量	企业阅历人数	专业背景(根据教师最高学历填写)						
			会展	经济学	管理	营销	统计	英语	计算机	其他
北京第二外国语学院	9	4			5	4				
北京联合大学旅游学院	11	3	2	3	4	1				1
北京农学院	8	2		1	5					2
北京石油化工学院	8			1	2			1		3
首都师范大学科德学院	6				2					4
合计	42	9	2	10	17	2	0	1	0	10

从会展专业发展趋势看,需进一步提高会展专业背景师资力量。同时,具有企业阅历的教师比例相对较小,其中北京第二外国语学院约为 44.44%,北京联合大学旅游学院约为 27.27%,北京农学院为 25%。这对强化实操技能方面的知识传授提出进一步挑战。从师资年龄结构来看,北京市会展专业本科院校师资年龄呈现年轻化,40 岁以下教师占 52.38%。教师年龄主要集中在 30—50 岁,此年龄段教师占 85.71%,见表 2—7。

表 2—7　　　　　2017 年北京市会展院校(本科)师资年龄结构

学校名称	教师数量(人)	年龄结构						
		30岁以下	占比(%)	30—40岁	占比(%)	40—50岁	占比(%)	50岁以上	占比(%)
北京第二外国语学院	9	0	0	3	33	6	67		

续表

学校名称	教师数量(人)	年龄结构							
		30岁以下	占比(%)	30—40岁	占比(%)	40—50岁	占比(%)	50岁以上	占比(%)
北京联合大学旅游学院	11	1	9.1	2	18.2	6	54.5	2	18.2
北京农学院	8	0	0	8	100	0			
北京石油化工学院	8	1	12.50	5	66	1	12.50	2	25
首都师范大学科德学院	6			2	33	3	50	1	17
合计	42	2		20		16		5	

(五)学生参加专业培训、专业实践及学科竞赛情况

目前,高等教育的教育理念是以学生为中心,尤其以学生收获为中心,着力培养学生的专业技能和行业认知。北京市会展本科院校在这方面下了不少功夫,一方面加强实验室建设,强化模拟训练;另一方面,加强与会展企业、行业协会合作,强化学生实践能力。

北京联合大学旅游学院、首都师范大学科德学院均有学生参加专业培训,通过培训获取初级会展职业经理人证书,提高学生的就业能力。北京市会展本科院校学生行业实践较为丰富,北京联合大学旅游学院与国家会议中心、水立方、北京励德展览有限公司、中青旅国际会议展览有限公司、北京市贸促会、北京国际会议展览业协会等均有合作,通过顶岗实习、毕业实习、企业实习周等方式帮助学生更好地增强实践能力,知行合一(见表2—8)。

表2—8　　　2017年北京市会展院校(本科)学生参加专业培训情况

学校名称	专业名称	项目来源	培训项目名称	证书名称
北京联合大学旅游学院	会展经济与管理	中国贸促会商业行业分会等	会展职业经理人(初级)	会展职业经理人(初级)
首都师范大学科德学院	会展经济与管理、会展艺术设计	中国商业联合会	会展职业经理人	初级会展职业经理人

北京石油化工学院与中智会展、会唐网、中青旅会展部等合作,通过会展策划、营销,增强学生的实践能力。首都师范大学科德学院与国家会议中心、北京优联信驰文化有限公司有合作。北京农学院与中智会展等有合作,主要通过会展策划、会展设计、会展营销增强学生的实践能力。北京市会展专业学生参加相关竞赛较多,获得了优异的成绩(见表2—9)。

表 2-9　　　　　　　2017 年北京市会展院校学生行业实践情况

学校名称	专业名称	校企合作单位	实践岗位
北京联合大学旅游学院	会展经济与管理	国家会议中心、水立方、北京励德展览有限公司、中青旅国际会议展览有限公司、北京市贸促会、北京国际会议展览业协会等	顶岗实习、毕业实习、企业实习周等
北京石油化工学院	会展经济与管理	中智会展、会唐网、中青旅会展部	会展策划、营销
首都师范大学科德学院	会展经济与管理、会展艺术设计	国家会议中心、北京优联信驰文化有限公司	
北京农学院	会展经济与管理	中智商展(北京)国际会议展览股份公司、科隆展览中国有限公司等	会展策划、会展设计、会展营销

北京农学院会展专业学生获得 2017 年全国高校商业精英挑战赛会展创新实践竞赛一等奖 1 项。

北京第二外国语学院会展专业学生获得 2017 年全国高校商业精英挑战赛商务会奖旅游策划竞赛一等奖等优异成绩。

北京石油化工学院会展专业学生获得第九届"挑战杯"首都大学生课外学术作品科技竞赛一等奖等优异成绩。

北京联合大学旅游学院会展专业学生获得 2017 年全国高校商业精英挑战赛会展创新实践竞赛全国总决赛一等奖 2 项。

表 2-10　　　　　　　2017 年北京市会展院校学生参加相关竞赛情况

学校名称	专业名称	竞赛名称	竞赛数量	备注
北京第二外国语学院	会展经济与管理	全国商业精英挑战赛商务会奖策划大赛		二等奖
		第三届杭州奖励旅游创意策划大赛		二等奖
		2017 年全国高校商业精英挑战赛商务会奖旅游策划竞赛		一等奖
北京石油化工学院	会展经济与管理	第三届中国"互联网+"大学生创新创业大赛(北京赛区)	3	三等奖
		第九届"挑战杯"首都大学生课外学术作品科技竞赛	1	一等奖
北京联合大学旅游学院	会展经济与管理	2017 年全国高校商业精英挑战赛会展创新实践竞赛全国总决赛	10 人参赛	一等奖 2 项,二等奖 1 项
		2017 年"互联网+旅游创意"全国旅游大赛	16 人参赛	二等奖 2 项,三等奖 3 项

续表

学校名称	专业名称	竞赛名称	竞赛数量	备注
北京农学院	会展经济与管理	2017年全国高校商业精英挑战赛会展创新实践竞赛	4	一等奖1项,二等奖3项
		第九届"挑战杯"首都大学生课外学术作品科技竞赛	2	三等奖
北京石油化工学院	会展经济与管理	第三届中国"互联网＋"大学生创新创业大赛(北京赛区)	3	三等奖
首都师范大学科德学院	会展经济与管理	2017年远华杯会展策划大赛	2	
		2017年全国商业精英挑战赛总决赛	2	
	会展艺术设计	全国第十一届商贸院校设计大赛	4	

总体而言,北京市会展专业学生参加相关竞赛较多,且在其中取得了优异的成绩,见表2－10。

(六) 北京市会展专业学生就业情况

2017年,北京市会展专业应届毕业生为257人,其中,北京第二外国语学院毕业生58人,就业比例55.20％,就业比例较低的原因在于58人中有25人出国深造;北京联合大学旅游学院毕业生56人,就业率100％;北京农学院毕业生53人,就业率100％;北京石油化工学院会展专业设立较晚,暂无毕业生。

表2－11　　2017年北京市会展院校(本科)应届学生就业情况

学校名称	专业名称	毕业生数量(人)	就业比例(％)	备注
北京第二外国语学院	会展经济与管理	58	55.20	出国深造不含其中
北京联合大学旅游学院	会展经济与管理	56	100	
北京农学院	会展经济与管理	53	100	
北京石油化工学院	会展经济与管理			暂无毕业生
首都师范大学科德学院	会展经济与管理	38	45	
首都师范大学科德学院	会展艺术设计	52	28	

续表

学校名称	专业名称	毕业生数量(人)	就业比例(%)	备注
合计		257		

首都师范大学科德学院会展与经济管理专业毕业生38人,就业率为45%。首都师范大学科德学院的会展艺术设计毕业人数52人,就业率为28%。就北京市会展专业应届学生就业对口情况来看,仅有北京联合大学旅游学院的毕业生就业对口率超过了50%,为76.80%,且此专业毕业生的平均薪资较高。

表2—12 2017年北京市会展院校(本科)应届学生就业对口情况

学校名称	专业名称	毕业生数量(人)	就业对口比率(%)	备注
北京第二外国语学院	会展经济与管理	58	50	58人中有25人出国深造就业是55.2%,就业的人中50%以上与会展相关
北京联合大学旅游学院	会展经济与管理	56	76.83	
北京农学院	会展经济与管理	53	38	
北京石油化工学院	会展经济与管理			暂无毕业生
首都师范大学科德学院	会展经济与管理	38	45	
首都师范大学科德学院	会展艺术设计	52	28	
合计		257		

总的来看,北京市会展专业应届毕业生就业率较高,就业对口情况有待进一步改善,平均薪资水平较高,见表2—11和表2—12及表2—13。

表2—13 2017年北京市部分院校会展(本科)应届学生薪资情况

学校名称	专业名称	毕业生数量(人)	平均薪资(元)	其中			
				2 000元以下	2 000—3 000元	3 000—4 000元	4 000元以上
北京联合大学旅游学院	会展经济与管理	56	5 700	0	0	0	100%
首都师范大学科德学院	会展经济与管理	38	5 000				100%

续表

学校名称	专业名称	毕业生数量(人)	平均薪资(元)	其中			
				2 000元以下	2 000—3 000元	3 000—4 000元	4 000元以上
首都师范大学科德学院	会展艺术设计	52	4 500			35%	65%

三、北京市会展本科教育存在的主要问题

北京市会展本科专业具有很好的发展背景,国际化大都市的发展理念成就了会展之都的地位,大型国内外会展及活动在北京具有聚焦性、规模性、凝聚性以及辐射性等特点。结合会展经济的发展趋势,我们认为会展本科教育还存在规模小、特色不够鲜明、相关理论研究以及教学改革亟待深入等现实问题。

(一) 会展基础性理论研究亟待加强

会展经济的发展在很大程度上得益于对会展经济发展规律的研究,这方面的任务相当一部分要落在会展教育工作者肩上。目前,国内会展经济似乎蓬勃发展,但关于会展经济的发展规律从法理上讲远远没有"摸透",这就在会展发展实践中会产生这样或那样的困惑,除了年年忙于筹办会展项目,但会展过后,地方区域经济如何借力得到可持续发展,如何提高会展的辐射性和永续性,这些都需要理论界加以破题。一方面通过基础性科学研究解决会展经济中经济学和管理学问题,另一方面可以指导实践,促进行业(产业)发展。更为重要的是要建立高层次会展教育体系,使会展研究上水平。

(二) 会展行业的"需求侧改革"势在必行

在教学实践中我们发现一些学生在会展公司实习后选择不再做会展,或者暂时在会展做些时间又跳槽。这是为什么?在会展公司社会责任建设方面,如何与学校一起承担起更多的人才培养职责,的确需要认真思考。一般来讲,学校是培养人才的"供给侧",企业是接纳人才的"需求侧"。过去我们强调"供给侧改革",强调学校要适应企业的发展需求,这本身无可厚非!但企业到底需要什么样的人?需要怎样的技能?如何给新来的大学生(含实习生)以企业定位和未来职业生涯的设计与疏导?所以,如何与学校联合培养好学生,会展企业应该从自身发展的角度,将人才"再培养"作为企业发

展战略之一,同时加强企业文化建设,培养学生对会展行业与专业的认同感,使其对未来工作的挑战性与创新性充满期待。这些都需要企业结合行业发展进行系统思考与设计,将学生个人发展诉求与企业发展目标融合起来。从某种程度上讲,要提高学生就业"对口性",就需要会展行业和企业发展有足够的吸引力!所以,"需求侧改革"势在必行!要通过会展产业、会展企业以及会展教育的融合发展,实现"供给侧改革"与"需求侧改革"的无缝链接与同步。

(三)实践教学的供给与需求不匹配

会展专业是实践性很强的专业,实践教学是会展教学的重要环节,北京的会展之都地位为会展专业的实践教学提供了广阔的空间。不过,作为会展人才的供给侧——学校,与会展人才的需求侧——企业,在实践教学环节上持续不匹配。一方面,会展企业对参与实践的学生求贤若渴,但需求时间总是以办展时间为中心,向前后延伸。这与追求教学管理规范的本科教学存有相当的偏差。另一方面,会展企业对学生存有招之即用的功利主义思想,很多会展企业缺乏对行业和企业内部到底"需要什么样的人才?他们又需要什么样的技能?"这种行业深层次的思考,也懒于配合会展专业院校的实践教学环节,不能完整地为实践学生提供岗前教育,也缺乏相关的职业生涯设计和指导。更有甚者,将学生作为廉价劳动力,让学生持续从事会展行业中的低端工种,无法满足实践教学要体验会展完整流程的需求。导致学生对会展行业缺乏信心,毕业后不愿从事会展领域相关工作。所以,教育界和企业界应该认真思考如何合理地安排与协调实践教学环节,以学生为中心,将学生的个人发展诉求与企业需要和教学需要完善地结合起来。通过充实和丰富实践教学环节,培养学生对会展行业和专业的认同感,提升会展行业的吸引力,提高学生就业的对口性,夯实会展行业发展的人才基础。要通过会展产业、会展企业以及会展教育的融合发展,实现"供给侧改革"与"需求侧改革"的无缝链接与同步。

(四)专业特色需要凝练

会展经济是一个庞大的系统,不同的专业性会展具有不同的专业特色,也对会展举办方和从业人员具有不同的会展专业素质要求。从会展教育来看,对于专业会展的特色研究以及特色教育亟待加强。一方面,未来展会的市场细分必将越来越强,如"农业嘉年华""汽车工业展"(包括新能源汽车展、改装车展、汽车配件展等);另一方面,会展行业的扩大、各岗位的技能需求也日趋明显。如何使我们培养的学生更好地融入专业展会,满足不同岗位的技能需求,除了共性的会展专业课程外,专业特色需要进一步强化,要通过研究不同专业市场的特殊属性和发展规律，针对性地培养学生特殊的专业素养。从这个角度看，会展教育"同质化"现象值得警惕，各个学校要结合学校定位和特色，选定目标市场进行针对性的培养，才能从差异化角度在竞争中胜出。瞄准细分的目标市场，实现专业特色化对于会展高等教育任重道远。

(五)国际化办学思路要加强

中国经济发展已取得举世瞩目的成就，会展经济成为重要的引擎之一。中国的会展业要发展壮大，就必须走国际化的道路。行业发展如此，会展教育也如此。目前，会展教育不能拘泥于会展本身。会展企业可能涉及人力资源管理、财务管理、市场营销、企业策划、项目管理、网络管理等方面的人才，尤其是具有国际化视角与国际化运作的人才更是稀缺资源。应切实加强国际化办学，增加办学路径，营造国际化氛围。从目前情况看，会展专业国际化需要引起高度的重视。

(六)课程体系和专业核心课程建设仍需完善

目前，本科人才培养已经从精英教育转向大众教育，本科教学日渐规范。作为管理学门类的一个专业，各高校的会展专业始终按照管理学课程体系安排基础课程，如管理学、微观经济学、宏观经济学等课程。但是，会展专业是应用性较强的新兴专业，行业属性相当明显。会展专业迄今为止还没有形成全国统一的核心课程体系，既缺乏教学指导委员会的指导，也没有形成一套权威性的规划教材。因此，会展教育不仅要加强论坛性的合作，也要加强教学研究上的交流，完善课程体系、教材建设和实验体系。

(七)会展人才培养方向存在偏差

我国会展经济起步晚，发展迅速，但由于缺乏对国际会展业和国际会展教育的了解和研究，在观念上还存在许多误区，严重阻碍了我国会展业的发展。会展教材以翻译国外原著为主，缺乏本土特色，难以适应我国会展业发展的实际情况。高校课程设计是在原有专业基础上开设会展专业(方向)的，再加上会展专业师资的匮乏，导致各校的会展专业学生所学课程差别大、职业定位不准，培养的学生的专业能力和适用岗位差别大，无法形成统一标准。

(八)部分授课教师半道出家，专业理论基础相对薄弱

虽然我国会展教育发展迅速，但是在师资和专业基础上还存在着很多问题：一方面，由于我国会展教育起步晚，很多学校会展专业是从旅游或者

工商管理等专业基础上创办的,所以大多数会展老师是在原国际贸易、旅游类、艺术、外语类专业等演变而来,缺乏对会展业的宏观把握,缺乏会展实际经验。另一方面,由于缺乏系统的理论研究以及会展管理老师知识结构上的缺陷,很难培养出适合我国会展市场的人才。

四、对会展专业建设的思考

(一)理论指导实践,做到知行合一

强化理论研究,重在指导实践。目前,由于会展理论研究还不够"强大",需要学校和会展行业与企业共同努力,"从实践中来,到实践中去",在实践中总结规律,凝练理论,通过国内外理论研究,梳理规律反过来指导实践。只有理论与实践形成有机互补互动,才能使会展经济发展具有良好的经济理论和管理理论支撑,才具有发展的雄厚基础与后劲,才能做到"知行合一"。

(二)校企实现无缝链接

高等教育的发展日益与行业和企业融合,尽管各高校建立了教学实践基地,从目前运行情况看,往往仅限于学生专业认知(专业教育)和专业实习,教师渗入企业不够,在一定程度上制约了教师对企业的现实了解。企业也对学校"渗入"不够,未能将企业所需人才的可操作性需求完整传达,造成人才培养和需求信息不对称,在一定程度上造成"学不能致用"。所以,学校要走出去,企业要走进来,要通过类似"订单式"开发课程模块,以实际问题为导向进行专业教育教学改革,才能使会展教育有的放矢,才能使会展专业毕业生成为"抢手货"。所以,课程要融进行业与企业发展,强化综合素质与专业素养成为会展专业教育的出发点与归宿。

(三)加强职业指导,达到供需对接

职业指导帮助人们根据社会需要和自身特点选择职业、预备职业、获得职业和改进职业。学校应根据社会需要及职业结构对大学生素质的要求,结合大学生的个性特点和现实需要,通过一系列教育活动帮助学生了解自我,认识社会的职业情况,树立职业理想,获得职业知识和技能,进而正确择业并得到发展;同时帮助用人单位选择合格的大学毕业生,达到人与职业的合理匹配。必须把会展专业人才的职业指导贯穿大学生在校期间,以市场需求分析为导向,以职业生涯规划为基础,以专业实践为手段,最终目标是让会展专业学生学以致用,实现会展人才和会展企业更好对接。

(四)完善理论体系,优化教育模式

我国会展教育尽管火热,但是会展教育体系尚未形成,呈现不同的院校开设背景、不同的课程设置、不同的培养方向,再加上中国会展教育理论体系尚未建立,使得目前各高校的会展高等教育差异性大,会展人才的培养模式尚在摸索之中。德国的"双元"模式以及美国的"多元多层次化"模式都符合其国家会展业的实际情况,对其国家的会展经济起到了推动作用,也成为其他国家模仿的成功典范。我国应该在学习先进国家的经验的基础上,结合我国会展业实际情况,摸索出具有中国特色的会展教育模式,以促进我国会展经济的发展。会展行业的实践性很强,要使会展专业的学生踏入工作岗位能够适应会展企业要求,会展教育模式要强调实践环节,只有同时具备良好的知识结构和实践能力强的人才是行业所期待和欢迎的。我国会展人才的教育和培养应采取大学本科、大专、中专学历教育与短期培训并举的原则,形成综合性管理人才、技能性专业人才和辅助性服务人才的教育和培训体系。在对学生进行理论教育的同时,鼓励各个教育培训机构采取灵活多样的形式,加强对学生技能方面的锻炼和培养,增强他们实际操作的能力,为我国会展业的发展提供高质量的不同类型专业人才。

(五)创新发展理念,整合教育资源

会展教育的发展离不开思想的不断解放和理念的不断更新。理念的创新首先要明确我国与国际发达国家会展教育相比,落后不仅仅是反映在教材内容、教学方法上,也不仅仅是反映在科研水平、科研经费上,在人才培养、教育管理、管理模式等方面和世界高水平大学之间都存在差距,特别是在教育理念上存在差距。其次,会展教育的国际化是建立在本土化基础之上的,本土化和国际化是会展教育发展的两翼,学校要主动融入国际会展教育市场,主动汲取会展教育经验,主动改进我国现有的会展教育的内容和方法。发展会展业就是整合各方资源,会展教育资源更需要整合。针对我国会展职业培训以及高校教育资源点多面广规模小、资源交差重复浪费、难以形成规模优势和竞争优势的状况,必须对现有会展教育资源进行战略性整合重组。学校在整合校内优势资源为会展教育服务的同时,还要将优秀会展企业作为自己重要的教学资源,会展企业也要将高校作为自己的"人才库"和重要的合作伙伴。通过对外联合和主攻特色,扩大学校办学规模,增强会展办学的核心竞争力。

本报告得益于北京第二外国语学院、北京农学院、北京联合大学、首都师范大学科德学院、北京石油化工学院等高校相关学院及专业的领导与老师的理解与支持,以及讯狐科技公司的支持,在此表示衷心感谢!

北京市会展教育
(高职)发展报告

王 琪[①]

一、北京市会展教育(高职)发展历程

近年来,我国会展产业进入快速发展期,产业形态已基本形成,已逐步发展成为我国经济新的增长点,对全面提升社会经济有着积极的贡献。北京作为我国一级会展中心城市,过去五年积极加速会展业发展,致力于将北京建设成为中国会展行业的引领者、国际会议之都,是亚洲排名领先的会奖旅游目的地、亚洲会展之都、全球国际会议五强举办地之一,每年会展业的增长速度都高于全市GDP的增长数倍,为北京GDP的增长贡献巨大。

2016年北京市展览数量为409个,展览面积为634.14万平方米。在供给侧改革的大背景下,北京展览业市场正在逐步去除数量过剩的、质量低下的展会,向高品质、高水准、高品牌方向发展。

北京市高职会展教育自2005年北京农学院开展会展策划与管理专业以来,经过十几年的建设和发展,目前开设会展策划与管理专业的高职高专院

[①] 王琪,讲师,北京农业职业学院现代服务管理系会展策划与管理专业主任,研究方向:农业会展、农业节庆活动策划。

校主要有北京农学院、北京城市学院、北京信息职业技术学院、北京财贸学院、北京农业职业学院、首钢工学院、北京京北职业技术学院,共7所,占北京市29所高职院校的24.14%。由于北京农学院于2017年全面取消专科招生计划,目前招生院校为6所,北京市高职会展教育累计招生约2 265人,为北京会展业发展培养毕业生约2 000人。

2003—2008年是北京会展教育发展的起步阶段,北京农学院、北京现代职业技术学院(现并入北京城市学院)分别于2005年、2006年开设会展专业。由于院校间合并的原因,北京城市学院招生人数没有具体数据,北京农学院十余年来共招生约720人,见表1—1。

表1—1   2003—2008年北京会展院校(高职)设立情况汇总表

属性	学校名称	专业名称	招生数量(人)	设立时间(年)
高职高专	北京现代职业技术学院(并入北京城市学院)	会展策划与管理	约500	2006
	北京农学院	会展策划与管理	约720	2005
合 计			约1 220	

2009—2014是北京市会展教育快速发展阶段,共4所高职院校开设会展策划与管理专业。截至2017年,这四所职业院校共招生1 065名,见表1—2。

表1—2   2009—2014年北京会展院校(高职)设立情况

属性	学校名称	专业名称	招生数量(人)	设立时间(年)
高职高专	北京农业职业学院	会展策划与管理	165	2013
	北京财贸职业学院	会展策划与管理	262	2012
	北京信息职业技术学院	会展策划与管理	425	2010
	北京京北职业技术学院	会展策划与管理	213	2011
合 计			1 065	

2015—2017年北京市高职高专院校新增会展策划与管理专业1所。首钢工学院于2015年开设会展策划与管理专业,截至2017年共招生91人,见表1—3。

表1—3   2015—2017年北京会展院校(高职)设立情况

属性	学校名称	专业名称	招生数量(人)	设立时间(年)
高职	首钢工学院	会展策划与管理	91	2015

二、北京市会展教育(高职)学历教育招生规模

2017年北京市高职会展专业招生总体为167人,受到北京近年来生源总数较少的影响,招生形式以自主招生为主、统招为辅,自主招生人数约占总人数的90%。

表2—1　　　2017年北京会展院校(高职)招生规模统计表

学校名称	专业名称	招生数量(人)
北京农业职业学院	会展策划与管理	28
首钢工学院	会展策划与管理	23
北京财贸职业学院	会展策划与管理	18
北京信息职业技术学院	会展策划与管理	40
北京城市学院	会展策划与管理	40
北京农学院	会展策划与管理	0(北京市教委取消农学院专科招生)
北京京北职业技术学院	会展策划与管理	
合　计		167

三、北京市会展教育主体结构分析

2017年北京市开设会展专业高职教育的主体有7所院校,其中公办院校5所:北京农学院、北京农业职业学院、北京财贸职业学院、北京信息职业技术学院、首钢工学院;民办院校2所:北京城市学院、北京京北职业技术学院。2017年北京农学院取消高职层次的会展专业办学招生指标,在完成在校生培养的基础上,仅保留本科主体。

四、北京市会展(高职)相关专业设置情况

北京7所院校高职会展专业设置名称均为会展策划与管理,其中,北京农业职业学院、北京信息职业技术学院、首钢工学院、北京城市学院、北京京北职业技术学院5所院校以培养学生会展策划、会展营销、会展管理为侧重点,北京财贸职业学院、北京农学院以会展设计、会展策划为侧重点。7所院校专业规模基本相当,均保持在每年招生一个班、每班20—40人、在校生

90—120人的水平。

招生规模主要受北京市近年来生源数持续下降的影响,同时受到北京市大力疏解非首都功能、连年压缩京外招生计划指标的影响,近几年各高职院校在缩减招生专业和招生指标的情况下,各院校会展策划与管理专业在承受巨大的招生压力下,每年仍然保持一个班的招生规模非常不易。

五、北京会市展各专业培养计划情况

北京市高职会展专业的核心课程名称基本围绕会展策划、会展设计、项目运营与管理、营销与服务四个方面设置。部分院校的专业核心课程更加细化,方向性更明确,如演艺赛事活动运营、婚庆策划与组织等,课程名称上也体现了该校专业特色与方向。具体数据见表5—1。

表5—1　　　　2017年北京市会展院校(高职)核心课程统计表

学校名称	专业名称	核心课程数量(门)
北京农业职业学院	会展策划与管理	会议运营与管理、展览实务、大型活动策划与组织、会展营销、会展展示设计(5)
北京信息职业技术学院	会展策划与管理	会议组织实务、会奖旅游策划与管理、节庆策划与实施、演艺赛事活动运营、展览策划与组织、会展项目管理(6)
北京财贸职业学院	会展策划与管理	计算机辅助图形图像设计(二维设计)、展示设计、会展设计表现技法、会展空间设计、会议策划与组织、展览策划与管理、婚庆策划与组织(7)
北京农学院	会展策划与管理	会展策划与管理、展览会组织与管理、会展英语、会展设计、大型活动组织与策划(5)
北京城市学院	会展策划与管理	会展策划与管理、会展服务、会展实务、市场营销、会展项目管理、会议运营与管理、节事活动策划与管理、展馆运营与管理(8)
首钢工学院	会展策划与管理	会展概论、会展营销、会议组织与管理、会展旅游、会展策划、会展文案、会展实务、会展设计、会展项目管理(9)
北京京北职业技术学院	会展策划与管理	会展营销、会议策划管理、展览策划管理、节事活动策划管理、会展设计(5)

北京市高职会展专业每所院校基本设置核心课程5—9门。各院校以会议组织运营、会展策划两门核心课程频率最高,均为100%,节事活动策划与会展设计为71.4%,会展营销为57.1%,会展项目管理为42.9%。其他核心课程出现频率为1次,体现了各院校的专业方向及特色,见表5—2。

表 5-2　　　　　2017 年北京市会展院校(高职)核心课程排序

核心课程名称	学校名称	出现频率
会议策划、会议组织运营、会议管理	北京农业职业学院、首钢工学院、北京城市学院、北京财贸职业学院、北京信息职业技术学院、北京农学院、北京京北职业技术学院	7(100%)
会展策划、展览策划、展览实务	北京农业职业学院、首钢工学院、北京城市学院、北京财贸职业学院、北京信息职业技术学院、北京农学院	7(100%)
节事活动策划	北京农业职业学院、北京农学院、北京城市学院、北京京北职业技术学院	5(71.4%)
会展设计	北京农业职业学院、北京财贸职业学院、北京农学院、首钢工学院、北京京北职业技术学院	5(71.4%)
会展营销	北京农业职业学院、北京城市学院、首钢工学院、北京京北职业技术学院	4(57.1%)
会展项目管理	首钢工学院、北京城市学院、北京信息职业技术学院	3(42.9%)
会奖旅游策划与管理	北京信息职业技术学院	1(14.3%)
演艺赛事活动运营	北京信息职业技术学院	1(14.3%)
计算机辅助图形图像设计	北京财贸职业学院	1(14.3%)
婚庆策划与组织	北京财贸职业学院	1(14.3%)
会展英语	北京农学院	1(14.3%)
会展服务	北京城市学院	1(14.3%)
展馆运营与管理	北京城市学院	1(14.3%)
会展概论	首钢工学院	1(14.3%)
会展文案	首钢工学院	1(14.3%)

北京市高职会展专业特色课程以实训、实操类为主,大部分院校开设围绕核心课程的课堂实训,如展览实务、婚庆策划与组织、演艺活动运营、会展文案、会奖旅游等,部分院校围绕专业特色设计课程,如展示设计搭建、会展设计表现技法、3Dmax 等,见表 5-3。

表 5-3　　　　　2017 年北京市会展院校(高职)特色课程

学校名称	专业名称	特色课程数量(门)	特色课程名称
北京农业职业学院	会展策划与管理	2	会展设计与搭建实训、顶岗实习
北京财贸职业学院	会展策划与管理	3	会展设计表现技法、会展空间设计、婚庆策划与组织

续表

学校名称	专业名称	特色课程数量(门)	特色课程名称
北京信息职业技术学院	会展策划与管理	3	会奖旅游策划与管理、演艺赛事活动运营、婚庆策划与组织
北京城市学院	会展策划与管理	2	展馆运营与管理、市场营销
北京农学院	会展策划与管理	2	3Dmax、会展设计
首钢工学院	会展策划与管理	2	会展文案、会展旅游
北京京北职业技术学院	会展策划与管理	3	展览策划管理,节事活动策划管理,会展设计

六、北京市会展(高职)教育师资情况

(一)师资情况统计

2017年北京高职在校生数为965人,教师数量为41人,平均师生比为23.5:1,师资存在一定缺口。学历层次方面,博士占14.6%,硕士占70.7%,本科占14.6%。职称方面,教授占2.4%,副教授占34.1%,讲师占56.1%,助教占7.3%,见表6-1。

表6-1　　　　　2017年北京市会展专业(高职)师资情况　　　　　单位:人

学校名称	专业名称	学生总数	教师数量	博士后	博士	硕士	本科	教授	副教授	讲师	助教
北京农业职业学院	会展策划与管理	91	5		1	3	1		1	3	1
北京财贸职业学院		136	5			4	1			5	
北京信息职业技术学院		123	7			6	1		3	4	
北京城市学院		96	2			2				2	
北京农学院		152	9		4	5			6	3	
首钢工学院		90	3			3				3	
北京京北职业技术学院		77	10	1	6	3	1	4	3	2	
合计		765	41	6	29	6	1	14	23	3	

目前,北京会展院校高职师资具有企业阅历人数为18人,占师资总数的43.9%。专业背景以管理类居多,占53.7%,文学、经济学背景也有一定数量的师资,会展专业背景仅1人,见表6-2。

表6-2　　　　2017年北京市会展(高职)师资背景情况　　　　单位:人

学校名称	教师数量	企业阅历人数	专业背景(根据教师最高学历填写)			
			会展	经济学	管理	其他
北京农业职业学院	5	4	1		1	文学3
北京财贸职业学院	5	2			2	文学3
北京信息职业技术学院	7	5		3	3	文学1
北京城市学院	2	0			2	
北京农学院	9	1			7	文学2
首钢工学院	3	1			1	2
北京京北职业技术学院	10	5		2	6	2
合计	41	18	1	5	22	13

各个院校师资年龄结构见表6-3。

表6-3　　　　2017年北京市会展(高职)师资年龄结构情况

学校名称	教师数量(人)	年龄结构						
		30岁以下	占比(%)	30—40岁	占比(%)	40—50岁	占比(%)	50岁以上	占比(%)
北京农业职业学院	5	1	20	1	20	3	60		
北京财贸职业学院	5			3	60	2	40		
北京信息职业技术学院	7			2	28.6	4	57.1	1	14.3
北京城市学院	2			2	100				
北京农学院	9			9	100				
首钢工学院	3			3	100				
北京京北职业技术学院	10	2	20	5	50	1	10	2	20
合计	41	3		25		10		3	

(二)师资情况分析

1. 师生比例情况

北京高职各院校师生比:北京农业职业学院18∶1,北京财贸职业学院

27.2∶1，北京信息职业技术学院17.6∶1，北京城市学院48∶1，北京农学院16.9∶1，首钢工学院30∶1，北京京北职业技术学院7.7∶1。

需要说明的是，北京财贸职业学院、北京城市学院在2017年人事聘任后，之前会展专业教师存在转岗和离职的现象，目前两所院校师资缺口较大；北京农学院由于开设本科专业，在本专科同时存在的情况下，师生比为16.9∶1，说明师资缺口仍然存在；首钢工学院由于2015年刚开设会展专业，目前师资存在缺口；北京农业职业学院、北京信息职业技术学院目前专业师资队伍稳定，师生比合适；北京京北职业技术学院存在教师数量较多的情况。

2. 学历占比情况

北京7所开设会展专科专业的院校中，教师共41人，其中博士6人、硕士29人、本科6人。博士主要集中在北京农学院，因为该校教师还承担本科层次的专业教育，博士学历教师近五年引进较多。其他院校教师学历主要为硕士，占70.7%，博士及本科学历占比相同。

3. 职称占比情况

北京7所开设专科会展专业的院校中，教师共41人，其中教授1人、副教授14人、讲师23人、助教3人。由于会展高职教育相对较晚，因此正高级职称的教师仅1人，副高级职称教师占34.1%，有一部分副高职称教师是在进入会展专业之前评聘的，北京农学院、北京信息职业技术学院、北京京北职业技术学院副高职称人数较多，其他院校主要为讲师，占56.1%。

4. 专业背景分析

北京7所开设专科会展专业的院校中，教师共41人，其中会展专业背景1人，是北京农业职业学院2016年引进的北二外会展专业硕士毕业生；经济学5人，占2.4%；管理学22人，占53.7%；文学9人，占22%，主要为中文和艺术专业；其他专业4人。由此看出，教师专业背景大多为管理类及文学设计类。具有企业阅历的教师为18人，占43.9%，由于职业院校对"双师型"教师的要求，学校为教师提供企业实践的机会，积极引进企业人才，但个别院校也有一部分具有长期企业工作经历的教师流失，导致师资队伍严重缺乏。这与北京高职院校教师待遇较低、职称评定要求较高、教师创新创业支持力度不够等有一定关系。

5. 年龄结构分析

北京6所开设专科会展专业的院校中，教师共31人，其中30岁以下1人，30—40岁20人，40—50岁9人，50岁以上1人。30—40人数最多，占64.5%；40—50岁其次，占29%。说明青年教师是会展专业主力军，他们年轻，有活力，愿意接受新鲜事物，有创造力，有创意。

七、北京市会展教育(高职)实践教育情况

目前,6所院校有3所参加2017年全国高校商业精英挑战赛会展创新实践竞赛,2所院校参加第十一届全国商科院校展示设计大赛,3所院校参加首届中国会展讲解员大赛。相比其他省份,北京地区高职学生参加竞赛较少,主要受到会展专业没有国赛、市赛的影响。

北京市高职会展专业学生可以考取"会展职业经理人"证书。在人力资源和社会保障部未取消"会展策划师(三级)"证书之前,曾组织学生参加"会展策划师"培训及考证,见表7-1。

表7-1　　　2017年北京市会展(高职)学生参加专业培训情况

学校名称	专业名称	项目来源	培训项目名称	证书名称
北京农业职业学院	会展策划与管理	中国商业联合会	会展职业经理人	会展职业经理人(初级)
北京财贸职业学院			会展职业经理人	会展职业经理人(初级)
北京信息职业技术学院			会展职业经理人	会展职业经理人(初级)
北京城市学院			会展职业经理人	会展职业经理人(初级)
北京农学院			会展职业经理人	会展职业经理人(初级)
首钢工学院			会展职业经理人	会展职业经理人(初级)
北京京北职业技术学院			会展职业经理人	会展职业经理人(初级)

北京市高职会展专业学生实践岗位主要涉及会展营销、项目管理、现场执行、会展设计、会展服务、活动执行、新媒体编辑、会展行政等岗位,见表7-2。

表7-2　　　2017年北京市会展(高职)学生行业实践情况

学校名称	专业名称	校企合作单位	实践岗位
北京农业职业学院	会展策划与管理	中国插花协会、农业展览馆、励展博览集团、博乾展览、中外会展杂志社、雅森国际	会展营销、项目管理、现场执行、会展设计、会展服务、活动执行、新媒体编辑、会展行政
北京财贸职业学院		北京展览馆、笔克展览集团、励展集团等14家合作单位	会展营销、项目管理、现场执行、会展设计、会展服务、活动执行、新媒体编辑、会展行政

续表

学校名称	专业名称	校企合作单位	实践岗位
北京信息职业技术学院	会展策划与管理	中国国际展览中心集团公司、中国游艺机游乐园协会、北京利普奥斯国际会展有限责任公司、北京南北展览有限公司、雅森国际展览有限公司、北京博乾国际会展服务有限公司	会展营销、项目管理、现场执行、会展设计、会展服务、活动执行、新媒体编辑、会展行政
北京城市学院		笔克、雅森国际	会展营销、项目管理、现场执行、会展设计、会展服务、活动执行、新媒体编辑、会展行政
北京农学院		国家会议中心、农业展览馆、贸促会商业分会、北京展览馆、笔克展览集团、励展集团、科隆展览、华毅东方展览、双通展览、博乾展览、中外会展杂志社	会展营销、项目管理、现场执行、会展设计、会展服务、活动执行、新媒体编辑、会展行政
首钢工学院		雅森国际、中商国旅、誉景苑酒店	会展营销、项目管理、现场执行、会展设计、会展服务、活动执行、新媒体编辑、会展行政
北京京北职业技术学院		科隆展览、励展博览、雁栖湖国际会展中心、中智商展	会展营销、项目管理、现场执行、会展设计、会展服务、活动执行、新媒体编辑、会展行政

北京市高职会展专业学生参加的主要大赛有：全国高校商业精英挑战赛经贸会展竞赛、全国商科院校展示设计大赛、中国会展讲解员大赛等。每所院校参加竞赛数量平均为2个。具体数据见表7—3。

表7—3　　　　2017年北京会展(高职)学生参加相关竞赛情况

学校名称	专业名称	竞赛名称	竞赛数量
北京农业职业学院	会展策划与管理	2017年全国高校商业精英挑战赛会展创新实践竞赛、全国商科院校展示设计大赛、首届中国会展讲解员大赛	3
北京财贸职业学院		第七届全国大学生市场调查与分析大赛、2017年全国高校商业精英挑战赛会展创新实践竞赛	2
北京信息职业技术学院		首届中国会展讲解员大赛	1

续表

学校名称	专业名称	竞赛名称	竞赛数量
北京农学院	会展策划与管理	全国商科院校展示设计大赛，全国商业精英挑战赛会展创新实践竞赛，全国商业精英挑战赛品牌策划大赛，首届中国会展讲解员大赛	4
合　计			10

八、北京市会展（高职）各专业学生就业情况

（一）学生就业比例与就业对口率

北京市高职会展专业7所院校2017年度应届毕业生为256人，一次性就业率最高为100％，最低为96％，其中5所院校一次性就业率达到100％。由于2017年北京地区高职统计数据不完全，因此没有确切的平均就业率、专业对口率等数据。但从提供数据的院校来看，专业就业率应该保持在96％以上，对口率约为70％，见表8—1和表8—2。

表8—1　　　　2017年北京会展（高职）应届学生就业情况

学校名称	专业名称	毕业生数量（人）	就业比例（％）
北京农业职业学院	会展策划与管理	42	100
北京财贸职业学院		46	98
北京信息职业技术学院		38	100
北京城市学院		29	100
北京农学院		65	100
北京京北职业技术学院		36	96

表8—2　　　　2017年北京会展院校（高职）应届学生就业对口情况

学校名称	专业名称	毕业生数量（人）	就业对口比率（％）
北京农业职业学院	会展策划与管理	42	70
北京财贸职业学院	会展策划与管理	46	70
北京信息职业技术学院	会展策划与管理	38	没有统计
北京城市学院	会展策划与管理	29	70

续表

学校名称	专业名称	毕业生数量(人)	就业对口比率(%)
北京农学院	会展策划与管理	65	没有统计
北京京北职业技术学院	会展策划与管理	36	85

(二)学生就业薪资情况

北京地区高职会展专业毕业生薪资为3 500—4 500元,平均约4 000元。基本与北京市2017年大专毕业平均薪资4 124元持平。

表8—3　　　　　2017年北京会展(高职)应届学生薪资情况

学校名称	专业名称	毕业生数量(人)	平均薪资(元)
北京农业职业学院	会展策划与管理	42	4 000
北京财贸职业学院	会展策划与管理	46	3 500
北京信息职业技术学院	会展策划与管理	38	没有统计
北京城市学院	会展策划与管理	29	4 000
北京农学院	会展策划与管理	65	没有统计
北京京北职业技术学院	会展策划与管理	36	4 000

九、北京市会展教育(高职)存在的问题与相关建议

(一)北京地区生源量持续下降

目前,北京地区高职会展专业面临最大的问题是招生问题,近几年生源数量下降严重,各院校教师亲自到郊区县各高中、中专院校进行招生宣讲,招生压力完全转嫁到教师身上,使得专业面临巨大的生存问题,专业发展受到严重阻碍。

同时,学生中有近90%为自主招生生源,相比其他省份学生质量,北京高职学生整体质量较低。这也是北京高职学生在全国技能大赛中成绩不突出的重要原因。如何调动学生的学习积极性,如何使学生能在三年当中学到知识、掌握技能,如何激励学生参加技能大赛,如何探索校企合作就业之路等问题非常突出。

(二)会展专业设置问题

基于北京市会展业发展现状及人才需求情况,目前各院校在课程设置上进行了大量的调研和分析。目前部分院校会展专业开展七年制高端技能型人才贯通培养计划,如北京农业职业学院,该项目可以有效缓解生源不足的压力,并且对专业设置有更新更高的要求,需要考虑初中毕业学生与高中普通教育和大学本科教育的有效衔接。

(三)师资队伍去企业锻炼有待增加

目前北京高职会展师资存在较大缺口,特别是北京城市学院、北京财贸职业学院及首钢工学院,但在招生人数下降的趋势下,目前各院校还不具备引进专业教师的条件,有部分院校仍以先消化内部其他不招生专业教师为原则。同时,具备多年行业企业实践经验的教师占比较少,短期培训教师较多。

(四)实验室建设问题

北京地区高职的会展实训室目前规模、条件、设备等方面较其他省份存在很大不足,各院校都在积极申报实训室建设财政项目,如北京农业职业学院、北京财贸职业学院都在积极申报会展综合实训室、会展设计实训室等。目前学生课内实训均在实训室条件不太完善的情况下进行,使各院校教师充分利用学院其他优势资源,在校内办展、办会、办活动,克服困难,锤炼学生专业技能。

(五)学生就业的对口问题

学生就业情况目前比较乐观,各院校积极进行校企合作,多渠道探索校企合作新模式,为学生提供充分的实习就业单位及岗位。专业对口率较高,约70%。应继续深化校企合作,打通现代学徒制、订单班等有效就业途径。

十、北京市会展教育(高职)未来趋势

(一)北京市会展业发展现状

2017年是实施"十三五"规划的重要一年,是供给侧结构性改革的深化之年。基于会展行业产业链的多元化,会展行业供给侧改革的重中之重是展会规模与展会结构的改革。

目前,北京的展览、会议、节庆活动等的数量持续上升,办展质量亟待提高。但同质展会或节庆活动竞争激烈,存在劣币驱逐良币的现象,地区会展业发展没有统一的指标体系。展会活动题材雷同度较高,专业化程度较低。北京会展业发展现状有以下几个方面特点:

1. 北京会展活动数量众多

传统上一般将会展业分为会议、展览、节事活动和奖励旅游四个方面,内容上涉及国际高端会议、国际赛事、具有地域优势的展会及节事活动、会奖旅游等多方面。在塑造目的地品牌形象、疏解非首都功能、提升国际地位、推动休闲文创产业发展等方面发挥着重要作用。每年在京举办的会展活动数量众多,并且北京正吸引着越来越多的国际性盛会。

北京作为我国政治、文化、国际交流中心,在加快建设国际一流的和谐宜居之都的进程中,与大型的政治类、竞技体育类、文创类、节事活动类相关的会展活动首选在北京举办。像 APEC、一带一路高峰论坛等由中央政府主导的大型会展活动和国际性高层次论坛或会议,也会将举办地选择在北京。为落实首都城市战略定位,北京承载着国家文化中心、科技创新中心的首都定位。随着文化创意园区的发展,京郊的音乐节、艺术节、动漫节、设计展等文化会展活动也在蓬勃发展。

2. 京津冀协同提升北京会展业发展空间

京津冀协同与环渤海地区合作发展进一步提升北京会展业发展空间。会展活动的辐射半径,或者说会展活动对周边区域参展商、观众的吸引力,是衡量会展业发展水平的重要指标。随着京津冀与环渤海区域合作的不断深入,北京会展业发展的产业集群和腹地支撑日益增强,有利于北京培育富有区域特色的会展品牌,提升现有会展的规模与等级。比如,北京与河北张家口联合筹办"冬奥会"这样举世瞩目的大型赛事对京郊特别是延庆区会展业发展的促进作用显而易见:一方面,有些运动场馆后续可为会展活动所用;另一方面,北京、张家口的交通、通信、酒店等硬件设施水平以及相关机构和人员的服务能力将大幅提升,带动区域会展业发展。

3. 京郊特色节庆活动规模扩大

每年在京郊举办的会展活动规模不断扩大,并且京郊正吸引着越来越多的国际性盛会,如 2022 年冬奥会将在延庆设立赛区,如 2019 年在延庆举行世界园艺博览会,2017 年在怀柔雁栖湖国际会议中心召开"一带一路"国际合作高峰论坛,2014 年在丰台王佐镇举办世界种子大会,2012 年在昌平举办的世界草莓大会等。

2016 年 7 月三部委联合下发《关于开展特色小城镇培育工作的通知》,同年 10 月住建部公布了第一批中国特色小镇名单,共有 127 个小镇列入该名单,其中北京有 3 个,分别是房山区长沟镇、昌平区小汤山镇和密云区古北口镇。与此同时,京郊会展业伴随着特色小镇的培育工作蓬勃发展。要实现京郊旅游业的创意升级,积极发展会展产业,以产品创意、节庆创意、园区创意、产业创意、功能创意为载体,提高京郊的文化附加值和会展项目的吸引力。

综上所述,北京会展业面临巨大的发展机遇。北京特别是京郊能在会展业发展中发挥自己的自然环境优势、产业优势、社会优势、资源优势,确定自己的竞争能力,这是北京会展业发展中努力的方向和目标所在。

(二)北京市高职会展教育定位探索

1. 面向首都,为首都文化创意产业培养专业技能人才

《北京市"十三五"旅游业及会展业发展规划》明确了北京的总体定位是"中国政治、文化、科技会展的首位城市,国际经济贸易、社会环境、科技文化、专业品牌会展的主要亚洲会展城市"。实现这一目标,需要大量的会展专业技能型储备人才作为支撑,也是服务区域产业升级创新发展的客观需要。会展教育要面向首都,为文化创意产业培养专业的技能人才。

2. 面向京津冀,为京津冀会展活动培养专业技能人才

中央把京津冀协同发展确立为国家重大战略,制定了《京津冀协同发展规划纲要》,统筹推进实施。京郊区县都有3—4项体现区域特色的会展活动,显著提升了京郊的知名度和美誉度,已经成为促进京郊旅游发展、加快当地产品销售、拓展农业功能、实现农民增收的重要途径。因此,会展教育要面向京津冀,为会展活动培养专业的策划与管理技能人才。

3. 面向"双创",为会展人才提供创新创业平台

国务院关于加快发展职业教育的决定当中明确提出,利用信息化手段扩大优质教育资源覆盖面的有效机制,支持与专业课程配套的虚拟仿真实训系统的开发与应用。会展教育要积极创新教学模式、创新实训项目,为专业人才提供创新创业平台。

4. 面向"互联网+会展",为校企合作和社会化培训提供重要阵地

会展教育要与市场行业紧密结合,培养自主创新、熟练掌握互联网技术的现代化服务型人才,为深化校企合作和社会化培训提供重要阵地。

5. 面向"会展+旅游",为以旅游专业为核心的专业群建设提供重要支撑

"会展+旅游"是高端的产业创新发展模式,会展也能促进旅游业的发展。"会展+旅游"是会展业发展的必然趋势,为旅游业提供更大的发展空间和机会。因此,会展教育要为以旅游为核心的现代服务专业群建设提供重要支撑。

特别鸣谢：北京信息职业技术学院会展策划与管理专业郝容老师、北京财贸职业学院会展策划与管理专业张磊老师、北京城市学院会展策划与管理专业国敏老师、首钢工学院会展策划与管理专业张超老师、北京农学院会展策划与管理专业仲欣老师、北京京北职业技术学院会展策划与管理专业胡艳容老师提供相关数据资料。

天津市会展教育（本科）发展报告

刘洪艳[①]

  会展业作为现代服务业的支柱产业，其发展程度成为衡量一个国家经济、政治、社会和文化综合实力的重要指标。当前，会展业因其强大的经济联动性已发展成全球范围内经济发展的新热点和增长点，享有"世界经济的晴雨表""城市的面包"之称。

  自从京津冀协同发展和天津滨海新区开发被纳入国家重要发展战略以来，天津会展业得到了前所未有的发展机遇，产业迅猛发展，各种会展活动越来越繁荣，会展业态丰富多样。同时，天津会展业的快速发展促使会展人才需求迅速扩张，高素质会展专业策划与管理人才的紧缺日益成为制约行业发展的"瓶颈"。综观会展业发达国家和地区的成功经验，会展专业教育是培养会展人才的重要途径。

  目前开设会展本科教育的院校只有南开大学、天津商业大学、天津财经大学和天津科技大学4所普通高等学校，可见天津市会展本科专业教育对会展专业人才的培养远不能满足蓬勃发展的会展行业的需求。如何加强会展本科教育，提升会展教育质量，实现校企无缝对接，成为当代高校会展教育

[①] 刘洪艳，天津财经大学商学院旅游系副教授，文化产业管理博士后，会展经济与管理专业负责人，硕士生导师，研究方向：会展经济与管理、文化遗产美学研究与创意研发。

亟须考虑的重要课题。

一、天津会展研究文献综述

基于篇名"天津会展"在中国知网上查找相关研究文献,共获得天津会展研究相关的文献146篇。天津会展研究文献的历史脉络如图1—1所示。

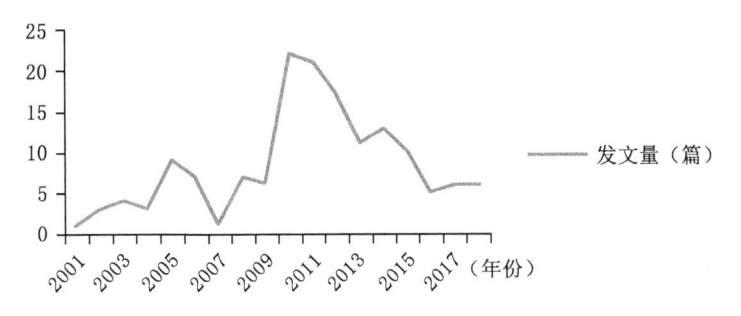

图1—1 天津会展研究发文趋势图

由图1—1和图1—2可知,基于中国知网查询到的文献,最早有关天津会展研究的文献是由槐克刚等人所写的《天津会展越做越大》一文,发表在《中国信息报》(2001年7月19日第3版)。该文基于天津成功举办的第八届天津春季全国商品交易会,对天津会展经济进行历史的梳理,同时从国际国内背景分析了天津会展经济的未来发展趋势。2002—2009年每年论文发表量较低,绝大多数年份在5篇左右,2007年只有1篇,代表文献有《天津会展业发展的现状与思路》《天津会展业夯实发展基础》等,同时期的有关文献多发表在《经济日报》《国际商报》等相关报纸上,以期刊为辅。

在已有的天津会展研究文献中,会展经济、会展旅游占研究主题的前两位。关于天津会展专业本科教育的研究文献极少,按照主题和篇名"天津会展本科教育"搜索文献结果为0,按照主题和篇名"天津会展教育"搜索文献结果只有1篇,即王广文所写的《天津会展教育发展策略探究》(2011年发表于《中国轻工教育》),而以"天津会展专业"篇名搜索,相关文献也只有7篇。通过以上统计数字可以看出,天津会展教育、会展专业发展以及会展人才培养的相关研究略显不足,与天津会展经济的繁荣发展不符,这也在一定程度上说明天津会展研究的空间还很大,需要更多有责任担当的学者融入,推动天津会展研究向纵深发展。

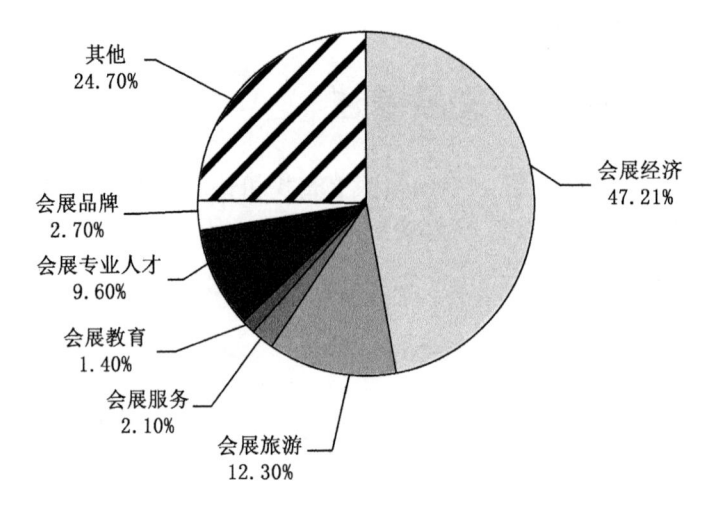

图1-2 天津会展研究主题分类饼图

二、天津会展本科教育发展历程

综观目前国内会展专业本科教育发展历程,大体可分以下七种类型:(1)在工商管理专业基础上开设,如哈尔滨商业大学于2003年开始在工商管理专业项下开设会展经济与管理方向,后在全国首批开设会展经济与管理本科专业,致力培养会展方面的高级管理类和高级营销类人才。(2)在原国际贸易类专业基础上开设,如浙江经贸职业技术学院等。(3)在原旅游类专业基础上开设,如北京第二外国语大学等。(4)在原艺术类专业基础上开设,如上海电影艺术学院艺术设计学院等。(5)在原外语类专业基础上或直接从会展类专业起步,如厦门国际会展职业学院等。(6)原创专业,如浙江传媒学院等。(7)跨学科、多专业联合举办,如上海财经大学浙江学院等[1]。

天津的会展本科教育发展历程基本上也是以上述类型为主。南开大学在天津首开会展本科教育先河,属于原创专业类型。2008年7月该校设立会展经济与管理专业,2009年3月在南开大学泰达学院成立会展管理系,并于同年开始招生。

南开大学会展经济与管理专业依托南开大学雄厚的教育资源,拥有来自工商管理、旅游管理、经济学等相关专业的有力支撑,为本专业的发展提供高起点、综合性、应用型、创新性的学科知识平台。本专业还通过全球合

---

[1] https://baike.baidu.com/item/%E4%BC%9A%E5%B1%95%E7%BB%8F%E6%B5%8E%E4%B8%8E%E7%AE%A1%E7%90%86%E4%B8%93%E4%B8%9A/4013701.

作办学、校企合作办学等模式,将来自美国南卡罗来纳大学等国际名校的专业教授、实践经验丰富的企业家和年轻有为的优秀学者凝聚成一体,努力实现课程设置与国际接轨,培养具有国际视野的精通会展管理和操作业务的高素质人才[①]。

天津商业大学会展本科教育开设也比较早,2008年在本科教育中就开设了会展方向。2010年6月,通过整合公共事业管理专业和行政管理专业的部分师资组建了会展经济与管理系,并于同年7月开始招收会展经济与管理第一届本科生,同时招收了45名公共事业管理(会展经济与管理方向)跨类选专业的学生,组建了会展081班。

天津商业大学会展本科教育以公共管理学、公共关系学和新闻与传播学方面的学科优势为基础,从公共管理的角度突出对会展经济与管理专业学生的会展战略策划、会展公关与营销能力、会展运营与管理能力的培养,即从公共管理和文化传播的角度突出该校会展经济与管理专业的特色,从而区别于我国多数高等院校在旅游管理和国际贸易等院系设置会展经济与管理专业、把会展经济与管理只看作是旅游管理或国际贸易的延伸与拓宽的倾向。

除了办好会展本科教育外,该系创始人杨琪教授还挂帅成立了会展研究所,进行系统的会展教学研究,同时创办、运行微信公众号会展学研究,时时更新会展学术前沿,在学界和业内具有深远的影响力。有鉴于此,该校会展专业获评"天津市十二五综合投资战略性新兴产业相关专业"。

天津财经大学会展经济与管理专业创始于1999年,在旅游系旅游管理方向的课程体系中开设了节事活动管理等会展相关课程。2001年开办旅游管理本科专业,2005年获得旅游管理硕士学位授予权,在旅游管理下设会展管理研究方向。2013年获教育部批准设立会展经济与管理专业,并于同年开始招生。2015年,会展经济与管理专业获得中国会展经济研究会颁发的"2015年度会展优秀院校奖",2016年该专业获批天津财经大学"十三五"校级重点建设专业,专业发展态势良好。

天津财经大学会展经济与管理专业以学校人才精细化培养战略为理论指导,凝练"节事活动策划与管理"专业特色,立足会展调研、策划、营销与运营等会展行业核心能力,依托校内外专业建设平台,优化校企深度融合的人才培养模式,构建"课堂—大赛—岗位"三位一体的教学模式,全面提升特色会展管理人才质量,为会展行业和经济发展提供智力支持和保障。

综上可见,天津的会展本科教育在国内是属于开办历史较早的。多年来,在无数天津会展人的齐心合力下,天津会展本科教育特色日益凸显,为

---

① http://college.gaokao.com/school/tinfo/9/schspe/892.

天津会展行业培养输送了大批会展专业人才,为天津会展经济发展注入无限生机。

三、天津市会展本科教育发展现状剖析

(一)在校学历教育招生规模

如前所述,由于天津会展专业本科教育获批时间较早,办学经验较为丰富,加之近几年国家对天津市以及会展业的大力支持,因此天津会展教育发展态势较好,保持较好的招生规模。

截至2017年12月,南开大学本科教育合计招生320人左右(南开大学自2016级开始进行旅游管理大类培养招生,本数据含一大类招生未分专业人数),天津商业大学会展本科教育合计招生900人,天津财经大学会展本科教育合计招生168人,天津科技大学会展本科教育合计招生304人(本统计数据不含已停招的部分天津本科院校)。其中,天津商业大学会展本科教育招生人数最多,目前在校学生合计为379人。整个天津市会展专业本科院校招生为1 692人,为天津市会展行业奠定坚实智力保障,见表3-1。

表3-1　　　　　　　　2017年天津市会展本科招生规模

学校名称	专业名称	招生数量(人)	备注
南开大学	会展经济与管理	待定	按照旅游管理大类招生未分专业
天津商业大学	会展经济与管理	80	
天津财经大学	会展经济与管理	29	
天津科技大学	会展经济与管理	60	

(二)师资结构分析

由表3-2可知,天津市会展专业本科院校师资数量虽然不够多,但绝大多数以高学历为主。其中,南开大学拥有专职教师5位,其中副教授4位、讲师1位,具有博士学位教师有5位;天津商业大学专职教师数量为9位,其中教授1位、副教授4位、讲师4位,具有博士学位教师有9位;天津财经大学专职教师数量为6位,其中教授1位、副教授2位、讲师2位、助教1位,博士后3位;天津科技大学专职教师数量为6位,其中教授1位、副教授4位、讲师1位,具有硕士学位教师5位,学士学位教师有1位。总体而言,天津会展专业本科教育教师数量不足,生师比较高,无法满足天津会展专业本科教育的需要。

表 3-2　　　　　　2017 年天津市会展专业本科院校师资情况　　　　　单位：人

学校名称	专业名称	教师数量	学历 博士	学历 硕士	学历 本科	职称 教授	职称 副教授	职称 讲师	职称 助教
南开大学	会展经济与管理	5	5				4	1	
天津商业大学	会展经济与管理	9	9			1	4	4	
天津财经大学	会展经济与管理	6	3			1	2	2	1
天津科技大学	会展经济与管理	6		5	1	1	4	1	

由表 3-3 可知，从师资年龄结构来看，天津会展专业本科院校师资年龄呈现年轻化特征，40 岁以下教师占 65.4%。其中，天津商业大学会展师资年龄差距结构较大，40-50 岁教师较多外，其他院校均以 30-40 岁为师资队伍主体。

表 3-3　　　　　　2017 年天津市会展本科院校师资年龄结构情况

学校名称	教师数量	年龄结构 30-40 岁	占比（%）	40-50 岁	占比（%）
南开大学	5	4	80	1	20
天津商业大学	9	3	33.3	6	66.7
天津财经大学	6	5	83.3	1	16.7
天津科技大学	6	5	83.3	1	16.7
合　　计	26	17		9	

(三) 核心课程设置情况

由表 3-4 可知，南开大学专业核心课程体现了其管理和经济的学科背景，突出会议、会展项目的策划、规划与管理；天津商业大学的课程体现了其公共管理学和公共关系学的学科优势，从公共管理的角度突出会展战略策划、会展公关与营销、会展运营与管理的核心课程，其中公共关系学获批校级特色课程；天津财经大学的核心课程除了突出其管理学的学科背景外，还通过会展运营实验、虚拟会展设计、会展视觉系统设计等课程凸显其核心课程与时俱进的科技性和应用性，其中会展管理学获批校级重点建设课程。

表 3-4　　　　2017 年天津市会展本科核心课程（含特色课程）

学校名称	核心课程名称	备注
南开大学	会展概论、项目管理、会展营销、国际会议规划与管理、展览策划与管理、会展政策与法规、会展文案写作、国际参展规划管理、展场规划设计概论	
天津商业大学	公共关系学、会展管理概论、会议运营与管理、会展营销管理、会展项目管理、会展客户关系管理、会展文案与策划	公共关系学（特色课程）
天津财经大学	会展管理学（研究型课程）、会展运营实验（综合型实验课程）、虚拟会展设计（技能训练型课程）、会展视觉系统设计（技能训练型课程）、节事活动与策划	会展管理学（校级重点建设课程）

总之，从天津各高校会展课程设置来看，天津会展本科教育课程设置与学科建设的基础以及学校的特色定位紧密相关：

天津商业大学会展经济与管理本科人才培养目标是：培养系统掌握会展经济与管理的基本理论、基础知识和专业技能，具备良好的会展策划能力、会展营销能力、会展组织与管理能力，能在政府部门、会展公司、广告公司、文化传播或创意公司等从事会展策划、会展营销、会展组织与管理以及相关工作的高级应用人才。

天津财经大学会展经济与管理专业本科人才培养目标是：培养具有坚定的理想信念、良好的道德情操、强烈的社会责任感、浓郁的本土情怀和宽广的国际视野，掌握会展经济与管理专业基本理论和专门知识，具有学习能力、思维能力、知识应用能力、沟通与合作能力，能在会议公司、展览公司、会展场馆、节庆礼仪公司、广告传媒公司以及旅行社、酒店的会展事业部等会展相关单位从事会展策划、设计、运营、组织、管理等工作的应用型高素质人才。

(四)学生实践与竞赛

从表 3-5 可知，天津会展本科教育院校整合各种社会资源，加强与业界的合作交流，注重学生应用能力和职业素养的培养。其中，天津商业大学立足校企合作，积极建立学生与企业密切联系的渠道，构建阶梯式实践教学模式，即从大学一年级到四年级实践教学分四个阶段：入门阶段、参与阶段、深入学习阶段和综合提高阶段。从普及宣传和渗透专业实践的理念和制度到进入实习基地或相关会展公司实习，逐步强化学生的应用能力。

表 3-5　　　　2017 年天津市会展本科院校学生行业实践情况

学校名称	专业名称	校企合作单位	实践岗位设置与安排
天津财经大学	会展经济与管理	天津静园	参加静园的活动策划、园区讲解、文创产品研发

续表

学校名称	专业名称	校企合作单位	实践岗位设置与安排
天津财经大学	会展经济与管理	天津梅江会展中心	参加中心的会议服务、展览布置等
天津商业大学	会展经济与管理	天津市工商联合会国际会展商会	会展策划、会展文案、会展服务
天津商业大学	会展经济与管理	天津美域国际会展公关服务公司	会展公关服务

天津财经大学本专业将校外与企业共建的实践教学基地建成会展专业高技能人才实战训练中心，提高人才培养的整体质量和对现代社会环境的适应性。通过校外实践基地的见习和实习，使学生第一时间接触社会，很好地把理论知识与产业实际进行有机的结合，同时通过与企业的深度合作，让学生参与园区博物馆行政与文创等核心部门深度实习，便于学生加深对行业的深入了解，为未来进入社会职场奠定坚实基础。

从表3-6可知，天津会展本科教育积极响应国家创新创业的战略发展，全方面推进会展创新创业教育。其中，天津商业大学和天津财经大学均以学生实践能力、创新精神和创业能力培养为主线，注重大学生创新思维特质的开发，通过参赛、办赛等多渠道、多形式开展创新创业教育，丰富与会展专业培养密切相关的创新训练活动。

表3-6　　　2017年天津市会展本科院校学生参加相关竞赛情况

学校名称	专业名称	竞赛名称	备注
天津商业大学	会展经济与管理	全国高校商业精英挑战赛会展创新实践竞赛全国总决赛	一等奖、二等奖
天津商业大学	会展经济与管理	"经典假期杯"大学生会展与奖励旅游创意策划大赛	二等奖、三等奖
天津财经大学	会展经济与管理	第三届中国"互联网＋"大学生创新创业大赛天津赛区	三等奖
天津财经大学	会展经济与管理	第三届会展业未来领袖论坛微演讲比赛	三等奖
天津财经大学	会展经济与管理	"经典假期杯"大学生会展与奖励旅游创意策划大赛	最佳创意奖

四、天津市会展本科教育存在的主要问题

(一)教育理念略显落后

在日新月异、知识爆炸的互联网时代,尤其是在李克强总理提出"互联网+"的理念后,互联网思维已渗透到社会的各个角落,高校教育也随之面临新的挑战,在带来教育技术革新的同时,更会深刻地影响教育理念和教学方式以及人才培养过程。但是,目前天津会展本科教育者在一定程度上存在对互联网时代教育的认知不足。尽管个别学校做了一些慕课等开放课程的尝试,但教学模式还是以传统方式为主,因此,如何适应新时代,培养"互联网+"和"会展+思维",实现会展教学与信息技术的深度融合,全面提升课堂教学效果以及人才培养质量成为每个会展教育者应该深思的问题。

(二)会展专业师资力量欠缺

由前面统计数据可知,天津会展本科教育专职教师平均人数为5—9个,师资力量严重不足是制约天津会展本科教育发展的重要问题。由于师资力量的严重不足,尽管很多院校师资学历层次较高,但鲜有会展专业学习背景,使得会展师资不具备系统的会展知识体系。由于缺乏行业实战经验,实践知识匮乏,理论知识和实践经验双重欠缺,严重影响了会展教学质量。因此,各高校急需引进国内外会展科班出身的师资,充实会展经济与管理专业的师资力量,提高教学质量。

(三)会展教学、科研成果不足

虽然多个高校提出"以科研促进教研"的专业发展思路,但通过数据统计发现,天津会展本科教育教研科研成果不足,数量不多,质量不高,特别是关于会展本科教育的高水平教科研论文与教研项目欠缺。同时,产学研缺乏强有力的衔接机制。当下天津会展教育的学术科研成果转化不足,已有的研究还停留在公开出版的学术期刊和研究著作中,很少有科研成果与企业紧密结合,从而无法有效地转化为现实的生产力,无法更有效地指导会展产业发展。

(四)会展教育与会展产业脱节

会展学界与会展业界是相辅相成、密不可分的。尽管近年来天津各高校注重学生应用能力的培养,加强了校企合作,但通过数据统计发现,目前会展学界和会展业界仍未能形成无缝链接。目前我国会展教育还处在探索

发展阶段,涌现出了很多新问题,但由于会展研究的滞后,导致会展教育陷入较为尴尬的境地,课堂理论教学往往落后于蓬勃发展的产业现实,学生所学知识和能力与行业发展现实严重脱节,不能满足未来岗位工作要求。因此会展教育必须走出去,请进来,学界与业界广泛合作、深度融合,才能促进会展行业科学发展。

五、天津市会展本科教育未来发展的目标和对策

(一)未来发展的总体目标

天津会展本科教育应以国家和天津《"十三五"教育事业发展规划纲要》为理论指导,以天津市人民政府办公厅《关于进一步促进会展业改革发展的意见》为执行准绳,立足天津会展行业发展现实以及对会展管理人才的需求,创新专业教育理念,优化专业人才培养模式,全面改革专业教学体系,提高专业发展水平以及人才培养质量,全面提升专业社会服务能力,逐步把天津会展教育建成师资力量雄厚、教学科研成果丰硕、培养方向灵活多样、特色鲜明、在国内外同类会展本科教育中具有较高知名度的院校群。

(二)未来发展的对策

1. 构建基于会展专业能力标准的人才培养模式

各高校应根据教育部高校旅游管理类专业教学指导委员会制定的《会展经济与管理专业教学质量国家标准》,参照会展业相关职业资格标准,打破传统学科体制的限制。同时,立足天津会展业的区位优势,依托各大国家战略基地,辐射京冀,加强与会展行业的广泛交流和深度合作,对企业关于会展人才的需求和要求进行充分调研,聘请会展企事业专家加入专业发展委员会,共同开发行业企业认可的、具有地域和行业特色的会展专业能力标准,将理论知识学习、实践能力培养和综合素质塑造三者紧密结合起来,构建科学合理的人才培养模式,促进人才培养精细化,为天津会展行业和经济发展提供人力资本保障。

2. 应用导向的一体化教学模式变革

各高校立足会展行业发展现实,以会展行业企业真实活动项目为导向,以优化课程内容为核心,切实推行"教学做一体化"的教学模式与课程改革,"在教中学","在学中做",教学相长,学做相助,实现职业能力训练和岗位综合模拟,使学生掌握会议、展览、节事活动、奖励旅游的策划、组织、运营与管理的知识与技能及展示设计的知识与管理。同时,结合校内外会展创意策划大赛等平台,加强学生专业核心应用能力的训练,切实提高人才培养

质量。

3. 校企深度合作，协同育人

各高校应该不断提升校外会展实习（训）基地的层次，拓展国外实习（训）基地，扩大国外实习实训规模，开创校企合作新模式。尝试与会展企业深度合作，共同开发以会议展览流程为导向的应用型课程体系，实施课程模式改革和精品课程建设，建设教学资料库。同时，整合社会资源，积极组织学生参与重大会议、展览等活动，达到在会展服务中实现理论与实践相结合，培养学生的应用能力、适应能力和创新能力，不断提高学生的职业素养。

4. 强化"双师型"师资队伍建设

各高校应该以专业师资队伍建设为抓手，完善师资培养机制，根据会展行业新业态对教师业务能力的新要求，通过"外部引进"和"内部培养"双重模式，加强专业教师与企业对接，专任教师要拥有行业兼职背景或到行业企业实践锻炼经历。强化以中青年骨干教师为主的教学梯队建设，重点培养会展专业负责人、课程负责人，并外聘知名专家和学者做兼职教授和客座教授，年龄、学历、职称结构优化，全面建设一支专兼结合、职业道德素养高、业务和实践能力强的高素质的"双师型"专业教学研究团队，为培养应用型高素质人才奠定坚实基础。

5. 提升创新型应用型人才培养质量

各高校在已有的应用实践特色基础上，以天津市实验教学示范中心为契机，完成校内实验室的转型升级。同时，全面拓宽校外实习基地的辐射范围，实现校内实训与校外实习的科学有效结合，强化教学过程的实践性、开放性和职业性，与会展的真实岗位无缝对接，使学生在真实的岗位上提升职业能力。同时，各高校还应通过举办创意策划大赛、组织参加创新创业大赛，多形式培养大学生创新思维能力，丰富与会展人才培养密切相关的创新创业教育，完善卓越人才培养计划，全面提升创新型人才培养质量，满足京津冀及环渤海地区蓬勃发展的会展业对高素质管理人员的迫切需求，培养社会需要的应用型高素质人才。

6. 拓展、强化社会服务

各高校应该充分整合社会资源，立足天津国展中心、梅江会展中心等基地，依托天津达沃斯论坛等高端会议展览平台，为各类国内、国际展会提供人力支持、智力保障。同时，充分利用各校师资优势，对会展类企业管理人员进行职业培训和技术咨询，建成京津冀地区融教学研究、咨询服务、设计管理等多功能为一体的人才培养与社会服务基地。

7. 深化立足天津本土的会展特色教学科研

各高校教研相长，以教学促科研，以科研促教学，强化特色课程等教学质量工程建设，在借鉴国内外先进研究经验的基础上，提高教学科研水平，立足天津,产出一批标志性成果,并促进科研成果的社会转化,力争在天津会展企事业单位进行推广应用,全面转化为生产力,做天津会展经济的智库,全面促进行业可持续发展。同时,加强与国外会展院校的交流合作,促进会展本土教研与国际会展教研的接轨对话,树立天津会展本科教育的良好对外形象和深远影响力。

结束语

近年来,伴随着天津滨海新区自贸实验区、京津冀协同发展和"一带一路"国家战略的实施,天津会展经济获得了新的历史发展契机。天津会展业紧紧依托独特的区位优势和良好的产业基础,乘势而上,借力发展。在传统津洽会品牌展会的基础上,碧海钓具展等新兴品牌展会也如春笋般涌现,展会规模和品质进一步提升,一批国际化、专业化的品牌展会正在形成,并带来强大的经济辐射。天津会展业在国内外的影响力迅速攀升,逐步成为环渤海地区会展经济的重要支柱力量。尤其是2017年天津市政府将"国家会展中心"项目建设纳入政府工作报告,相信该项目建成后,将成为我国提高自主创新能力、抢占新一轮经济和科技发展制高点的重要平台。[①] 天津会展行业的蓬勃发展势必带来新鲜的会展业态,也势必对高素质创新型会展的专业人才培养提出更高的要求。这就需要天津会展学人和教育者齐心合力,凝练特色,变革理念,改革创新,锐意进取,全面推进会展本科教育向纵深发展,为天津会展经济的繁荣发展贡献绵薄之力。

特别鸣谢:南开大学会展管理系主任周杰副教授、天津商业大学会展经济与管理系主任杨琪教授、天津科技大学会展经济与管理系主任尹丽琴副教授真诚提供相关数据资料并给以思路启发。

---

① 李士琳.天津会展经济规模品质双升.国际商报,2017年2月27日第B04版.

天津市会展教育（高职）发展报告

高 扬[①]

  会展业是现代服务业重要组成部分,对于城市发展具有巨大的综合带动效应和品牌营销效应,是衡量城市国际化程度和经济发展水平的重要指标之一。近年来,我国已成为世界上展览数量最多、规模最大的国家之一,是欧洲、北美之外全球最重要的会展市场,也是国际会展界共同关注的新兴市场。"十三五"期间,国家明确提出我国会展业要实现快速发展,实现从会展大国向会展强国的转变。随着会展业的迅速发展,尤其是在全球化的大背景下,会展产业对国际化、高素质、创新型人才的需求日益迫切。

  京津冀地区一直是中国传统的会展经济圈之一,会展业发展潜力巨大。天津市近几年将会展业列为重点发展的产业之一,行业扶持力度不断加大,市场化转变明显,民营企业已成为会展业的市场主体,会展业的配套设施明显改善,展会规模和质量不断提高。随着会展数量和档次的上升,天津市会展行业对会展专业人才的需求日益迫切,对会展人才的数量和质量提出了更高的要求。作为为行业企业提供一线技术技能人才的主力军,高等职业

[①] 高扬,现为天津城市职业学院财经系副主任、副教授,会展策划与管理专业带头人,教授会展策划、会展营销等课程。曾获得全国职业院校信息化教学大赛一等奖,入选"全国商贸服务业青年专家计划"。

院校责无旁贷。2009年,天津城市职业学院和天津商务职业学院最早开始设立会展策划与管理专业。截至2017年12月,天津市共有6所高职院校开设会展策划与管理专业,在校生合计759人。

一、天津市会展策划与管理专业发展现状分析

(一)专业设立时间与招生规模

天津市高职院校会展策划与管理专业设立时间、招生规模、招生规模变化如表1-1、表1-2及图1-1所示。

近五年来,天津市会展策划与管理专业招生规模呈现先升后降的趋势,招生人数最多时为(2014年)309人。

表1-1　　2009-2017年天津市会展策划与管理专业设立情况汇总表

省市	学校名称	设立时间	获得荣誉
天津市	天津城市职业学院	2009年	全国会展优秀院校、天津市提升办学能力建设项目骨干专业、会展业产学合作联盟常务理事单位
天津市	天津艺术职业学院	2012年	
天津市	天津国土资源和房屋职业学院	2014年	
天津市	天津商务职业学院	2009年	全国会展优秀院校、全国会展业产学合作联盟理事单位
天津市	天津轻工职业技术学院	2014年	
天津市	天津电子信息职业技术学院	2012年	

表1-2　　天津市会展策划与管理专业近五年招生规模统计表

学校名称	2013年	2014年	2015年	2016年	2017年
天津城市职业学院	109	95	51	66	50
天津艺术职业学院	25	24	31	29	27
天津国土资源和房屋职业学院	0	48	48	42	24
天津商务职业学院	57	54	64	60	59
天津轻工职业技术学院	0	50	56	50	44
天津电子信息职业技术学院	46	38	26	32	0
合　计	237	309	276	279	204

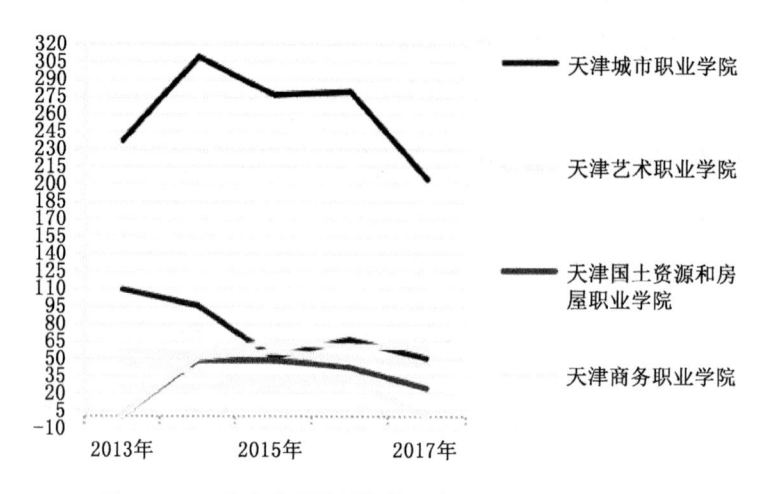

图 1-1 天津市会展策划与管理专业近五年招生规模图

(二)师资队伍

师资队伍的质量与专业发展和人才培养质量紧密相关,对人才培养结果有直接影响。从表 1-3 和表 1-4 的统计数据上看,天津市会展策划与管理专业的师生比差异较大,有三所学校高于国家要求的 1:18 标准,其他三所则存在师资短缺的问题。82.9% 的教师具有硕士学位,但缺少博士学位教师。具有副高职称的教师占 42.9%,中级及以上职称达到了 94.3%。由于高职院校的校内专任教师大多数没有行业企业经历,很多学校会从企业聘请兼职教师,讲授实践实训课程。2017 年天津市会展策划与管理专业的校外兼职教师共 14 人,占教师总人数的 30.4%,成为教师队伍中不可或缺的组成部分。

表 1-3   2017 年天津市会展策划与管理专业教师学历和职称

学校名称	师生比	学生数量	专任教师	学历				职称			
				博士后	博士	硕士	本科	教授	副教授	讲师	助教
天津城市职业学院	1:16	161	10	0	0	7	3	0	4	5	1
天津艺术职业学院	1:14	85	6	0	0	3	3	0	2	4	0
天津国土资源和房屋职业学院	1:29	114	4	0	0	4	0	0	2	2	0

续表

学校名称	师生比	学生数量	专任教师	学历				职称			
				博士后	博士	硕士	本科	教授	副教授	讲师	助教
天津商务职业学院	1:31	183	6	0	0	6	0	0	2	3	1
天津轻工职业技术学院	1:38	150	4	0	0	4	0	0	4	0	0
天津电子信息职业技术学院	1:11	55	5	0	0	5	0	0	1	4	0
合计	1:21	748	35	0	0	29	6	0	15	18	2

表1—4　2017年天津市会展策划与管理专业教师学科背景统计表

学校名称	校内专任教师	校外兼职教师	专业背景(教师最高学历)							
			会展	经济	管理	营销	中文	英语	计算机	设计	其他
天津城市职业学院	10	5	0	3	9	0	1	1	1	0	0
天津艺术职业学院	3	3	0	1	3	0	0	0	0	0	2
天津国土资源和房屋职业学院	4	4	0	2	5	0	0	1	0	0	0
天津商务职业学院	6	0	0	0	2	0	3	0	0	1	0
天津轻工职业技术学院	4	2	0	0	6	0	0	0	0	0	0
天津电子信息职业技术学院	5	0	0	1	2	0	0	1	0	1	0
合计	32	14	0	7	27	0	4	3	1	2	2

由于国内会展教育起步较晚,很多会展专业的教师是从其他相关、相近专业转型而来。目前,大部分专任教师的学科背景集中于管理类,占总比例的58.7%。也有的教师是经济、英语、中文、计算机、设计等专业出身。虽然有些教师没有系统学习会展专业理论知识的经历,但跨学科的背景对教师的学术视野和创新能力的形成很有助益。因此,会展专业的教师相比其他传统学科教师而言,在跨界思维能力和适应性上更具优势。

总体而言,有些院校仍存在专任教师数量不足的情况,教师的学历层次普遍较高,职称结构较合理。

(三)课程设置

课程是人才培养的核心。课程设置是否合理,课堂学习是否有效对人才培养质量有直接影响。本次调研请各院校列出开设的全部专业核心课程,见表1-5。结果显示,虽然每个院校设置的核心课程不完全一致,但会展策划、会展服务、会展营销等课程被所有院校列为核心课范畴,这与目前会展行业企业对人才的策划、服务和营销能力的普遍要求相一致。

由于时间关系,本次调研没有对课程的教学计划、教学资源等内容进行深入分析。虽然各院校所列出的课程名称一致或相似,但并不意味着课程的教学目标和学习内容等方面相似,而这才是体现课程质量的关键。通过与各院校专业教师的交流和沟通,笔者了解到目前教师最缺乏的能力是基于行业需求的角度设计课程,课程内容的前沿性和实用性还存在改进空间。解决这个问题需要政府、学校、教师、行业企业等多方努力,打通市场与学校的信息通道,让学生在校学习期间能够接触、学习和实践行业最新的技术、项目和课程,实现校企协同育人。

表1-5 2017年天津市会展策划与管理专业核心课程设置表

学校名称	核心课程数量(门)	核心课程名称
天津城市职业学院	4	会展项目管理、会展服务、会展营销、会展策划
天津艺术职业学院	4	会展策划、会展营销、会展设计制作、展会运行与管理
天津国土资源和房屋职业学院	3	展会策划与组织、会展营销、会展项目管理
天津商务职业学院	5	展览策划与管理、会议策划与管理、会展布局与设计、会展服务与礼仪、会展物流
天津轻工职业技术学院	4	会展策划、会展营销、会展服务、展会运行与管理
天津电子信息职业技术学院	5	会展礼仪与接待实务、企业形象设计、会展策划与实务、会展旅游、酒店管理

(四)校企合作

教育部职业教育与成人教育司负责人在回答记者提问时曾表示:产教融合、校企合作是职业教育办学的基本模式,是培养高素质劳动者和技术技能人才的内在要求,也是办好职业教育的关键所在。2017年底国办印发了《关于深化产教融合的若干意见》,校企合作的春天已经到来。与本科院校培养研究型人才的目标有所不同,高职院校主要面向一线岗位培养高素质技术技能人才。校企合作共育人才,可以将学校资源与企业资源进行整合,优势互补,真正实现专业与产业和职业岗位对接,课程内容与职业标准对接,教学过程与生产过程对接。

由表1—6可知,天津会展策划与管理专业非常重视开展校企合作,许多院校都与天津及其他地区的会展企业建立了合作关系,合作形式有共建实训室、开发课程、学生实习等,取得了一定的成效。其中,天津城市职业学院与乐构科技(天津)有限公司共同开发"智能轨道交通游戏化学习系统",获得2017年中国商业联合会科学技术进步奖三等奖。

表1—6　　2017年天津市会展策划与管理专业校企合作情况表

学校名称	企业数量	企业名称	合作方式
天津城市职业学院	11	天津国展中心股份有限公司、天津滨腾会展管理有限公司、天津建筑工法展示馆、天津滨海会展有限公司、天津市仁达文化广告科技有限公司、灵通展览系统股份公司、天津振威展览有限公司、天津市东泰展示设计有限公司、北京优联信弛文化发展有限公司、乐构科技(天津)有限公司、胜芳国际家具博览有限公司	学生实习、学生就业、聘请兼职教师、共建校内实训室
天津艺术职业学院	3	天津博物馆、周恩来邓颖超纪念馆、中国园林博物馆	学生实习、就业
天津国土资源和房屋职业学院	3	天津振威展览股份有限公司、爱玛客设施服务有限公司、天津爱艾博伊商务有限公司公司	学生实习、就业
天津商务职业学院	3	天津市会展行业协会、天津振威展览有限公司、乐构科技(天津)有限公司	共建校内实训室
天津轻工职业技术学院	2	天津滨腾会展管理有限公司、天津国展中心股份有限公司	学生实习

(五)国际合作情况

随着中国会展业国际地位的提升和展览经济发展水平的不断提高,会展业对优质国际化人才的需求不断提升。因此,职业院校要加强国际交流与合作,培养具有国际视野的高素质人才。天津城市职业学院会展策划与管理专业与澳大利亚北墨尔本理工学院、新西兰怀卡托理工学院开展国际交流与合作,与国外院校和会展企业共同开发完成国际化专业教学标准,引入澳大利亚TAFE学院会展专业国际化课程,骨干教师考取澳大利亚职业教育与培训教师资格证书(TAE4),专业带头人连续4年受邀到国际论坛发表主题演讲,师生的国际化视野和竞争力不断增强。未来,天津市会展策划与管理专业必将在国际化人才的培养上取得更大的成绩。

二、天津市高职会展教育存在的主要问题

(一)校企合作深度不足,协同育人机制尚未成熟

调查显示,天津市高职院校会展策划与管理专业都与行业企业建立了合作关系,这为深入开展校企协同育人创造了良好的基础。但是,学校与企业毕竟存在天然差异,如何开展深度合作,形成互惠互利、协同育人机制仍需深入研究和探索。目前,有些校企合作只是"就事论事",如围绕某一个项目的需求临时组织实习实践等活动,这虽然也是提高学生实践能力的一种途径,但缺乏规律性和深度。校企双方仍然需要从双主体育人的角度建立深度合作关系,形成长效育人机制。

(二)只注重专业技能,忽视可持续发展能力

通过与天津高职院校会展策划与管理专业教师交谈,笔者发现专业主任与师资团队在确定专业人才培养目标和课程教学目标时都能充分考虑技能因素,但对学生综合素质和可持续发展能力的关注度明显不够,或者有的教师虽然意识到了综合素质的重要性,却不清楚如何采取切实有效的方式来提高学生的综合素质。会展业对人的综合职业能力要求较高,所有的会展项目都需要通过团队的努力来完成,因此,学生的沟通协作能力、语言表达能力、人际关系处理能力、解决问题能力等都是企业招聘时的重点考量因素。如果这些能力能够在学校培养,学生进入职场后将快速适应并做出成绩,成为企业的中流砥柱。因此,会展专业应尽早开展专业能力和非专业能力的培养,提高学生适应社会的能力,为职业发展奠定基础。

(三)教师专业性不足,行业经验欠缺

目前,天津市高职院校会展专业教师大多是从经管类专业转行而来,没有一位教师具有会展学科背景,相关行业经验也较为缺乏。因此,教师在知识体系、实践经验等方面仍有提升空间,尤其是行业经验的欠缺,导致教师的课程开发能力、实践教学能力等都受到限制。这也是影响师资团队专业化的重要因素之一。

三、完善天津市高职会展教育的建议

(一)找准专业定位,校企协同育人

现代职业教育实质上是面向职场的专业教育。校企合作是实现高等职业教育人才培养模式的有效手段,是高等职业院校和企业发展的必然选择,是高等职业院校培养"双师型"教师队伍的关键。对会展专业而言,行业企业对人的实践技能和综合素质有极高要求,需要在实战中进行磨炼。如果校企合作没有做好,那么在专业定位、课程体系建设、课程内容开发、师资队伍打造等一系列环节中都会出现问题。因此,深入开展校企合作,是提高天津市乃至全国高职院校会展专业育人水平的关键因素。

会展专业应该增强服务企业的能力,建立互惠共赢的校企合作长效机制。比如校企整合资源,开发产业技术课程和职业培训包;引企驻校,与优秀的会展企业共同建设工作室,指导学生服务商业项目等。

(二)教学做一体,有效训练职业"软技能"

对于会展行业而言,人才的"软技能"更为重要。由于不同的会展项目呈现形式、策划思路、服务标准可能完全不同,会展业不可能有标准答案。唯一的标准答案就是:满足需求,适应变化。因此,我们不仅要关注对学生专业技能等硬技能(hard skill)的培养,更要注重像团队协作能力、沟通交流能力、创新思维能力、解决问题能力等软技能(soft skill)的训练。这样,学生才能在团队中不断成长,实现知识和技能的迁移,适应未来社会的快速变化,在职场中不断精进。通过课程改革、教育教学方式转变、开展企业实习等途径来实现人才培养目标。

学生"软技能"培养的有效方式之一是在做中学,教、学、做一体。教师在课程设计时,应以实际工作流程和工作内容为依据,让学生在完成工作任务的过程中掌握专业技能,提升职业素养。在实践教学中,为学生创造真实的职场环境,让学生到会展企业真刀真枪地开展实习实践活动,不断提升综合职业能力。

(三)提升"双师"素质,保证教学质量

人才培养模式的实施,需要具有"双师"素质的教师团队做保障。对于教、学、做一体的课程,要求教师必须在熟悉会展专业理论知识外还要熟悉会展行业、企业的岗位工作,要有很强的实操能力和尽可能丰富的行业实践经验。因此,学校应建立教师企业实践机制,鼓励专任教师定期到会展企业

挂职、顶岗，不断提高教师的专业技能水平和实践教学能力。同时，聘请具有较高专业素养和技能水平、能胜任教学工作的企业在职人员作为兼职教师，促进教师队伍结构优化，保证教学质量。

结束语

近年来，天津市政府高度重视会展业，相关扶持和优惠政策不断出台，会展业已成为天津重点发展的产业之一，逐渐形成了自己的特色，在城市的经济生活中发挥着重要的作用。2017年天津市人民政府办公厅发布《天津市人民政府办公厅关于进一步促进会展业改革发展的意见》，提出了促进天津市会展业改革创新、推动其实现跨越式发展的若干意见。天津市会展业在经济规模增长、发展环境优化、设施条件提升等方面已取得一定成效。会展活动是属于涉及诸多领域的综合性系统工程，亟须应用型、复合型人才。因此，天津高职院校会展专业教育应以注重培养学生"软技能"为重点，以提高学生就业质量为导向，与区域会展行业企业协同育人，积极吸收国内外先进会展人才培养经验，形成科学的人才培养模式和路径，为天津及周边城市和地区的会展企业提供更多高素质创新型专业人才。

注：本报告数据统计来源于天津各会展高职院校官网、专业带头人和专业教师。在此感谢天津城市职业学院张素霞老师、天津城市职业学院南开分院姚翠玲老师、天津轻工职业技术学院宋晓漪老师、天津艺术职业学院张霆老师、天津国土资源和房屋职业学院李海萍老师、天津商务职业学院岳辉老师、天津电子信息职业技术学院韩宪文老师提供相关数据资料。感谢天津城市职业学院会展策划与管理专业2016级学生赵金鑫、岳佳慧协助完成数据统计和整理工作。

重庆市会展教育发展报告

莫志明　林　黎　董　媛　蒋筱碧[①]

一、重庆市会展教育发展历程

重庆市作为西部地区唯一的直辖市,在近20年的时间里,会展教育经历了锐意进取、跌宕起伏、平稳发展的各阶段。

(一)起步阶段(2000—2009年)

2000年,重庆工学院(现重庆理工大学)应丽君老师创建了国内第一个专业会展研究机构"重庆海钠会展研究所(CEI)";2003年,应丽君老师与沈丹阳博士合作,先后创立了中国会展行业两大颇有影响力的组织机构,即全国性行业组织"中国会展经济研究会"以及"商务部研究院中国会展经济研究中心",以重庆高校领衔,率先在国内开启了会展专业领域研究。2003年,

---

[①] 莫志明,重庆工商大学会展经济与管理专业特聘教授,重庆城市管理职业学院会展专业教师;林黎,副教授,博士,重庆工商大学贸易经济系系主任,会展专业教师;董媛,副教授,硕士,重庆第二师范学院会展经济系系主任,会展专业教师;蒋筱碧,重庆城市管理职业学院会展旅游科研创新团队助理。

重庆财经学校(现重庆财经职业学院)在中等职业教育中首次开设会展教育——文秘专业(会展方向),2006年重庆工商大学应用技术学院、重庆城市管理职业学院同时获重庆市教委批准单独设置会展策划与管理专业,重庆市开启会展专业教育快速发展模式。2014年达到全盛时期,重庆市会展专业招生的院校(含专业方向)达到17所,在校生总人数达到3 016人。

重庆市会展教育主要集中在会展经济管理和会展艺术设计两大类,共计8所本科、9所高职及2所中职,分别开展了会展专业的本科、高职(专科)和中等职业教育。重庆工商大学及西南大学、重庆大学的相关硕士生选择性开展会展经济方向的专题硕士论文研究,但目前重庆还未有高校正式开设会展方向的硕士、博士人才培养。

2006－2009年,有重庆工商大学、重庆城市管理职业学院、重庆文理学院、重庆财经职业学院、重庆工商职业学院、重庆工商大学融智学院6所本科、高职院校相继开设会展专业,见表1－1。

表1－1　　2006－2009年重庆市本科、高职会展院校设立情况汇总表

学校名称	层次	专业名称	设立时间
重庆工商大学	专科	会展策划与管理	2006年
重庆工商大学	本科	会展经济与管理	2008年
重庆城市管理职业学院	专科	会展策划与管理	2006年
重庆文理学院	本科	会展经济与管理	2007年
重庆财经职业学院	专科	会展策划与管理	2008年
重庆工商职业学院	专科	会展策划与管理	2008年
重庆工商大学融智学院	本科	会展经济与管理	2009年

(二)快速发展阶段(2010－2014年)

2010－2014年是重庆市会展教育快速发展阶段。新增重庆轻工职业学院、重庆青年职业学院、重庆第二师范学院独立设置会展专业,同时多所高校尝试在旅游管理、商务英语等专业中开设会展专业方向人才培养,见表1－2。

表1－2　　2010－2014年重庆市本科、高职会展院校设立情况汇总表

院校名称	层次	专业名称	2015届毕业生(人)	2015年新生(人)	在校生总数(人)
重庆工商大学	本科	会展经济与管理	40	40	180

续表

院校名称	层次	专业名称	2015届毕业生(人)	2015年新生(人)	在校生总数(人)
重庆第二师范学院	本科	会展经济与管理	0	140	467
重庆文理学院	本科	会展经济与管理	80	82	362
重庆工商大学融智学院	本科	会展经济与管理	89	76	249
重庆人文科技学院	本科	旅游管理(会展方向)	20	26	77
四川美术学院	本科	艺术设计学(会展策划与管理方向)	30	30	120
重庆科技学院	本科	艺术与科技(展示艺术方向)	30	30	120
四川外国语大学	本科	旅游管理(会展经济与管理方向)	45	45	135
重庆工商职业学院	专科	会展策划与管理	73	89	240
重庆财经职业学院	专科	会展策划与管理	30	60	168
重庆城市管理职业学院	专科	会展策划与管理	61	103	232
重庆城市职业学院	专科	会展策划与管理	0	0	0
重庆青年职业学院	专科	会展策划与管理	53	50	150
重庆商务职业学院	专科	广告与会展	——	112	185
重庆电子工程职业学院	专科	图形图像制作(会展方向)	101	73	196
重庆轻工职业学院	专科	会展策划与管理	38	17	115
重庆传媒职业学院	专科	应用英语(会展英语方向)		20	20
总计			690	993	3016

(截至2015年3月,根据各院校官方招生网站信息统计)

(三)平稳发展阶段(2015—2017年)

2015—2017年重庆市本科、高职院校没有新增会展相关专业,部分会展院校根据教育部的规定,取消了原有的会展专业方向开设,重庆市会展教育步入平稳发展期,年招生总数控制在800人左右,总体招生稳中有升,年均增幅1.48%。2017年总招生918人,见表1—3。

表1—3　　　2015—2017年重庆市会展高校(含专业方向)设立情况表

学校名称	专业名称	2017年招生数量(人)
重庆城市管理职业学院	会展策划与管理	105
重庆文理学院	会展经济与管理	109
重庆工商大学	会展经济与管理	45
重庆财经职业学院	会展策划与管理	150
重庆工商职业学院	会展策划与管理	100
重庆工商大学融智学院	会展经济与管理	78
重庆轻工职业学院	会展策划与管理	105
重庆青年职业学院	会展策划与管理	80
重庆第二师范学院	会展经济与管理	88
四川美术学院	艺术与科技(展示艺术方向)	28
重庆科技学院	艺术与科技(展示艺术方向)	30
合　计		918

数据来源:根据各院校官方招生网站信息统计。

在重庆市已有的会展专业人才培养体系中,中职学生可以通过对口单独招生、三校生考试、普通高考三种形式,直接升入专科或本科高校就读;高职专科学生可通过重庆市教委组织的普通专升本考试或普通高考,升入相应本科就读。目前重庆第二师范学院、重庆文理学院的会展专业,针对专科学生开设了普通专升本考试,2017年招收约120人。在重庆市会展职业教育和普通教育中,已基本形成良好的"立交桥"式发展模式。

二、重庆市会展科研与培训情况

(一)重庆市会展科研

重庆会展科研相对国内其他城市具有起步早、中途发展慢的特点,会展行业相关科研成果数量及质量有限。重庆自2000年应丽君老师率先在全国设立第一个专业会展经济研究机构,先后主持和从事了多项会展科研项目的研究,但在后来的发展中,重庆因为经济水平、教育理念等多种因素,较难吸引高层次专业人才落户重庆,致使重庆在会展方向的研究相对滞后。近年来,在重庆市会展行业协会主导的重庆会展教育论坛平台上,经过前期各校的共同努力,多所高校联合立项多个会展专业课题和项目。据不完全统计,2017年已立项和正在研究的会展相关课题、项目和教材等近 20 项(见表 2—1)。

表 2—1　　　　2017 年已立项和正在研究的会展相关课题和教材

项目来源	项目名称	负责单位	负责人
2015 年重庆市社科联社会科学规划项目	《重庆会展业风险管理体系与保险支持模式构建研究》	重庆城市管理职业学院	莫志明
2015 年重庆市教委科学技术研究项目	《会展业对城市社会影响评估模型构建研究》	重庆城市管理职业学院	莫志明
重庆市教育科学规划"十二五"规划重点课题	高等职业教育院校基于专业资源优势的社会服务模式研究	重庆城市管理职业学院	莫志明
重庆市教育科学规划"十二五"规划课题	打造重庆"会展之都"环境下高职会展人才培养模式研究	重庆城市管理职业学院	徐维东
重庆市教委高校教学改革重点课题	会展专业"一二三课堂"一体化应用型人才培养模式创新与实践	重庆文理学院	周健华
重庆市教育科学规划"十二五"规划重点课题	基于行业能力导向的会展专业"六位一体"应用型人才培养模式研究	重庆文理学院	周健华
重庆市高等教育学会重点课题	基于能力导向的会展专业实践教学体系构建与实践	重庆文理学院	周健华
重庆市发改委国民经济综合处	《"一带一路"背景下重庆市会展业标准化体系研究》	重庆文理学院	李喜燕
重庆城市管理职业学院	《旅游管理类专业实训教学方法的研究与实践——以会展专业"三维度 6+6 教学法"为例》	重庆城市管理职业学院	莫志明
广西柳州市柳东新区政府	广西柳州市会展业发展政策研究	重庆领行观达展示文化传播有限公司	黄 幸
广西柳州市柳东新区政府	柳州市柳东新区会展服务业发展规划研究	重庆领行观达展示文化传播有限公司	黄 幸
重庆市经信委、财政局创意产业基金项目	重庆市工业和信息化会展项目评估体系构建研究	重庆市工业设计促进中心	吴 瑶
重庆市人民政府会展办公室	重庆市会展项目评估体系研究与实践	重庆市会展行业协会	莫志明
机械工业出版社	《参展商实务教程》教材	重庆工商大学	莫志明
华中科技大学出版社	《展览策划与管理》教材	重庆工商大学	莫志明

数据来源:《2017 重庆市会展业发展白皮书》,重庆市会展行业协会。

与北京、上海、广州等相比,重庆各级政府、行业与企业界会展行业方向的科研人才较少。目前重庆市会展专业方向的科研人员主要集中在高校,但由于各校师资所学专业方向多为非会展专业,导致在会展专业方向的研究相对较弱;研究成果主要集中于教育类,个别行业、企业人士及教师开展会展行业管理、施政措施等方面的研究,目前已取得初步成效,在促进重庆会展行业规范化管理、为政府相关领导及部门决策咨询、企业拓展重庆会展业务等方面,提供了有益的理论研究基础。但由于行业发展层次有限,研究成果的档次和影响力也较小,除教材项目外,还未有全国性的课题研究。

值得关注的是,重庆会展业的成功模式及经验已被外地城市所学习及借鉴:重庆市会展行业协会副会长、重庆领行观达展示文化传播有限公司董事长黄幸先生,带领本企业团队,开拓广西会展业市场,已经在柳州市设立会展业务分公司,同时在黄幸董事长的组织下,纪伟、莫志明等重庆会展业人士成为柳州市会展业指导专家,柳州市政府及会展中心开发企业相关领导,多次来到重庆学习会展业发展、会展场馆建设与管理经验。

(二)重庆市会展行业培训

目前,重庆市主推的从业资格证书主要有:国家人力资源和社会保障部开设的会展策划师资格证、会展设计师资格证,中国展览业协会主办的展示陈列师资格证等。重庆市会展行业协会于2015年7—8月举办了国家二级会展策划师高级研修班,55人参加培训,最后35人获取国家二级会展策划师职业资格证。重庆城市管理职业学院、重庆工商职业学院、重庆工商大学融智学院等先后举办了国家四级会展策划师培训班。截至2017年底,重庆共计有二级会展策划师36人,三级会展策划师165人,三级会展设计师53人。2017年各高校培训四级会展策划师约320人。

三、重庆市会展教育发展状况

(一)学历教育招生规模

2017年重庆市本科、高职会展专业(不含专业方向)招生总数为860人,与2016年基本持平。其中,国际合作办学招生100人,占11.63%;"3+2"中高职一体招生38人,占4.41%。

表 3—1   2017年重庆市本科、高职会展招生规模

学校名称	专业名称	招生数量(人)
重庆工商大学	会展经济与管理	45

续表

学校名称	专业名称	招生数量(人)
重庆第二师范学院	会展经济与管理	88
重庆文理学院	会展经济与管理	109
重庆工商大学融智学院	会展经济与管理	78
重庆工商职业学院	会展策划与管理	100
重庆财经职业学院	会展策划与管理	150
重庆城市管理职业学院	会展策划与管理	105
重庆青年职业学院	会展策划与管理	80
重庆轻工职业学院	会展策划与管理	50
合计		860

2017年度重庆市会展专业招生整体呈平稳有升态势,包括普通高考招生、中职单考单招、"3+2"中高职一体招生等多种招生模式,见表3—1和表3—2。

表3—2　　2017年重庆市本科、高职会展专业国际合作办学招生规模

学校名称	专业名称	招生数量(人)	国际合作对象	合作方式	合作层次
重庆第二师范学院	会展经济与管理	88	英国中央兰开夏大学(旅游会展管理专业全英排名第五)、英国切斯特大学、英国卡迪夫大学等	"3+1"/"4+0"、交换生	本科
重庆文理学院	会展经济与管理	109	瑞士SEG酒店教育集团、马来西亚泰莱大学、美国佛罗里达大学、澳大利亚维多利亚大学、威廉姆安格丽丝学院等著名旅游院校	交换生	本科
重庆城市管理职业学院	会展策划与管理	105	加拿大劳瑞尔大学、柬埔寨经济管理大学、英国斯旺西大学	交换生	专科
重庆青年职业学院	会展策划与管理	80	英国、澳大利亚、日本、瑞典、威尔士	交换生	专科
合计		382			

(二)重庆市会展教育主体结构分析

1. 重庆市本科、高职会展专业教育情况

重庆市开设会展专业教育主体的数量情况:2017年,重庆市共有9所院校开设会展专业(不含专业方向),其中本科4所,高职5所,招生总人数为

860人。

重庆市开设会展专业教育主体的对比情况：2017年，重庆市开设会展专业院校在重庆主城区共有5所，其他地区4所，其中主城地区5所高校的招生人数为366人，占42.56%。

2. 重庆市会展专业国际合作教育情况

(1)国际合作主体

重庆市共有4所本科、高职院校会展专业开展国际合作交流，分别与英国、马来西亚、加拿大等境外院校合作办学。

(2)国际合作层次

重庆市共有4所本科、高职院校会展专业开展本科、大专层次的国际合作办学。人才培养注重国际化水平，提升学生判断性思维能力，学会独立学习、独立思考、独立解决问题的能力。

(3)国际合作方式

重庆市开展国际合作本科、高职院校会展专业主要采取境内外合作办学交换生的方式进行，即双方合作制订整个人才培养计划、教学大纲、教学计划和课程设置，授课由合作院校共同承担。其中，1－2年在国内进行教学，经相关考核后，学生前往英国、马来西亚、加拿大等境外院校完成人才培养计划，完成学业者可实现中外合作院校的学分互认，成绩合格者可授予合作两校的毕业文凭或者实现中外合作院校学分互认。例如，重庆第二师范学院经过四年的前期建设，于2017年12月与英国中央兰开夏大学(旅游会展管理专业全英排名第五)开展国际办学合作，于2018年开始招生，以"3＋1"/"4＋0"模式培养国际化会展人才。

(三)重庆市会展相关专业设置情况

1. 会展专业设置

2017年重庆市共有11所本科、高职院校分别开设会展经济与管理、会展策划与管理专业，还开设会展艺术与技术、艺术与科技(展示艺术方向)、旅游管理(会展经济与管理方向)、广告与会展、图形图像制作(会展方向)、应用英语(会展英语方向)等相关专业。

2. 各专业规模

2017年，重庆市共有25所本科院校、40所高职院校，其中开设会展专业(不含专业方向)的本科院校4所，占16%；高职院校为5所，占12.5%。

3. 各专业层次

2017年，重庆市各类各批次共招生220 674人，本科、高职会展专业实际招生人数为860人，占重庆市招生总量的0.39%。(数据来源：http://www.cnr.cn/chongqing)

(四)重庆市会展各高校培养计划

1. 会展各专业核心课程

(1)核心课程的名称

重庆市本科、高职会展专业的核心课程名称基本围绕会展项目管理、会展概论、节事活动策划与管理、会展营销、会展商务英语5个方面设置。部分院校的专业核心课程更加细化,方向性更明确,如 3dMdx、Photoshop、媒介策划、主题会展展场设计、AutoCAD 等,从课程名称上也体现了各校专业特色与方向,见表3-3。

表3-3　　　　　　　2017年重庆市本科、高职会展院校核心课程统计表

学校名称	专业名称	核心课程数量(门)	核心课程名称
重庆工商大学	会展经济与管理	8	会展概论、会展策划原理与实务、会展商务英语、会展服务、会展设计、会展项目管理、会展营销实务、会展综合实验
重庆第二师范学院	会展经济与管理	6	会展项目管理、会展信息管理、会展概论、节事活动策划与管理、会展商务英语、会展场馆经营与管理
重庆文理学院	会展经济与管理	8	会展项目管理、节事活动策划与管理、会展营销、会展场馆经营与管理、展览策划与管理、会议策划与管理、奖励旅游与策划、会展创意文案写作
重庆工商大学融智学院	会展经济与管理	5	会展项目管理、会展营销、会展场馆经营与管理、会展策划、会展企业管理
重庆工商职业学院	会展策划与管理	5	节事活动策划与管理、会展商务英语、会展营销、会展策划、会展设计
重庆财经职业学院	会展策划与管理	8	会展营销、会展客户关系与管理、会展服务、参展商实务、会展平面设计、婚庆策划与管理、会议策划与运营、展览策划与运营
重庆城市管理职业学院	会展策划与管理	9	会展项目管理、会展概论、节事活动策划与管理、会展商务英语、会展营销、展览策划与管理、会议策划与管理、参展商实务、会展文案
重庆青年职业学院	会展策划与管理	7	会展概论、会展策划、会展信息管理、会展文案、会展商务谈判、会展商务英语、会展设计与布局
重庆轻工职业学院	会展策划与管理	9	会展场馆经营与管理、会展客户关系与管理、奖励旅游与策划、会展创意与文案写作、节事活动策划与组织、会展运营与管理、会展营销、会议策划与组织、展览策划与组织

数据来源:根据各院校填表申报信息和院校官方网站信息统计。

(2)核心课程的频率分析

重庆市本科、高职会展专业院校基本设置核心课程6—9门,平均7.2门。各院校以会展项目管理、会展概论、节事活动策划与管理、会展营销、会展商务英语五个方向的核心课程频率最高,其中会展项目管理课为66.67%,会展概论课为55.56%,节事活动策划与管理课为55.56%,会展商务英语课为55.56%,会展营销课为55.56%。9所院校将会展项目管理课列为核心课程。

2. 会展各院校特色课程

重庆市本科、高职会展专业特色课程以实训、实操类为主,课程名称为:会展项目管理实训、节事活动策划与管理实训、会展综合实训、展示陈列设计实训等。部分院校开设专业特色设计课程,如奖励旅游与策划、婚庆策划与管理、新闻采访与写作实训等。具体数据见表3—4。

表3—4　　　2017年重庆市本科、高职会展院校特色课程统计表

学校名称	专业名称	特色课程数量	特色课程名称
重庆文理学院	会展经济与管理	2	奖励旅游与策划、会展融资
重庆工商大学融智学院	会展经济与管理	1	会展项目管理实训
重庆工商职业学院	会展策划与管理	2	会展综合实训、展示陈列设计实训
重庆财经职业学院	会展策划与管理	2	婚庆策划与管理、会展新媒体运用技术
重庆城市管理职业学院	会展策划与管理	3	会展项目管理实训、新闻采访与写作实训、节事活动策划与管理实训
重庆轻工职业学院	会展策划与管理	1	奖励旅游与策划

注:"特色课程"是体现各个院校在会展总体特征下所设置的专业特色课程。
数据来源:根据各院校填表申报信息和院校官方网站信息统计。

重庆市本科、高职会展专业9所院校中有7所院校开设特色课程,占66.67%;3所院校无特色课程,占33.33%;3所院校以实训课程为特色课,占33.33%。

3. 重庆会展院校(高职)各类实践教育情况

重庆市9所开设会展专业的本科、高职院校,共有6所院校的学生参加专业培训,考取相关证书。各校均与会展类企业、展览中心、会务公司、广告设计公司等机构开展校企合作。多数院校参加会展类大赛,如重庆市会展技能竞赛、重庆市会展专业大学生"说学"比赛等。

重庆市本科、高职会展专业主要考取"会展策划师""会展职业经理人"等证书,见表3-5。

表3-5　　　2017年重庆市会展院校(高职)学生参加专业培训情况

学校名称	专业名称	项目来源	培训项目名称	证书名称
重庆工商大学融智学院	会展经济与管理	劳动技能鉴定中心	会展策划师培训	会展策划师
重庆工商职业学院	会展策划与管理	劳动技能鉴定中心	会展策划师培训	会展策划师
重庆财经职业学院	会展策划与管理	贸促会	会展职业经理人培训	会展职业经理人
重庆城市管理职业学院	会展策划与管理	劳动技能鉴定中心	会展策划师培训	会展策划师
重庆青年职业学院	会展策划与管理	劳动技能鉴定中心	会展策划师培训	会展策划师
重庆轻工职业学院	会展策划与管理	劳动技能鉴定中心	会展策划师培训	会展策划师

数据来源:根据各院校填表申报信息和院校官方网站信息统计。

(五)重庆市本科、高职会展专业学生行业实践的岗位情况

重庆市本科、高职会展专业学生实践岗位主要涉及策划、设计、营销、运营管理、招商宣传等岗位。具体数据见表3-6。

表3-6　　　2017年重庆市会展院校学生行业实践情况统计表

学校名称	专业名称	校企合作单位	实践岗位设置与安排
重庆工商大学	会展经济与管理	重庆优创会展有限公司、重庆市中新会展有限公司等	会展服务类企业、节事庆典策划企业、旅行社及饭店的会展部、企事业单位的相关企划部门从事会议、展览、节事庆典、奖励旅游的策划、营销、设计、服务与项目管理工作
重庆第二师范学院	会展经济与管理	重庆市会展办、会展协会、悦来国际博览中心、重庆国际会议展览中心、重庆领行观达展示文化传播有限公司、重庆视博展览有限公司、重庆市亨大会议展览有限公司等	会展服务类企业、节事庆典策划企业、旅行社及饭店的会展部、企事业单位的相关企划部门从事会议、展览、节事庆典、奖励旅游的策划、营销、设计、服务与项目管理工作
重庆文理学院	会展经济与管理	重庆国际博览中心、重庆国际会议展览中心、重庆亨大会议展览有限公司、重庆全球采购中心等	会展服务类企业、节事庆典策划企业、旅行社及饭店的会展部、企事业单位的相关企划部门从事会议、展览、节事庆典、奖励旅游的策划、营销、设计、服务与项目管理工作

续表

学校名称	专业名称	校企合作单位	实践岗位设置与安排
重庆工商大学融智学院	会展经济与管理	重庆市中新会展有限公司、会展协会、悦来国际博览中心、重庆国际会议展览中心等	会展服务类企业、节事庆典策划企业、旅行社及饭店的会展部、企事业单位的相关企划部门从事会议、展览、节事庆典、奖励旅游的策划、营销、设计、服务与项目管理工作
重庆工商职业学院	会展策划与管理	重庆人人生活家科技发展有限公司、重庆有房网科技有限公司、重庆鸿威瑞博会展有限公司等	会展服务类企业、节事庆典策划企业、旅行社及饭店的会展部、企事业单位的相关企划部门从事会议、展览、节事庆典、奖励旅游的策划、营销、设计、服务与项目管理工作
重庆财经职业学院	会展策划与管理	重庆国际会展中心、重庆立嘉展览有限公司、重庆中环盛世展览有限公司、重庆优创会展有限公司、重庆沃德会展等	会展策划师、会展设计师、注册策划师、婚礼策划师、会展管理师、会展职业经理人
重庆城市管理职业学院	会展策划与管理	中国会展经济研究会、重庆国际会展中心、重庆国际博览中心、重庆立嘉会议展览有限公司、重庆高地会展咨询服务中心等	在可举办展览、节事活动的场馆从事管理工作；策划、组织、运作会议、展览和节事活动的企业从事展会执行及现场服务工作；涉及与展场展位展品布置相关的会展企业布展执行工作；广告公司、品牌策划公司、婚庆公司从事文案、客户执行、活动执行类工作；各大企业企划部、品牌规划部从事品牌规划与推广工作
重庆青年职业学院	会展策划与管理	重庆国际会展中心、重庆众邦创意展览有限公司、重庆传迈会展有限公司、重庆市会展协会等	会展场馆、会展公司、高星级酒店等企事业单位的展会策划师、设计师和项目管理、营销经理（或总监、主管等）
重庆轻工职业学院	会展策划与管理	重庆国际会展中心、重庆国际会议展览中心等	会展服务类企业、节事庆典策划企业、旅行社及饭店的会展部、企事业单位的相关企划部门从事会议、展览、节事庆典、奖励旅游的策划、营销、设计、服务与项目管理工作

数据来源：根据各院校填表申报信息和院校官方网站信息统计。

（六）重庆市高职会展专业学生竞赛情况

重庆市本科、高职会展专业学生参加的主要大赛有重庆市会展技能竞赛、重庆市会展专业大学生"说学"比赛、重庆市大学生职业生涯规划与创业大赛等，主办单位是重庆市教育厅、重庆市会展协会等。每所院校参加竞赛数量约为3个。具体数据见表3-7。

表 3—7　　　　2017 年重庆市会展院校(高职)学生参加相关竞赛情况

学校名称	专业名称	竞赛名称	竞赛数量
重庆工商大学	会展经济与管理	2017 重庆市会展技能竞赛、2017 中国国际会展文化节、2017 年全国高校商业精英挑战赛暨国际贸易与经贸会展竞赛、第十三届中国国际会展文化节暨第九届全国会展院校大学生专业技能大赛、2017 第七届"远华杯"全国大学生会展创意大赛	6
重庆第二师范学院		2017 重庆市会展技能竞赛、2017 重庆市会展专业大学生"说学"比赛	2
重庆文理学院		2017 全国会展创新实践竞赛、2017 重庆市会展技能竞赛、2017 重庆市会展专业大学生"说学"比赛、第二届"昆明博览杯"会展项目策划大赛	4
重庆工商大学融智学院		2017 重庆市会展技能竞赛、2017 重庆市会展专业大学生"说学"比赛	2
重庆工商大学	会展策划与管理	2017 全国高校商业精英挑战赛会展创新实践竞赛、2017 重庆市会展技能竞赛、2017 重庆市会展专业大学生"说学"比赛	3
重庆财经职业学院		2017 重庆市会展技能竞赛、2017 重庆市会展专业大学生"说学"比赛	2
重庆城市管理职业学院		2017 重庆市会展技能竞赛、2017 重庆市会展专业大学生"说学"比赛	2
重庆青年职业学院		2017 重庆市会展技能竞赛、2017 重庆市会展专业大学生"说学"比赛	2
重庆轻工职业学院		2017 重庆市会展专业大学生"说学"比赛	1

数据来源:根据各院校填表申报信息和院校官方网站信息统计。

(七)重庆市会展院校(高职)各专业学生就业情况

根据各个院校官方网站招生就业信息专栏中的数据统计,部分可能不代表真实数据,只做参考数据:

1. 就业比例

重庆市本科、高职会展专业 9 所院校 2017 年度应届毕业生 710 人,学生平均就业率为 96.5%,一次性就业率最高为 100%,最低为 95%,其中 1 所院校一次性就业率达到 100%,5 所院校就业率达 95%。

2. 就业对口率

重庆市本科、高职会展专业 9 所院校 2017 年度学生平均就业对口率为 92%,对口率最高为 95%,最低为 90%。

3. 就业薪资情况

重庆市高职会展专业 9 所院校 2017 年度学生平均薪资为 3 150 元,其中薪资最高为4 500元,最低为2 200元。

(八)重庆本科、高职院校会展教育未来趋势与建议

1. 高校会展专业技能的跨越式提升不明显,应加强对学生多技能知识的培养

"大会展"在国内企业界、教育界屡次提及,但综合目前各高校的课程体系来看,对学生向"大会展"的能力培养方向上的引导教育仍然缺乏,依据国家《国民经济行业分类》(GB/T4754—2017)《国家职业分类大典：职业分类与代码》(GB/T6565—2015),会展策划与管理专业主要以会议与展览、文化活动、婚庆礼仪、体育表演、大型游乐园等行业的商业贸易、赛事演艺、信息交流、展示设计等活动的策划、营销、管理、设计和现场服务的职业能力为核心。

例如,会展专业的就业范围也可以是商城(圈)、购物中心、大中型连锁门店(房地产、汽车)等展示营销企业,则需要在教学上为学生拓展更丰富的知识与技能,而不仅仅局限于会展活动、会展现场等的技能知识培养。目前,应将"会展职业能力"与"商城或卖场"或其他就业方向的人才需求设计得更合理通用。

2. 本科、高职院校人才培养的双向发展问题较为明显,应注重融合式教学的发展

会展学界在专业剖析、教学内容、教学方法及人才培养模式上奠定了大量的成果与素材基础,但高职会展专业同步发展相对较缓,会展学术界的专家们主要集中于本科尤其是重点本科院校。拥有较好师资力量的高校,为学生进一步对会展专业性的探索与研究提供更为便捷的条件。师资力量强大的本科院校对会展专业性的学术探索与研究通常比高职院校更多,而占据全国会展高校大半壁江山的高职会展院校很少有机会能提出会展专业教育的创新观点与经验。在此情况下,应注重教学的融合发展,不仅仅是对职业能力素养上的培养,在专业性探索研究上也不能忽视。

3. 传统会展教育的变革发展,为专业理实一体化教学建设提供创新思维

在信息化时代,线上教学为传统的教育教学起了很大的推动作用。例如,国内教育界软件企业蓝墨云班课、超星学习通等与高校密切合作,现已基本实现线上教学的全面化、系统化,为教师、学生提供不一样的教学、学习任务指导体系。

探索重庆高校会展专业教育发展新模式,加强教育基础能力建设,大力完善会展应用型人才的教育与培训体系,健全协作培养、分段培养等技能人才培养方式,培养大批适应西部会展经济发展的技能型人才。将会展专业

及相关专业实训室建设、教学软件设计有机融入实践教学环节中,与行业教育软件公司开展校企合作,不断丰富和完善专业群实训教学内涵,与时俱进,促进专业实训教学硬件及软件的思维创新。

4. 拓展创新专业基础能力与特色培养

学生就业主要集中于会展策划、婚庆策划、活动策划、项目营销、现场服务、组织管理、会展设计(展台设计、视觉传达设计等)等岗位。在培养职业基础能力的基础上,各校根据所具资源与业界关联,开拓特色培养方向:重庆高校最多时达17所(含专业方向),目前大概13所,每年毕业生约1 000人。人才过剩造成的毕业生"系统无序、就业转向",未实现为行业培养人才的目标。在此基础上,会展专业特色建设可转向活动策划、广告策划、商城(圈)或卖场(展销本源回归论)等方面。

5. 重庆本科、高职院校会展专业教育未来趋势

在教育部大力推进互联网、资源库等教育思维前提下,会展专业课程教育可以网络平台为基础、以教材为纽带,进行多校教学联系与推进。紧密联系教材,拓展更为丰富的专业知识。以会展策划与管理专业教学资源库建设为多所高校教学的联系点,2017年起着手全国会展资源库的建设,以任课教师和专业学生的"教与学"关系为核心,以课程资源中心为平台,将课程资源中心作为教学关系的纽带。课程资源中心为任课教师提供教学指导和丰富的资源便利,使教师从传统理论教学模式向"内容与方式组合+学生学习管理"方向变革。通过课程资源中心平台和任课教师的教学指导和监督,让学生从课堂被动听课向信息化和技能实践化转变,为今后的信息化教学奠定庞大的知识体系支撑。"互联网+课堂教学"使移动教学多样化。以蓝墨云班课、超星学习通为例,现多所高校已经结合线下课堂在使用。在未来的教学发展中,移动课堂、移动教学的丰富化、多样化会是高校和企业之间共同探索的问题。

数据来源:

1. 主要数据来源于重庆市招生考试院官方网站、各院校官方网站及部分院校教师的填表统计信息。

2. 主要参与统计人员:重庆城市管理职业学院:莫志明、蒋筱碧,重庆工商大学:林黎,重庆第二师范大学:董媛。

新疆维吾尔自治区会展教育发展报告

吴培钦　王江英　赵红霞[①]

在会展经济发展的推动下,新疆维吾尔自治区对会展人才的需求缺口非常大。2012年新疆财经大学旅游学院提出本科会展专业的设立申请,2013年4月4日教育部通过专业设置和审批,成为新疆率先开设会展经济与管理专业的本科院校。新疆财经大学并不是首家开设会展专业的新疆高校,乌鲁木齐职业大学2008年就开设了会展策划与管理专科专业。尽管是专科毕业生,乌鲁木齐职业大学会展策划与管理专业以三年制高职的形式取得了显著的成效,建设了一支以"双师型"教师为核心、专兼结合的自治区级优秀教学团队。

《新疆维吾尔自治区关于加快发展现代职业教育的实施意见》(新疆维

---

① 吴培钦,博士,新疆财经大学讲师,研究方向:会展功能演化、文化与旅游开发、会展教育信息化,E-mail:xjwpq@qq.com。中国会展经济研究会理事,上海第二工业大学国际会展研究院研究员。王江英,博士,教授,乌鲁木齐职业大学传媒学院院长,会展策划与管理专业学科带头人。2011—2014年主持完成了乌鲁木齐职业大学会展策划与管理专业国家骨干校重点专业建设任务。2015年主持立项了会展策划专业自治区级优秀教学团队。公开发表论文20余篇,主持完成了自治区级科研课题7项、横向课题4项。曾荣获首届中国—亚欧博览会先进个人荣誉称号,2014年度新疆维吾尔自治区科技进步二等奖等荣誉。赵红霞,硕士,讲师,乌鲁木齐职业大学传媒学院教师,公开发表论文5篇。

吾尔自治区以下简称自治区或新疆)指出,建立职业教育衔接融通机制,推行中职、高职、应用技术型本科教育分级培养或联合培养,探索"3+4""3+2""4+0"等形式的职业教育与本科贯通培养试点。《自治区现代职业教育体系建设规划(2015—2020)》要求以国家示范(骨干)高等职业院校为引领,探索优势高等职业学校举办本科层次职业教育。《国家中长期教育改革和发展规划纲要(2010—2020年)》提出,到2020年形成适应经济发展方式转变和产业结构调整要求、体现终身教育理念、中等和高等职业教育协调发展的现代职业教育体系。乌鲁木齐职业大学会展策划与管理专业在顺利完成国家示范(骨干)高等职业院校建设项目的基础上,2015年积极尝试"五年一贯制""2+3分段培养"中高职衔接会展教育;2016年"努力将学校建设成为特色鲜明、区内一流的应用技术大学"与新疆财经大学会展经济与管理专业合作,共同举办会展经济与管理专业"3+2"模式的职业教育本科,2017年开始招生。

在此基础上,乌鲁木齐职业大学与新疆财经大学将顺应自治区"五化"战略、丝绸之路经济带核心区"五大中心"建设对技术技能人才提出的新要求,通过合作共同为新疆会展业发展输送更多的会展专业人才。

截至2018年2月,新疆开设会展相关专业的院校2家,合计招生320人。新疆财经大学2018年有第一批25人的毕业生,乌鲁木齐职业大学为社会输送了7届共计174名优秀毕业生,毕业生初次就业率达到了95%,二次就业率达到100%。本报告拟初步分析新疆会展教育现实中存在的主要问题和未来发展的建议和对策,为关心了解新疆会展专业教育的读者提供一些参考资料。

一、新疆会展研究文献综述

(一)新疆会展经济相关研究

以新疆会展为主题的研究开始的比较早的是对会展经济的思考,对新疆发展会展经济的潜在市场进行分析,提出了开发新疆会展经济潜在市场的思路[1]。作为一种新的经济形态,新疆会展经济已得到快速发展,并成为国民经济新的增长点。杨天明(2006)也对新疆的会展经济发展提出了自己的思考,认为改善现有展馆配套服务设施,整合展会资源,尽快成立会展协会,成立市一级的会展领导小组,加大会展业政策扶持力度是新疆会展经济发展的出路[2]。陈莉(2007),陈炜(2008),冉秋霞(2009)对于会展经济促进新疆当地经济发展提出了自己的思考,开启了会展经济功能研究[3-5]。

(二)新疆会展产业影响研究

对于新疆会展场馆的研究最早可追溯到2009年的相关研究。研究者从场馆选址的区位优势展开讨论,以地理学的方法探讨展会选址必须充分分析展览环境,明确会展对于展览地环境及相关设施条件的要求。通过分析乌鲁木齐的政治、经济地位和地理位置、资源优势以及相关基础设施情况,说明它在西北地区会展经济中的战略地位[6]。

(三)新疆会展旅游研究

新疆的会展旅游研究者集中地探讨了初步发展问题[7],在明确会展旅游概念的基础上,从会展旅游的特点出发,以国内外会展旅游发展的趋势为背景,分析了发展会展旅游对乌鲁木齐的积极影响,提出了相应的对策和建议,并逐渐拓展到会展旅游对城市功能布局和大型展会对旅游业的影响等研究[8]。

(四)新疆会展教育研究

新疆会展教育的研究主要集中于王江英(2014)和吴培钦(2014)两位作者的研究中。王江英讨论了随着中国—亚欧博览会的召开,新疆会展业近年来得到了快速发展。人才作为会展业发展的重要制约因素,对会展业发展起着举足轻重的作用。为掌握新疆会展人才现状,该文通过抽样调查的方法,分析新疆会展人才的基本现状及存在问题,有针对性地提出新疆会展人才发展的相关对策[9]。吴培钦分析了会展业宏观的人力资源管理的局限,以及在新媒体背景下融合型会展人才的缺乏是限制新疆会展产业发展的重要问题。从新疆会展业现状、人才需求、教育对策三个方面进行分析,建议新疆要借助各层次会展教育、高层次会展人才培养和会展执业认证培训,以切实解决当前新疆会展业专业教育中存在的问题[10]。

二、新疆会展专业发展历程

截至2018年2月,全疆只有新疆财经大学旅游学院设立了会展经济与管理专业,招收会展本科专业学生,已连续招生四届,2018年将有25位会展本科毕业生走向社会。

2008年开始招生以来,乌鲁木齐职业大学根据需求及会展专业特点,采取校企合作的方式培养专业会展人才。2007年7月,与新疆国际博览中心签约成立"会展班",首届"会展班"按照新疆国际博览中心对人才需求的时间要求,打破学期限制,学生在行业旺季(5—9月)在会展公司实习,除第一年外不安排暑假;在行业淡季(10月—次年4月)回学校学习。为适应新疆会展经济发展的需要,乌鲁木齐职业大学会展策划与管理专业打破高职教育"六个学期"的传统模式,实行"八个学期、弹性学习"的人才培养模式。自2007年,学校与新疆国际博览中心、新疆振威展览公司、乌鲁木齐文浩会展公司、新疆国际事务博览局等企业进行合作,一方面将企业作为会展专业助岗、顶岗学期的实践与授课基地,另一方面企业专家级管理人员对会展专业的人才培养方案、课程体系及时提出中肯意见,同时各企业根据专业实际需要,派出实践能力强的人士承担部分课程的实习教学。乌鲁木齐职业大学会展策划与管理专业以三年制高职的形式为社会输送了7届共计174名优秀毕业生。

(一)在校学历教育招生规模统计

新疆本科层次的会展经济与管理专业自2013年批准、筹备建设以来,依托新疆财经大学管理学、经济学学科,凸显本土特色,以中高层次应用型会展人才为培养目标。会展本科院校的设立情况和招生规模如表2—1和表2—2所示。

表2—1　　　　2014—2018年新疆会展院校设立情况汇总表

办学层次	学校名称	专业名称	招生数量(人)	设立时间
本科	新疆财经大学	会展经济与管理	127	2013年1月
大专	乌鲁木齐职业大学		194	2008年1月

表2—2　　　　2018年新疆会展本科招生规模统计表

学校名称	专业名称	办学层次	招生数量(人)	备注
新疆财经大学	会展经济与管理	本科	127	四个年级合计招生人数
乌鲁木齐职业大学	会展策划与管理	大专	194	三个年级合计招生人数
新财大+乌职大	会展("3+2")	大专+本科	31	会展经济与管理专业"3+2"模式的职业教育本科第一届招生人数
乌鲁木齐职业大学	会展策划与管理	中高职衔接("2+3")	97	5年一贯制

(二)师资结构分析

由表2—3可知,新疆会展专业院校师资情况中新疆财经大学拥有专职教师数量为7位,其中讲师7位,生师比为25∶1,具有硕士、博士学位教师有7位,博士后研究经历教师1位。

表2—3　　　　　　　　2018年新疆会展专业师资情况

学校名称	专业名称	学生总数	教师数量	学历				职称			
				博士后	博士	硕士	本科	教授	副教授	讲师	助教
新疆财经大学	会展经济与管理	175	7	1	1	5				7	
乌鲁木齐职业大学	会展策划与管理	193	8		2	6		2	1	5	

乌鲁木齐职业大学专职教师数量为8位,其中教授2位、副教授1位、讲师5位,生师比为24.1∶1,具有硕士学位教师有6位,博士学位教师有2位。

总体而言,新疆会展专业教育生师比普遍过高,教师缺口较大,博士学位教师较少,需要进一步引进相关专业人才,以支撑新疆高校会展专业教育。

由表2—4可以看出,新疆主要为经济和管理背景的师资特点,这对于起步较晚的新疆会展教育实属不易。

表2—4　　　　　　　　2018年新疆会展专业师资背景情况

学校名称	教师数量	企业阅历	专业背景(根据教师最高学历填写)						
			会展	经济学	管理	营销	统计	英语	计算机	其他
新疆财经大学	7	1			2	1				4
乌鲁木齐职业大学	8	4		2	2					4

由表2—5可以看出,会展专业越是新办的学校,越是体现师资年轻化,讲师挑大梁。

表2—5　　　　　　　　2018年新疆会展专业师资年龄结构情况

学校名称	教师数量	年龄结构								
		30岁以下	占比(%)	30—40岁	占比(%)	40—50岁	占比(%)	50岁以上	占比(%)
新疆财经大学	7	4	57.1	2	29	1	14.3	0	
乌鲁木齐职业大学	8	1	12.5	4	50	3	37.5	0	

(三)核心课程设置情况(见表 2-6、表 2-7、表 2-8)

表 2-6　　　　　　　2018 年会展专业核心课程统计表

学校名称	专业名称	核心课程(数量)	备注
新疆财经大学	会展经济与管理	22	通识与专业必修课
乌鲁木齐职业大学	会展策划与管理	29	公共基础＋专业基础＋专业核心

表 2-7　　　　　　　2018 年会展专业核心课程统计表

核心课程名称	学校名称	出现频率(%)	备注
旅游学概论	新疆财经大学	4	四个年级必修课
会展概论	新疆财经大学	4	四个年级必修课
会展运营与管理	新疆财经大学	4	四个年级必修课
事件管理	新疆财经大学	4	四个年级必修课
会展概论	乌鲁木齐职业大学	3	三个年级必修课
会展现场管理	乌鲁木齐职业大学	3	三个年级必修课
会展空间设计与搭建	乌鲁木齐职业大学	3	三个年级必修课
会展营销	乌鲁木齐职业大学	3	三个年级必修课
会展设计(平面)	乌鲁木齐职业大学	3	三个年级必修课
会展设计(三维)	乌鲁木齐职业大学	3	三个年级必修课
会展策划	乌鲁木齐职业大学	3	三个年级必修课
会议运营管理	乌鲁木齐职业大学	3	三个年级必修课
会展信息管理	乌鲁木齐职业大学	3	三个年级必修课
会展项目管理	乌鲁木齐职业大学	3	三个年级必修课

表 2-8　　　　　　　2018 年会展专业特色课程统计表

学校名称	专业名称	特色课程(数量)	特色课程名称	备注
新疆财经大学	会展经济与管理	4	会展概论(混合教学)、事件管理、国际贸易、博物馆运营与管理	学校教学模式改革特色课程
乌鲁木齐职业大学	会展策划与管理	3	会展空间设计与搭建、会展现场管理、会展设计(平面)、会展设计(三维)、会展项目管理	学校特色课程

(四)学生实践与竞赛

从表2-9和表2-10可以看出,新疆会展高校与企业合作共同建设了13个校外实习基地。根据新疆会展行业淡旺季的特点,与新疆国际博览中心共同创新了人才培养模式。新疆会展高校实践教学中的实践岗位一直不能摆脱为实习单位提供临时工的困境,主要原因是对于会展专业培养方向的认知所限,最初的设计大多停留在博雅教育的基础上,自然逃不开成为会展实习单位季节用工的补充。随着专业建设和实训经验的丰富,满足会展服务能力的实训当然很重要,但是会展行业对于具有专业策划和设计全局能力的学生的需求越来越迫切,在随后的与实习实训单位的合作过程中,新疆会展院校逐渐把实习岗位设置和安排转向设计策划的训练和实践。

表2-9　　　　2018年会展专业学生行业实践情况统计表

学校名称	专业名称	校企合作单位
新疆财经大学	会展经济与管理	新疆亚欧国际博览有限公司、新疆国际会展中心、西安合家电子商务有限公司新疆分公司、北京点意展览展示有限公司、天津振威展览有限公司新疆分公司、新疆国际博览事务局
乌鲁木齐职业大学	会展策划与管理	新疆亚欧国际博览有限公司、新疆国际会展中心、西安合家电子商务有限公司新疆分公司、北京点意展览展示有限公司、天津振威展览有限公司新疆分公司、新疆国际博览事务局、新疆国际会展中心国展公司

表2-10　　　2017年会展专业本科学生参加相关竞赛情况统计表

学校名称	专业名称	竞赛名称	竞赛数量
新疆财经大学	会展经济与管理	第六届中国大学生会议活动策划大赛	1
乌鲁木齐职业大学	会展策划与管理	2017年全国高校精英挑战赛会展创新实践竞赛全国总决赛	1

三、新疆会展教育存在的主要问题

会展行业的迅速发展,孕育着广大的人才需求。随着新疆会展经济的蓬勃发展,市场对会展专业人才的能力需求也越来越高。但是人才培养需要具备专业性,应该适应行业的发展,否则就是浪费教学资源。会展行业的特点表明会展对于各个环节的人才要求各有差异,因此,更应当深入分析会展行业的特点及用人需求,调整人才培养的结构与体系,建立一个灵活的动态机制,减轻就业压力,满足用人需求。

(一)高校会展专业人才的市场需求分析

1. 会展企业更加需要复合型人才

会展行业涉及的专业领域较多。一次完整的会展活动往往包括项目的策划、市场与营销以及运营管理三个方面,需要在展会设计、器材的运输与安装、高级翻译等环节配备专业人才,每一个岗位均需要专业的知识与经验。同时,会展活动大多数是以项目的形式来开展,这时就需要全方位的复合人才,需要专业技能扎实、管理沟通能力强的人才队伍共同来完成会展项目。

2. 会展企业迫切需要实战型人才

当前高校会展专业的招生与培养十分火爆,企业却往往难以招到合格的会展策划人才,甚至连定整套方案的学生都难以找到,许多企业甚至需要从别的公司挖人才能完成自身的展台设计,极大地增加了企业的用人成本,招致会展企业的广泛抱怨。由此不难看出,传统的教学模式无法向企业提供能力与实践经验达到要求的人才,所以如何培养出技能性的人才成为企业与高校亟须解决的问题。

(二)会展专业人才奇缺

调研时有36家单位表示在招聘过程中很难找到合适的人选,占55.38%。其中有27家单位认为出现该现象的原因是新疆缺少专业的会展人才,占75%;有两家明确表示导致这一现象的原因是人员不稳定,不能长期工作,占5.55%(王江英,2014)。

近几年来,会展业呈现出多元化的趋势,包括政府展数量的减少和地方展的增多,以及逐渐兴起的线上虚拟会展。这些多元的会展形式对于人才提出了更高的要求,从事会展业的必须是融合型人才,不仅要求对会展活动非常熟悉,而且还要对移动互联网、新媒体技术有更多的了解。当前会展业的市场调查、营销、设计策划等环节都需要新技术的融合。截至2017年底,新疆当地培养的会展专业毕业生有20人,都为专科层次,普遍在英语应用、专业的职业学习技能、职业中的分析问题和决策能力表现方面不足。新疆会展专业还没有本科毕业生。MPA教育在新疆还没有全面铺开,新疆的会展教育师资本身和会展业人才目前都比较欠缺。

(三)会展行业工作经验不足

会展企业在招聘过程中一般要求有1-3年会展相关工作经验。此次调研发现,在65家会展相关单位中,只有7家单位招聘时未要求有相关工作经验,仅占10.77%;剩下58家单位在招聘时都看重应聘者是否有会展工作经验,都要求至少1年及以上相关工作年限,占89.23%。在被调查的320名会展人才中,有81名没有工作经验或相关工作年限在1年以下,占25.31%;有1年及以上工作经验的239名,占74.69%。没有工作经验或者工作年限少于1年的会展人才供过于求,供给比需求高出14.54个百分点,而有1年及以上工作经验的会展人才则供不应求,供给比需求低14.54个百分点(王江英,2014)。

(四)会展专业证书获得率较低

调研结果显示,新疆会展人才中获得会展相关证书的比重偏低,仅占15.53%。在161名被调查人员中,仅有1名获注册会展经理证书。而在招聘过程中,23家会展公司、会展中心及高等院校中有两家单位表示需要会展相关证书(王江英,2014)。

(五)新疆会展人才培养的未来需求

根据《新疆维吾尔自治区服务贸易发展"十三五"规划》,"十三五"期间将构建"一个集中发展区、三大特色发展区"的布局模式,以在乌鲁木齐举办的中国—亚欧博览会为龙头,将乌鲁木齐作为新疆会展业的集中发展地区,同时发展以喀什、霍尔果斯的综合商贸型会展为一特色,以发展克拉玛依能源及相关工业产品会展为另一特色,以吐鲁番、库车、塔城等挖掘文化内涵的节庆活动为第三特色的三大特色发展区,新疆将建成库尔勒会展中心与霍尔果斯国际会展中心。据国际展览联合会的调查,每增加1 000 m^2 的展览面积,就可以增加100个就业机会。仅上述两项,新疆将增加展览面积15.8万平方米,可增加就业1.58万人。

目前,新疆每年举办各种展会90余次,其中国际性展会20次左右。如果按一场大型展会需要新增80—90人计算,新疆每年需要1 600—1 800人。到2019年,预计新疆会展企业将增加到120家。如果按照每年每家公司新增5—10人计算,那么新疆每年需新增会展人才500—1 000人。此外,新疆国际博览事务局以及各商务部门、高校及科研院所也需要一定量的会展人才。按照上述推测,选取最为保守的预测,新疆每年也需增加500—1 000名会展人才。鉴于会展教育发展现状,新疆还不能向社会输送这么多会展人才。

四、完善新疆会展教育的建议

近年来,我国在互联网技术、产业、应用以及跨界融合等方面取得了积极进展,已具备加快推进"互联网+"发展的坚实基础,互联网与经济社会各领域的融合发展将进一步深化,基于互联网的新业态将成为新的经济增长动力。在此背景下,新疆会展业作为促进交流合作的重要组成部分,已成为构建现代市场体系和开放型经济体系的重要平台,在新疆经济社会发展中的作用日益凸显。会展业将迎来创新发展的新机遇,有望实现媒体、展览和广告三个行业跨界融合,把线下的大型活动以及大型场景"再造"并在互联网上展示,将传统的"展览"和"会议"两个行业进行平台化融合,在互联网上打造出全新的数字展会产业经济形态。

目前的新疆会展业呈现以下特征:第一,各级政府高度重视,政策发展环境持续优化。第二,展览总量稳步提升,办展规模不断扩大。第三,展览整体增长放缓,"一带一路"沿线国家备受关注。第四,展览专业化水平大幅提升,品牌展建设扎实推进。第五,场馆建设保持持续增势,整体出租率提升。

新疆会展专业教育要适应当下产业发展的需求,为未来会展业跨界、协同与融合发展提供教育保障。

(一)以会展专业人才教育为基础

随着新疆会展场馆建设和亚欧博览会的驱动,新疆会展业发展较快,新疆本土的会展高等教育发展也非常迅速,形成新疆独具特色的完备会展专业教育体系:从以现场服务为主的中专职业教育,到会展策划营销定位的专科,再到经济管理为核心的本科和MPA教育各个层次均衡发展的完备会展专业教育体系。

(1)培育会展专业化教育的师资队伍。教育质量取决于师资建设。随着高层次人才培养体系的建立,相适应的专业师资队伍建设的问题凸显出来。成体系的高级会展师资队伍的培养需要从以下几个方面着手:会展专业的师资队伍建设必须走"走出去、请进来"的发展道路,要为专业师资提供足够多的学习国内外先进知识和研究趋势的机会;从会展专业的学科建设角度,在论文发表、课题和科研培养上为会展专业提供足够的资金和相关政策的扶持,这样才能让新兴的会展专业顺利发展。

(2)选择会展专业化教育模式。会展专业化教育模式主要有两种:一种是面对社会开发的会展办学模式,另一种是联合或者协作会展办学模式。第一种办学模式主要体现会展业教育的对外开放,努力吸取外国同行的优秀办学实践经验和完备的培养体系。第二种模式主要是国内的办学机构与外国知名专业教育机构进行联合办学,广州大学和中山大学在这方面先行了一步,可以让新疆的会展专业紧跟国际会展教育步伐。在联合办学的基础上,积极谋求与境外的专业协会和相关机构充分合作,以高等学府为专业人才培养、专业科学研究和行业产业信息的制高点,更好地为行业提供智力支持。

(3)建立高素质的会展人才队伍。第一,新疆处在欧亚的中心,区域的会展信息展示能更好地利用新疆的地理优势。这就要求会展专业教育从行业的实践和理论问题出发,研究和思考本土会展业发展的相关问题,摸索出能解决问题的会展人才的培养模式和方法,努力提升新疆本土会展业专业人才的理论和实践能力。第二,以新疆的大型活动作为人才培养的核心,关注本土相关人才的培养和协作专业人才的培养力度。政府要借助地方企业办展,建立起管理上能够协调一致、管办分离、机制灵活、适合大型活动运营特点的管理运营团队。

(4)加快实习基地的建设。从新疆会展企业中积极培育和建设优质的会展专业实习和见习培训基地。优质实习基地是业界优秀企业管理的典范,也是未来毕业生的主要就业接纳企业。学校与会展企业通过签订合作培养协议,要求签约企业的专业人才参与到教学计划、课程体系建设中来,同时承担课程建设中实践课程的授课,学校与企业联合设立奖学金项目,促使会展企业积极参与到教学实践过程中,提高专业教学和企业需求的契合程度。会展实习基地弥补了学校的社会实践的欠缺,为学校努力培养和适应职业和社会需求的理论和应用型人才提供保障。

(二)以岗位人才培训为补充

应该在业界树立专业教育观,建立与职业岗位中的人才培训相结合的人才培养体系观念。通过专业教育,初步掌握职业所必需的理论和实践能力,获得职位后通过企业和职业相关的社会培训市场,有针对性地提高执业能力。

(1)推行会展业相关的任职资格评定。国家推行的职业资格的认定,有助于社会对专业技能和知识的发展方向和具体实用做出具体的指导和规范。在此背景下,建立会展人员资格认证时4个等级:助理会展师、会展师、注册会展师和高级会展师。

(2)健全会展职业培养模式。会展业是典型的实操性、应用型、生产性、服务特性都很明显的、变化迅速的行业。新疆的会展业发展离不开会展专业教育和职业认证培训的体系发展,在实践过程中必然要体现会展的产业无边界的特点,在新疆的会展业教育和培养体系中应该体现多学科在大型活动实践中的融合与应用(吴培钦,2014)。

结束语

综观国际会展与活动管理教育的发展历史和办学效果,会展经济与管理专业具有三个基本特点：

（1）交叉性，即会展专业要向学生讲授经济学、管理学、企业管理及项目管理等多个学科的知识，以培养厚基础、宽口径、复合型的应用型人才。

（2）平台性。会展经济与管理专业可以和工商管理、旅游管理、经济与贸易、体育、新闻传播、外国语言文学、艺术等不同专业大类嫁接，尽管每个学校的培养定位有所差异，但学生毕业后的就业范围相对较广。

（3）实践性。鉴于会展活动策划与管理对从业人员的操作技能有很高的要求，国外的会展专业十分注重实践性环节特别是现场教学和上岗实习的作用，因此会展高等教育要在实践教学的模式、学时等方面进行积极的改革。

新疆会展专业发展秉承大会展的理念，按照"面向国际、依托行业"的基本要求，培养熟悉国内外会展经济发展规律和会展产业链上各个环节的主要知识，了解会展及各类活动策划与管理的基础理论，具有创新精神和独立分析、解决问题的能力，能在会展或相关企事业单位从事会展与活动策划及组织、企业经营管理或科学研究的应用型人才。

参考文献：

[1]阿布都伟力·买合普拉.新疆会展经济潜在市场分析及发展思路[J].新疆财经，2002(2)：45—47.

[2]杨天明.对新疆发展会展经济的思考[J].新疆社科论坛，2006(2)：89—90.

[3]陈莉.新疆喀什地区会展经济发展研究[D].华东师范大学，2007.

[4]陈炜.乌鲁木齐会展业的产业关联体系及品牌塑造研究[J].新疆财经，2008(5)：17—22.

[5]冉秋霞.发挥会展业优势促进西北地区经济发展[J].新疆大学学报(哲学·人文社会科学汉文版)，2009，37(2)：17—19.

[6]张晓青，段永芬，金才亮.乌鲁木齐会展选址在西北地区会展经济中的战略地位[J].新疆农业职业技术学院学报，2009，17(1)：25—27.

[7]苏树军.对发展新疆城市会展旅游的相关问题研究[J].全国商情·理论研究，2010(24)：5—7.

[8]韩梅.新疆会展旅游发展研究——以中国—亚欧博览会为例[D].新疆师范大学，2013.

[9]王江英，郭延琴，赵红霞.新疆会展人才现状调研及对策研究[J].新疆职业教育研究，2014(2)：21—24.

[10]吴培钦.新疆会展专业教育的对策研究[J].乌鲁木齐职业大学学报(汉文版)，2014(2)：43—45.

[11]保建云，徐梅.会展经济——一种蕴藏无限商机的新型经济[M].重庆：西南大学出版社，2000.

[12]黄长.国外专业人才培养战略与实施[M].北京:社会科学文献出版社,2005.

[13]孙明贵.会展经济学[M].北京:机械工业出版社,2006.

[14]马勇,梁圣蓉.会展概论.重庆:重庆大学出版社,2007.

[15]李涛.人力资本投资与城市竞争力[M].北京:社会科学文献出版社,2008.

[16]孙宗虎.人力资源管理工作细化执行与模版[M].北京:人民邮电出版社,2008.

[17]杨海英.会展人力资源管理刍议[M].经营管理者,2010(1).

[18]金辉.国际旅游院校会展教育现状和我国的差距[J].旅游科学,2003(1).

[19]刘大可等.美国会展管理教育及其对我国的启示[J].旅游科学,2003(1).

[20]王春雷.美国会展职业认证培训体系及其对中国的启示[J].旅游学刊,2005(人力资源与教育教学特刊).

[21]张兰欣.会展经济与会展人才[J].商业现代化,2007.

[22]黄杉.会展产业的人才队伍建设——以成都会展业为例[J].西南民族大学学报,2008(10).

[23]李晓标.新疆会展业发展中政府作用与行为优化研究[J].现代营销,2013(11).

[24]周幼明,蔡学仪.我国会展产业发展与会展教育实施之评估[J].育达科大学报,第35期,2013(8).

[25]石兆.关于建立长沙市会展专业人才培训基地的可行性研究[J].岳阳职业技术学院学报,2007(9):23—26.

[26]钟颖.CAFTA背景下会展核心人才培养模式研究——以广西高校会展经济与管理专业人才培养为例[J].东南亚纵横,2007(7):51—56.

[27]赵磊.辽宁省会展人力资源培养与开发[J].黑龙江对外经贸,2010(3):144—145.

[28]高欣.辽宁会展人才的需求分析与开发对策[J].辽宁师范大学学报(社会科学版).2010(11).

[29]李晓标.内蒙古会展业人才需求分析及教育对策研究[J].现代营销(学苑版).2013(12).

[30]阿德江·达吾提.论新疆会展业创新与产业升级[J].新疆财经大学学报.2013(12).

浙江省会展教育（高职）发展报告

钱小轮　潘春胜　何刚晴　华尹　熊芊[①]

一、浙江省高职高专会展教育情况综述

自 2002 年浙江经贸职业技术学院全国首开会展与广告专业以来，浙江省高职会展教育经过十多年的建设发展，目前开设会展专业的高职高专院校主要有浙江经贸职业技术学院、浙江旅游职业学院、宁波城市职业技术学院、金华职业技术学院等 9 所，占浙江省 48 所高职院校的 18.75%。主要集

---

① 钱小轮：浙江经贸职业技术学院会展专业带头人，硕士、副教授，浙江省会展学会副秘书长，陈列展览设计员国家级裁判员，浙江省省级专业带头人。从事会展教育 15 年，主持省厅级项目 4 项，发表论文 32 篇，获得浙江省教学成果奖 2 项。指导学生参加省级以上竞赛获一等奖 5 项、二等奖 4 项。潘春胜：浙江经贸职业技术学院人文旅游系主任，教授，浙江省婚庆行业协会副会长，浙江省会展学会理事，浙江省科技厅专家库成员，国际会展产业研究院特聘研究员。"十三五"浙江省优势专业（会展策划与管理专业）与"十三五"浙江省特色专业（酒店管理专业）项目负责人。从事教学工作 36 年，获得国家教学成果二等奖 1 项，主持省部级科研项目 10 余项，主编国家级规划教材 2 部，发表论文 30 余篇，其中一级期刊 4 篇。
《浙江省高职高专会展教育发展报告》主要由浙江经贸职业技术学院与浙江省东方会展产业研究所相关老师共同完成。主要负责人为钱小轮老师、潘春胜老师。何刚晴、华尹、熊芊三位老师为浙江经贸职业技术学院会展策划与管理专业专任教师，负责本报告的数据采集、统计与整理。

中于杭州、宁波、金华（义乌）等会展业较为发达的区域，其中杭州5所，占55.56%。

截至目前浙江省高职会展教育累计招生9 472人，为行业输送专业人才6 512人，当前在校生总量为2 960人。2017年浙江省高职会展专业实际招生937人，占浙江省招生总量的0.81%，招生总体呈平稳有升态势。2017年浙江省高职会展专业应届毕业生共计1 010人，一次性就业率最高为100%，最低为98%，平均就业率达到99.50%，较2016年度提高1.5个百分点，总体呈上升向好趋势。就业岗位主要集中于活动策划（会展、婚庆、节事）、项目营销、现场服务、会展设计等岗位，并在文化创意传播、网络营销以及销售、旅游等方向就业增速明显。为进一步满足行业转型升级和技术创新对于人才的差异性需求，凝练特色，浙江省高职会展教育在人才培养模式改革方面进行了有益尝试。实战驱动、教学过程对接生产过程，以校内外自办展为载体，加强行业实践与专业教育对接，在提升学生职业素养与行业技能方面成效显著。

二、浙江省高职高专会展教育发展历程

(一)起步阶段(2003—2008年)

2003—2008年为浙江省会展教育发展的起步阶段，浙江经贸职业技术学院、浙江旅游职业学院、浙江育英职业技术学院、宁波城市职业技术学院、金华职业技术学院相继开设会展专业。2003—2008年总招生量为1 915人。具体数据见表2—1。

表2—1　　　　2003—2008年浙江省会展院校设立情况汇总表

省市(地区)	学校名称	专业名称	招生数量(人)	设立时间(年)
杭州市	浙江经贸职业技术学院	会展策划与管理	607	2002
杭州市	浙江旅游职业学院	会展策划与管理	607	2003
杭州市	浙江育英职业技术学院	会展策划与管理	343	2004
宁波市	宁波城市职业技术学院	会展策划与管理	158	2006
金华市	金华职业技术学院	会展策划与管理	200	2007
合　计			1 915	

(二)快速发展阶段(2009—2014年)

2009—2014年是浙江省会展教育快速发展阶段,共有9所高职院校开设会展专业。比起步阶段(2003—2008年),新增义乌工商职业技术学院、杭州科技职业技术学院、浙江农业商贸职业学院、浙江金融职业学院4所院校。2009—2014年总招生量为4 597人。具体数据见表2—2。

表2—2　　2009—2014年浙江省高职高专会展院校设立情况汇总表

省市	学校名称	专业名称	招生数量(人)	设立时间(年)
杭州市	浙江经贸职业技术学院	会展策划与管理	649	2002
杭州市	浙江旅游职业学院	会展策划与管理	792	2003
杭州市	浙江育英职业技术学院	会展策划与管理	511	2004
宁波市	宁波城市职业技术学院	会展策划与管理	300	2006
金华市	金华职业技术学院	会展策划与管理	600	2007
金华市	义乌工商职业技术学院	会展策划与管理	280	2009
杭州市	杭州科技职业技术学院	会展策划与管理	550	2009
绍兴市	浙江农业商贸职业学院	会展策划与管理	715	2009
杭州市	浙江金融职业学院	会展策划与管理	200	2011
合　计			4 597	

(三)稳定发展阶段(2015—2017年)

2015—2017年浙江省高职高专院校没有新增会展相关专业,总体招生量稳中有升,年均增幅5.6%。2015—2017年总招生量为2 960人。具体数据见表2—3。

表2—3　　2015—2017年浙江省高职高专会展院校设立情况汇总表

省市	学校名称	专业名称	招生数量(人)	设立时间(年)
杭州市	浙江经贸职业技术学院	会展策划与管理	548	2002
杭州市	浙江旅游职业学院	会展策划与管理	469	2003
杭州市	浙江育英职业技术学院	会展策划与管理	360	2004
宁波市	宁波城市职业技术学院	会展策划与管理	133	2006
金华市	金华职业技术学院	会展策划与管理	300	2007
金华市	义乌工商职业技术学院	会展策划与管理	160	2009

续表

省市	学校名称	专业名称	招生数量(人)	设立时间(年)
杭州市	杭州科技职业技术学院	会展策划与管理	400	2009
绍兴市	浙江农业商贸职业学院	会展策划与管理	410	2009
杭州市	浙江金融职业学院	会展策划与管理	180	2011
合 计			2 960	

三、浙江省高职高专会展教育学历教育招生规模

2017年浙江省高职会展专业招生总体为937人，与2016年招生量基本持平，其中国际合作办学招生量为100人，占9.46%，"3+2"中高职一体招生38人，占3.6%。2017年度浙江省会展专业招生整体呈平稳有升态势，包括普通高考招生、中职单考单招、"3+2"中高职一体招生等多种招生模式。具体数据见表3－1和表3－2。

表3－1　　　　2017年浙江省会展高职高专院校招生规模

学校名称	专业名称	招生数量(人)
浙江经贸职业技术学院	会展策划与管理	182
浙江旅游职业学院	会展策划与管理	140
浙江育英职业技术学院	会展策划与管理	80
宁波城市职业技术学院	会展策划与管理	40
金华职业技术学院	会展策划与管理	100
义乌工商职业技术学院	会展策划与管理	65
杭州科技职业技术学院	会展策划与管理	150
浙江农业商贸职业学院	会展策划与管理	120
浙江金融职业学院	会展策划与管理	60
合 计		937

表3－2　　2017年浙江省高职高专会展专业国际合作办学招生规模

学校名称	专业名称	招生数量(人)	国际合作对象	合作方式	合作层次	设立时间(年)
浙江金融职业学院	会展策划与管理	60	澳大利亚阳光海岸大学	"2＋1"	大专	2015

续表

学校名称	专业名称	招生数量(人)	国际合作对象	合作方式	合作层次	设立时间(年)
宁波城市职业技术学院	会展策划与管理	40	台湾致理科技大学	"1+1+1"	大专	2013
合　计		100				

四、浙江省高职高专会展教育主体结构分析

(一)浙江省高职会展专业教育情况

1. 浙江省开设会展专业高职教育主体的数量情况

2017年,浙江省共有9所高职院校开设会展专业,其中公办8所,民办1所,招生总人数为937人。具体数据见表3-1。

2. 浙江省开设会展专业高职教育主体的对比情况

2017年,浙江省开设会展专业高职院校所在地区:杭州5所,宁波1所,金华2所,绍兴1所,其中杭州5所高校的招生人数为612人,占65.31%。具体数据见表3-1。

(二)浙江省高职会展专业国际合作教育情况

1. 国际合作主体

浙江省共有两所高职高专院校会展专业开展国际合作招生,分别与澳大利亚及我国台湾等地的院校合作办学。具体数据见表3-2。

2. 国际合作层次

浙江省共有两所高职高专院校会展专业开展大专层次的国际合作办学。人才培养注重国际化水平,提升学生判断性思维能力,学会独立学习、独立思考、独立解决问题的能力。

3. 国际合作方式

浙江省开展国际合作高职高专院校会展专业主要采取境内外"N+N"合作办学的方式进行,即双方合作制定人才培养计划、教学大纲、教学计划和课程设置,授课由合作院校共同承担。其中1-2年在国内进行教学,经过相关考核后学生前往澳大利亚或我国台湾进行教学完成人才培养计划,完成学业者可实现中外合作院校的学分互认,成绩合格者可授予合作两校的毕业文凭或者实现中外合作院校学分互认。

五、浙江省高职高专会展相关专业设置情况

（一）会展专业设置

2017年浙江省共有9所高职院校开设会展策划与管理专业，同时开设有服装陈列与展示设计、展示艺术设计等相关专业。

（二）专业规模

2017年，浙江省共有48所高职院校，其中开设会展专业的高职院校为9所，占18.75%。

（三）专业层次

2017年，浙江省专科计划招生115 400人，高职会展专业实际招生人数为937人，占浙江省招生总量的0.81%。

六、浙江省高职高专会展专业培养计划

（一）会展各专业核心课程

1. 核心课程的名称

浙江省高职会展专业的核心课程名称基本围绕会展策划、会展设计、项目运营与管理、营销与服务四个方面设置。部分院校的专业核心课程更加细化，方向性更明确，如个性化婚礼场景设计、Introduction to Marketing、国际会展服务等，从课程名称上也体现了该校专业特色与方向。具体数据见表6-1。

表6-1　　　　　　2017年浙江省会展院校（高职）核心课程

学校名称	专业名称	核心课程数量（门）	核心课程名称
浙江经贸职业技术学院	会展策划与管理	4	会展策划、会展营销、会展设计、会展服务
浙江旅游职业学院	会展策划与管理	4	展览策划与管理、会议组织与管理、节事与活动策划、会展设计
浙江育英职业技术学院	会展策划与管理	3	会展项目管理、会展营销实务、会展策划

续表

学校名称	专业名称	核心课程数量(门)	核心课程名称
宁波城市职业技术学院	会展策划与管理	5	会展项目管理、活动文案写作、个性化婚礼场景设计、会议运营实务、主题婚礼文案策划
金华职业技术学院	会展策划与管理	6	展览服务与管理、展览项目策划、会议策划、节事活动策划、会展英语、旅游市场营销
义乌工商职业技术学院	会展策划与管理	5	会展策划、会展营销、会展服务、会展设计、会展项目管理
杭州科技职业技术学院	会展策划与管理	5	会展策划、会展营销、会展运营管理、会议服务与管理、会展调研
浙江农业商贸职业学院	会展策划与管理	5	会展策划、会展视觉设计、会展设计、网络会展
浙江金融职业学院	会展策划与管理	6	Event Management(会展项目管理)、会展策划、Introduction to Marketing、国际会展服务、会展英语、Business Events(会展综合实训)

2. 核心课程的频率分析

浙江省高职会展院校基本设置核心课程3—6门,平均4.78门。各院校以会展策划、会展设计、项目运营与管理三个方向的核心课程频率最高,其中会展策划课占88.89%,会展服务与项目运营占77.78%,会展设计课占55.56%,会展营销课占44.44%。两所院校将会展英语列为核心课程。具体数据见表6—2。

表6—2　　　　　2017年浙江省会展院校(高职)核心课程排序

核心课程名称	学校名称	出现频率
会展策划	浙江经贸职业技术学院、浙江旅游职业学院、宁波城市职业技术学院、金华职业技术学院、义乌工商职业技术学院、杭州科技职业技术学院、浙江农业商贸职业学院、浙江金融职业学院	8所,88.89%
会展服务与项目运营	浙江经贸职业技术学院、浙江育英职业技术学院、宁波城市职业技术学院、金华职业技术学院、义乌工商职业技术学院、杭州科技职业技术学院、浙江金融职业学院	7所,77.78%
会展设计	浙江经贸职业技术学院、浙江旅游职业学院、宁波城市职业技术学院、义乌工商职业技术学院、浙江农业商贸职业学院	5所,55.56%
会展营销	浙江经贸职业技术学院、浙江育英职业技术学院、义乌工商职业技术学院、杭州科技职业技术学院	4所,44.44%
会展英语	金华职业技术学院、浙江金融职业学院	2所,22.22%

(二)会展各专业特色课程

1. 特色课程的名称

浙江省高职会展专业特色课程以实训、实操类为主,课程名称为:项目管理实训、会展承办操作实务、会奖旅游实务、会议速录、中国国际动漫节实训等。部分院校围绕专业特色设计课程,如婚庆展示设计、主题婚礼文案策划等。具体数据见表6-3。

表6-3　　2017年浙江省会展院校(高职)特色课程统计表

学校名称	专业名称	特色课程数量(门)	特色课程名称
浙江经贸职业技术学院	会展策划与管理	1	项目管理综合实训
浙江旅游职业学院	会展策划与管理	1	会展项目综合实训
浙江育英职业技术学院	会展策划与管理	1	中国国际动漫节实训
宁波城市职业技术学院	会展策划与管理	3	婚庆展示设计、主题婚礼文案策划、会展承办操作实务
金华职业技术学院	会展策划与管理	5	婚庆策划与组织、活动项目管理、智慧会展、会展行业标准解读、会展经典案例分析
杭州科技职业技术学院	会展策划与管理	4	会奖旅游实务、会议速录、旅游服务综合技能、酒店服务综合技能
浙江金融职业学院	会展策划与管理	3	Business Analytics

2. 特色课程频率分析

浙江省高职会展专业9所院校中有7所院校开设特色课程,占77.78%。5所院校以实训课程为特色课,占55.56%。

(三)会展各专业实践课程

1. 实践课程名称与数量

浙江省高职会展专业实践课程共计63门,主要为:项目管理综合实训、会展项目综合实训、中国国际动漫节实训、会展综合实训、会展承办操作实务、会议与展览接待服务技能实训、会展营销策划技能实训、毕业设计、毕业实习等。每所院校平均开设3-6门实训课程。部分突出设计方向的院校整体课程以实践为主,如浙江农业商贸职业学院会展专业实训课程达25门。具体数据见表6-4。

表6—4　　　　　　　2017年浙江省会展院校(高职)实践课程

学校名称	专业名称	实践课程数量(门)	实践课程名称	教学形式
浙江经贸职业技术学院	会展策划与管理	3	项目管理综合实训、会展实务综合实训、会展设计综合实训	项目实操
浙江旅游职业学院	会展策划与管理	2	会展项目综合实训、会展策划综合实训	项目实操
浙江育英职业技术学院	会展策划与管理	2	中国国际动漫节实训、会展综合实训	项目实操
宁波城市职业学院	会展策划与管理	4	跟岗实习、顶岗实习、毕业设计、会展承办操作实务	项目实操
金华职业技术学院	会展策划与管理	5	会展接待服务技能实训、会展营销策划技能实训、会展服务综合实训、顶岗实习、毕业实习	项目实操
义乌工商职业技术学院	会展策划与管理	5	区域会展资源考察、会展策划大赛、会展现场服务、会展企业认知、大型活动组织与管理	项目实操
杭州科技职业技术学院	会展策划与管理	6	展览项目综合实训、会议项目综合实训、节事项目综合实训、模拟导游实训、毕业设计(毕业综合实训)、顶岗实习	项目实操
浙江农业商贸职业学院	会展策划与管理	25	设计造型基础、会展策划、会展营销与管理、网络会展、会展空间设计、毕业设计(专题)、顶岗实习、综合绘画基础、计算机辅助设计Ⅰ(ps)、展示手绘表现技法、计算机辅助设计Ⅱ(3d)、展示材料与构造、计算机辅助设计Ⅲ(AI)、会展策划实训、视觉设计实训、空间设计实训、视觉设计、商业摄影、文案写作、会议管理、舞美设计、UI界面设计、会展礼仪、模型制作、展具设计、	项目化教学
浙江金融职业学院	会展策划与管理	6	国际商务文化与礼仪、会展策划、Event Management、国际会展服务、参展商实务、Business Events	项目实操

2. 实践课程教学形式

浙江省高职会展专业实践课程开展的形式以校内自办展等项目化实际操作为主,包括项目实操、(团队)项目化教学等。

七、浙江省会展院校(高职)各类实践教育情况

浙江省9所开设会展专业的高职院校,共有6所院校学生参加专业培训,考取相关证书。各校均与会展类企业、展览中心、会务公司等机构开展

校企合作。各校均参加会展类大赛；如浙江省高职高专技能大赛会展管理竞赛、全国高校商业精英挑战赛经贸会展竞赛等。

(一)浙江省高职会展专业学生的培训情况

浙江省高职会展专业主要考取会展策划师、会展职业经理人等证书。具体数据见表7－1。

表7－1　2017年浙江省会展院校(高职)学生参加专业培训情况统计

学校名称	专业名称	项目来源	培训项目名称	证书名称
浙江经贸职业技术学院	会展策划与管理	浙江省职业技能鉴定中心	会展策划师培训	会展策划师
浙江旅游职业学院	会展策划与管理	中国商业联合会	会展经理人培训	初级会展业职业经理人
浙江育英职业技术学院	会展策划与管理	浙江省人力资源与社会保障厅	会展策划师	四级会展策划师
宁波城市职业技术学院	会展策划与管理	宁波市会展促进会	助理会展师证书培训	助理会展师
杭州科技职业技术学院	会展策划与管理	浙江省人力资源厅	会展策划师	会展策划师
浙江农业商贸职业学院	会展策划与管理	绍兴市职业鉴定中心	会展策划师中级工、高级工培训	会展策划师中级工、高级工

(二)浙江省高职会展专业学生行业实践的岗位情况

浙江省高职会展专业学生实践岗位主要涉及策划、设计、营销、运营管理、招商宣传等岗位。具体数据见表7－2。

表7－2　2017年浙江省会展院校学生行业实践情况统计表

学校名称	专业名称	校企合作单位	实践岗位设置与安排
浙江经贸职业技术学院	会展策划与管理	杭州西湖国际博览有限公司、杭州喜得会展览服务有限公司、杭州鹏麟会展有限公司、杭州嘉诺展览有限公司	策划部、设计部、会展服务孵化部
浙江旅游职业学院	会展策划与管理	杭州国际会展博览中心、浙教会议、上海信亚会展有限公司、迪威会展、杭州嘉诺展览有限公司	运营部、展览部、营销部、会展服务孵化部
浙江育英职业技术学院	会展策划与管理	中国国际动漫节节展办公室	前期筹备专员(2－4周)现场管理专员(1周)
宁波城市职业技术学院	会展策划与管理	18	招展、招商、宣传推广、客户跟踪

续表

学校名称	专业名称	校企合作单位	实践岗位设置与安排
金华职业技术学院	会展策划与管理	义乌国际小商品博览会有限公司、杭州国际博览中心、上海格博会展服务有限公司、上海贸发展览服务有限公司、义乌创杰展览服务有限公司、义乌市大唐展览服务有限公司、金华聚汇展览有限公司、杭州酷展营销策划有限公司、杭州市伍方会议服务有限公司	服务、营销、管理、设计
义乌工商职业技术学院	会展策划与管理	义乌商城展览有限公司	营销
杭州科技职业技术学院	会展策划与管理	杭州国际博览中心 浙江米奥兰特商务会展股份有限公司 杭州浙大同力会展业管理有限公司 杭州西博文化传播有限公司	50 10 10 10
浙江农业商贸职业学院	会展策划与管理	杭州先临三维科技有限公司、绍兴市思谊文化传播有限公司、点意空间(上海)展览设计工程有限公司、绍兴市壹点通广告传播有限公司、绍兴市冠友电子商有务有限公司、绍兴市新纪元展览有限公司	三维打印与应用会展策划、会展视觉设计、平面设计、会展设计、会展管理、会展视觉设计、会展设计、会展视觉设计、活动策划、会展视觉设计、平面设计、活动策划、会展策划、会展设计、会展视觉设计
浙江金融职业学院	会展策划与管理	浙江国大会展服务有限公司、杭州西湖国际博览有限公司	第四届世界浙商大会志愿者、第十一届(2017)杭州文化创意产业博览会志愿者

(三)浙江省高职会展专业学生竞赛情况

浙江省高职会展专业学生参加的主要大赛是浙江省高职高专技能大赛会展管理竞赛、全国高校商业精英挑战赛经贸会展竞赛、浙江省大学生职业生涯规划与创业大赛等,主办单位是浙江省教育厅、中国贸易促进委员会等。每所院校参加竞赛数量平均为2个。具体数据见表7-3。

表7-3　　2017年浙江省会展院校(高职)学生参加相关竞赛情况

学校名称	专业名称	竞赛名称
浙江经贸职业技术学院	会展策划与管理	浙江省高职高专技能大赛会展管理竞赛、2017年全国高校商业精英挑战赛经贸会展竞赛、浙江省大学生职业生涯规划与创业大赛
浙江旅游职业学院	会展策划与管理	浙江省高职高专技能大赛会展管理竞赛、2017年全国高校商业精英挑战赛经贸会展竞赛、2017年全国高校商业精英挑战赛实践赛

续表

学校名称	专业名称	竞赛名称
浙江育英职业技术学院	会展策划与管理	2017年全国高校商业精英挑战赛会展创新实践竞赛、2017年浙江省高职高专职业技能大赛会展管理竞赛、2017浙江省第七届会展策划大赛
宁波城市职业技术学院	会展策划与管理	浙江省高职高专院校会展管理竞赛
金华职业技术学院	会展策划与管理	浙江省高职高专院校会展管理竞赛
义乌工商职业技术学院	会展策划与管理	浙江省会展策划技能大赛
杭州科技职业技术学院	会展策划与管理	浙江省高职高专院校技能大赛会展管理竞赛
浙江农业商贸职业学院	会展策划与管理	绍兴市第十届大学生多媒体作品设计竞赛专科组DV类、绍兴市第五届大学生摄影竞赛、2017浙江省高职高专技能大赛会展管理竞赛、绍兴市首届大学生职业生涯规划大赛、第九届浙江省大学生职业生涯规划与创业大赛省级决赛、2017全国商业精英挑战赛会展创新实践竞赛
浙江金融职业学院	会展策划与管理	2017浙江省第七届会展策划大赛

八、浙江省高职会展专业学生就业情况

(一)就业比例

浙江省高职会展专业9所院校2017年度应届毕业生1 010人,学生平均就业率为99.50%,一次性就业率最高为100%、最低为98%,其中6所院校一次性就业率达到100%。

(二)就业对口率

浙江省高职会展专业9所院校2017年度学生平均就业对口率为76.8%,其中对口率最高为96%、最低为42.5%。

(三)就业薪资情况

浙江省高职会展专业9所院校2017年度学生平均薪资为3 962元,其中薪资最高为4 500元、最低为3 000元。

九、浙江省高职会展教育存在的问题与相关建议

(一)就业对口问题有待改善

就业率持续提高,就业"跨界"现象日益突出。据统计学生就业岗位主要集中于会展策划、婚庆策划、活动策划、项目营销、现场服务、组织管理、会展设计(展台设计、视觉传达设计等)等岗位。相较于"十二五",会展学生就业方向更为广泛,其中文化创意传播、网络营销、视觉设计以及销售、旅游等方向增速明显,由会展行业跨界到销售、旅游、创意等相关行业成为会展毕业生就业的新方向。

2017年度浙江省高职高专会展专业学生毕业生平均就业对口率为76.8%,其中对口率最高为96%,最低为42.5%,就业对口率较"十二五"期间有较大提高。但总体会展专业毕业生就业对口率仍然偏低,通过调研分析,原因主要有以下几个方面:

1. 专业对于行业市场预估过于乐观,错误估计行业吸纳量,招生量大,方向特色不突出,不能满足企业对于人才类型与数量的差异性。

2. 媒体宣传影响力大,学生对于行业预期与薪资期望值过高,实际岗位起点较低,薪资福利待遇普遍偏低,导致离职率较高。

3. 会展行业门槛不高但专业性很强,毕业生未能适应行业实际需求。

4. 专业定位脱离区域实际,教学特色提炼不足。会展具有明显的产业区域特点,专业办学未能很好地结合当地的会展资源与产业优势。

5. 学生和会展企业之间信息不对称,出现企业招不到"科班"出身的会展学生,而会展专业学生找不到专业对口的工作。

(二)"能力引领、实战驱动",应加强行业实践与专业教育对接

为进一步满足企业转型升级和技术创新对于人才的差异性需求,凝练特色,浙江省会展教育相关院校在人才培养目标设定与模式改革方面进行了有益尝试,通过能力引领、实战驱动,以校内自办展为载体,加强行业实践与专业教育对接。以浙江经贸职业技术学院为例,该校坚持"专业对接行业、课程对接岗位、教学过程对接生产过程",以学生策划与设计能力培养为主线,以"一专多能"创意型高素质会展人才培养为目标。确定"校企对接、能力引领、实战驱动"的人才培养模式。

能力引领、课程对接岗位,提升学生职业素养。专业根据典型工作岗位需求,构建"搭平台、厚基础、强技能、重创新"的专业课程体系与实训环节,实施项目化教学。实战驱动、教学过程对接生产过程,提升学生职业能力。

围绕会展业供给侧结构性改革,根据"互联网+"背景下大数据营销的需要,实施线上线下结合、实战驱动的教改战略。

"互联网+会展",形成三阶段递进式综合实训(自办展)体系。将线上线下结合的展会运营模式融合到校内三大实训环节(校园展销会—下沙高校电商展—校园会展文化节)。从大一的接触市场、了解市场(展销会)入手,到大二上学期的承办实体展会(电商展),最后到大二下学期的操作[包含会、展、节、赛、演的综合会展实训项目(会展文化节)],以项目为载体,循序渐进,对接行业实践,提升学生的职业素养与行业技能。

十、浙江省高职会展教育未来趋势

(一)建设应用服务型教学团队

师资队伍的建设是会展教育发展的关键因素。构建以核心课程和实践教学为主线的两大教学团队,培养"专兼结合、双师双能"教师队伍,健全教师培训进修管理机制。走出去、请进来,内外兼修,打造"素质优良、技能优秀、结构优化、优势突出"的高水平应用服务型教学团队。

(二)线上线下结合,构建基于"互联网+"的教学模式

1. "互联网+会展"的递进式实训创新项目,将线上线下结合的展会运营模式融合到校内实训环节。通过线上招展、招商—线下洽谈、体验—线上交易—线下发送的模式,将网络营销、在线结算等互联网资源与技术运用于展会,掌握互联网时代展会运营模式。

2. "互联网+课堂教学",使学习资源网络化、课程资源社会化。结合在线教学门户,构建以核心课程为主体的"开放式、交互型"在线课程教学。通过"案例教学—项目下达—作业发布—作业评价—作品展示",实时交互,结合线下创作完成教学。

3. "互联网+顶岗实习",线上线下结合指导实习。利用手机等移动终端,开发实习管理App,通过公众号、微信群,建立线上线下结合的实习指导模式。

(三)搭建教学研讨平台,协同创新,共同发展

构建省、市会展教学团队,定期召开研讨会议,凝心聚力,取长补短、资源共享。至2017年由浙江省会展学会和浙江省东方会展产业研究所联合主办的"会展专业掌门人圆桌会议"已连续举办六届。旨在通过掌门人校际、省际、国际交流平台,中高本院校聚力探讨,取长补短,抱团发展,期待中国

的会展教育各美其美、美美与共。2017年圆桌会议会议更名为"省际会展专业掌门人圆桌会议",主题为"地域、院校特色与专业特色",会议邀请江苏、安徽、上海的会展专业掌门人共同参与讨论。就海外交流和网上学习交流机会的增加、专业群教学团队建设、教师顶岗实践制度等一系列措施的落实,专业建设特色的凝练等方面进行研讨。

海南省会展教育发展报告

耿松涛[①]

一、海南省会展研究文献综述

基于主题为"海南会展"在 CNKI 上查找相关文献,获得 164 篇与海南会展研究相关的文献。由图 1—1 和图 1—2 可知,最早有关海南会展研究的论文是黄骥发表在《琼州大学学报》2002 年 1 期上的《对海南发展会展旅游的思考》。2002—2007 年每年发文量极低,每年约为 2 篇,2003、2006 两年甚至没有发文量,2008 年后发文数量逐年增加,2012 年发文量达到了 26 篇,2015—2017 年年平均论文发表数量为 15 篇。

从论文发表数量较高的年份(2008—2017 年)看,年平均论文发表数量为 14.5 篇。海南会展研究文献中,海南、会展业、会展旅游占研究主题的前三位。

总体而言,以上文献计量数据说明海南会展相关研究非常滞后,有关会展专业本科教育的研究几乎一片空白。但是,海南会展业广阔的发展空间

[①] 耿松涛,管理学博士,教授,博士生导师,海南大学旅游学院学术委员会副主任,海南省 515 人才工程第二层次人选。

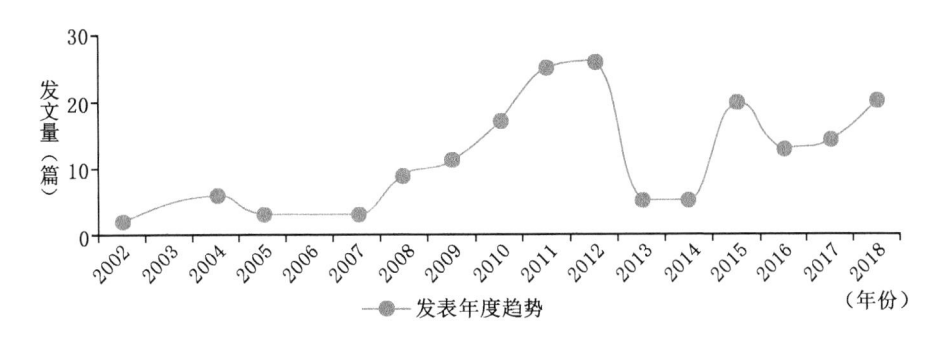

图 1-1 海南会展研究发文趋势图

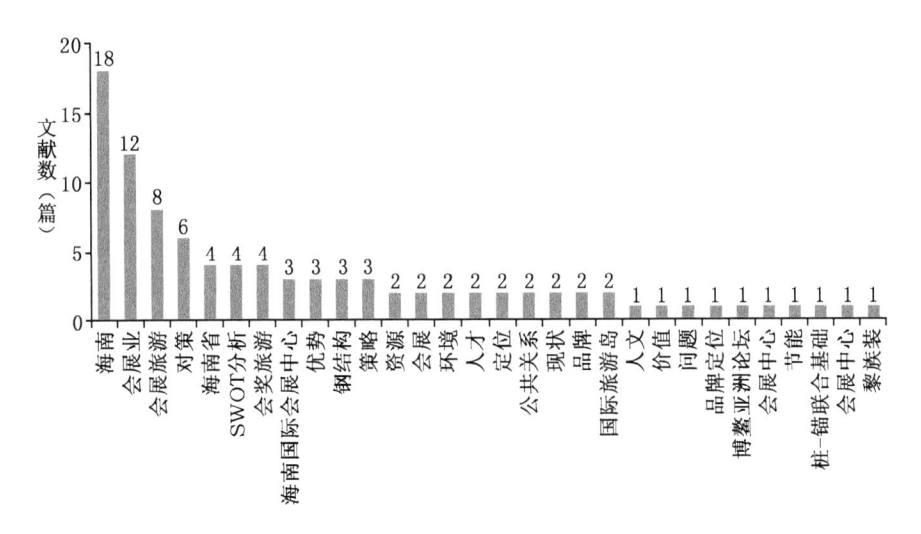

图 1-2 海南省会展研究关键词分布柱状图

也给从事会展领域研究的学者提供更广的科研平台和更多的科研机会。

二、海南省会展教育发展历程

会展产业虽是新兴产业,但近年来发展迅速,经济效益显著,带动效应突出,成为促进海南省建设国际旅游岛的新经济增长点,被纳入海南省"十三五"规划重点扶持的十二大产业之一。蓬勃发展的海南会展业,面临巨大的会展人才和会展智力缺口,海南省会展教育应运而生。海南省会展教育经过近10年的发展,从无到有,从小到大,会展教育体系逐渐完善,会展教育团队不断壮大。高速发展的会展业对会展教育提出了新的时代要求。海南省会展院校开拓创新,紧跟时代步伐,不断提高会展专业教育质量和水平,以精准培养会展人才,真正成为向会展业输送"专业人才"的后方基地,为海南国际旅游岛建设和全域旅游示范省创建提供智力支持。

截至 2017 年 12 月 31 日,海南省开设会展专业本科教育的院校共四所,分别是海南大学、海南热带海洋学院(原琼州学院)、海口经济学院和三亚学院,见表 2-1。三亚学院是海南省最早开设会展教育的本科院校,于 2005 年开设会展方向。海南大学旅游学院 2011 年开始面向全国招收旅游管理专业(会展方向)学生。2012 年教育部新版《普通高等学校本科专业目录和专业介绍》将本科会展经济与管理专业由目录外专业归入旅游管理二级学科目录下专业。2013 年海南大学面向全国招收会展经济与管理专业的学生。2015 年 1 月,海南大学与爱尔兰都柏林理工学院合作举办的会展经济与管理专业本科双学位国际合作教育项目获教育部正式批准,同年 9 月开始招生。2016 年、2017 年海南大学旅游学院在旅游管理类进行大类招生。

表 2-1　　2013—2017 年海南省本科会展院校设立情况汇总表

学校名称	专业名称	招生数量	设立时间
海南大学	会展经济与管理	42	2013 年 9 月
海南热带海洋学院	会展经济与管理	50	2013 年 9 月
海口经济学院	会展经济与管理	30	2014 年 9 月
三亚学院	会展经济与管理	68	2016 年 9 月

2018 年 1 月 8 日,教育部学位管理与研究生教育司公布 2017 年新增博士学位授权点审核结果,海南大学获得工商管理一级学科博士学位点培养资格,其中旅游管理为第一研究方向。海南热带海洋学院 2013 年面向全国招收会展专业学生,隶属于旅游学院。海口经济学院 2014 年 9 月开设会展经济与管理专业,隶属于旅游与民航管理学院。2005 年三亚学院以会展专业方向招生;2016 年 3 月三亚学院会展专业成功升级,不再是旅游管理专业下的一个分支,面向全国招收会展专业学生,隶属于旅业管理学院。四所院校在会展专业发展层面仍处于探索阶段,但其未来的发展空间和潜力极大,发展速度较快。

三、海南省会展教育学历教育招生规模

(一)海南省会展硕士/博士点情况

截至 2017 年 12 月,海南省有 2 所会展本科院校设有硕士点,分别是海南大学和海南热带海洋学院。海南热带海洋学院设置硕士点为旅游管理专

业(MTA)海南热带海洋学院设置硕士点为旅游管理专业(MTA)海南大学是教育部、财政部与海南省共建的国家"211工程"重点建设大学、"部省合建""双一流"建设双料高校。2006年经国务院学位委员会第二十二次会议批准,海南大学获得旅游管理硕士学位授权点,2014年海南大学获得国务院学位委员会授权举办旅游管理专业硕士(MTA)学位教育的资格,并于2015年9月开始招生。

(二)海南省会展本科教育招生情况

由于海南省会展专业本科教育招生时间有所不同,其会展本科院校招生规模如表3-1所示。海南大学2013年面向全国招收会展经济与管理专业学生42人,2014年招生45人,2015年招生44人,2016年招生62人。2017年海南大学旅游学院按照旅游管理类进行大类招生,2017级会展专业招生45人,实际人数为78人。

海南热带海洋学院2013—2017年每年招生人数约为50人。海口经济学院会展经济与管理专业2014年招生30人,2015年招生30人,2016年招生22人,2017年招生22人。三亚学院2005年以会展专业方向招生,2016年以会展专业,招收68人,2017年招生82人。

截至2017年9月30日,海南省本科院校共招收2017级会展经济与管理专业学生199人(海南大学2017级实行旅游管理类大类招生,会展专业招生45人)。截至2017年12月,海南大学会展专业在校本科生规模为196人,海南热带海洋学院会展专业在校本科生规模为205人,海口经济学院会展专业在校本科生规模为104人,三亚学院会展专业在校本科生规模为300人。截至2017年9月30日,海南省会展经济与管理专业在读学生合计约为805人。

表3-1　　　　　　　　2017年海南省份会展本科招生规模[①]

学校名称	专业名称	招生数量(人)	备注
海南大学	会展经济与管理	196	四个年级合计招生人数,2016级、2017级按照旅游管理类大类招生培养
海南热带海洋学院	会展经济与管理	205	四个年级合计招生人数
海口经济学院	会展经济与管理	104	四个年级合计招生人数
三亚学院	会展经济与管理	300	四个年级合计招生人数,2005—2015年以会展专业方向招生,2016年以会展经济与管理专业招生

① 为保证数据口径的一致性,表内数据均以计划招生数为准。

目前海南省会展本科院校中,会展专业与国际合作的院校只有海南大学1所,合作对象为爱尔兰都柏林理工学院(DIT),合作层次为本科,合作方式为"4+0"/"2+2",设立时间为2015年,2017年招生数量为93人。

表3-2　　　　2017年海南省会展本科专业国际合作办学招生规模

学校名称	专业名称	招生数量(人)	国际合作对象	合作方式	合作层次	设立时间	备注
海南大学	会展经济与管理(中外合作办学)	93	爱尔兰都柏林理工学院	"4+0"或"2+2"	本科	2015年9月	2017年招生数量

四、海南省会展教育主体结构分析

(一)会展专业高等教育(硕博研究生/本科)情况

截至2017年12月31日,海南省开设会展本科专业教育的学校共有4所,分别是海南大学、海南热带海洋学院2所公办大学以及三亚学院、海口经济学院2所民办大学。

在会展本科教育中,三亚学院是海南省最早开设会展教育的本科院校,于2005年开设会展方向。海南大学和海南热带海洋学院是最早以会展专业招生的院校。三亚学院是四所院校中最晚的一个以会展专业招收学生的院校,于2016年进行专业升级,招收会展经济与管理专业的学生。

(二)会展专业国际合作教育情况

目前海南省会展本科院校中只有海南大学一所学校开展了国际合作教育,其合作院校为爱尔兰都柏林理工学院。

1. 国际合作主体

国际合作主体为海南大学和爱尔兰都柏林理工学院。爱尔兰都柏林理工学院成立于19世纪末,经过100多年的发展,现有学生21 000多人,为爱尔兰最大的高等学府,是中国教育部认证学校。其酒店管理与旅游学院建于1941年,旅游管理类专业在爱尔兰排名第一,设有旅游管理、酒店管理、会展与节事管理等专业,享有良好的国际声誉。

2. 国际合作层次

海南大学与爱尔兰都柏林理工学院开展本科层次的国际合作招生,培养具有国际视野、开放思维、创新精神与服务意识、外语应用能力强、学科功底扎实、综合素质高、具有国际竞争力、能在会展管理部门和企业从事会展运营和管理的复合型高级人才。

3. 国际合作方式

会展经济与管理本科双学位国际教育项目学制为四年,招生规模为每年100名,纳入国家普通高等教育统一招生计划。本项目的培养模式为境内"4+0""2+2",由两校联合设置课程和教学大纲,共同授课。学生在海南大学学习四年,DIT提供专业核心课程大纲并选派优秀师资在海南大学授课,若满足相应条件,学生也可申请在大学第三、四学年前往DIT学习。完成全部课程且达到毕业要求的学生将获得海南大学颁发的本科毕业证书和学士学位证书及DIT颁发的学士学位证书。

五、海南省会展各专业培养计划

海南省四所会展本科院校积极探索会展专业的培养模式,依据学校的资源与优势,设立符合专业本身发展的培养目标。

海南大学会展专业本科教育培养目标是:培养具备扎实的经济学和管理学相关基础知识,系统掌握会展项目经营管理的基本理论和专业知识,熟悉国内外会展行业管理的有关方针、政策和法规,熟练掌握会展项目策划、组织、管理、营销、文案等实务技能,能适应21世纪中国会展业国际化发展需要的专业人才。

海南热带海洋学院会展专业本科教育培养目标是:培养具备管理、经济、法律及旅游管理(会展管理)方面的知识和能力,具有较强的外语和计算机运用能力,能在企、事业单位等相关部门从事会展营销、会展招展、会展项目开发与管理、会议组织与管理、展位设计等岗位以及教学、科研方面工作的旅游管理类会展商务管理高级应用型专门人才。

海口经济学院会展专业本科教育培养目标是:旨在培养德智体美全面发展,适应社会经济建设和会展业发展需要,具有一定的人文底蕴和学科功底,适应能力和实践能力较强,具有一定专业素养和创新精神,能较好地胜任各类会议、展览会、商务交流等活动的策划、组织和会展企业经营管理等相关工作的应用型人才。

三亚学院会展专业本科教育培养目标是:旨在培养婚庆策划与统筹方向、会议组织与会奖旅游方向、大型活动与赛事运营方向的本科应用型人才。

(一)核心课程设置情况

由表5-1、表5-2可知,海南大学、海南热带海洋学院、海口经济学院、三亚学院会展专业核心课程分别为16、15、16、13门,且均为专业必修课程。海南省四所本科院校会展专业的核心课程基本围绕会展概论及会展项目策划、组织、管理、营销、文案等方面设置。

表5-1　　　　　2017年海南省会展院校(本科)核心课程设置情况

学校名称	专业名称	核心课程数量(门)	备注
海南大学	会展经济与管理	16	专业必修课程
海南热带海洋学院	会展经济与管理	15	专业必修课程
海口经济学院	会展经济与管理	16	专业必修课程
三亚学院	会展经济与管理	13	专业必修课程

根据自身的培养目标，四所本科院校在其核心课程的设置上又各有不同，如：海南大学设有会展场馆经营与管理、会展法规与政策、会展管理信息系统、会展职业规划、活动管理原理与实务、企业战略管理等核心课程；海南热带海洋学院设有国际赛事策划与管理等核心课程；海口经济学院设有会展客户关系管理、会展展示设计、参展商实务等核心课程；三亚学院设有会展融资与赞助、宴会策划与管理等核心课程。

对海南省四所会展本科院校所开设核心课程出现频率进行分析，可知四所院校均开设的课程有四门，十四门课程的开设院校只有一所，四所院校以会展项目策划、管理、营销、文案，节庆活动策划、管理、会议运营等方向的核心课程频率最高，具体数据见表5-2。

表5-2　　　　　2017年海南省会展院校(本科)核心课程排序

核心课程名称	学校名称	出现频率
会展概论	海南大学、海南热带海洋学院、海口经济学院、三亚学院	4(100%)
会展市场营销	海南大学、海南热带海洋学院、海口经济学院、三亚学院	4(100%)
会展商务英语	海南大学、海南热带海洋学院、海口经济学院、三亚学院	4(100%)
节庆活动策划与管理	海南大学、海南热带海洋学院、海口经济学院、三亚学院	4(100%)
会展文案写作	海南大学、海南热带海洋学院、海口经济学院	3(75%)
会展项目策划与管理	海南大学、海南热带海洋学院、海口经济学院	3(75%)
会议运营管理实务	海南大学、海南热带海洋学院、三亚学院	3(75%)
婚庆策划与管理	海南热带海洋学院、海口经济学院、三亚学院	3(75%)
会展财务管理	海南大学、三亚学院	2(50%)
会展场馆经营与管理	海南大学、海口经济学院	2(50%)

续表

核心课程名称	学校名称	出现频率
会展法规与政策	海南大学、海口经济学院	2(50%)
会展管理信息系统	海南大学、海口经济学院	2(50%)
展览会管理与实务	海南热带海洋学院、三亚学院	2(50%)
会展商务礼仪	海南热带海洋学院、海口经济学院	2(50%)
会展职业规划	海南大学	1(25%)
活动管理原理与实务	海南大学	1(25%)
企业战略管理	海南大学	1(25%)
展示空间与设计	海南大学	1(25%)
国际赛事策划与管理	海南热带海洋学院	1(25%)
会展风险管理	海口经济学院	1(25%)
会展客户关系管理	海口经济学院	1(25%)
会展展示设计	海口经济学院	1(25%)
参展商实务	海口经济学院	1(25%)
会展展示设计与实务	三亚学院	1(25%)
会展融资与赞助	三亚学院	1(25%)
宴会策划与管理	三亚学院	1(25%)
会展企业管理	三亚学院	1(25%)

(二)特色课程设置情况

由表5-3可知,海南大学、海南热带海洋学院、海口经济学院、三亚学院会展专业特色课程分别为19、10、8、8门。海南省四所本科院校在设置会展专业特色课程时均考虑了会展产业的会、展、节、演、赛、奖、婚庆等多种业态,设置了婚庆策划与管理、赛事策划与管理等课程,海南大学更是将文创策划纳入2017级会展专业学生的培养方案。为培养会展专业学生的外语应用能力、计算机操作技能、沟通交际能力等,海南大学、海南热带海洋学院两所学校设置了电脑平面设计、服务礼仪、第二外语、商务沟通与谈判、实用办公自动化技术、新媒体运营实务、就业指导与面试技巧等相关特色课程。此外,海南大学会展专业结合行业的最新发展趋势,因地制宜地设置海南会展产业研究专题、会议目的地品牌塑造研讨、海南会展业精英讲坛、会展前沿问题等特色课程。

表 5—3　　　　　2017 年海南省会展院校(本科)特色课程统计表

学校名称	专业名称	特色课程数量(门)	特色课程名称	备注
海南大学	会展经济与管理	19	海南会展产业研究专题、会议目的地品牌塑造研讨、海南会展业精英讲坛、会展前沿问题、会展活动安全管理、文创策划、婚庆策划与管理、企业参展管理、展览销售、职业会展人修炼、邮轮经营与管理、电脑平面设计、服务礼仪、第二外语、商务沟通与谈判、实用办公自动化技术、就业指导与面试技巧、旅行社经营管理、旅游英语听与说	个性课程
海南热带海洋学院		10	会展商务礼仪、会展英语、节事活动策划与管理、婚庆策划与管理、国际赛事策划与管理、应用写作、PS 应用、演讲与口才、商务沟通、新媒体运营实务	
海口经济学院		8	会展服务礼仪、会展风险管理、会展客户关系管理、会展信息化管理、节庆活动组织管理、婚庆策划与组织、会展展示收集、参展商实务	
三亚学院		8	展览策划与文案、节事活动策划与管理、会议运营与管理、婚礼策划与组织、会展展示设计与实务、会展融资与赞助、会展企业管理、宴会策划与管理	

(三)实践课程设置情况

由表 5—4 可知,海南大学、海南热带海洋学院、海口经济学院、三亚学院会展专业实践课程分别为 9、8、4、4 门,教学形式主要为项目实操、校内外实践等。海南大学除了在其会展专业课程中设置实践教学环节外,还在其专业必修课程采用了多种教学方式,如会展项目策划与管理、活动管理原理与实务、节庆活动策划与管理、展示空间与设计、会议运营管理实务等课程均运用案例教学、讨论式、研究式学习等教学方式。

表 5—4　　　　　2017 年海南省会展院校(本科)实践课程设置情况

学校名称	专业名称	实践课程数量(门)	实践课程名称	教学形式
海南大学	会展经济与管理	9	会展活动认知实习、会展志愿者服务、会展实操、会展专题调研、社会实践、学年论文、毕业教育、毕业论文(设计)、毕业实习	项目实操、校内实践、校外实习
海南热带海洋学院	会展经济与管理	8	认知实习、专业实习—1、专业实习—2、会展综合实训—1、会展综合实训—2、学年论文、毕业实习、毕业论文/设计	分散实践、集中实践

续表

学校名称	专业名称	实践课程数量(门)	实践课程名称	教学形式
海口经济学院	会展经济与管理	4	会展项目管理、会议运营与管理、节庆活动组织管理、婚庆策划与组织	项目导向
三亚学院	会展经济与管理	4	会展礼仪、会展服务与接待、婚礼策划与组织、会议运营管理	课程实践

六、海南省会展教育的师资情况分析

(一)师资情况统计

从表6-1可以看出,海南省会展专业教师总人数为34人。其中海南大学14名,是四所院校中拥有会展教师最多的学校,占41.18%;海南热带海洋学院拥有5名教师,占14.71%;海口经济学院拥有6名教师,占17.65%;三亚学院拥有9名教师,占26.47%。

表6-1　　　　　　　2017年海南省会展本科专业师资情况

学校名称	专业名称	学生总数	教师数量	博士后	博士	硕士	本科	教授	副教授	讲师	助教
海南大学	会展经济与管理	196	14	1	5	8		1	5	8	
海南热带海洋学院		205	5			5				5	
海口经济学院		104	6		1	3	2	1	3	2	
三亚学院		300	9		1	8			1	8	
合计		805	34	1	7	24	2	2	9	23	

(二)师资情况分析

1. 师生比例情况

从表6-1得知,2017年海南省会展专业在校学生的总人数为805人,教师为34人,生师比例为24∶1,高于国家规定的本科专业18∶1的生师比例标准。

具体而言,海南省各个院校会展专业师生比例情况为:2017年海南大学旅游学院实行旅游管理大类招生,计划招收会展学生45人,2017年在校学生总人数196人,教师总数14人,生师比例为41∶1;海南热带海洋学院为

41∶1,海口经济学院为17∶1,三亚学院为33∶1。部分院校师生比例较高,原因如下:一些会展院校开设会展专业招生时间较晚或仍处于起步阶段,专业教师人才存在较大缺口,因而师资较少,导致师生比例高于国家标准。

2. 学历占比情况

根据表6-1的统计数据,海南省会展教师总数是34人,博士后1人;拥有博士学位的共7人,占20.59%,其中海南大学会展教师中有5名博士;海南省会展教师中,硕士数量最多,共24人,占70.59%;本科学历的教师仅有2名。

3. 职称占比情况

根据表6-1的统计数据,海南省会展教师总数是34人,其中教授2人,占6%;副教授9人,占26%;讲师23人,占68%。总的来说,海南省会展专业教师中拥有讲师职称的教师居多,教授偏少。海南省会展教育的师资团队建设有待进一步加强,今后应进一步完善职称结构,搭建不同职称梯队的师资团队,以提高海南会展教师的整体学术能力和水平,推动海南省会展教育不断发展。

4. 专业背景分析

根据表6-2显示的统计数据来看,海南省会展专业的教师总数为34人,从教师的专业背景来看,具有管理学背景的教师最多,共24名,占70.59%;拥有经济学专业背景的教师有4名,拥有会展专业背景的教师1名,其他专业背景的教师5名,分别占11.76%、2.94%、14.71%。可见,拥有会展专业背景的教师十分稀少,大部分是拥有管理学、经济学专业背景的教师,这也符合会展经济与管理属于交叉学科的属性。为了进一步提升课堂质量和教学专业化水平,以后海南省各本科院校需着手引进具有会展专业背景的教师,同时平衡好其他专业背景的教师比例,以致力于促进海南省会展经济与管理专业人才的培养以及海南省会展本科教育的发展。

表6-2 2017年海南省会展本科院校师资背景情况

学校名称	教师数量	企业阅历	专业背景(根据教师最高学历填写)						
			会展	经济学	管理	营销	统计	英语	计算机	其他
海南大学	14		1	3	9					1
海南热带海洋学院	5				4					1
海口经济学院	6			1	5					1
三亚学院	9				6					2
合 计	34		1	4	24					5

5. 年龄结构分析

根据表6-3显示的统计数据来看，海南省会展专业本科院校34名教师中，30岁以下（含30岁）的教师4名，占11.76%；31—40岁的教师22名，占64.71%；41—50岁的教师7名，占20.59%；50岁以上（不含50岁）的教师1名，占2.94%。海南省会展专业教师年龄大部分在31至40岁，呈年轻趋势，整个会展专业教师团队处于年富力强阶段，有利于海南省会展教育的发展壮大和对会展人才的培养。

表6-3　　　　2017年海南省会展本科院校师资年龄结构情况

学校名称	教师数量	30岁以下	占比（%）	31—40岁	占比（%）	41—50岁	占比（%）	50岁以上	占比（%）
海南大学	14	1	7.14	9	64.29	4	28.57		
海口经济学院	6			4	66.67	1	16.67	1	16.67
三亚学院	9	3	33.33	4	44.44	2	22.22		
热带海洋学院	5			5	100				
合　计	34	4	11.76	22	64.71	7	20.59	1	2.94

七、海南省各类实践教育情况（培训、行业实践、竞赛等）

（一）学生参加专业培训、行业实践、竞赛等情况

总体来看，海南省会展院校学生参加的各类实践教育较为充分，以行业实践、竞赛等居多。各院校均与各类行业协会、会展公司、会展场馆等开展校企合作。各校均参加各种形式的会展类竞赛，如中国会展专业大学生主题演讲比赛、中国大学生会议活动策划大赛等。但海南省会展院校针对学生开展的专业培训活动不多。

（二）学生参加专业培训项目情况

从表7-1可以看出，海南省本科会展院校学生参加的专业培训单一，目前只参加了由海口市会展局主办、海口市会议和展览业协会承办的海口市会展业人才培训班。

表 7-1　　　　2017 年海南省本科会展学生参加专业培训情况

学校名称	专业名称	项目来源	培训项目名称
海南大学	会展经济与管理	海口市会展局、海口市会议和展览业协会	海口市会展业人才培训班
海口经济学院	会展经济与管理	海口市会展局 海口市会议和展览业协会	海口市会展业人才培训班

（三）海南省会展院校学生参加行业实践情况分析

从表 7-2 可以看出，海南省设立会展专业的 4 所本科院校均开展了校企合作，有较多的实践岗位，主要涉及项目运营、策划、设计、营销等。合作的单位包括政府、行业协会、会展企业、展览会议中心、工程搭建及制作宣传企业、旅游综合体、婚庆企业等类别。

表 7-2　　　　2017 年海南省会展院校学生行业实践情况

学校名称	专业名称	校企合作单位	实践岗位设置与安排	备注
海南大学	会展经济与管理	北京振威展览有限公司	项目运营	会展公司
		智海王潮传播集团	项目运营	会展公司
		北辰会展集团	项目运营	会展公司
		中青博联整合营销顾问股份有限公司	项目运营	会展公司
		海口市会展局	行政、策划、文案等	政府机关
		海口市会议展览业协会	行政、策划、文案等	行业协会
		海南展旭会展服务有限公司	项目执行	会展公司
		海南国际会展中心有限责任公司	营销部、客服部	会展场馆
		海南春秋西点商务会议展览有限公司	项目运营	会展公司
		海南共好国际会展股份有限公司	项目运营	会展公司
		海口国际会展中心经营管理有限公司	项目运营	会展中心
		海南广电联动文化传播有限公司	营销、策划等部门	文化传媒公司
		海南酷秀国际会议展览有限公司	营销、策划等部门	会展公司
		海南康泰会展管理中心	项目运营	会展公司
		海南鼎力联合文化发展有限公司	营销、设计等部门	工程搭建及制作宣传
		海南乐韵文化传媒有限公司	营销、设计等部门	工程搭建及制作宣传

续表

学校名称	专业名称	校企合作单位	实践岗位设置与安排	备注
海南热带海洋学院	会展经济与管理	三亚智海王潮会议展览有限公司	项目运营	会展公司
		海南奥广会展有限公司	项目运营	会展公司
		三亚中惠思艾文化传播有限公司	项目运营	会展公司
		海南快思图商务会展有限公司	项目运营	会展公司
		三亚春秋西点会展有限公司	项目运营	会展公司
		三亚丹奇广告有限公司	营销、设计等部门	广告公司
三亚学院	会展经济与管理	海南华人时视会议展览有限公司	项目运营	会展公司
		三亚金海风商务会展服务有限公司	项目运营	会展公司
		北京北辰国际会议中心	会展部	会议中心
		苏州太湖国际会议中心	会展部	会议中心
		三亚湾红树林国际会议中心	会展部	会议中心
		三亚汇爱婚礼公司	婚礼策划与执行	婚庆企业
		成都启蔻文化传播有限责任公司	婚礼策划与执行	婚庆企业
		三亚唯町秀婚礼公司	婚礼策划与执行	婚庆企业
		三亚商务会展局	会展部	政府单位
		三亚市旅游委	会展部	政府单位
		三亚市婚庆行业协会	会展部	行业协会
		上海东方明珠	会议接待	旅游综合体
		亚龙湾酒店群	会议接待	旅游综合体
		携程国际有限公司(上海)	会议接待	旅游综合体
海口经济学院	会展经济与管理	智海王潮传播集团	文案、营销、接待等	会展公司
		海南春秋西点商务会议展览有限公司	文案、营销、接待等	会展公司
		海南惠嘉圆会展服务有限公司	文案、营销、接待等	工程搭建及制作宣传
		海口国际会展中心经营管理有限公司	文案、营销、接待等	会展中心
		北京五洲会议中心	文案、营销、接待等	会议中心
		苏州国际会展中心	文案、营销、接待等	会展中心

（四）海南省会展院校学生参加竞赛情况分析

从表7-3来看，海南省设立会展专业的4所本科院校学生均参加过会展类的竞赛且获得奖项，其中海南大学、海口经济学院、三亚学院3所学校参加了2017"杭州国博杯"第六届中国大学生会议活动策划大赛，海南大学的学生获得了金奖，另外两所学校获得铜奖。海南热带海洋学院参加了2017年全国高校商业精英挑战赛商务会奖旅游策划竞赛全国总决赛，取得了一个1等奖和5个二等奖。在其他比赛上各学校也取得了不俗的成绩。

表7-3　　　　　　2017年海南省会展院校学生参加竞赛情况

学校名称	专业名称	竞赛名称	数量	备注
海南大学	会展经济与管理	2017"杭州国博杯"第六届中国大学生会议活动策划大赛	1	金奖
海南大学	会展经济与管理	"我们一起来策划IEID"第三届中国会展专业大学生主题演讲比赛	2	二等奖、三等奖
海南热带海洋学院	会展经济与管理	2017年全国高校商业精英挑战赛、商务会奖旅游策划竞赛全国总决赛	6	一等奖1名、二等奖5名
三亚学院	会展经济与管理	2017"杭州国博杯"第六届中国大学生会议活动策划大赛	1	铜奖
三亚学院	会展经济与管理	全国会展技能大赛海南赛区总决赛	1	一等奖
海口经济学院	会展经济与管理	2017中国大学生会展演讲比赛	1	最佳策划奖
海口经济学院	会展经济与管理	2017"杭州国博杯"第六届中国大学生会议活动策划大赛	1	铜奖

八、海南省会展各专业学生就业情况

（一）海南会展学生就业情况

海南省4所会展本科高校中，海口经济学院和三亚学院分别是2014年和2016年开设会展经济与管理专业，目前暂无毕业生。表8-1对海南大学会展专业的毕业生就业数据做了准确统计，海南热带海洋学院的就业数据只做了粗略的统计。

表8-1　　　　　　　2017年海南大学应届学生就业情况

学校名称	专业名称	毕业生数量	就业比例（%）	备注
海南大学	会展经济与管理	39	74.36	读研学生不计入就业人数
海南热带海洋学院	会展经济与管理	50	92	粗略统计

(二)就业情况分析

1. 就业比例

2017年,海南大学会展专业应届毕业生共有39人,其中29人选择就业,10人选择读研,就业率为74.36%。海南热带海洋学院应届毕业生大多选择直接就业,就业率约为92%。

2. 就业对口率

海南大学会展专业选择就业的毕业生中,有17人从事与会展专业相关的工作,就业对口率为58.52%。海南热带海洋学院会展专业就业学生中约有一半从事会展相关工作。

表8-2　　　　　　2017年海南大学应届学生就业对口情况

学校名称	专业名称	毕业生数量	就业对口比率(%)	备注
海南大学	会展经济与管理	39	58.52	
海南热带海洋学院	会展经济与管理	50	50	粗略统计

3. 就业薪资情况

由表8-3可知,2017年海南大学会展专业毕业生平均薪资为3 625元,高于海南热带海洋学院的2 800元。其中,海南大学应届毕业生的工资集中在3 000-3 999元,海南热带海洋学院应届毕业生的工资集中在2 000-2 999元。

表8-3　　　　　　2017年海南大学应届学生薪资情况

学校名称	专业名称	毕业生数量(人)	平均薪资(元)	2 000元以下	2 000-2 999元	3 000-3 999元	4 000元及以上
海南大学	会展经济与管理	39	3 625	2	5	15	7
海南热带海洋学院	会展经济与管理	50	2 800	10	30	5	5

九、海南省会展教育存在的问题与相关建议

(一)培养目标定位与课程设置问题有待改善

海南省四所会展本科院校培养目标多集中在会展策划、组织、管理等会

展高端人才或应用型人才,但这类人才企业需求有限。由于会展业岗位的综合性特点,对会展人才的培养提出了挑战。目前我国会展教育在专业基础课程和核心课程的设置上还没有统一的标准,各院校在课程设置上存在或多或少的差异,部分院校在专业课程设置上追求大而全,实质上弱化了学生的专业知识结构,使会展教育出现缺乏就业岗位的对接和市场需求不相匹配的问题。①

针对上述问题,海南省各高校应明确培养目标,从分析关键岗位出发,分析岗位所需具备的能力、素质,提取典型特点,设计人才培养课程体系,依据海南省会展行业的发展状况,结合本校优势专业,找准自己的定位,立足于服务地方经济,走差异化的发展战略。

(二)教学方式亟待改革,实践与理论并重

从海南省四所会展本科院校培养方案中实践课程的设置来看,四所院校中除了海南大学在会展专业课程中设置实践教学环节外,还在专业必修课程采用了案例教学、讨论式、研究式学习等多种教学方式。其他三所学校皆存在实践教学形式单一、实践内容零散的问题,这使学生无法更深地了解会展策划、组织、管理的全过程,也无法将所学的理论知识与实践过程结合起来,对培养高层次会展人才十分不利。

在进行教学方式改革时,海南省各会展院校可采用灵活互动的活动教学方式,努力改变课堂上传统的"老师教—学生学"的方式,积极地向"学生讨论—老师引导"的课堂进行转变。对于会展专业核心课程中会展营销、会展项目策划与管理等更应在基本理论教学的基础上,安排学生到会展场馆、城市规划馆、博物馆等进行现场教学与实习实训。

此外,鉴于会展业是复杂的产业形态,涉足的服务领域众多,如场馆、旅游、酒店、交通等。在课程设置上,海南省会展院校可以借助本学校其他专业的资源优势,将会展专业与其他专业联合对接,如以会展专业+旅游专业形成"会展+旅游"、会展专业+广告设计专业形成"会展+广告设计"、会展专业+食品专业形成"会展+食品"、会展专业+医药专业形成"会展+医药"等,为会展专业学生提供广阔的校内实践模拟的环境和创意平台。

(三)会展师资队伍建设需进一步完善

影响会展专业教育中最为重要的一个因素是会展专业师资队伍。我国会展业是新兴产业,学科的新兴属性决定了我国会展专业的教师匮乏,海南

---

① 2018年教育部旅游管理教指委提出了1209旅游管理类4门核心课程、会展经济与管理专业3门核心课程。

省四所会展本科院校会展专业教师大多是从其他相关专业转行而来,部分教师更是"做中学,"一定程度上影响会展教学的质量与水平。

针对海南省会展教育人才短缺的现状,省政府应制定并实行更为开放、更加优惠的人才引进政策,加快会展行业人才的引进步伐。加大对会展院校中青年教师的培养力度,从会展教师中选取一批骨干教师,送到国内外一流会展高校学习、交流、深造,逐步扩大会展专业教师留学访学的次数和规模,着力培养以中青年教师为主的国家级完善会展院校的人才竞争淘汰机制,优化教师队伍结构,提升会展教师的整体素质。

同时,主动与会展行业专家、学者联系,邀请会展行业专家、精英通过经验分享为会展专业学生做讲座、培训,使会展专业的学生获取最前沿的行业知识,也为会展专业教师了解行业信息提供"临时充电"的良好契机。

(四)就业前景与实际有较大差距

一般来说,会展管理专业的毕业生可以在会展业、旅游业(会展旅游)、广告业、机关企事业单位的宣传部门、公共关系部门与发展开拓部门,从事与会展相关的市场调研、策划、组织管理和运营工作。同时,会展管理专业学生还可以从事相关行业的基层管理、文案、新闻传媒、会议营销等职务。作为新兴专业,会展行业目前人才缺口还是很大,就业面也比较广。

海南省部分会展院校培养的学生普遍存在的问题,是从业的专业技能和管理水平与实际市场需求存在较大的差距。会展专业的学生毕业后一部分由于自身能力与专业水平不能胜任会展企业的工作而改行;另一部分学生虽然进入会展企业,但不能马上与岗位对接,只能做一些零散工作,久而久之自信心受挫而退出会展行业。若会展管理专业的学生大部分不从事会展行业,后备专业人才将大幅度流失。

福建省会展教育（高职）发展报告

郑云峰　郑晓星[①]

一、福建省会展研究文献综述

　　对福建会展的研究总体而言处于初级阶段，一是研究的专家较少，发表的文献偏少；二是研究缺乏理论深度与理论体系，需要进一步提升理论高度。在中国知网上输入"福建会展"的关键词，可以得出 2015—2017 年学界对福建会展研究的成果，其中 2015 年有 4 篇文章，2016 年有 1 篇文章，2017 年有 7 篇文章，研究的对象主要是探讨福建省会展产业发展的对策。

二、福建省高职会展专业教育发展现状分析

　　福建省是我国沿海经济较为发达的省份，会展产业起步较早并且具有一定的规模。从全国范围来看，福建省的会展产业发展水平处于中上水平。基于福建省会展产业发展的需求，福建省一些院校基于自身发展的需要设

---

① 郑云峰，博士，福州职业技术学院文化创意系讲师；郑晓星，福建福州人，硕士，福州职业技术学院文化创意系会展策划与管理专业主任、副教授。

置了会展类专业。本科院校(如福建师范大学、厦门理工学院、福建商学院)设置了会展类专业,高职院校(如福州职业技术学院、厦门城市职业学院、厦门东海职业技术学院、厦门华天涉外职业技术学院等)也设置了会展策划与管理专业,为福建省会展产业提供了大量人才,推动了行业的进步与发展。

(一)在校学历教育招生规模统计

福建省目前有5所高职院校设置会展策划与管理专业,即福州职业技术学院、福建华南女子学院、厦门城市职业学院、厦门华天涉外职业技术学院、厦门东海职业技术学院,其中福州1所、厦门3所。四所高职院校会展策划与管理专业每年招生规模总额在220名左右,见表2—1。

表2—1　　　　2014—2017年福建省会展专业(高职)设立情况

属性	市	学校名称	专业名称	招生数量(人)	设立时间
专科	福州	福州职业技术学院	会展策划与管理	80	2006年9月
专科	厦门	厦门城市职业学院	会展策划与管理	50	2006年9月
专科	厦门	厦门华天涉外职业技术学院	会展策划与管理	53	不详
专科	厦门	厦门东海职业技术学院	会展策划与管理	40	2018年9月
专科	福州	福建华南女子学院	会展策划与管理	29	2011年6月

(二)师资结构分析

从师资情况来看,福建省4所高职院校在会展策划与管理专业中的师资数量配置人数在3—8人,生师比从30到64不等;在教师学历结构中,占比最大的为硕士;在师资职称结构中,占比最大的为讲师及副教授,见表2—2。

表2—2　　　　2017年福建省会展专业(高职)师资情况

学校	专业	招生人数	师资人数	博士后	博士	硕士	本科	教授	副教授	讲师	助教
福州职业技术学院	会展策划与管理	80	8		3	4	1	1	1	4	2
厦门城市职业学院	会展策划与管理	90	5	0	1	4	0		3	2	
厦门华天涉外职业技术学院	会展策划与管理	150	7			5	2	1	2	2	2

续表

学校	专业	招生人数	师资人数	学历				职称			
				博士后	博士	硕士	本科	教授	副教授	讲师	助教
厦门东海职业技术学院	会展策划与管理	35	3			1	2		1	2	
福建华南女子学院	会展策划与管理	29	7			5	2		2	3	

(三)核心课程设置情况

在专业核心课程设置方面,福州职业技术学院设置5门,厦门城市职业学院设置5门,厦门东海职业技术学院设置20门,见表2-3。

表2-3　　2017年福建省会展专业(高职)核心课程设置情况

学校名称	专业名称	核心课程数量(门)
福州职业技术学院	会展策划与管理	5
厦门城市职业学院	会展策划与管理	5
厦门东海职业技术学院	会展策划与管理	20

核心课程出现频率比较高的是会展策划、会展项目管理、会展设计、会议运营管理,这几门课程每个院校均有开设,见表2-4。

关于本省高职院校的会展专业特色课程,各个院校都有设置,但课程名称有所不同,数量也有所差异,见表2-4。

表2-4　　2017年福建省会展专业(高职)特色课程设置情况

学校名称	专业名称	特色课程数量(门)	特色课程名称	备注
厦门城市职业学院	会展策划与管理	5	现代管理实务、旅游心理学、旅游人力资源管理、实景专业英语、旅游电子商务	专业群共享课
厦门华天涉外职业技术学院	会展策划与管理	2	会展实务、会展场馆经营与管理	学校特色课程
厦门东海职业技术学院	会展策划与管理	2	会议运营管理、会展实务	学校特色课程、范式改革课程

续表

学校名称	专业名称	特色课程数量(门)	特色课程名称	备注
福州职业技术学院	会展策划与管理	5	婚庆策划、节事活动策划、灯光与音响的应用、新媒体运营、PS软件的应用(课证融合)	校企共建课程4门、福建省创新创业精品资源在线课程1门、福建省精品在线课程1门、福建省现代学徒制试点项目
福建华南女子学院	会展策划与管理	3	婚庆策划与组织、花艺、宴会的执行(校特色课程)	

(四)学生实践与竞赛

从调查的信息来看,福建省高职会展策划与管理专业均能与当地会展类企业建立良好的合作关系,并且合作的企业能为学生提供较好的实习岗位与实习平台,促进学生实践能力的提升。例如,厦门东海职业技术学院与厦门多喜鹏程会议展览有限公司等5家企业达成校企合作,为学生提供会议接待、现场服务、会展营销等实习岗位,见表2—5。

表2—5　　　　2017年福建省会展专业(高职)学生行业实践情况

学校名称	专业名称	校企合作单位	实践岗位设置与安排
厦门城市职业学院	会展策划与管理	厦门会展集团	
厦门华天涉外职业技术学院	会展策划与管理	厦门会展局、厦门投促中心、厦门国际会展中心、厦门会展协会	
厦门东海职业技术学院	会展策划与管理	厦门多喜鹏程会议展览有限公司	会议接待
	会展策划与管理	厦门市会议展览业协会	信息采集
	会展策划与管理	厦门世合展览服务有限公司	展台搭建
	会展策划与管理	厦门世合展览服务有限公司	现场服务
	会展策划与管理	厦门博艺通展览展示服务有限公司	会展营销
	会展策划与管理	厦门七品文化传播有限公司	活动策划

学校名称	专业名称	校企合作单位	实践岗位设置与安排
福州职业技术学院	会展策划与管理	福建荟源国际展览有限公司	大型展会策划与实施
	会展策划与管理	福建种子文化传媒公司	活动策划与执行
	会展策划与管理	福州向尚文化传播有限公司	活动执行
	会展策划与管理	福州行者文化传播有限公司	活动执行
	会展策划与管理	福州壹家公关有限公司	活动公关

从调查的信息来看,福建省高职会展策划与管理专业主要参加的竞赛项目包括全国大学生会展创意大赛、全国大学生广告艺术大赛、全国高校商业精英挑战赛、会展创新实践竞赛、全国会展文案策划大奖赛、文秘速录大赛等赛项,并且在大赛中取得了不错的成绩,见表2-6。

表2-6 2017年福建省会展专业(高职)学生参加相关竞赛情况

学校名称	专业名称	竞赛名称	竞赛数量
厦门城市职业学院	会展策划与管理	全国大学生会展创意大赛	
厦门城市职业学院	会展策划与管理	全国大学生广告艺术大赛	
厦门华天涉外职业技术学院	会展策划与管理	2017年全国高校商业精英挑战赛会展创新实践竞赛全国总决赛	学生组:策划方案总决赛一等奖、展洽环节总决赛二等奖;教师组:教师教学竞赛一等奖
厦门东海职业技术学院	会展策划与管理	全国会展文案策划大奖赛(文案策划)	2等奖1次
厦门东海职业技术学院	会展策划与管理	全国会展文案策划大奖赛(市场调查)	2等奖1次
福州职业技术学院	会展策划与管理	文秘速录大赛	全国赛三等奖1次,福建省赛一等奖1次、二等奖1次

三、福建省会展专业教育存在的主要问题

(一)专业定位不清晰

会展产业本身是一个产业关联度高、内涵丰富、外延很广的行业,其细分子行业往往具备独立成为一个产业的能力,这就决定了会展产业是一个门类广、各子行业之间有较大区别的一个产业。因此,各个职业院校在设置

会展相关专业时往往面对就业范围广却不容易聚焦的尴尬局面,这种局面给精准的专业定位产生了一定的困扰。

在高职会展教育实践中,制订人才培养计划时经常碰到会展专业如何定位的问题。从调查中可以了解到,福建省4所设置会展专业的高职院校普遍存在的问题是专业定位有待进一步明晰,需要更多地从服务区域会展产业和企业的角度进行专业细化定位。

(二)与会展产业联系不够紧密

高职与本科教育最大的不同就在于人才培养的方向不一样,高职培养的是技术技能型人才。高职培养的人才应该直接服务于会展产业、企业的技术技能型人才需求,这就要求高职办学应该与会展产业的发展保持紧密联系。

但在高职会展教育实践中普遍存在的问题是会展教育与会展产业的发展和需求有不小的脱节,表现在:(1)人才培养的定位与会展产业的需求脱节;(2)人才培养的课程设置与会展企业的实际需求脱节;(3)学生掌握的技术技能与会展企业的需求脱节;(4)人才培养与企业的融合度较低;(5)高职会展专业服务区域会展产业的能力有待提升。

(三)校企合作深度不够

高职会展教育目标在于为会展产业、企业发展培养技术技能型人才,因此人才培养的目标应更加体现以产业需求为导向。基于此,高职院校在会展人才培养实践中都能重视校企合作在人才培养中的作用。

目前福建省高职院校在会展教育中校企合作的形式主要包括:(1)现代学徒制;(2)校企合作开发课程;(3)校企人员互兼互聘;(4)聘请企业专业技术骨干为兼任教师;(5)项目合作。

校企合作在高职会展人才培养中发挥了重要作用,为技术技能型人才的培养提供了师资和专业技能知识。但福建会展高职教育中校企合作的深度仍远远不够,主要表现在:(1)企业参与人才培养的积极性不足;(2)学生参与企业的实践在时间上和深度上无法保证;(3)在校企项目合作中,学生仅能从事初级的岗位实践,对于技术技能型人才培养帮助意义不大。

(四)课程体系设置不够合理

会展高职教育目标在于培养技术技能型人才,因此课程体系设置方面应当围绕培养会展产业技术技能型人才的目标进行。从调查中可以看到,福建省各职业院校会展专业在设置课程体系时都能做到合理搭配理论课与实践课程的比例,尽可能引进企业师资、企业实操案例、企业项目来提升学生的实践能力,为培养技术技能型人才服务。

同时应当看到，实践课程的比例仍然较低，基于会展企业岗位要求的理论与实践课程体系仍然有待进一步优化。普遍存在的现象是理论课程占比偏高，实践课程占比偏低，也有待进一步调整。

四、完善福建省会展专业教育的建议

(一)进一步优化专业定位

会展高职教育的目标在于为区域会展产业及企业培养技术技能型人才，办学的服务对象是区域产业的发展。因此，高职会展专业定位应紧紧围绕区域会展产业的实际人才需求来展开。

福建省设置会展专业的高职院校集中在厦门和福州两个城市，这两座城市的经济发展阶段、城市对会展产业的定位、会展产业的主要类型、会展产业典型企业的性质和规模都有较大的区别。因此，这两座城市的高职院校应当立足于本地会展产业、会展企业的实际人才需求进行差异化的专业定位，并根据精准的专业定位制定差异化的人才培养方案，为当地会展企业输送合格的专业人才。

(二)推进专业办学，服务区域产业发展

区域会展产业的发展需要当地高等职业院校在人才输送方面提供强有力的支持，而高等职业院校会展专业的办学同样需要会展企业深度参与。参考先进地区高职院校专业办学的经验，可以从推进专业办学服务区域产业发展入手，具体而言主要是：

(1)邀请会展企业参与学校专业建设委员会，校企就人才需求、人才培养目标、人才培养方案、课程建设等方面开展深入合作，在人才培养上时刻服务会展企业。

(2)校企合作建立技术联合公关中心，由高职院校专业骨干为企业提供横向课题研究服务，在技术公关、企业管理、员工培训、项目合作等方面开展深入合作，即技术服务会展企业。

(3)校企开展项目合作。会展企业的经营具有特殊性，遇到会展项目时会产生大量临时性的用工需求，而高职会展专业可以以专业的学生为会展企业提供临时性的员工支持，双方可以在会展项目方面开展较好的合作，一方面解决企业的短期用工需求，另一方面也解决学生定岗实习的去处问题。

(三)深化校企合作

一定意义上讲，校企合作的深度及水平决定了高职会展专业办学水平

的高低。校企合作对于提升人才培养质量、服务区域产业企业具有重要的意义,因此高职院校的会展专业普遍重视校企合作。

应该说现有的校企合作模式取得了不错的成效,为高职会展人才的培养提供了很好的平台,也为会展企业输送了不少优秀的人才。但不可否认的是,现有的校企合作更多的还只是浅层次的合作,企业在为专业人才培养提供优秀课程的帮助、长期指派优秀的业务骨干为学生授课、为学生提供中高级别的岗位实习机会、校企共同公关技术难题等方面仍有较大的提升空间。

(四)改革课程体系

高职教育与本科教育由于人才培养的目标不同,因此在课程体系设置方面应该有差异化定位,高职会展专业的课程设置应当为培养会展产业技术技能型人才服务。高职会展策划与管理专业的课程设置应当更加突出理实一体化课程的比重,实践类课程占有一定比例,理论课程应当适当压缩。

理实一体化的课程应当更加注重理论与实践相结合,可采取"一课双师"的授课方式,即专业教师和企业外聘教师共同授课,专业教师更多从理论的角度进行授课,而外聘企业教师则引入企业实践案例供学生观摩与学习。实践类课程可采取项目实战的授课方式,即开发一个(会展)项目或者从会展企业引入一个(会展)项目,采取"四阶段法"授课,提升学生动手能力。

(五)加强信息化与工学交替的教学模式改革

会展教育要注重行业实践在教学中的应用,避免出现人才培养与社会人才需求脱轨的现象。无论是本科阶段还是高职阶段,会展教育要紧密贴合区域会展行业发展的人才需求。加强跨地区优秀企业的案例资源与教学资源的建设,带动区域会展行业教学资源库,共享教学资源,搭建校企互动平台,构建实践项目进课堂的教学模式改革。因此,会展信息化教学改革与工学交替的教学模式改革将成为未来5年会展教育研究的重要课题。

结束语

福建省高职会展策划与管理专业教育经过十几年的发展,在专业建设、办学模式、人才培养、校企合作、办学知名度等方面取得了不错的成绩,为福建省会展产业的发展培养了大量优秀人才并提供智力支持服务,为福建省会展产业的发展做出了应有的贡献。但福建省会展策划与管理专业教育在专业定位、与区域会展产业的互动、校企合作、课程体系设置等方面仍有不少可以改进的空间,需要在未来的发展中进一步改进与提升。

江西省会展教育发展报告

江小蓉　徐晓进[①]

作为国与国之间、地区与地区之间交流合作的重要组成部分,会展业已成为构建现代市场体系和开放型经济体系的重要平台,是区域经济发展的重要引擎,被市场和企业誉为朝阳产业。近年来,随着江西经济贸易的发展,各级政府对会展业高度重视,江西会展业也焕发出勃勃生机,会展经济逐年增长,对江西社会经济发展做出了不可小觑的贡献。

行业发展靠人才,人才培养靠教育。2015 年 3 月国发〔2015〕15 号文件《国务院关于进一步促进展览业改革发展的若干意见》中有关加强展览人才体系建设的内容提道:"鼓励职业院校、本科高校按照市场需求设置专业课程,深化教育教学改革,培养适应展览业发展需求的技能型、应用型和复合型人才。创新人才培养机制,鼓励中介机构、行业协会与相关院校和培训机构联合培养、培训展览专门人才。探索形成展览业从业人员分类管理机制,研究促进展览专业人才队伍建设的措施办法,鼓励展览人才发展,全面提升从业人员整体水平。"在会展行业发展及国家政策的鼓励下,江西省相关政府部门亦在积极推动会展教育的发展。

[①] 江小蓉,江西宜春人,南昌师范学院副教授,研究方向:旅游企业管理、会展旅游、旅游教育;徐晓进,江西乐平人,汉族,硕士,豫章师范学院讲师,研究方向:自然地理学、会展旅游。

为摸清江西会展教育的发展脉络及发展现状,厘清会展教育在发展过程中存在的问题,本报告对江西会展教育的基础数据进行了收集与整理,通过与被调查高校师生的充分交流,我们试图总结分析相关数据背后的原因。当然,我们更希望本报告的数据与部分观点能为政府制定教育政策,为高校师生科学研究提供一定参考。

一、江西省会展教育发展概述

(一)江西会展教育发展简介

作为会展产业发展较晚的省份,江西会展教育的发展在全国来说算是落后的。自2009年江西外语外贸职业学校开设会展策划与管理高职专业培养会展行业专门人才开始,至2017年南昌师范学院开设会展经济与本科专业培养会展专业本科人才,江西会展教育通过近十年的努力走上了一条从无到有的道路。江西会展教育在产业环境不佳、办学基础薄弱的情况下坚持办好专业教育,默默为行业做出了巨大贡献。期间虽然经历了起伏,碰到过困难,但从来没有退缩,一直在努力奋进。

(二)江西会展教育发展历程

1. 起步阶段(2003—2008年)

这一时期由于江西会展经济发展速度较慢,发展规模较小,会展经济在社会经济发展中的作用不能很好展现,因此上到政府,下到各高校对于会展教育还处于无知的状态,江西会展教育在这一时期还没被重视,各高校均没有开设会展相关专业,会展专门人才的培养基本为零,当时会展行业的人才基本是从美术设计专业中引进。

2. 快速发展阶段(2009—2014年)

随着会展经济的发展及会展企业对专门人才需求的扩大,在全国一线城市会展教育进入快速发展阶段时,江西部分高职院校开始开设会展策划与管理专业,并面向省内招生。

2009年,江西外语外贸职业技术学院在国际经济贸易专业下设会展专业方向,开始培养江西会展专业人才。之后,江西青年职业技术学院(2011年)、南昌师范高等专科学校(2011年)、江西应用科技学院(2012)、江西传媒职业学院(原江西新闻出版职业技术学院)、江西工程学院(2014)、南昌职业学院相继开设会展策划与管理专业,共培养会展专门人才667人。在这一批高校中,仅有4所高校顺利招生并开始人才培养,其中两所高校因生源不足等原因已停招、停办,见表1—1。

表1-1　　2009-2014年江西省会展高职高专院校设立及招生情况汇总表

省市	学校名称	专业名称	招生数量(人)	设立时间(年)	备注
南昌	江西外语外贸职业技术学院	会展策划与管理	185	2011	2009年国际贸易专业下设会展方向
南昌	江西青年职业技术学院		101	2011	
南昌	豫章师范学院(南昌师范高等专科学校)		181	2011	2017年停招
南昌	南昌职业学院		12	2012	2013年停止招生
南昌	江西应用科技学院		172	2012	
南昌	江西传媒职业学院		0		未招生
新余	江西工程学院		16	2014	已停招
合计			667		

3. 稳中有变的发展阶段(2015-2017年)

这一时期,江西会展人才培养仍然以前一时期的几所高职院校为主,但高职院校每年的招生规模较之前却有了很大的变化,由之前每年每校招收3-4个班共100多人的规模下降为每年每校招收1-2个班共50-80人的规模,见表1-2。

表1-2　　2015-2017年江西省会展院校招生情况汇总表

属性	省市	学校名称	专业名称	招生数量(人)	设立时间(年)	备注
本科	南昌	南昌师范学院	会展经济与管理	44	2016	
小计				44		
高职高专	南昌	江西外语外贸职业技术学院	会展策划与管理	75	2015-2017	
	南昌	江西青年职业技术学院	会展策划与管理	53	2015-2017	
	南昌	江西应用科技学院	会展策划与管理	73	2015-2017	
	南昌	豫章师范学院(原南昌师范高等专科学校)	会展策划与管理	84	2015-2017	2017年停招

续表

属性	省市	学校名称	专业名称	招生数量(人)	设立时间(年)	备注
小计				285		
合计				329		

2016年,南昌师范学院成功申报会展经济与管理本科专业,并于2017年正式招生。与此同时,由于招生和改制升本等原因,江西部分高校(宜春学院、南昌师范高等专科学校)停止了会展策划与管理专业的招生与人才培养,因此,这一阶段江西会展教育的高校数量下降为4所,整个江西的会展教育发展虽然在人才培养层次上有了突破,趋势向好,但培养会展人才的高校数量(5所)及会展专业人才总数(329人)均呈下降趋势,发展现状不容乐观。

二、江西省会展教育学历教育招生(2017)规模

(一)会展硕士/博士情况统计

会展硕士/博士培养为零。

(二)会展本科招生情况统计

会展教育本科招生院校为南昌师范学院,所设专业为会展经济与管理,招收学生共44人,见表2—1。

表2—1　　　　　2017年江西省会展本科招生规模统计表

学校名称	专业名称	招生数量(人)	备注
南昌师范学院	会展经济与管理	44	计划招收40人

(三)会展高职招生情况统计

2017年,江西会展专业高职高专招生总数为61人。其中,江西外语外贸职业学院招生数为22人,江西青年职业学院招生数为21人,江西应用科技学院为18人,见表2—2。

表 2—2　　　　　2017 年江西省各会展院校高职招生规模统计表

学校名称	专业名称	招生数量(人)
江西外语外贸职业技术学院	会展策划与管理	21
江西青年职业技术学院		22
江西应用科技学院		18
合计		61

(四)整体情况对比

从在校学历教育招生(2017)统计数据来看,江西会展教育呈现以下三种状态:第一,随着部分高职高专院校升本及部分学校因招生情况不理想等原因,招收会展策划与管理专科专业的高校数量在原本就少的情况下出现了下降的趋势,由原来的 4 所高职院校下降为 3 所;第二,会展策划与管理专科专业招生数量急剧下降,由 2015 年以前每所院校每年 60—70 人的招生规模缩减为每所院校每年 20 人左右,见表 2—3;第三,省内部分普通本科院校已经关注到会展行业的快速发展态势,开始设立会展本科专业,有的高校正在准备申报会展本科专业。

表 2—3　　　　　2017 年江西省会展策划与管理(高职)招生规模

学校名称	2017 年	备注
江西青年职业学院	21	2011 年开设
豫章师范学院	暂停招生	2011 年开设 2017 年升格为本科院校,专业停招
江西外语外贸职业学院	22	2009—2011 年为国际经济与贸易(商务会展方向)
江西应用科技学院	18	
合计	61	

三、江西省会展教育主体结构分析

(一)会展专业高等教育(硕博研究生/本科)情况

截至 2017 年 12 月底,江西开设会展经济与管理本科专业教育的高校数量为 1 个。此外,2017 年 9 月南昌大学旅游学院在旅游管理专业下设会展旅游方向,培养会展旅游人才。江西开设会展本科专业教育主体数量少,与沿海发达城市相比差距大,与江西迅速发展的会展产业对高层次人才的需求差距也很大,人才供给明显不足,会展高等教育呈落后状态。

(二)会展专业高等职业教育情况

1. 江西省开设会展专业高职教育主体的数量

截至 2017 年 9 月底,江西开设会展专业高职教育的高职院校共有 4 所,其中,有 1 所高职院校(南昌师范高等专科学校)由于学校升本,对专业进行调整后决定于 2017 年 9 月停止招收会展策划专业学生。此外,江西还有部分高职院校(如泰豪动漫职业技术学院)在美术设计专业下设会展策划专业方向,但招生不理想。

2. 各地市开设会展专业高职教育主体的对比情况

江西开设会展专业高职教育的高校主要集中在南昌,其他地方开设本专业的高职院校很少。

(三)会展专业中等职业教育情况

江西会展中职教育为零。

(四)会展专业国际合作教育情况

目前,江西会展国际合作教育为零。

综上所述,目前江西会展教育主体结构不完善,结构层次少,只有本科和高职两个层次;主体数量少,特别是高层次(本科以上)会展教育主体数量极少,仅有 1 所本科院校开设会展专业,硕士及以上层次的会展专门人才的培养为零,会展国际合作教育仍然空白。高职层次的会展专业教育主体数量也较少,截至 2017 年底仅有 5 所,且由于种种原因呈逐年下降的趋势。提高会展专业人才培养主体数量、优化主体结构、提高人才培养层次及培养质量,是未来江西会展教育主体需要努力的方向。

四、江西省会展相关专业设置情况

(一)会展专业设置

会展专业设置是会展专业教育的基础。目前,江西会展高等教育专业设置按教育部专业设置指导进行,会展本科人才培养院校开设的是旅游管理学科下的会展经济与管理专业,5 所高职院校开设的均为会展策划与管理专业。

(二)专业规模

截至 2017 年 9 月,江西会展经济与管理本科专业培养规模为 44 人,5 所高职院校目前会展策划与管理专业专科在校生总数为 798 人,本、专科会展在校学生总数为 842 人。

(三)专业层次

目前,江西会展专业人才培养主要分本科与高职两个层次,硕士研究生及以上和中职层次的人才培养均为零。在两个层次的人才培养上,本科人才培养数量少,主要以高职人才培养为主。

五、江西省会展各专业培养计划

(一)核心课程

所调查的 5 所高校(南昌师范学院、豫章师范学院、江西外语外贸职业学院、江西青年职业学院、江西应用科技学院)核心课程的设置依据是:(1)职业岗位或岗位群所需要的基础理论知识和专门基础知识;(2)从事本专业领域实际工作的职业技能和基本能力;(3)具备会展业一线需要的、较快的职业适应能力。

会展经济与管理本科专业及会展策划与管理专科专业核心课程的设置如下:

会展经济与管理本科专业:会展风险评估与管理、会展商业空间及场馆设计与经营、大型活动策划与管理、会展设备管理、会展现场管理、商务谈判、经济法与会展法规、会展物流管理、会展客户关系管理、会展信息化管理、会展电子商务、会展商务英语。

会展策划与管理专科专业:根据专业职业岗位的不同,各高校核心课程的设置有所不同:针对会展策划人员的培养,主要将会展文案写作、会展典型案例精析、节事活动策划与管理、会展场馆经营与管理设置为核心课程;针对会展运营管理人员的培养,将会展服务心理、参展商实务、会展项目管理、会展营销设置为核心课程。

(二)特色课程

1. 特色课程的名称与数量(见表 5—1)

表5—1　　　　　　2017年江西省会展院校(本科/高职)特色课程

学校名称	专业名称	特色课程数量(门)	特色课程名称	特色课程类型
南昌师范学院	会展经济与管理	6	文化创意产业概论、会展营销与广告传播、会展电子商务、跨文化交流、茶文化与茶艺、会展理论与实践前沿系列讲座	
豫章师范学院		4	会展旅游实务、婚礼策划与服务、全国导游基础知识、中国文化概论	
江西外语外贸职业学院	会展策划与管理	1	大型活动组织与管理	省级、院级精品资源共享特色课程,范式改革课程
江西青年职业学院		1	会展管理	省级、院级精品资源共享特色课程

2. 特色课程频率分析

特色课程体现了各院校专业定位、教学资源的差异。以南昌师范学院会展经济与管理专业为例,依托学校旅游管理专业评茶方向及电子商务专业相关特色课程开设了茶文化与茶艺、会展电子商务等课程。由于各高校会展专业开办较晚,且由于会展专业在本校受重视程度不够等,目前这些课程的开设频率不好做出分析。为加强学生岗位拓展提升的能力,江西外语外贸职业学院开设商务谈判、会展礼仪、摄影等特色课程,对提升学生能力帮助大,学生欢迎度高,每届都有开设,课程开设的频率较高。

(三)实践课程

1. 实践课程名称与数量

各高校开设的实践课程主要有两大类:一类是理论课程的实践延伸,在授课时采用理论与实践相结合的方式开展实践教学,如:商业文本写作、会展信息管理、对外商务函电、商务秘书实务、沟通与谈判技巧、会展礼仪、节事活动策划与管理、展览讲解服务、大型活动策划与管理、会展项目管理、会展电脑辅助设计(PHOTOSHOP)、会展电脑辅助设计(ATUOcad)、展示空间设计与会场布置(3DMAX)。另一类是为了拓宽学生的视野及提高学生的实践动手能力而开设的纯实践课程,如:专业见习、社会调查、专业定岗实习、城市及区域会展业综合考察、模拟展览、模拟会议和虚拟展会实验。

2. 实践课程教学形式

在实践课程教学形式方面,理论与实践相结合类的课程大部分是通过校内实训室或是在教师的课堂上进行模拟练习来完成教学,部分学校(如江西外语外贸职业技术学院、南昌师范学院)通过组建学生课外实践团队和创业公司等形式进行项目实践教学,教学效果较好,但组织与实施教学难度较大,需要专业能力强的老师来开展。学生的专业见习及专业实习基本上是通过集中和分散相结合的形式到企业顶岗来完成。

3. 实践教学改革情况

江西各高校会展专业进行实践教学改革的代表是南昌师范学院与江西外语外贸职业学院,分别代表了会展本科与专科实践教学改革的方向。

南昌师范学院会展教育起步晚,在充分学习省内外兄弟院校的好的做法基础上,第一,在人才培养方案中对实践教学环节的设置进行改革,不再单纯依靠学生定岗实习环节,而是将实践教学环节充分融入日常的教学中;第二,在教学形式方面,鼓励教师将课堂搬到展会或会议现场,实施现场实践教学,还定期聘请行业技能高手及专家到学校现场模拟讲授;第三,加大对学生课后实践演练的引导与安排,在专业老师的指导下成立会展项目小组,通过竞争的方式获得校、院、班级的活动组织策划权,通过真实的项目操练提升自己的实践动手能力。

六、江西省会展教育师资情况

(一)师资情况统计

截至 2017 年底,江西各高校会展专业师资总人数为 30 人,其中,南昌师范学院 7 人,豫章师范学院 6 人,江西外语外贸职业学院 6 人,江西青年职业学院 6 人,江西应用科技学院 5 人。江西各高校会展专业在校学生数为 329 人,全省整体生师比(不含外聘教师)为 11∶1,这一比例看似良好,但各高校都存在师资专业背景不强、学历及职称等级不高、有行业阅历师资少的问题,师资的整体状况不容乐观。

(二)师资情况分析

1. 学历占比情况

师资学历方面,各高校师资基本以硕士学历为主,硕士学历教师人数为 23 人,占 76.66%,其中,南昌师范学院师资中因 40 岁以上教师较多,学历主要以本科为主;除豫章师范学院有博士学历教师 1 人外,其他高校均没有高学历师资。江西各高校师资学历占比总体呈现两端低、中间高的现象,尤其是高层次学历的教师人数较少,见表 6—1。

表 6—1　　　　　2017 年江西会展专业(本科/高职)师资情况

学校名称	专业名称	学生总数	教师数量	博士后	博士	硕士	本科	教授	副教授	讲师	助教
南昌师范学院	会展经济与管理(本科)	44	7	0	0	2	5	1	3	2	1
豫章师范学院	会展策划与管理(专科)	84	6		1	4	1	1		5	
江西外语外贸职业学院		75	6			6				6	
江西青年职业学院		53	6			6			1	4	
江西应用科技学院		73	5			5				5	
合　计		329	30		1	23	6	2	4	22	1

2. 职称占比情况

江西各高校会展专业师资中高职称教师偏少,主要以讲师为主。其中,教授职称人数为 2 人,占 6.67%;副教授 4 人,占 13.33%;讲师 22 人,占 73.33%,见表 6—1。

3. 专业背景分析

会展专业师资的专业背景各校差距较大,其原因与各校特点、专业开设的原有师资结构相关,见表 6—2。如江西外语外贸职业学院,以经济、管理类专业为依托,师资原有结构与会展专业相关,并引进了一位会展专业背景的老师;而豫章师范学院是传统师范专业,在旅游专业师资的基础上开设会展专业,故与会展专业背景直接相关的教师少,这种情况将通过校内培养、引进师资等工作逐步改善。企业阅历方面,部分院校因师资力量紧张,难以排出连续的、较长时间进企业兼职。

表 6—2　　　　2017 年江西省会展院校(本科/高职)师资背景情况

学校名称	教师数量	企业阅历人数	会展	经济学	管理	营销	统计	英语	计算机	旅游管理	其他(请注明)
南昌师范学院	7	2	0		2	1				2	
豫章师范学院	6			1						4	地理1人
江西外语外贸职业学院	6	4	1	1	1					1	传媒2人
江西青年职业学院	6	2				1		1			传媒1人
江西应用科技学院	5	3	1	1	2					1	
合　计	30	14	5	5	6	1		2		10	

4. 年龄结构分析

江西各高校会展专业师资的调研数据显示,会展专业教师主要以中青年为主,五所高校中青年教师比(40岁以下)均超过50%,其中江西外语外贸职业学院与江西应用科技学院的占比高达99.9%和100%,江西青年职业学院占83.3%,见表6-3。

表6-3　2017年江西省会展院校(本科/高职)师资年龄结构情况

学校名称	教师数量	30岁以下	占比(%)	30—40岁	占比(%)	40—50岁	占比(%)	50岁以上	占比(%)
南昌师范学院	7	1	14.3	2	28.7	2	28.7	2	28.6
豫章师范学院	6	2	33.3	2	33.3	2	33.3		
江西外语外贸职业学院	6	2	33.3	4	66.7				
江西青年职业学院	6	1	16.7	4	66.7	1	16.6		
江西应用科技学院	5	2	40	3	60				
合　计	30	8	26.7	15	50	5	16.7	2	6.67

笔者认为,高校会展专业教师这样的年龄结构形成的原因主要缘于专业较新,由于大部分年龄较大的教师不愿意转行从事这一新兴专业,因此各高校从事该专业的教师大部分为新进教师。这样的年龄结构对于专业未来的发展来说是充满活力的,但同时也面临科研能力、行业经验、教学经验不足等问题。

七、江西省会展实践情况(培训、行业实践、竞赛等)

(一)学生参加专业培训情况

由于江西会展产业发展较慢的原因,在省内由协会或其他部门组织的专业培训较少,学生在校期间参加专业培训的机会相对较少。目前,省内唯一举办过的专业培训来自江西省会展协会。江西省会展协会自2016年创设以来,在省内连续举办了两场规格较高、规模较大的培训,江西各高校的部分学生和老师参加了培训。但由于参会人数的限制,培训没有面向所有学生。具体情况如表7-1所示。

表7-1　　　　2017年江西省会展院校学生参加专业培训情况统计

学校名称	专业名称	项目来源	培训项目名称	证书名称
南昌师范学院	会展经济与管理	江西省会议展览业协会	江西省会展业技能培训大会	会展业务培训班结业证
豫章师范学院	会展策划与管理			
江西外语外贸职业学院				
江西青年职业学院				

(二)学生行业实践情况

学生的行业实践是其进行有效专业学习的重要补充。在对会展专业人才培养的过程中,江西省各高校对学生的行业实践均非常重视,不仅在人才培养方案中各高校明确了行业实践的要求,在人才培养进行的过程中也非常重视组织学生进行行业实践,通过校企合作、参加展会等渠道,尽量寻求好的机会安排学生到行业进行实践,见表7-2。

表7-2　　　　2017年江西省会展院校学生行业实践情况

学校名称	专业名称	校企合作单位	实践岗位设置与安排
南昌师范学院	会展经济与管理	南昌绿地博览中心	会展数据调研、现场服务
		江西省会议展览业协会	2018年会的组织与服务工作

续表

学校名称	专业名称	校企合作单位	实践岗位设置与安排
江西外语外贸职业学院	会展策划与管理	南昌建业鑫瑞展览有限公司	招展专员
		北京振威(南昌)展览有限公司	招展专员、策划助理、宣传设计
		上海亦和展览有限公司	境外招展代理
		上海派世会展服务有限公司	境外招展代理
		杭州翼拓展览有限公司	境外招展代理、新媒体宣传设计
		南昌仁创会展有限公司	招展专员、宣传设计
豫章师范学院		南昌尚格展览有限公司	招展专员、现场服务
		江西长青国际商务会展有限公司	会议服务
		南昌仁创会展有限公司	布展、现场服务
		武汉晖之石科技信息公司	客服
江西青年职业学院		南昌尚格展览有限公司	现场服务

以南昌师范学院会展经济与管理本科专业学生为例，2017年9月以来通过与南昌绿地博览中心的合作，组织学生参与了江西省第一届植保会的展会数据调研及现场服务，2018年1月参与江西省会展协会的年会组织与服务工作。组织学生进行行业实践，不仅学生反映好，对提升学生对专业的认知也有很好的帮助作用。

(三)行业实践与专业教育对接问题

从以上4所院校学生专业实践情况来看，学生的行业实践基本没有脱离会展行业，与会展专业教育课程对接较好。

(四)学生参加相关竞赛情况

由于江西省开设会展专业院校较少，部分院校对行业协会、教(指)委举办的相关竞赛认可度不高，而教育厅、教育部直接主办的专业相关竞赛极少，故江西省参加会展院校学生相关竞赛的数量很少，见表7-3。

表7-3　　2017年江西省会展院校学生参加相关竞赛情况统计表

学校名称	专业名称	竞赛名称	竞赛数量	备注
江西青年职业学院	会展策划与管理	2017年全国高校商业精英挑战赛会展创新实践竞赛全国总决赛		1个一等奖、1个二等奖

八、江西省会展各专业学生就业情况

(一)就业比例

笔者对2017年江西四所高职院校会展专业毕业生的就业情况进行了追踪调查。调查数据显示,会展专业学生一次就业率较高,四所高校当年学生的就业率分别为82.85%、96.00%、95%、95%,见表8-1。

表8-1　　2017年江西省会展院校(本科/高职)应届学生就业情况

学校名称	专业名称	毕业生数量	就业比例(%)
豫章师范学院	会展策划与管理	35	82.9
江西外语外贸职业学院		25	96
江西青年职业学院		26	95
江西应用科技学院		40	95

(二)专业对口问题

在学生就业调查的基础上,我们对就业学生的去向进行了深入调查,其中豫章师范学院的35名毕业生中有16位学生是在会展相关企业从事展览策划和营销工作,有19位同学选择的是其他与会展行业无关的企业就业,如乡村教师、企业文员等。江西外语外贸职业学院、江西青年职业学院、江西应用科技学院的学生本专业对口就业的比率较高,分别达到85%、83%、87.5%,见表8-2。

表8-2　　2017年江西省会展院校(高职)应届学生就业对口情况

学校名称	专业名称	毕业生数量	就业对口比率(%)
豫章师范学院	会展策划与管理	35	45
江西外语外贸职业学院		25	85
江西青年职业学院		26	83
江西应用科技学院		40	87.5

对于学生专业对口就业率的问题,笔者分析认为,在四所高职院校中,江西外语外贸职业学院、江西青年职业学院、江西应用科技学院的专业对口就业率高的原因有两点:(1)这三所学校均在学生入校后对学生进行职业生涯规划,同时在三年的培养过程中老师不断加以引导;(2)这三所职业院校

开办会展专业相对较早,在人才培养的过程中积累了非常多的经验,非常重视与企业的合作,在校期间让学生到企业进行了更多的培训与实践。

对于专业对口较低的豫章师范学院,笔者认为原因有两方面:(1)该校会展专业的专任教师少,行业经验的教师缺乏;(2)学生入校后没有及时对所有学生进行科学的职业生涯规划与指导,学生对会展专业岗位及职业发展空间了解不够,学生通过艰苦的专业学习及专业实践后,对从基层做起没有信心,缺乏从事会展职业的决心;(3)受师范院校其他专业特别是师范类专业的影响大,部分学生及家长对会展专业、行业不认可,对师范类专业充满幻想,期望自己毕业后也能像其他专业学生一样从事教师工作或是其他相对稳定的工作,如文员、公务员等。

(三)学生就业薪资

从就业学生薪资调查数据可以看出,会展专业学生整体的薪资水平较高,薪资基本上在4 000元以上,在被调查的学生中薪资达到4 000元及以上的占52%,见表8—3。

表8—3　　　2017年江西省会展院校(本科/高职)应届学生薪资

学校名称	专业名称	毕业生	平均薪资	2 000元以下	2 000—3 000元	3 000—4 000元	4 000元以上
豫章师范学院	会展策划与管理	35	3 500		1	23	11
江西外语外贸职业学院		25	5 000			2	23
江西青年职业学院		26	4 000		2	13	11

在薪资调查的过程中,我们还发现,学生就业的区域与薪资水平关联较大,在沿海发达城市及省会城市就业的学生薪资水平较高,一般为4 500—5 000元,在内陆省份及经济不发达地区的学生薪资较低,一般为2 500—3 000元。此外,学生就业企业的规模及应聘岗位的不同也影响学生的薪资高低,一般在大型企业就业的学生薪资水平较高,会议及展览营销岗位的薪资也偏高。

九、江西省会展教育存在的问题与建议

(一)存在的问题

1. 会展教育整体状况偏弱

江西会展教育起步于21世纪初,经过近十年的发展,虽然为江西及全国培养了一批会展专门人才,但从本报告对近十年江西会展教育主体数量、人才培养层次、人才培养规模、人才培养质量等方面的调研结果可以看到,当前江西会展教育整体状况偏弱。截至2017年底,江西会展教育主体数量少(5个),人才培养层次少(本科与高职两个层次),人才培养规模小,人才培养质量不高等都是江西会展教育面临的现实状况。江西会展产业的进一步发展对会展人才的需求量及需求层次会越来越高,会展人才培养问题将会更加凸显。

2. 会展教育人才培养结构失衡

在十几年的会展人才培养过程中,江西为数不多有会展专业的高校一直以高职人才培养为主,2017年以前没有一所院校培养会展本科人才,人才培养结构处于严重失衡状态。2016年后虽有1所院校开设了会展本科专业,但当前会展教育主体数量仍然很少,且本、专科会展专业学生培养的比例悬殊较大,本科学生偏少,硕士、博士等高层次会展专业人才就更加缺乏了。

3. 各高校会展人才培养特色不突出

江西四所高职院校会展策划与管理专业在人才培养的目标方面特色不突出,各高校培养方案基本雷同。以专业课程设置为例,由于江西省外语外贸职业技术学院开办会展策划专业较早,其他三所院校在人才培养方案制定及课程设置方面均以其为参照进行,人才培养目标相同,所开设课程大致相同,结合行业及地方特色开设的专业课程较少。会展本科专业设置偏向于旅游管理学科下的会展经济与管理专业,现有的人才培养方案基本参照国内其他院校,虽然设置了一些凸显行业及专业特色的课程,但地方及专业特色仍然不够突出。

4. 会展专业实验室建设滞后,行业实践、专业竞赛参与少,锻炼提升机会不够

在四所开设会展专业的本、专科高校中,针对会展专业建设有专门会展实验室的院校只有1所(江西外语外贸职业学院),其他院校均与旅游管理专业学生一起共用实验室。加上江西会展产业与高校校企合作深度与广度不够等原因,学生入校后参与行业实践及专业竞赛的机会较少,在校期间专业能力与素养得不到充分的锻炼,学生的动手能力及解决实际问题的能力普遍不强。

5. 具有行业经历的专业师资少,专业教学质量得不到保障

专业教师是会展专业教育的基本保障,目前江西各高校会展专业的师资普遍缺少行业阅历。在各高校现有的专业教师中,大部分教师是由其他专业转行来的,除部分专业教师外,大多数教师对行业的了解及参与都不

够,专业课程的教学效果、教学质量难以提高,学生的学习兴趣不能被激发。另外,有的教师甚至自己对专业都不感兴趣,在教学的过程中就很能从正面去引导和教育学生,专业教学质量得不到保障。

(二)几点建议

1. 适当扩大会展专业教育规模,提升会展教育人才培养层次

会展业作为中国的新兴产业,近十年来以前所未有的速度蓬勃发展,江西也正把握会展经济风口,把加快会展业发展摆在重要位置。行业发展靠人才,人才培养靠教育,江西目前会展教育的发展现状不能满足江西会展业发展的要求,特别是会展人才培养的总量偏少,政府和相关部门应积极鼓励和引导相关院校开设会展专业,扩大会展专业招生规模,特别是增加会展本科教育主体数量,提升会展教育人才培养层次。加大对应用型会展本科人才的培养力度,在条件允许的情况下开展会展研究生的培养。

2. 准确定位人才培养目标,突出地方高校专业特色

各高校应根据自身的条件和专业设置对会展专业人才培养进行科学、准确的定位,高职院校与普通高等本科院校在会展人才培养目标应有所区别。江西高校应结合江西会展产业、行业发展的情况及人才需求的不同进行有针对性的培养,突出地方特色,实施差异化人才培养。

3. 加强校企、校政、校校合作

首先,应扩大高校会展专业行业实践的范围。目前,各高校的校企合作仅限于本地及少数几家外省会展公司,与各级行业协会及政府部门的合作偏少,高校之间的合作更少。

其次,应提升合作的层次,加强高校与政府、与协会、与兄弟院校关于会展教育、会展产业、会展经济研究等方面的合作,形成校企、校政、校校的多层次合作形式。

4. 加强会展教育基础条件建设

江西各高校目前对会展教育的投入还不够,四所高校中只有一所高校有专门的实训场所,其他院校在实训场地、实训设备方面的投入都很少。

十、江西省会展教育发展的未来趋势

(一)会展高学历教育未来发展空间大

随着全国及江西会展产业的不断发展,会展高层次人才的需求将会越来越大,江西会展教育层次偏低与需求的矛盾也将越来越明显。就目前江西仅有一所普通本科院校开办会展教育的现状分析,江西本科以上学历教

育未来的发展空间很大。未来五年,将会有更多的高校加入会展本科教育行列,江西会展本科教育必将得到长足发展,硕士研究生教育也定会在不久的将来得到发展。

(二)未来新专业方向设置要与行业相结合

江西会展教育虽然整体处于较弱的状况,但随着国内会展行业的发展,会展相关企业对人才的要求越来越高,专业化、高素质的应用型会展本科人才培养将是未来会展人才培养的主要目标。因此,江西会展专业教育在未来人才培养方案确定上需进行充分调研,紧密与行业发展需求及特点结合,各高校在专业方向设置方面应走差异化发展道路,创建人才培养特色品牌。

(三)师资团队及专业背景要求将更高

江西会展教育目前师资团队较为薄弱,未来在师资团队的数量、学历、职称等方面需要有很大的提升,对教师的专业背景要求更加严格。随着国内部分高校高层次会展人才的培养输出及有行业经验的企业高管到高校任教的人越来越多,江西会展教育未来师资团队在数量、学历等方面都将有很好的提升。此外,当前江西各高校会展专业对现有师资的在职培训也非常重视,各类理论和实践培训在如火如荼地开展,师资团队的教学、科研水平也在不断提高。

(四)制定特色人才培养方案、改革传统教学方法,是未来江西会展教育发展的前提和基础

江西各高校会展专业人才培养课程设置老化、教学内容落后、教学形式单一等问题较为突出,针对行业出现的新变化、新技术、新要求进行人才培养方案的适时调整不够,导致培养出来的学生与社会、行业脱节,严重影响学生专业对口就业、高位就业。因此,未来会展专业人才培养方案只有和社会、行业紧密联系,科学设置课程,及时更新内容,丰富教学形式,改善教学方法才能真正培养出高质量、符合行业实际需要的专门人才,才能真正推动江西会展教育向前发展。

(五)行业介入专业教学更加深入,学生行业实践机会越来越多

随着会展产业的蓬勃发展,行业协会或会展龙头企业越来越重视人才的培养,与院校合作越来越深入,会展专业学生未来行业实践的机会越来越多。如何提高学生行业实践的效果、利用行业实践拉近学生与行业的距离,将是专业教师今后安排学生实践时需要关注的重点问题。因此,科学设计实践教学环节、制定实践教学内容,对实践教学效果进行有效评估,是学生

行业实践取得好成效的关键。

注：本报告中的数据均由江西各高校会展专业的负责人或联系人提供，他们分别是：南昌豫章师范学院会展专业负责人徐老师，联系电话：13870910654；江西外语外贸职业学院会展专业负责人陈老师，联系电话：13767112633；江西青年职业学院胡老师，联系电话：13970801348；江西应用科技学院国际商务学院办公室孙老师，联系电话：0791－83659886；江西工程学院张老师，联系电话13776469311。在此，笔者对他们的支持与协助表示衷心感谢！

湖南省会展教育（高职）发展报告

许名勇　戴文婷[①]

随着中国经济步入新常态，经济结构持续优化，第三产业逐步成为产业主体。湖南会展业正从"一带一路"、长江经济带建设等国家战略决策中获得重大发展机遇，快速崛起。作为"世界媒体艺术之都"的长沙，位于京广、沪昆高铁十字路口，区位优势明显，正以建设"中部会展高地、国际会展名城"为目标，着力打造千亿会展产业和"会展湘军"品牌。湖南地区的会展教育面临很好的发展机遇，但相较于会展教育发达地区，湖南省的会展高职教育发展基础与现状依然相对薄弱。

一、湖南省高职会展专业发展历程

2005年长沙商贸旅游职业技术学院在湖南率先开设会展策划与管理专业，其后湖南网络工程职业技术学院、湖南外国语职业学院也陆续开办会展策划与管理专业。湖南网络工程职业技术学院该专业一直没有招生，湖南外国语职业技术学院该专业开办于2012年，但因招生人数过少，于2014年

[①] 许名勇，长沙商贸旅游职业技术学院文化创意学院院长；戴文婷，长沙商贸旅游职业技术学院文化创意学院会展专业教师。

停止招生,在此期间共招生 55 人;湖南高尔夫旅游职业学院 2017 年开设了休闲服务与管理专业(会展策划方向),招生 13 人;长沙民政职业技术学院开设了婚庆服务与管理专业,2017 年招生 180 人,在校生 515 人。

2017 年湖南地区仅有长沙商贸旅游职业技术学院开设了会展策划与管理专业,招生 88 人,在校生 216 人,见表 1—1。长沙商贸旅游职业技术学院会展策划与管理专业招生规模变化情况,除了在 2011 年出现了一次明显下降趋势外,总体呈现出上升趋势,见图 1—1。

表 1—1 　　　　湖南省会展专业高职教育 2017 年规模

院校名称	专业名称	2017 年招生人数	2017 年在校生人数
长沙商贸旅游职业技术学院	会展策划与管理	88 人	216 人

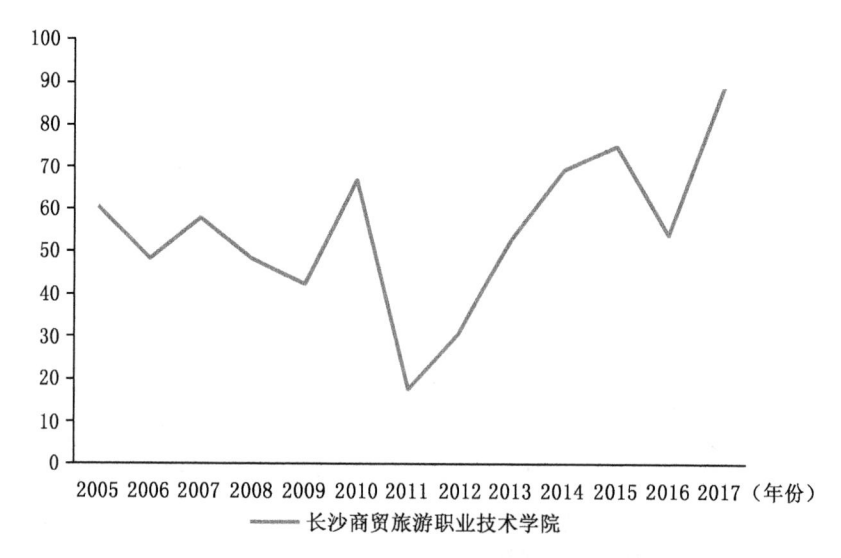

图 1—1　湖南省会展专业高职教育招生规模变化情况

二、湖南省会展专业高职教育相关专业设置

长沙商贸旅游职业技术学院是湖南省首批卓越高职院校建设单位、湖南省示范性(骨干)高职院校、湖南商贸旅游职教集团理事长单位、湖南省会展协会副会长单位。该校坚持"立足长沙、服务三湘"的办学定位,按照集群发展、资源共享的原则,面向湖南会议、展览、活动、节庆、赛事领域,建设以会展策划与管理专业为核心,以文秘(会展文案与策划方向)、商务英语(会

展商务方向)、艺术设计(展示空间设计方向)、广告设计与制作(会展平面设计方向)为支撑的会展产业专业群,合理构建专兼团队、课程体系,打造与湖南特色支柱产业紧密融合的会展项目实践教学平台,不断充实和完善专业教学资源,培养具有鲜明湖湘文化特质的会展策划、会展营销、会展项目管理、展示设计与搭建、会展现场服务的高素质技术技能人才。会展策划与管理专业的课程体系框架见表2—1。2017年被教育部、国家旅游局立项为会展策划与管理专业示范点、全国旅游大类校企合作示范基地。

表2—1　长沙商贸旅游职业技术学院会展策划与管理专业课程体系框架表

一级模块	二级模块	主要课程
必修课	公共课	思想品德修养与法律基础、毛泽东思想和中国特色社会主义理论体系概论、形式与政策教育、大学生心理健康教育等
	专业群平台课	会展概论、交际与沟通、湖湘文化与物产、创意思维训练
	专业核心课	会展策划、会展营销、会议运营管理、展览项目管理、节事活动策划、展示设计
	专业基础课	会展文案、会展现场管理、会展礼仪、婚庆策划与管理、会展场馆经营与管理、展示工程与搭建、会展英语、会展信息、会展财务、会展旅游、参展商实务、会展政策与法规等
	专业实践课	认知实习、跟岗实习、专业实践与社会调查、会展实务综合实训、顶岗实习等
选修课	公共拓展课	大学生素质拓展、职业人文类课程、经管类课程、理工类课程、艺术类课程、在线课程等
	专业拓展课	会展摄影、商务沟通、展品布局与陈列、新媒体策划、展销创意策划、招商招展、思政宣传展示等

三、湖南省会展专业高职教育师资情况

长沙商贸旅游职业技术学院会展策划与管理专业共有专职教师12名,师生比率为1∶18,其中教授2名、副教授4名、讲师4名、助教1名。

具有博士学位教师1名,硕士学位8名,其中2名教师具有海外会展专业背景,4名教师具有会展行业企业工作经验。

总体而言,该校会展专业师资从数量、结构到质量基本满足教学要求,见表3—1和表3—2及表3—3。

表 3—1　　　　　　湖南省会展专业高职教育师资情况

学校名称	专业名称	教师数量	其中				其中			
			博士后	博士	硕士	本科	教授	副教授	讲师	助教
长沙商贸旅游职业技术学院	会展策划与管理	12	0	1	8	3	2	4	5	1

表 3—2　　　　　　湖南省会展专业高职教育师资背景情况

学校名称	教师数量	企业阅历	专业背景（根据教师最高学历填写）						
			会展	经济学	管理	营销	统计	英语	计算机	其他
长沙商贸旅游职业技术学院	12	4	2	1	6	2				1

表 3—3　　　　　　湖南省会展专业高职教育师资年龄结构情况

学校名称	教师数量	年龄结构							
		30岁以下	占比(%)	30—40岁	占比(%)	40—50岁	占比(%)	50岁以上	占比(%)
长沙商贸旅游职业技术学院	12	2	17	6	50	2	17	2	17

四、湖南省会展高职教育学生实践与竞赛情况

　　长沙商贸旅游职业技术学院是湖南省会展协会副会长单位，并与多家会展企业签订了校企合作协议，成立会展产业专业群建设分理事会，建立人才共育、基地共建、过程共管、成果共享、责任共担"五共"校企合作运行机制，形成会展产业专业群建设动态调整机制，与合作企业开展了包括教师挂职锻炼、学生专业实践在内的多种形式的合作。

　　该校会展专业推行"工学结合、项目轮训"的人才培养模式，除了课程实践教学外，开展了模拟广交会、校园跳蚤市场等校内实训项目，构建了以"赏金猎人"为主的专业群项目实训平台，由学生在专业群内跨专业组建工作团队，自选项目导师，以竞标的方式开展项目实训。该校会展专业学生通过丰富的实践，开阔了视野，提升了素质和能力。自 2013 年以来，在"远华杯"全国大学生会展创意大赛中，学生在策划项目比赛中两次获特等奖、两次获一等奖，一次获一等奖，在设计项目比赛中获得两次特等奖、一次获一等奖，在才艺项目比赛中，获得一次特等奖、一次三等奖，在 2017 年全国大学生广告策划大赛中获三等奖，在 2017 年黄炎培职业教育奖创业大赛中会展服务创业项目获得湖南省赛一等奖、国赛三等奖，见表 4—1。

表 4—1 2017 年湖南省会展院校高职学生参加相关竞赛情况统计表

学校名称	专业名称	竞赛名称	竞赛数量	备注
长沙商贸旅游职业技术学院	会展策划与管理	"远华杯"全国大学生会展创意大赛	12人次	特等奖、一等奖、二等奖
		2017年黄炎培职业教育奖创业大赛	5人次	省赛一等奖、国赛三等奖
		全国大学生广告策划大赛	4人次	三等奖
合　计			21人次	

五、湖南省会展专业高职学生就业情况

2017年长沙商贸旅游职业技术学院会展策划与管理专业的应届毕业生就业情况较好,见表5—1。该校64名毕业生中就业比例达到95%,专业对口比例达到68%,平均月薪3 500元左右。

表 5—1 湖南省份会展专业应届学生就业情况

学校名称	专业名称	毕业生数量	就业比例(%)	就业对口率(%)
长沙商贸旅游职业技术学院	会展策划与管理	64	95	68

六、湖南省会展专业高职教育存在的问题

(一)会展专业布点太少

会展策划与管理专业作为一个新兴专业,很难与其他成熟的专业竞争,成为各高职院校重点发展对象。近年来由于高职教育专业结构调整趋严趋紧的政策导向,会展专业还因为其学科专业属性的跨界模糊而受到质疑,被边缘化甚至调整。2017年湖南省高职院校中仅有长沙商贸旅游职业技术学院开设会展策划与管理专业,其他院校与会展产业相关的专业布点也很少,与湖南会展产业发展水平不相适应,更不能满足湖南"打造中部会展高地"战略的需要。应该说,湖南地区发展会展高职教育任重而道远。

(二)会展专业招生困难

与会展发达地区相比,湖南会展产业发展还不够成熟,社会认知度不高,加之各高职院校会展专业边缘化,会展专业尚未形成足够的办学规模和社会影响,学生和家长对会展产业不了解,对会展专业不认同,会展专业高

职院校普遍出现招生难的情况,进一步陷入生存困境。

(三)会展专业师资力量较为薄弱

湖南会展人才培养还没有形成完整的结构和体系。高职会展专业师资主要是从管理和设计类专业延伸拓展的,相当一部分专业教师缺乏会展专业知识,也缺乏会展行业从业经验。因此,教师在教学过程中,主要是依赖自己对教材的理解开展教学,因为自身经验有限,很难组织开展针对性和实践性强的专业教学,从而影响教学效果,同时也因为缺乏对会展产业的认知和研究,很难为行业企业提供有效服务。

(四)会展专业课程设置不尽合理

合理的人才培养定位和科学的课程设置是专业人才培养的关键。会展策划与管理专业具有很强的跨界和综合的特点,就业面广,各高职院校会展专业的人才培养定位和课程设置也有较大区别。如何适应会展产业发展的需要,科学设置专业课程体系,为跨界融合的大会展培养更多具有湖湘文化特质、会创意、能动手、会学习、跨专业领域、可持续发展的高素质技术技能人才是当前的重要课题。

(五)会展专业教学资源匮乏

会展专业高职教育课程教材选择较少,教材内容的更新速度比较慢,符合湖南会展产业区域性特征的特色教学资源更是少之又少,没有内容充分、形式丰富的专业教学资源作为支撑,会展教师很难组织开展形式多样、扎实有效的专业教学,会展学历教育和继续教育的教学资源建设成为当务之急。

(六)会展专业实践教学环节亟待加强

高职院校会展专业实践教学体系还不完善,校内实训条件和校外实践教学基地建设有待加大力度,实践教学的规范性有待加强。学生校外专业实习的机会很多,但是不少专业学生的实践活动演变成会展公司在举办会展活动时的廉价劳动力,学生的实践活动主要是一些简单重复劳动等,学生在实习中不能全面、全程参与,不能多项目、多岗位实践,达不到专业实践教学目标。

七、湖南省会展专业高职教育相关建议

(一)充分发挥政府主管部门对会展高职教育的主导作用

在政府主管部门牵头制定的会展产业发展规划中明确会展产业人才发

展战略,建立会展产业人才培养机制,引导职业院校加强对适应会展产业发展需要的技术技能型、应用复合型专门人才的培养,鼓励大型企业、行业协会与职业院校联合培养会展行业人才,建立会展从业人员分类管理机制,规范和完善培训与考核制度,加强对会展职业教育的规划和引导。

(二)充分发挥行业协会对会展高职教育的指导作用

区域会展行业协会应充分利用行业信息和资源优势,指导会展职业教育的专业布局,制定职业准入标准,指导高职院校适应区域会展产业发展对人才的需要,合理构建会展专业群,建立面向市场的专业群建设机制,指导相关专业建设,协调校企、校校的学生实习合作和共享实习基地的建设。

(三)充分发挥高职院校在会展高职教育中的主体作用

会展高职院校应努力拓展会展教育的国际视野,着力创新人才培养模式与课程体系,与企业共同研究专业群人才培养模式和专业教学标准,构建"工学结合、项目轮训"专业群人才培养模式;建设"名师+双师"的专业群教师团队,构建"专业群平台课+专业方向模块课"的专业群模块化课程体系;着力开发建设专业优质核心课程,开发包括职业标准、案例、微课、慕课等内容的网络共享优质教学资源和适应群内各专业特点的专业方向数字化教学资源;探索多样化的教学方法,努力提高教学质量;与企业共同构建以实际工作任务为载体的实践教学体系,校企合作建设校内生产性实训基地和校外顶岗实习基地,充分实现专业群实践教学资源条件共享。

(四)充分发挥企业在会展高职教育中的参与作用

健全会展企业参与会展教育制度,并完善相应的支持保障性配套措施,依托区域会展行业企业,构建互利共赢的"人才共育、基地共建、过程共管、成果共享、责任共担"的"五共"校企合作运行机制,让企业享有权利、负有义务和承担责任,成为会展职业教育办学主体、培养主体、管理主体及评价主体,参与课程开发、基地建设、专业建设等具体人才培养环节,在实践教学中将企业生产岗位和企业教育部门组成系统的技能实训基地,形成人才培训与使用的高度统一,有效提高人才培养的质量与效益,增强会展职业教育活力。

八、湖南省会展专业高职教育未来趋势

(一)湖南省未来会展行业发展持续向好

"十二五"以来,湖南将现代会展业作为现代服务业发展的重要支撑、促

进产业转型升级的重要引擎和推进城市国际化的重要手段,着力打造中部会展高地,行业持续快速发展的趋势明显,长沙市政府对于会展行业的扶持力度持续加大。

根据《长沙市会展业发展三年行动计划(2018—2020年)》,到2020年长沙会展业展览个数将达240个左右,实现展览面积250万平方米,观众数超680万人次,成交金额600亿元;会议产业将实现500人以上会议总数达到450个,国际性会议数达到30个,参会总人数达到182万人,形成比较完善的产业发展体系,会展业整体实力大幅提升,成为全市新的增长点和现代服务业的重要支撑。作为培养会展专业人才的主要力量,湖南会展高职教育将随着湖南会展产业的大发展,迎来良好的发展机遇、政策,见表8—1。

表8—1　　　　　　长沙市会展业发展主要政策法规一览表

政策法规名称	出台时间	核心内容
《关于以市政府名义主(承)办各类展览会有关规定的通知》	2003年	对以市政府名义主(承)办的各类展会的报批、审核、监管等内容做出明确规定
《关于加快长沙会展业发展的若干意见》	2003年	从发展思路、组织领导、主要任务、政策扶持等方面提出加快会展业发展要求
《长沙市申办全国性(国际性)展览项目奖励暂行办法》	2009年	对引进有重大影响、消费拉动明显的全国性(国际性)展会的中介人,按不同规模分别给予15万元、25万元、40万元奖励
《关于进一步搞活流通扩大消费的若干意见》	2009年	对经市政府认定的重点展会组展单位发生的营业税和地方所得税,实行先征后补
《长沙市展会知识产权保护办法》	2010年	按照政府监管、展会主办方负责、参展商自律、社会公众监督的原则,建立知识产权行政管理部门行政处理与展会主办方依约处理相结合的"双轨"保护机制
《长沙市会展业促进办法》	2015年	就会展培育、优化环境、规范管理、完善保障等方面制定了具体办法,目的是优化全市会展环境,促进会展业持续发展
《长沙市会展业发展专项资金管理暂行办法》	2017年	在原《长沙市会展项目扶持资金管理暂行办法》基础上,进一步扩展资金扶持范围和标准
《关于长沙市会展业三年行动计划》	2017年	规划出长沙市会展业未来三年的行动计划(2018—2020年)

(二)湖南省会展高职教育发展趋势向好

在湖南地区会展行业飞速发展的大环境下,根据《长沙市会展业发展三年行动计划(2018—2020年)》,在团队建设上,将会展人才引进纳入长沙人才新政22条,吸引更多优秀的高端会展人才落户长沙、服务会展,对湖南会展高职教育师资队伍的充实和改善无疑将起到重要作用。

湖南省内已开办会展专业的湖南师范大学、中南林业科技大学、湖南商学院和长沙商贸旅游职业技术学院已成立了湖南会展专业教育联盟,积极推动建立会展经济研究所和实用人才培训基地,将继续依托省内外高等院校和会展培训机构,每年组织1—2期会展管理和从业人员培训班,定期选派会展管理和从业人员进修学习,整体提升会展人才的专业素质。

长沙商贸旅游职业技术学院会展产业专业群将依托教育部、国家旅游局"会展策划与管理专业示范点""全国旅游类校企合作示范基地项目"等一批重点建设项目,联合全国有影响的会展院校、协会、企业一起着力建设"会展策划与管理专业教学资源库"。以提高会展职业人才培养质量和社会服务能力为目标,对会展策划与管理专业的课程开发、教学设计、教学实施、资源建设进行顶层系统设计,构建兼顾职前教育与职后教育、专业教育与教育指导、技能培养与技术更新的整体解决方案,并针对会展专业技术应用及岗位要求,建设普适性的教学资源,通过拓展模块兼顾不同区域和院校的特点,考虑学习者的个体差异,注重资源的多层次和多元化,营造灵活、自主、开放、个性化的学习环境,最大限度地满足不同层次、地域的学习者的个性化需求,体现共性和个性相结合,最大限度满足高职院校专业的共性需求,实现优质资源共享,推动专业教学改革,提高人才培养质量,增强社会服务能力,为湖南乃至中国的会展职业教育提供有力支撑。

湖北省会展教育（本科）发展报告

蒋 昕[①]

一、湖北省会展教育发展历程

（一）起步阶段（2003—2008 年）

2003—2008 年是我国会展教育起步阶段,会展本科教育在湖北尚未兴起,但已有高校开始试水。湖北经济学院从 2006 年起连续三年在旅游管理专业下设会展与商务旅游方向,为正式开办会展经济与管理专业奠定基础。

（二）快速发展阶段（2009—2014 年）

2009—2014 年是湖北省本科教育发展的快速阶段。五年来,四所高校会展本科专业逐步开设,其中湖北经济学院会展经济与管理专业是湖北省第一批获教育部批准正式招生办学的会展本科层次人才培养专业。其后,武汉轻工大学在 2010 年设立文化产业管理专业会展经济与管理方向,武汉

---

① 蒋昕,管理学博士,湖北经济学院副教授,会展经济与管理系主任,湖北省会展业商会专家委员会委员,主要研究方向为旅游目的地管理、会展营销。

工商学院在2012年设立会展经济与管理专业,武汉传媒学院在2014年设立会展与经济管理专业,见表1—1。

表1—1　　　2009—2014年湖北省会展本科院校设立情况汇总表

学校名称	专业名称	招生数量(人)	设立时间(年)	备注
湖北经济学院	会展经济与管理	253	2009	合计招生数量
武汉工商学院	会展经济与管理	120	2012	合计招生数量
武汉轻工大学	文化产业管理(会展经济与管理方向)	120	2010	2018年取消该方向
武汉传媒学院	会展经济与管理	35	2014	2016—2017年取消该方向,2018年拟恢复
合计		528		

因为各种原因,主要是学生就业时专业对口率低,武汉轻工大学计划2018年取消该方向。武汉传媒学院2016—2017年取消该专业,计划2018年恢复招生。五年来,会展教育本科招生数量达到528人次。湖北会展本科教育主要位于湖北省会城市武汉,并处于快速发展阶段。其他城市暂未有本科层次的会展专业,仅三峡大学开设了两门会展方面的课程。

(三)稳定发展阶段(2015—2017年)

2015—2017年,湖北省会展本科院校处于稳定发展阶段,并新增两个院校——武汉商学院、湖北商贸学院于2016年设立会展经济与管理专业,并在两年内招生达80人次。其他院校稳步发展,见表1—2。

表1—2　　　　2015—2017年湖北省会展院校设立情况

学校名称	专业名称	招生数量(人)	设立时间(年)	备注
湖北经济学院	会展经济与管理	168	2009	2017年开始旅游管理类专业大类招生
武汉轻工大学	文化产业管理(会展经济与管理方向)	107	2010	2018年将取消该方向
武汉工商学院	会展经济与管理	90	2012	
武汉传媒学院	会展经济与管理	35	2014	2014、2015年会展招生,2016、2017年停招,计划2018年恢复招生
武汉商学院	会展经济与管理	80	2016	
合计		500		

二、湖北省会展本科教育在校学历教育招生(2017)规模

2017年,湖北省会展本科教育在校学历招生数量维持在20—50人的水平,五所高校平均招生人数在29人次左右,最高招生数量是湖北经济学院旅游管理大类招生50人次(有待第三学期分流确定最终专业人数),最低招生数量是武汉传媒学院2017年该专业。五所本科高校在2017年总招生数量为144人次,见表2—1。

表2—1　　2017年湖北省会展本科教育在校学历教育招生规模

学校名称	专业名称	专业层次	招生数量(人)	备注
湖北经济学院	会展经济与管理	本科	50	旅游管理大类招生,第三学期分专业,预计50人
武汉工商学院	会展经济与管理	本科	24	
武汉商学院	会展经济与管理	本科	40	
武汉传媒学院	会展经济与管理	本科	0	2017年该专业停招
武汉轻工大学	文化产业管理(会展经济与管理方向)	本科	30	2018年该方向停招
合计			144	

三、湖北省会展教育主体结构分析

1. 湖北省开设会展本科专业教育主体的数量

湖北省开设的会展本科专业教育主体为:湖北经济学院、武汉工商学院、武汉商学院、武汉传媒学院、武汉轻工大学。五所高校均位于湖北省会城市武汉。

2. 湖北省开设会展本科专业教育主体的对比情况

湖北省开设会展本科专业教育的五所高校中,武汉传媒学院会展经济与管理方向2015—2017年处于停招状态,武汉轻工大学文化产业管理(会展经济与管理方向)于2018年停招,而其他几所高校处于逐年稳步发展状态。招生数量基本维持在一定水平,持续为会展业输送人才。五所高校中,湖北经济学院会展经济与管理专业办学时间最长,招生规模和办学状态最为稳定。

总体来说,湖北省五所普通本科高校设立会展经济与管理专业,招生数量稳中有升。但是招生状况并不稳定,竞争激烈,有两所高校经历了停招、转向的问题。多所高校办学时间短,尚处于摸索发展阶段。

四、湖北省会展相关专业设置情况

(一)会展专业设置

湖北经济学院于2009年开设会展经济与管理专业,主要课程有会展学概论、会展项目管理、会展营销、会议运营管理、节事活动策划、会展展示设计。

武汉轻工大学于2010年开设文化产业管理专业(会展经济与管理方向),主要课程为中国文化史、世界文化史、管理学原理、文化产业概论、文化资源学、文化政策与法规、文化市场营销学、产业经济学、文化项目运作与管理、知识产权概论、文化创意与策划、市场调查与分析。

武汉工商学院于2012年开设会展经济与管理专业(会展策划师方向),主要课程有会展概论、会展市场营销、会展项目策划与管理、节庆活动策划与管理、展示空间与设计、会展场馆经营与管理、会展财务管理、会展信息管理、现代服务业管理、会展商务英语、德语等。

武汉商学院于2016年开设会展经济与管理专业,主要课程有美学概论、创意学、管理学原理、会计学原理、财务管理、会展概论、会展经济学、会展营销、会展策划、会展项目策划与管理、节事活动策划与管理、会展信息管理等。

武汉传媒学院于2014年开设会展经济与管理专业,却在2015－2017年停招该专业,故该校会展专业课程设置暂不收录。

(二)专业规模

2017年,湖北经济学院会展经济与管理专业在旅游管理大类招生,招生规模为50人次;武汉轻工大学文化产业管理(会展经济与管理方向)招生规模为30人次;武汉工商学院会展经济与管理专业招生规模为24人;武汉商学院会展经济与管理专业招生规模为40人;武汉传媒学院会展专业处于停招状态。从数据来看,湖北经济学院、武汉商学院招生规模较高,武汉轻工大学及武汉工商学院次之。近年来,各高校招生规模基本稳定,人数略有增长。

(三)专业层次

五所高校设立的会展与经济管理专业均为本科层次,学生毕业获得管理学学士学位证书。

五、湖北省会展专业培养计划情况

(一)会展专业核心课程开设情况

湖北省各高校会展专业核心课程数量较多,均在 8 门以上,武汉商学院分布的核心课程数量最多,见表 5—1。

表 5—1　　　　2017 年湖北省会展院校(本科)核心课程统计表

学校名称	专业名称	核心课程数量(门)	备注
湖北经济学院	会展经济与管理	11	管理学、宏观经济学、微观经济学、会计学、会展学概论、会展项目管理、会展营销、节事活动策划、会议运营与管理、会展专业英语、展示综合设计、会展政策法规
武汉工商学院	会展经济与管理	8	会展策划学、管理学原理、经济学、市场营销学、展示空间与设计实训、创意学、会展概论、现代服务业管理
武汉商学院	会展经济与管理	12	美学概论、创意学、管理学原理、会计学原理、财务管理、会展概论、会展经济学、会展营销、会展策划、会展项目策划与管理、节事活动策划与管理、信息管理
武汉传媒学院	会展经济与管理	8	会展项目策划与管理、会展文案写作、展示工程与设计、会展市场营销、会展招商招展实务、会展现场管理、节事活动策划与管理、会议运营管理

关于核心课程的频率,综合五所高校核心课程设立情况,管理学和会展营销出现频次最高,达到 80%。

会展概论、会展项目管理、展示综合设计、节事活动策划在 3 所高校中均有出现,概率为 60%。会议运营管理、会展策划学、创意学、经济学、会计学五门课程出现频次较低,概率为 40%。

(二)特色课程开设情况

表 5—2 显示,武汉工商学院特色课程数量最多,武汉传媒学院因中间停招,数量较少。武汉轻工大学因 2018 年停招该方向,故并未收录其特色课程名称。各高校因培养目标不尽相同,特色课程也各有其侧重点。

表 5—2　　　　　　2017 年湖北省会展院校(本科)特色课程统计表

学校名称	专业名称	特色课程数量(门)	特色课程名称
湖北经济学院	会展经济与管理	5	世界博览史(通识选修、专业选修)、节事活动策划(双语课程、面向全校师生的专业选修课)、展示综合设计(实验课)、会展学概论(一课多师)、会展项目管理(行业导师进课堂、实践项目同期)
武汉工商学院	会展经济与管理	8	市场调研与预测、新媒体营销、体育赛事经营与管理、设计概论、会展工程与材料、CAD 制图、3D 设计基础、会展商务英语
武汉商学院	会展经济与管理	4	美学概论、创意学、节事活动策划与管理、会展策划
武汉传媒学院	会展经济与管理	2	平面设计与色彩构成、媒体融合运营
武汉轻工大学	文化产业管理(会展经济与管理方向)		因计划停招,不予收录

由表 5—3 可以看出,特色课程重合率较低。仅有节事活动策划与管理课程在湖北经济学院和武汉商学院两校中有分布,名称也略有不同,其他课程均为校园特色课程。从中也可以看出,各高校特色课程偏重点不一样。

(三)实践课程开设情况

1. 实践课程名称与数量

湖北多所高校将展示设计、展示工程相关课程设置为实验课程,如湖北经济学院开设独立实验课程展示综合设计,武汉工商学院开设展示空间设计与实训。也有高校开设服务管理方面的实验课程,如武汉商学院开设会展服务与管理综合实验课程。

2. 实践课程教学形式

设计类实践课程教学形式有多媒体教学、软件实操教学、现场教学等;服务类实践课程教学形式主要有校内实验实训室观摩、演练教学。

(四)实践教学改革情况

湖北高校将校内实践和校外实习结合。湖北经济学院除实验课程外还注重学生第二课堂学习,推行本科生导师制和读书工程、行业导师进课堂、"会展业青蓝计划"师徒结对等实践实训和创新创业教育,指导学生开阔视野、实践创新。目前在大学生创新创业训练计划、"互联网＋大学生创业大赛"、学生科研等项目申请方面实现了国家级、省级、校级多层次参与、多层次立项的成绩。湖北经济学院实习方面设置了中期专业实习实训和毕业实习两个阶段,目前克服会展企业项目时间波动大、岗位零散等困难,较为全面地落实每名学生1—2个实习项目,对稳定学生专业思想、锻炼学生行业实践能力发挥了较好的作用。

武汉商学院推行"循行导教2AB"人才培养模式。这种模式是以"循行导教"为人才培养理念,基于会展行业发展规律,以培养能在会展企业或相关企事业单位进行活动策划与营销、项目管理的应用型高级专门人才为目的,按照A、B、A′、B′四个培养环节来实施教学,从而切实提升学生就业能力的一种培养模式。"2AB"中的"2AB=AB+A′B′",其中,A表示校内学习与实验实训,包括文化基础知识、专业基础知识、专业技术知识、专项技能的学习和实验实训,B表示校外的专业教学实习;A′表示校内新知识和新技能的学习与拓宽;B′表示校外的毕业实习。

六、会展教育师资情况

(一)师资情况统计

从表6—1分析,湖北省会展专业教师数量为23名,每个学校教师数量在6名左右。就教师学历来说,硕士占比最高,达到43.48%;就教师职称来看,讲师占比最大,约65.22%。湖北省内横向比较来看,湖北经济学院、武汉商学院师资情况略好一些。

表6—1　　2017年湖北省会展专业(本科/高职)师资情况

学校名称	专业名称	学生总数	教师数量	博士后	博士	硕士	本科	教授	副教授	讲师	助教
湖北经济学院	会展经济与管理	210	6	1	3	2			1	5	
武汉工商学院	会展经济与管理	130	6			1			2	3	1
武汉商学院	会展经济与管理	80	6		3	3		1	2	3	
武汉传媒学院	会展经济与管理	72	5			5			1	4	
武汉轻工大学	文化产业管理(会展经济与管理方向)										
合计		496	23	1	7	10		1	6	15	1

(二)师资情况分析

1. 各个院校师生比例情况

从表6—1来看,湖北省会展专业师生比约为1:21.91。从各院校来看,湖北经济学院师生比为1:35;武汉工商学院师生比约为1:21.67;武汉商学院师生比为1:13.3;武汉传媒学院师生比为1:14.4。从国家规定本科专业师生比例标准1:18来看,湖北经济学院、武汉工商学院师资力量缺口较大。武汉商学院与武汉传媒学院如果按照完整的四个年级估算,师资缺口依然存在。

(二)学历占比情况

从表6—1分析,湖北省会展专业教师中博士后1名,约占4.34%;博士7名,约占30.43%;硕士10名,约占43.48%。整体来看,博士后比例较小,会展教师学历主要为博士和硕士。

(三)职称占比情况

从表6—1分析,湖北省会展专业教师中,教授有1位,占4.34%;副教授有6位,占26.09%;讲师有15位,占65.21%;助教1位,占4.34%,整体呈抛物线状。会展专业教师职称主要是讲师和副教授。

(四)专业背景分析

从表6—2来看,湖北省会展专业教师大多具有企业阅历,占34.78%。专业背景是会展的几近没有,大多是管理学、经济学专业背景,占60.57%;其他专业背景的也比较多,如美术设计、人文地理、社会学。这种状况反映出多数会展师资为跨专业发展而来,师资队伍的专业能力有待加强。

表6—2　　　　　2017年湖北省会展院校(本科)师资背景情况

学校名称	教师数量	企业阅历人数	专业背景(根据教师最高学历填写)						
			会展	经济学	管理	营销	统计	英语	计算机	其他
湖北经济学院	6	4			2	1				3(工学、社会学)
武汉工商学院	6	4			4					2(美术设计)
武汉商学院	6			3	2					1(人文地理)
武汉传媒学院	5			1	4					
合计	23	8		4	12	1				5

(五)年龄结构分析

从表6-3数据分析,湖北省会展专业教师年龄段主要集中在30-40岁,占69.57%;少部分在30岁以下,占8.70%;40-50岁的占21.74%,也是较为少的;50岁以上的会展专业教师数据为0。总的来说,湖北省会展专业教师年龄结构是较为年轻的。

表6-3　　　　2017年湖北省会展院校(本科)师资年龄结构情况

学校名称	教师数量	30岁以下	占比(%)	30-40岁	占比(%)	40-50岁	占比(%)	50岁以上	占比(%)
湖北经济学院	6	0	0	4	77	2	33	0	0
武汉工商学院	6	2	33	4	77	0	0	0	0
武汉商学院	6	0	0	4	66.7	2	33	0	0
武汉传媒学院	5	0	0	4	80	1	20	0	0
合计	23	2		16		5		0	

七、实践教育情况

(一)学生参加专业培训情况

在湖北,会展专业学生参加的专业培训主要是中国会展集训营和中国国际贸易促进委员会举办的经贸会展从业能力综合实训。会展本科生参加会展专业培训较少,有待加强校企联合举办的会展专业培训,见表7-1。

表7-1　　　2017年湖北省会展院校(本科)学生参加专业培训情况统计

学校名称	专业名称	项目来源	培训项目名称	证书名称	备注
湖北经济学院	会展经济与管理	中国会展集训营暨精英论坛	中国会展集训营	中国会展集训营	
武汉工商学院		中国国际贸易促进委员会商业行业分会	经贸会展从业能力综合实训	会展从业能力综合实训	
		中国会展集训营暨精英论坛	中国会展集训营	中国会展集训营	
武汉商学院		中国会展集训营暨精英论坛	中国会展集训营	中国会展集训营	
武汉传媒学院					2017年该专业停招

(二)学生进行行业实践情况

在湖北,学生参加行业实践因地域原因,主要集中在武汉市内的会展相关企业,校企合作的单位如表7-2所示,行业范围主要是展览、会议、广告行业协会等,走出去实践的比较少,主要是在上海等城市。学生阶段,实践岗位大多为市场部、销售岗、营销岗或者志愿者类型,见表7-2。

表7-2　　　　　　2017年湖北省会展院校学生行业实践情况

学校名称	专业名称	校企合作单位	实践岗位设置与安排	备注
湖北经济学院	会展经济与管理	上海恒进展览有限公司、上海决策者、武汉好博塔苏斯展览有限公司、食和岛网络科技有限公司、中国婚博会、武汉会展行业协会等	展商邀约、自媒体营销、会议销售、现场运营管理、网站维护等	
武汉工商学院	会展经济与管理	武汉鸿威国博展览有限公司、深圳华俊展览有限公司、沈阳世界园艺博览经营有限公司、武汉佳通会展经营管理有限公司、武汉宏格文化传播公司、武汉会议中心经营有限公司等	市场部、媒体推广、展厅项目、博览、展示设计、推广、会议等	
武汉商学院	会展经济与管理			目前仅有一、二年级学生,还未集中安排实习实践
武汉传媒学院	会展经济与管理	武汉布鲁斯文化传播有限公司	志愿者	

(三)学生参与专业竞赛情况

在湖北,会展专业本科学生参加专业竞赛较为积极,竞赛级别大部分是国家级的,也能在竞赛中获得不错的奖项。横向比较来看,武汉工商学院的学生参与人次更多,获得的奖项荣誉相对较高,见表7-3。

表7-3　　　　　　2017年湖北省会展院校学生参加相关竞赛情况

学校名称	专业名称	竞赛名称	竞赛数量	备注
湖北经济学院	会展经济与管理	2017第三届中国会展专业大学生主题演讲比赛、2017年湖北经济学院"互联网+"创新创业大赛、2017年中国会展院校大学生专业技能大赛	3项比赛,分别为5人次、5人次、5人次	各项比赛均获三等奖

续表

学校名称	专业名称	竞赛名称	竞赛数量	备注
武汉工商学院	会展经济与管理	2017全国高校商业精英挑战赛"商业贸促杯"经贸会展竞赛总决赛、2017第三届中国会展专业大学生主题演讲比赛、2017第7届"远华杯"全国大学生会展创意大赛	3项比赛,分别16人次、5人次、15人次	获奖情况依次如下:一等奖、二等奖;三等奖;三等奖
武汉传媒学院	会展经济与管理	挑战杯	1	

八、会展各专业学生就业情况

(一)就业比例

湖北省会展各专业学生就业比例较高。2017年湖北经济学院达到100%的就业率;武汉轻工大学也有90%的就业率;武汉工商学院相对较低,就业率为70%。学生就业主要是在企业单位,也有考研、参军、从政的。武汉传媒学院2015—2017年停招该专业,未统计这方面人数。武汉商学院还没有毕业生,见表8—1。

表8—1　　　2017年湖北省会展院校(本科)应届学生就业情况

学校名称	专业名称	毕业生数量(人)	就业比例(%)	备注
湖北经济学院	会展经济与管理	48	100	考研7个、境外留学2个、选调生1个,其余在企业就业
武汉工商学院	会展经济与管理	66	70	2017年部分学生考研、参军、援藏
武汉轻工大学	文化产业管理(会展经济与管理方向)	30	90	2018年该专业停招

(二)就业对口率(见表8—2)

表8—2　　　2017年湖北省会展院校(本科)应届学生就业对口情况

学校名称	专业名称	毕业生数量(人)	就业对口比率(%)	备注
湖北经济学院	会展经济与管理	48	70	

续表

学校名称	专业名称	毕业生数量(人)	就业对口比率(%)	备注
武汉工商学院	会展经济与管理	66	70	2017年部分学生考取研究生,参军,援藏干部
武汉传媒学院	会展经济与管理			2017年该专业停招
武汉轻工大学	文化产业管理(会展经济与管理方向)	30	7	

对口率低的武汉轻工大学仅为7%。

(三)就业薪资情况

湖北省会展专业毕业生就业薪资范围因各种原因统计比较困难,第一年平均工资在4 000元以上。就表格数据来看,湖北经济学院、武汉工商学院学生薪资水平差别不大,均高于武汉2017年大学生薪资平均水平(见表8-3)。武汉传媒学院2017年专业停招,武汉商学院还没有毕业生,不予统计。

表8-3　　　　　2017年湖北省会展院校(本科)应届学生薪资情况

学校名称	专业名称	毕业生数量(人)	平均薪资(元)
湖北经济学院	会展经济与管理	48	4 500
武汉工商学院	会展经济与管理	66	4 200

九、湖北省会展教育存在的问题与相关建议

(一)人才培养目标问题与建议

本科层次的专业人才培养应该是一个目标体系,从学生成人成才到基本面的能力与素质,再到专业的胜任力要求,培养目标体系关乎学生的终身学习与成长的能力与素质,关乎学生的职业发展方向与规划。湖北5所高校开办的会展本科专业都是会展经济与管理专业,另有1所高校(武汉轻工大学)是在文化产业管理专业下设会展经济与管理方向。从专业(或专业方向)的名称来看,各校专业定位与人才培养目标具有良好的共识。各高校确立的会展本科人才培养目标整体上具有较好的层次性,集中反映出对学生策划能力、项目管理能力和实践创新能力的要求,对会展管理层面的培养目标要求比较明确,但是对会展经济层面的培养目标要求比较模糊,容易使会

展本科人才培养工作视野不够开阔,局限于具体项目策划与运营管理,疏于对会展经济现象的理解和分析能力、会展经济与政策宏观趋势把握与顺应能力的培养。

建议会展本科专业增加会展经济层面的能力与素质培养目标,加强对学生理解和把握宏观产业发展趋势能力的培养,为会展经济可持续发展提供更具有竞争力和支持度的会展本科人才。

(二)专业招生问题与建议

会展经济与管理专业列入教育部本科专业目录时间(2012年)较短,会展经济本身发展不够均衡,主要集中在经济发达、城市化程度较高的区域,所以广大考生和家长对这一专业的了解和认可度比较低,直接导致湖北省会展本科专业招生第一志愿率不高,专业调剂比例高,入学后小部分同学申请换专业,部分同学思想不稳定。武汉轻工大学以文化产业管理专业招生,设会展经济与管理方向,学生专业意识更加薄弱,影响到人才培养过程,特别是实习实践和就业环节,只有少数学生真正确立了对会展专业、会展产业的情感和意愿归属,使该专业方向名不符实,2018年停招会展经济与管理方向。

湖北经济学院会展经济与管理专业招生规模比较稳定,自2017年起实行旅游管理类专业大类招生,经过1年半学习再进行旅游管理、酒店管理、会展经济与管理专业的划分。这一招生改革举措提高了学生专业选择的自主性,一旦选择会展经济与管理专业,则专业思想比较稳定。学生选择专业的实际情况尚不可知,值得会展教育界拭目以待。

针对会展经济与管理专业社会认可度不高、第一志愿率不高等问题,建议湖北几所高校联合会展行业协会、产业联盟等行会组织和企事业单位在每年招生季加大社会宣传推广力度,既对湖北乃至全国会展经济与会展企业发展情况做宣传,提高民众关注度、认可度,也对会展人才缺口、会展本科教育等情况进行说明,帮助考生了解这个朝阳产业,提前规划专业学习和职业发展。

(三)师资队伍问题与建议

师资问题是人才培养的根本问题。目前湖北会展师资整体上是跨专业转型而来,这也是我国会展高等教育发展时间短带来的现实问题。有些专业跨度较小,如经济学、管理学、营销学专业师资会对接会展经济、会展项目管理、会展营销等专业领域,美术设计专业师资对接展示空间、展示设计等专业领域,跨度相对较小。有些教师则面临专业跨度大的实际困难。

建议会展专业师资通过企业挂职锻炼、项目实习实践、产学研合作等平台进行会展业务能力的提升,全面改善师资队伍的专业性。

建议各校教师加强横向联系,利用高校教师专业背景丰富、科研能力较强的优势,联合进行课程开发、课程研修,互通有无,建立统一的会展人才培养对话体系和评价标准。

(四)课程体系设置问题与建议

课程体系设置是对人才培养目标的分解,但是由于目前会展本科人才培养缺少客观、相对统一的办学指标和评价标准,特别是有些高校以专业方向的名义招生,因此各高校的课程体系设置差异较大。即使是一些出现频率较高的会展专业核心课程,在课程名称、课程内涵、学时与学分方面也有较大差异,如:

(1)会展营销类课程。课程名称有会展营销、会展市场营销、市场营销学、文化市场营销等,名称不同,课程内涵也不尽相同。有些高校单列了市场调查与分析课程,有些高校则把相关内容包括在会展营销课程中。

(2)节事活动策划类课程。课程名称有节事活动策划、节事活动策划与管理,前者重策划,后者策划与管理并重。

(3)策划类课程。有高校将策划方面知识拆解融合到相关课程中,如节事活动策划、会展项目策划与管理中,也有学校专门设置会展策划学,或者会展策划、会展项目策划与管理两门课程同时开设。

(4)会展项目管理类课程。课程名称有会展项目管理、会展项目策划与管理,教学内容也各不相同。

(5)会展设计类课程。课程名称有展示综合设计、展示空间与设计实训、展示工程与设计等,教学内容有的偏重于设计理论,有的侧重于设计实训,有的偏重于展示工程。这一方面与生源背景相关,对于文理专业招生的学生,该课程设置的目的在于理解展示设计领域,能够在工作中与专业人士对话;对于美术专业背景的学生,该课程设置的目的在于具有展示设计的专业技术与能力。

上述课程是湖北高校会展专业中出现频次较高的核心课程,但课程定位、在培养目标中分解下来的课程目标和课程建设差异较大,学校之间横向交流较为困难。

课程设置中的另一问题是各高校对会展产业内涵的认识、学生培养目标的确立没有统一标准,除上述出现频次较高的课程外,其他课程设置差异更大。如有学校设置了会议运营与管理(名称表述可能略有差异),有的学校并无独立的会议产业相关课程,说明该校对会展经济及产业内涵、业态的认识更侧重于展览、节事,对会议较少关注。这样的课程设置影响到学生对会展业的认识及其未来的职业规划。

课程设置中的第三个问题是课程借助其他专业课程发展而来的现象比较普遍,课程的会展专业特色不足。主要依托的课程有经济学、管理学、营销学、项目管理等。

建议全国会展高校能在课程设置方面展开更多的交流和对话,根据会展经济与管理本科人才的培养目标确立能力与素质体系,进而在课程设置方面达成更多的共识。同时建议会展教育界和业界紧密联系,开发更多的具有特色的专业课程,丰富会展经济与管理专业的课程体系。

(五)实习实践问题与建议

实习实践方面主要存在的问题是时间零散,岗位零碎,不利于系统学习与实践,学生接触到的实践机会差异较大,不利于教育公平。这种现象与会展经济活动本身的运行规律相关。大多数会展经济活动以项目化方式运作,时间节点差异大,每次与学校对接情况不同。各个企业或项目提供的实践岗位数量有限,极少有机会集体实习。这样的状况不利于学生深入理解会展业,激发对会展业的热情和归属感,直接影响就业去向。

建议会展学界和业界进一步对话交流,鼓励企业为学生提供更佳、更稳定的实习实践岗位,吸引会展学子深入产业锻炼提高,进而扎根于会展业,为会展经济和产业发展贡献力量。

建议学校积极与企业联系,提供固定实习时间和岗位,给学生创造较为集中的实践实习时间,强化实习管理,优化实习效果。

(六)就业与职业发展问题与建议

整体看,湖北会展本科人才毕业后对口就业的统计指标不够理想。一方面,学生对会展业缺乏归属感;另一方面,就业对口的统计口径不能全面解释学生去向是否与会展经济活动相关。事实上,尽管在国家服务业发展规划中,会展业是生产性服务行业,但它同时也是生活性服务行业,在会展经济活动中既有项目组织、运营主体构成的狭义会展企业,也有以参展商为代表的广义的会展相关企业,这些企业提供的与会展活动相关的岗位也应纳入就业对口的统计中。

建议进一步明确、完善就业统计的指标体系,使之与行业发展和社会实际情况更符合。

湖北目前最早一批会展本科专业毕业学生为湖北经济学院2013届毕业生,毕业时间仅有5年,尚未完全展示职业发展的潜力。建议各学校跟踪联系毕业生,收集毕业生职业发展的基本情况和典型代表情况,形成对会展经济与管理专业办学竞争力的有力支撑。

(七)其他会展本科专业发展建议

1. 构建专业知识体系

我国会展经济与管理专业本身历时较短,许多高校是在2012年专业目录调整后才开设这一专业,整体上专业内涵及知识体系在学界内的交流探讨不足,与业界的互动检验不够。这一工作有待教育部高等学校旅游管理类专业教学指导委员会和中国会展经济研究会会展教育与培训专业委员会牵头,整合更多学界、业界的力量,建设会展教育论坛等产学研对话互动平台,共同学习西方会展人才培养的知识体系内涵及其在我国的适用性,构建我国会展经济与管理专业的知识体系。

2. 优化课程结构体系

会展人才是复合型人才,会展经济与管理专业的知识体系具有知识领域跨度大、交叉多、层次丰富的特点。在我国本科专业人才培养中,专业知识体系最终要转化为课程体系才能得以组织和实施。因此,课程体系的构建和实施是会展经济与管理专业本科人才培养的关键环节。目前许多高校采取通识必修课、通识选修课、专业基础课、专业必修课、专业选修课、实践实验课(不同高校课程类型名称略有差异)的课程体系。但在专业知识体系中,每一领域的知识若要深究下去都可独立成为一门课程,但这与本科教学的实际情况不相符合。因此在前述建立专业知识体系的基础上,教学单位还需将不同领域的知识根据学科归属、课程归属进行梳理,凝练出完善的课程体系,让学生能依托层次清晰、主体突出、兼容并蓄的课程学习获得相应的知识和能力。

3. 建立知识分享联动机制

大学开办会展经济与管理专业不仅要面向社会和产业培养高素质专门人才,同时还有吸收、沉淀和发展行业新知识的社会责任。会展产业正在经历前所未有的快速发展,一方面要深入拓展产业内涵,另一方面要充分应对技术发展、社会进步带来的新机遇、新挑战,社会和产业的新发展、新动向应该第一时间进入人才培养环节,才能保障人才培养的活力与张力。因此未来会展教育界应该发展更加成熟的产学研联动机制,业界人士以特邀嘉宾的身份进入课堂与学生交流互动常态化,有效保障业界经验、产业动态与课程教学的顺畅沟通。我国会展教育发展历程短暂,更应保持新兴专业教育的活力,教育部门和行业协会可以共建沟通平台和沟通机制,整合教师、业内的积极性,使广大会展企业和院校在知识和研究成果的分享不仅是情怀使然,更是制度激励。

注：本报告数据统计来源于湖北各会展本科院校官网、专业负责人。在此感谢武汉商学院会展专业负责人高考、武汉工商学院会展专业负责人黄颖、武汉传媒学院会展专业负责人蒋冬青、武汉轻工大学文化产业管理专业教师彭桂芳提供相关数据！感谢湖北经济学院会展经济与管理专业2014级学生刘靓协助完成数据整理和统计工作！

四川省会展教育
(高职)发展报告

张芝敏[①]

目前四川开设会展经济与管理本科专业的包括四川大学、四川农业大学、成都信息工程学院、成都理工大学、成都大学等在内的7所高校,开设会展策划与管理专科专业的包括成都职业技术学院、四川传媒学院等在内5所高职院校。随着会展业的蓬勃,四川对会展专业人才的培养也越来越重视。

2016年是国家"十三五"开局之年,四川会展业收获了一张沉甸甸的成绩单:G20财长和央行行长会议,2016中国成都全球创新创业交易会,第16届中国西部国际博览会,第22届世界航线发展大会。随着会展产业规模不断壮大,品牌影响持续扩大,成都正加快成为"国际会展名城"。到2020年,成都会展业总收入将达到1 040亿元,形成新的千亿产业。四川省会议和展览的形式不断增多,对会展业人才的需求量也在逐步增加。在这种情况下,高职院校有必要开设会展专业,以满足社会和企业的需求。

通常情况下,本科类院校与职业技术院校在发展定位上各不相同,前者主要培养高端人才,后者主要承担操作业务培训工作,培养具有实操技能的

---

① 张芝敏,成都职业技术学院会展专业主任、副教授,长期从事旅游管理、会展策划与管理相关专业的教学和研究工作,2015年10月获得国家旅游局"万名旅游英才计划"双师型教师培养项目,2016年出版独著《城市会展旅游发展》。

会展实用型、应用型技能人才及辅助性人才。从这点出发，目前成都会展业急需的策划、创意、营销复合型人才应主要由本科类院校完成。但目前我国开设会展专业的普通本科类高校相对较少。据统计，目前开设会展专业的学校构成中，职业技术类学校约占80%，普通本科高校占20%，职业教育占较大的份额。而绝大多数职业技术院校培养的主要方向是技能型人才，对高端人才较少涉及。这种格局也在一定程度上造成了我国会展高端人才缺乏的情形。

成都也是如此。2012年之前四川没有一所普通高校开设会展专业，直到2012年四川大学在四川博览局的支持下开设了会展经济与管理专业。成都职业技术学院虽然是职业院校，却是省内第一家培养会展人才的学校，在培养会展人才方面积累了一些经验，与业界保持一定的联系。社会需求永远是教育发展的根本目标和动力。市场需求决定专业人才的培养层次。高职教育既然以就业为导向，就更加应该尊重"市场需求说了算"，在技术和经济许可的条件下科学设置培养方向。

从高职院校人才培养目标定位的变化来看，当前高职人才培养目标发生了变化，由"技术应用型人才"转变为"高端技能型人才"。1991年国务院颁布《国务院关于大力发展职业技术教育的决定》，第一次提出高职主要培养"技艺性强的高级操作人员"。2000年《教育部关于加强高职高专教育人才培养工作的意见》明确指出，高职高专教育人才培养模式的基本特征为："以培养高等技术应用性专门人才为根本任务。"此后，培养技术应用性专门人才成为高等职业院校的主要工作任务。2011年《教育部关于推进高等职业教育改革创新引领职业教育科学发展的若干意见》首次提出"高等职业教育以培养生产、建设、服务、管理第一线的高端技能型专门人才为主要任务"，把高职的人才培养目标定位于高端技能型人才。可见，职业技术教育并非与"高端人才"绝缘。在我国的产业升级和社会转型中，随着教育的大众化以及社会对人才质量的要求日益提高，职业技术教育终将逐渐转型为培养高端技能型人才而非一般的技工。

考虑到四川会展业对高端人才的需求以及办学传统，高职院校可明确会展策划与管理专业的发展方向，即培养适应会展业发展趋势的会展项目经理国际化高端技能型人才，积极服务地方经济。也可根据市场需求状况、自身办学传统、师资力量等明确自身的培养方向。

贵州省会展教育
（本科）发展报告

王 超[①]

　　会展作为一个新兴的产业，属于旅游管理学科下三个方向的重要专业之一。1999年上海、北京、广州等会展发达城市就开始设置会展经济与管理专业（以下简称"会展专业"）。目前，会展专业在沿海发达城市和内陆一线城市招生就业情况相对较好。对于地处云贵高原的贵州省而言，随着近几年贵州经济飞速发展，再加上数博会、酒博会、旅游发展大会、民博会等具有国内外影响力的博览交流会议在贵阳的举行，会展专业在贵州省也逐步进入招生系统。相比较而言，贵州省会展经济与管理专业本科教育招生起步较晚。

　　2014年，教育部批准贵州财经大学设立会展经济与管理本科专业。次年，教育部批准贵州商学院和贵州民族大学设立会展经济与管理本科专业。截至2017年12月，贵州省会展经济与管理本科专业开设的大学一共有3家，合计招生765人，暂无本科毕业生。

　　基于此背景，本报告拟初步分析贵州会展专业本科教育的招生情况、师资结构、课程设置、学生竞赛等情况，并对贵州省会展专业本科教育现实中存在的主要问题和未来的发展方向提出相应的建议与措施，为关心和了解贵州会展专业本科教育的读者提供一些资料参考。

[①] 王超，博士、教授、硕士研究生导师，现任职贵州财经大学工商学院旅游管理系副主任、会展经济与管理专业主任，研究方向：民族旅游扶贫开发与管理、会展产业发展。

一、贵州省会展研究文献综述

基于主题为"贵州会展"在 CNKI 上查找相关文献，获得 21 篇与贵州会展研究相关的文献。贵州会展研究发文的趋势如图 1-1 所示（数据查询时间至 2018 年 1 月 30 日）。

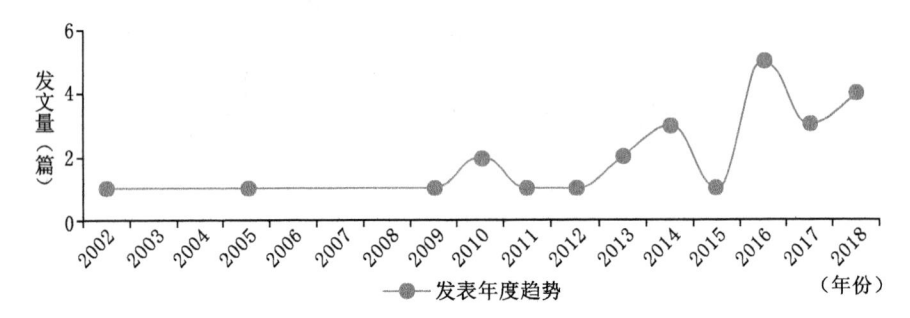

图 1-1 贵州省会展研究发文趋势图

由图 1-1 和图 1-2 可知，基于中国知网可以查询到的文献，最早有关贵州会展研究的论文是李骏在《工业建筑》2002 年第 8 期上的《酿造酒都文化气息——贵州仁怀会展中心设计》。2002-2017 年每年发文量极低，每年不超过 5 篇论文，甚至有些年份发文量只有 1 篇，代表作者主要有李树梅、李骏、刘兴宇等。贵州会展研究文献中，会展经济、会展业、博览会占研究主题的前三位。

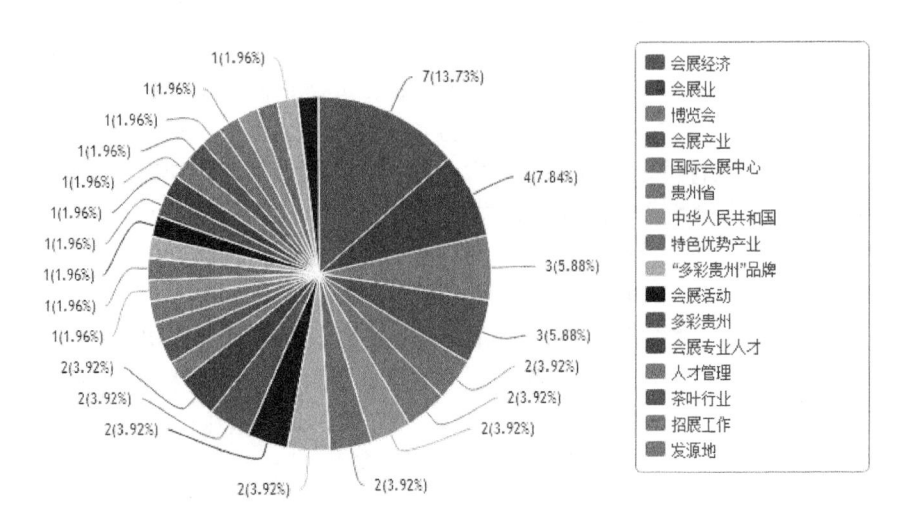

图 1-2 贵州会展研究主题分类饼图

关于贵州会展专业本科教育的研究为空白,中职教育有一定成果,但数量极少,只有2篇。总体而言,上面文献计量数据说明贵州会展相关研究滞后,与贵州会展行业和教育发展情况符合。从另一个侧面可以看出,贵州会展经济具有后发优势,其中会展研究代表性成果是一片空白,给相关学者提供了更多的研究机会。

二、贵州省会展专业本科教育发展历程

2014年3月,贵州财经大学会展经济与管理专业成为贵州省第一家开办的会展本科教育专业。次年,教育部发布《关于同意在贵州商业高等专科学校基础上建立贵州商学院的函》(教发函〔2015〕83号),同意筹建贵州商学院。同年,教育部同意贵州商学院会展策划与管理专科教育升为会展经济与管理本科教育。与此同时,贵州民族大学同时获得教育部批准,开设会展经济与管理本科教育。迄今为止,贵州省会展专业本科教育合计有3家高校,分别是贵州财经大学、贵州商学院、贵州民族大学。

其中,贵州商学院在2017年1月12日由中国科学评价研究中心、武汉大学中国教育质量评价中心、中国科教评价网联合推出的《中国大学及学科专业评价报告(2017—2018)》中,获得2016—2017年中国大学会展经济与管理专业排行榜全国第14位的成绩。这不仅与贵州商学院长久以来会展专科教育在业界的影响力相关,而且在升本科后进一步提升了贵州省会展专业教育的知名度和美誉度。

三、贵州省会展专业本科教育发展现状分析

(一)在校学历教育招生规模

由于贵州省会展专业本科教育获批时间相对其他地区较晚,其会展本科院校设立情况和招生规模如表3—1和表3—2所示。2014年,贵州财经大学会展专业本科招生30人;2015年,贵州商学院会展专业本科招生180人,贵州民族大学本科招生31人。到2017年12月为止,贵州财经大学会展本科合计招生175人,贵州商学院会展本科合计招生477人,贵州民族大学会展本科合计招生113人。

表 3-1　　　　2014—2017 年贵州省会展本科院校设立情况汇总表

属性	省市	学校名称	专业名称	招生数量（人）	设立时间	备注
本科	贵州省贵阳市	贵州财经大学	会展经济与管理	30	2014年9月	当年招生数
	贵州省贵阳市	贵州商学院	会展经济与管理	180	2015年9月	当年招生数
	贵州省贵阳市	贵州民族大学	会展经济与管理	31	2015年9月	当年招生数
合计	截至 2015 年 9 月 30 日，贵州省会展经济与管理专业本科招生为 241 人					

其中，贵州财经大学从 2016 级开始进行大类培养招生，在工商管理大类专业下基本招生计划为 60 人；贵州民族大学 2016 级开始进行大类培养招生，基本招生计划为 40 人。贵州商学院会展专业本科生最多，合计 477 人。整个贵州省会展专业本科院校招生约为 765 人。

表 3-2　　　　2017 年贵州省会展院校本科招生规模统计表

学校名称	专业名称	招生数量（人）	备注
贵州财经大学	会展经济与管理	175	四个年级合计招生人数，其中 2016 级、2017 级按照大类培养招生
贵州商学院	会展经济与管理	477	三个年级合计招生人数
贵州民族大学	会展经济与管理	113	三个年级合计招生人数，其中 2016 级、2017 级按照大类培养招生
合计	截至 2017 年 9 月 30 日，贵州省会展经济与管理专业在读学生合计 765 人			

（二）师资结构分析

由表 3-3 可知，贵州省会展专业本科院校师资情况中贵州财经大学拥有专职教师数量为 8 位，其中教授 2 位、副教授 3 位、讲师 2 位、助教 1 位，生师比为 21.88，具有硕士、博士学位教师有 7 位，博士后研究经历教师 1 位。贵州商学院专职教师数量为 9 位，其中教授 1 位、副教授 3 位、讲师 4 位、助教 1 位，生师比为 53，具有硕士学位的教师有 7 位，暂无博士学位教师。贵州民族大学专职教师数量为 10 位，其中教授 1 位、副教授 2 位、讲师 5 位、助教 1 位，生师比为 11.3，具有硕士博士学位教师有 10 位，暂无本科学位教师。

表 3—3 　　　　2017 年贵州省会展专业本科院校师资情况

学校名称	专业名称	学生总数	教师数量	学历				职称			
				博士后	博士	硕士	本科	教授	副教授	讲师	助教
贵州财经大学	会展经济与管理	175	8	1	1	5	1	2	3	2	1
贵州商学院	会展经济与管理	477	9			7	2	1	3	4	1
贵州民族大学	会展经济与管理	113	10		2	8		1	2	5	2
合　计		765	27	1	3	19	4	4	8	12	3

总体而言,贵州会展专业本科教育生师比过高,教师数量不足,博士学位教师较少,需要进一步引进相关专业人才,以支撑贵州会展专业本科教育。

表 3—4 　　　2017 年贵州省会展专业本科院校师资背景情况

学校名称	教师数量	企业阅历人数	专业背景(根据教师最高学历填写)						
			会展	经济学	管理	营销	统计	英语	计算机	其他
贵州财经大学	8	4		4	4					
贵州商学院	9	3	2		3	1				3
贵州民族大学	10	3			5	2			3	
合　计	27	10	2	4	12	1	0	2	0	6

由表 3—4 和表 3—5 可知,贵州省会展专业本科院校师资背景主要以经济与管理专业为主,占师资学科背景总比例的 59.25%。会展专业背景师资结构偏少,占师资学科总背景的 7.4%。有企业阅历的教师比例相对较小,其中贵州财经大学约为 50%,贵州商学院约为 33.3%,贵州民族大学约为 30%。

表 3—5 　　　2017 年贵州省会展专业本科院校师资年龄结构情况

学校名称	教师	年龄结构						
		30 岁以下	占比(%)	30—40 岁	占比(%)	40—50 岁	占比(%)	50 岁以上	占比(%)
贵州财经大学	8	1	12.50	5	62.5	0	0	2	25
贵州商学院	9	1	11	6	67	2	22		

续表

学校名称	教师	年龄结构							
^	^	30岁以下	占比(%)	30—40岁	占比(%)	40—50岁	占比(%)	50岁以上	占比(%)
贵州民族大学	10	2	20	5	50	2	20	1	10
合　计	27	4		17		4		3	

从具体分布来看，与学校性质关系密切。贵州财经大学会展师资背景全部来自经济与管理类。贵州商学院会展师资背景主要来自经济与管理类，其他学科背景占一定比例。贵州民族大学会展师资一般来自管理背景，英语背景占2位，其他背景有3位师资，可能涉及民族学、社会学、历史学等背景。从师资年龄结构来看，贵州省会展专业本科院校师资年龄呈现年轻化，40岁以下教师占77.8%。其中，贵州财经大学会展师资年龄差距结构相对较大，其他院校以30—40岁教师年龄为主体师资。

(三)核心课程设置情况

贵州财经大学、贵州商学院、贵州民族大学会展专业核心课程分别为18、19、22门，且都为专业基础课和专业必修课。其中，贵州财经大学突出旅游学概论、会展概论、会议管理、会展组织与管理、会展营销与策划课程设置，偏重管理类知识。校级特色课程包括旅游学概论(双语)、会展概论、会议管理、商务礼仪，偏重学生的会展礼仪和基础知识学习。贵州商学院突出展示空间设计、会展项目管理、会议运营与管理、大型活动策划与管理、会展营销、会展场馆经营与管理、会展信息管理课程设置，偏重会展管理与会展实际操作课程，并建设展示空间设计、大型活动策划与管理、会展营销、会展信息管理课程，凸显会展应用型本科专业的技能性。

贵州民族大学凸显会展概论、服务管理学、会展经济学、会展市场营销、会展旅游、会展项目管理、会展策划、会展场馆经营与管理、会展服务管理、会展政策与法规、展览展示设计课程设置，建设会展客户关系管理、会展场馆管理、旅游礼仪、服务管理学等课程，偏重培养学生会展管理基础知识和会展服务技巧知识。从各个学校课程设置来看，贵州会展本科教育课程设置与学校综合特色有关，与学校本科教育目标及定位关系密切。

贵州财经大学会展专业本科教育培养目标是：培养适应深度全球化背景下国家和地方经济社会发展需要，胸怀建设中国特色社会主义理想，具有健全的人格心智、良好的道德情操、扎实的理论功底、较强的实践能力，并富于创新精神和人文关怀的高素质应用型人才。能在会展行业从事市场调研、会展方案的策划、会展项目的销售和会展的现场运营管理工作，也可以从事本专业的教学和科学研究工作。

贵州商学院会展专业本科教育培养目标是:培养德、智、体、美全面发展,具备会展组织与策划的基本理论和专业知识,具有人文素质、广阔视野、创新意识、先进理念和社会责任,掌握会展业策划、设计、运营、管理、评估的基本能力,能在会展公司、会展场馆、参展企业、节事策划与组织公司、广告公司、旅游公司、政府部门和行业协会从事会展相关的科学研究、会展策划、空间设计、营销公关、运营管理、预算评估等工作的应用技术型人才。

贵州民族大学会展专业本科教育培养目标是:培养信念执着,品德优良,具有人文精神、科学精神和民族团结精神,本领过硬的应用型高级专门人才。毕业生应掌握本学科基本知识、基本技能和基本方法,具有扎实的专业知识和解决问题的能力,能在各级各类会展企业、会展行政管理机关、会展行业协会、旅游企业等领域,从事会展策划、会展营销、会展设计以及旅游管理等工作。

(四)学生实践与竞赛情况

由表3-6和表3-7可知,由于贵州会展专业本科教育起步较晚,只有贵州财经大学本科学生进入实习实践阶段,可以提供相关数据,贵州商学院和贵州民族大学学生要到2018年下半年才开始实习,因此没有相关数据。贵州民族大学重视学生交流实践工作,已经安排学生到相关会展业务事宜。

表3-6　　2017年贵州省会展专业本科院校学生行业实践情况统计表

学校名称	专业名称	校企合作单位	实践岗位设置与安排	备注
贵州财经大学	会展经济与管理	贵州省博览局	参加中国(贵州)国际酒类博会的组织协调工作	实习合作单位
贵州财经大学	会展经济与管理	贵州酒博公司	参加中国(贵州)国际酒类博会的组织协调工作	实习合作单位
贵州财经大学	会展经济与管理	贵州科博公司	参加民博会的组织协调工作	实习合作单位
贵州财经大学	会展经济与管理	贵阳国际会议展览中心有限公司	会务中心、采购中心、展览项目部	实习合作单位
贵州财经大学	会展经济与管理	贵州东盟国际会议中心	会议布置、展览布置、后勤服务等工作	实习合作单位
贵州商学院	会展经济与管理			学生未到专业实习阶段

续表

学校名称	专业名称	校企合作单位	实践岗位设置与安排	备注
贵州商学院	会展经济与管理			学生未到专业实习阶段
贵州民族大学	会展经济与管理	中国—东盟教育交流周	会场布置、后勤服务等工作等	学生实践
贵州民族大学	会展经济与管理	贵阳尚格会展公司	参加贵阳国际车展和贵阳汽车文化节的票务中心、会场布置、展会现场管理等工作	学生实践
合计	贵州财经大学、贵州民族大学共有7家学生行业实践单位			

从贵州财经大学来看，会展专业校企合作主要是在政府相关会展管理部门和具有会展业务活动的公司，如贵州省博览局、贵州酒博公司、贵州科博公司、贵阳国际会议展览中心有限公司、贵州东盟国际会议中心。在会展学生"走出去"参加竞赛方面，贵州财经大学高度重视会展专业学生走出贵州省，参与全国相关活动。

表3—7　2017年贵州省会展专业本科院校学生参加相关竞赛情况统计表

学校名称	专业名称	竞赛名称	竞赛数量	备注
贵州财经大学	会展经济与管理	2016年全国会展大学生演讲比赛	1	三等奖
贵州财经大学	会展经济与管理	第三届全国会展专业大学生主题演讲比赛——《我们在策划IEID》	1	优胜奖
贵州商学院	会展经济与管理	2017全国商业精英挑战赛会展创新实践赛	1	一、二、三等奖各1项
贵州商学院	会展经济与管理	"创智青羊杯"第二届全国财经类高校创新创业大赛	1	三等奖
贵州民族大学	会展经济与管理			未提供数据
合计	贵州财经大学学生荣获2个奖项，其中带队教师李树梅老师评为2016年度会展教育人物奖，何静老师评为优秀指导教师奖；贵州商学院学生获4项奖			

其中，在中国会展经济研究会举办的2016年度和2017年度会展经济与管理年会上，2015级李欣颖同学获得第三届全国会展专业大学生主题演讲比赛三等奖（广东珠海），2014级张泽琨、吕鹏、宋梦然等同学获得了《我们在策划IEID》"优胜奖"（海南海口）。贵州商学院在2017全国商业精英挑战赛会展创新实践赛、"创智青羊杯"第二届全国财经类高校创新创业大赛获得4

项佳绩。贵州民族大学未提供数据。总体而言,贵州省会展专业本科院校积极参加全国性活动,把贵州学生风采展现给全国相关领域人士。

四、贵州省会展专业本科教育存在的主要问题

(一)双师型比例低,缺乏具有行业经验的技能教师

目前,贵州省会展专业本科教师大多由经管类背景的教师转行而来,具有会展行业背景的教师比例低,缺乏具有行业经验的双师型教师。会展专业教师大多是在非会展学科培养体系下培养出来的,相关行业背景只能说是相近,未从事过会展企业实践工作的教师较多。虽然经济或管理专业理论较为扎实,但专业技能缺乏,动手能力严重不足。即使现在普遍实行"做中学"的教学模式改革,仍由于教师本身缺乏企业实践经验,传授给学生的技能不能与岗位实际结合,容易误导学生在以后的实际工作中出现意想不到的差错。双师素质比例偏低,影响毕业生教学质量与水平。

(二)教学资源紧张,会展专业建设缺乏经费投入

由于贵州省处于西部地区且在长期的经济发展中相对落后,教育投入经费也相对滞后,导致各个学校对新专业的建设力度有限。再加上学校突出打造的重点专业不是会展专业,致使会展教学资源紧张,主要体现在以下几个方面:

一是贵州会展本科专业建设经费投入需要加强。会展作为贵州三个院校的新办本科专业,前期的打造和社会资源的构建都需要专业建设经费大量投入,而且会展学科建设也需要一定的经费支持,这样教师才会有更高的积极性从事会展相关教学与科研。经费有限在一定程度上制约了会展专业的发展。

二是贵州优质教学资源短缺,不能满足教学需要。贵州虽已加强优质教学资源建设,但资源的数量与质量还不够,远不能满足教学和学习的需求,实际可用的资源很少。贵州很多会展相关资源都难以找到,同时很多教学资源自成一体,造成大量低水平、重复性的开发,资源浪费严重。

三是贵州会展教学资源建设缺乏针对性,不能满足多元化需求。优质教学资源的需求是多层次的,教师想得到一些与教学、备课相关的资源,学生也希望得到更全面、丰富的学习资源。目前的教学资源建设时设计的对象一般处于同一水平层次,不能满足学生的多元化需求。

(三)教学方式待变,会展课堂教学需要进行改革

对于贵州省而言,会展专业作为新办专业,在本科教育阶段仍然突出课堂传授教学为主,缺乏会展技能型展示课程和设计。由于大类统一培养,因材施教尚无法完全做到。当前贵州高校对因材施教、差别化教育普遍比较重视。尽管会展专业也多次进行这方面的改革,但总体来看,各专业培养方案、教学计划等尚无法体现因材施教的目的。比如,从一年级到四年级都是用相同的培养计划,甚至经管实验班也是数百人使用同一个教学计划,显然过于简单化一,无法体现差别教育,学生的选择面较窄。应明确区别继续求学深造和直接工作两种毕业生的培养方案差别。

(四)对外联系较少,会展实习教学需要改革

从统计的指标来看,贵州会展专业本科教育对外联系较少,相关实训实践的校企合作需要进一步加强,相关全国性的学术会议和学生竞赛需要积极参加。除此之外,学生实训实践教学时间需要进行改革。

目前,三所高校会展专业实习大多安排在大三下学期末到大四上学期末,但是贵州会展行业需要人才的高峰期主要集中在上半年时间。因为贵州各种大型会展(如酒博会、民博会、数博会)主要是在下半年进行,会展行业需要上半年进行准备,这时需要大量人手,学校安排学生实习时间的问题与行业需求造成矛盾。

由于各个学校有统一的实习时间,无法对会展专业单独批设实习时间,这又造成人才培养与市场出现一定脱轨。在贵州会展行业淡季,大多数会展企业不需要大量学生进行岗位实习,在一定程度上影响了学生的就业实习。

五、完善贵州省会展专业本科教育的建议

(一)师资队伍建设方面,多渠道构建专业的会展教师队伍

1. 加大会展应用型高层次人才引进力度,推进会展学者岗位计划

促进本专业人才队伍建设,将人才引进工作的中心转移到高层次高水平人才的引进上,特别是有国际化背景、积极从事学科建设的高水平学科带头人及其带领的团队。落实贵州各大高校《高层次人才引进暂行办法》,在高层次人才的引进工作中建立健全引进会展人才评价体制,规范会展人才引进制度,健全会展人才跟踪服务体系,并加强对会展高层次人才的服务意识,完善会展高层次引进人才的配套服务工作。

2. 加强会展骨干教师队伍建设的制度

贵州省教育厅出台进一步加强会展骨干教师队伍建设的制度，激励和培养优秀拔尖人才。实施"会展中青年骨干教师国内访问学者项目"，设立"会展中青年骨干教师国内访问学者资金"。通过个人申请、学院推荐，贵州各高校会展专业每年选拔1名中青年骨干教师赴国内重点高等学校参与科研工作，跟踪学术前沿。鼓励并支持会展专业中青年骨干教师参加各类学科前沿和专业知识高级研修班。贵州各高校会展专业每年选派1名左右的中青年骨干教师参加，了解学术前沿，拓宽学术视野，提升竞争能力。设立"著作出版基金"，支持更多的会展学术带头人和骨干教师在著名出版社出版学术著作。实施"会展中青年骨干教师实务部门挂职锻炼项目"，并给予特别资助。

3. 加大会展本科教育国际交流力度，提高师资队伍的国际化程度

重视引进海外人才，推进会展师资国际化招聘。探索海外招聘渠道，建立国际招聘网络，进一步加大海外优秀人才的招聘力度，确保教师中具有海外留学经历的人员占一定比例，逐步提高外籍教师比例，并面向海外公开招聘博士生导师、教授、副教授，集聚一批具有国际竞争力的学术大师和优秀领军人物。面向海外，积极实施"走出去、请进来"战略，选拔具有良好发展潜力的优秀硕士、博士研究生作为后备师资，赴海外一流学科专业、师从一流教师深造，学成后回校任教。

4. 完善会展教师评价机制和激励机制，重视会展专职教师专业技能再培训

各院校应以事业单位岗位设置管理的实施为契机，深化岗位聘任制改革。通过制度创新、管理创新，建立健全激励、竞争和约束机制，充分调动广大教师的积极性，让在职在编教师有兴趣参与会展相关行业技能培训并获得相关认证。

5. 建立校企联合培养教师机制

制订《专任教师会展相关企业实践锻炼管理办法》，与合作企业就相关教师的实践锻炼时间、岗位责任、工作流程、锻炼目标、考核方法等进行深入研究，明确双方权责，真正将教师到企业顶岗学习落到实处，不断拓展教师参加实践锻炼的渠道。

6. 建立提高会展教师社会服务能力机制

会展作为应用型专业，应在教师为企业解决实际技术问题、提高社会服务能力方面有更多作为，建立有效的机制。讨论制定并实施《会展教研室科研与社会服务奖励暂行规定》，成立专业技术服务团队，积极联系地方相关行业企业，开展技术服务，承担科研项目，解决技术难题。在解决实际问题的过程中，教师的社会服务能力会得到明显的提高，相应的会展技能教学能

力也会得到提升。

(二)教学资源投入方面,多元化支持会展本科专业全面发展

1. 重视会展科研经费的投入

创新会展科研管理机制,优化学术环境,整合研究资源,鼓励与强化会展教育从业人员对会展发展原理、会展实务流程中核心知识的研究与探索,进一步提纯会展理论科研成果,优化应用型会展教学工作。

从专业建设的角度出发,在培训基金、工作量化标准与制度上创造条件,要求专业教师深入大型会展机构与企业学习与锻炼,了解整个会展活动过程与程序,能说会做,提高会展实践水平。

专业教师在深入基层过程中,学校需提出具体的课题要求与教研的具体目标,根据不同活动主体的人才需求特征,实现定性定量的课题研究。专业教师要更多地了解会展企业对专业人才的需求,从而使会展教育更好地切合会展企业注重结果导向型的实际。

2. 重视专业带头人培养的投入

从会展相关高校骨干教师队伍中选拔教学水平较高、创新能力较强、实践经验丰富的教师,通过校外实习基地实践、技术项目开发、到美国等国外知名会展企业进行培训,学术交流等途径培养会展专业带头人。

努力把专业带头人培养成教学专家,引领专业发展。专业带头人要求的:理论水平高,实操经验丰富,具有副教授以上职称,同时能对行业开展技术交流合作、咨询或培训,达到高级会展策划师或高级会展设计师的工艺技术水平。至少主持一项本专业领域的科研或教学研究课题,主编、主审出版特色教材。能承担本专业一门以上理论及实践课程教学任务,教学效果好。

3. 重视骨干教师培养的投入

贵州省教育厅提供政策和资金支持,对会展专业骨干教师进行培养投入,让教师技能再提升。骨干教师的一般要求是:理论水平较高,实践经验较丰富,具有讲师以上职称,能参与对行业的技术交流合作或培训;至少主持一项本专业领域的院级以上科研或教学研究课题,编写会展本科教学实操型教材,并能承担本专业两门以上理论及实践课程教学任务,教学效果良好,努力使他们中既有理论水平高的学者型教师,也有技术水平突出的技能型骨干。

4. 重视教师职业能力培养的投入

加强专业教师的职业道德教育,注重教师的职业教育教学能力培养。根据专业技术发展,加强专业教师在能力标准开发、课程设计、行业联系、教材开发、现场教学方法、职业指导与创业教育等方面的培训,提高教师的职业能力,强化教师专业技能培养。

通过安排专业教师到企业进行不少于20天的专业实践训练、短期技术培训、进修、指导学生顶岗实习、参与"工学结合"活动等途径,积累实际工作经验,强化实践技能,提高实践教学能力。争取贵州各高校在三年内安排会展专业的全部专业教师接受职业能力培养。

5. 重视优质教学资源建设的投入

贵州教育厅应出台一些相应的规章制度,对优质教学资源建设予以监督。优质教学资源的建设是一个动态的、长远的过程,不能建设完后就放任不管,而应该继续建设、不断完善。对于后续建设中不合格的优质教学资源,应给予整改警示。如果在规定时间内整改仍不合格,就取消其优质教学资源的资格,并就其资源发布给予限制,同时对相关建设团队给予处罚。此外,还可以采用一些激励政策和技术手段,如完善建设资源版权保护机制,降低教师参与建设的技术难度和负担,激发教师投入的热情,让更多的教师主动参与进来,分享自己的成果和经验。只有获得教师们的支持,优质教学资源才能得到更好的建设。

(三)课堂教学改革方面,重视创新教学范式,提升学生自主学习力

1. 注意引进先进教材,加强新教材建设,重视会展教学技能实操教材的编写

教学资源建设一般是从教材和大纲出发的,其中教材是基础。优质课堂教学的后续建设没做好,很大程度上是由于教材改版后其他资源建设没有同步跟上。这就要求会展专业在进行教学资源建设时要选择合适的教材。具体来说,就是这种教材能系统地介绍专业领域知识的发展,提供实用先进的信息,在未来几年甚至更长的时间内具有实际意义。同时,引进世界上著名教育出版公司的教材建设理念,通过消化吸收,结合贵州会展教学实践,形成具有贵州会展专业发展特色的教材体系。

2. 注重学生在教学改革中的参与

为培养学生对实务、对社会的关注,会展专业在进行教学改革实践的过程中,要注重"及时转化研究成果,关注政策与市场变化,注重学生实务能力培养,通过课堂展示和社会实践活动引导学生主动学习,坚定不移地走实验教学之路"。注重教学评比和学生评教环节,召开年度学生座谈会,了解教学中存在的问题,并责成有关责任人及时解决问题。

进行本科生评教活动,并对教学质量优秀的教师给予奖励;鼓励学生参加社会实践,每年以一定的经费鼓励学生参加各类社会实践活动,如社会调查、课堂社会实践活动等,也鼓励教师采取多种多样的教学方式,在课程中穿插社会实践活动,通过社会调查、参观访问、投资理财咨询等活动,增加大学生接触社会的机会,在社会实践中完善学生人格的培养、专业知识的理解

和应用。

3. 注重会展双语课程、实验课程、讲座课程的建设

通过双语课的建设使学生在学习专业课程的同时能熟练掌握专业英文术语，接触学术前沿，提升学生参与国际化展览会议的能力；而专业实验课程的建设，使课堂教学得到从知识传授到操作运用的全方位拓展，提高学生的会展实务操作水平和动手解决实际问题的能力。引领学生参与本科生创新科研活动与训练，向学生们介绍如何进行创新研究，为会展专业"高峰体验课程"奠定基础。

4. 鼓励会展专业本科生的科研创新训练

为鼓励会展专业本科生参与科研活动，贵州各高校会展专业每年都要组织本科生的科研创新活动，派出教师进行指导。鼓励学生参与一些由各学术机构或部门组织的以本科生为主体的各种国家级、市级和校级的科研竞赛等活动，为培养本科生的科研创新能力提供机会。

5. 以加强素质教育为重点，紧密围绕人才培养目标，突出对学生的能力和素质的培养

课程体系建设要体现"加强基础、拓宽领域、更新内容、优化素质、培养能力、注重实践"的思路，符合"培养理论基础扎实，知识面宽，能力强，富有创新精神，综合素质优秀的主要从事会展管理研究与实践的专门人才"的培养目标。

(四)对外联系方面，走出去引进来，争取更多会展教学的社会支持

1. 做好校内校外"实训实习"基地建设工作

贵州省会展专业本科教育应该积极"引进来"和"走出去"。"引进来"是指：学校提供场地和管理，企业提供设备、技术和师资，校企联合组织实训，为校内实训创建真实的岗位训练、职场氛围和企业文化；建设以项目为引导的课程结构，吸引企业等用人单位。通过短期项目、岗位培训等形式培养人才，组建优秀教学团队，提高教学水平，建设校内实训中心。

"走出去"是指：将课堂建到生产一线，在实践教学方案设计与实施、指导教师配备、协同管理、实习实训安全保障等方面与企业密切合作，提高教学效果。校企合作下的教学团队建设要充分发挥创意和技术的有机结合，面对行业的无限变化齐心合力搞好教学科研工作和实训建设。

2. 重视专业学生对外联系，积极拓展社会服务功能

贵州会展本科教育相关高校应积极联系相关组织机构，引进相关的会展职业资格证书作为其培训和考试基地，按照技能鉴定大纲为学生开展相关技能培训，建立健全相关制度，为学生支付一定比例的考试费用，减轻学生经济负担，鼓励并支持学生全员参加技能资格培训，推行"双证书"制，切

实加强学生的社会竞争力。

成立会展策划咨询公司,开展"校中厂"的实践,一方面为周边相关组织机构提供会展策划咨询服务,另一方面对于师生也是真实的实践锻炼;成立会展培训部,积极发布服务信息,联系有关会展企业,为会展企业进行员工培训。

3. 加强实践教学建设,提高学生的创新精神和实践能力

应注重和加强实践性教学环节,加快实验室建设,改革用人制度,强化实践教学队伍建设。逐步扩大全开放实验室比例,全面推进全开放实验教学模式,逐步增加开放性、设计性、综合性实验。理顺和完善实验管理体制,整合实验教学资源,提高资源利用效率和实验教学水平。加大生产实习与教学环节改革力度,建设成1—2个特色鲜明的省或校级会展专业实训基地;加强实习基地建设,建设成1—2个会展专业省级示范性实习教学基地;争取有1—2个会展专业实验中心入选省级示范实验中心建设项目。

4. 拓展国际合作,利用国际教育资源开展会展教育

建立与国外有关高校研究机构的交流与合作,建立联合会展研究机构。进一步加大国际交流范围、层次和力度,搭建国际交流舞台,加速人才的国际化成长。聘请外校专家在会展专业担任兼职或全职教师。充分发挥外教的聘请效益,提倡中外教师共同备课,互相观摩教学。通过让外籍专家上专业英语课等方式,提高年轻教师工作积极性和价值成就感。

结束语

随着贵州经济的后发崛起,会展业逐步成为促进贵州发展的重要产业。会展产业是文化创意产业和贵州省第三产业的支柱产业之一。在贵州省文化创意发展总体布局中,贵阳的会展产业被贵州省确定为重点文化创意产业板块。贵阳拥有良好的气候条件、潜力巨大的旅游发展能力,可以大型展览为核心,积极吸引重大会展项目落地,扩大会展产业规模;可依托贵安新区综合保税区政策功能优势,积极发展国际会展、保税展览等,大力吸引会展设计、展装公司入驻,培育以航空论坛、汽车展、花卉展览和交易、农业博览会、中国国际服务交易大会等为龙头的区域会展品牌,全面提升会展业实力。因此,贵州会展业发展急需专业应用型综合人才。

对贵州而言,虽然会展专业作为新专业存在各种不足,但在中央和贵州省政府的大力支持下,贵州相关高校在培养人才方面正积极努力,为贵州会展产业发展提供人才支撑。贵州会展专业本科教育以全面素质教育为基础,以就业为导向,以会展产业基地为依托,积极吸收国内外先进会展人才培养经验,以强化会展策划、会展管理与展示设计技能培养为目标,以课程

体系改革为核心,因材施教,形成科学的会展策划人员、会展管理人员和展示设计人员的培养体系,并努力把会展专业建成贵州特色示范性专业。

特别鸣谢:贵州商学院会展经济与管理专业主任唐明贵老师、贵州民族大学会展经济与管理专业范海芹老师、贵州财经大学会展经济与管理专业李树梅老师提供相关数据资料。

安徽省会展教育（本科）发展报告

雷若欣　李秋秋[①]

近年来，安徽省把会展业列为衡量贸易现代化发展程度的重要指标。据《2017中国展览经济发展报告》统计，安徽省场馆数量达到9个，场馆总可租面积为38万平方米，在全国排第九位，发展势头较为强劲。省会合肥更是初步奠定了长三角经济区域性会展城市的地位，跻身二级会展城市。然而，安徽省会展业的发展面临严峻的挑战，尤其是专业人才非常匮乏。为解决这一问题，安徽省一些高校增设会展专业，为会展业的发展提供人才支撑。

基于此，本报告拟在回顾安徽省会展专业本科教育发展历程的基础上，描绘安徽省会展专业本科教育的格局，分析其存在的问题，并对会展教育未来的发展方向提供相应的建议和措施。

一、安徽省会展专业本科教育发展历程

2014年，教育部批准黄山学院、巢湖学院开设会展经济与管理本科专业，标志着安徽省会展教育迈上一个新的台阶。2014年9月，黄山学院会展

[①] 雷若欣，河北邢台人，巢湖学院旅游管理学院副教授，研究方向：节庆旅游；李秋秋，河南沈丘人，巢湖学院旅游管理学院助教，研究方向：节庆旅游。

经济与管理专业顺利招生。2016年9月,巢湖学院会展经济与管理专业开始招收第一届学生。2016年4月安徽外国语学院会展经济与管理专业审批成功,于2016年9月开始招生,见表1-1。

表1-1　　　　　　安徽省会展院校设立情况汇总表

学校名称	专业名称	招生数量(人)	设立时间(年)	备注
黄山学院	会展经济与管理	60	2014	实招58
巢湖学院	会展经济与管理	80	2016	实招65
安徽外国语学院	会展经济与管理	30	2016	实招19
合计		170		142

在已开设的本科会展院校中,有着不同的办学特色和办学理念。黄山学院主要依托黄山景区和余杭地区资源,着重培养会展旅游人才和国际会议组织人才。巢湖学院秉承课程与区域市场相结合的原则,将学生培养成具有节庆旅游、婚庆、大型体育赛事活动策划、管理、设计等复合型人才。随着巢湖半汤国家级休闲度假区的成立,巢湖学院会展经济与管理专业还将在休闲展会和会议组织上有所偏重。安徽外国语学院则将自身优势学科与会展专业相结合,旨在培养外语基础扎实和专业能力突出的国际化会展专业人才。

二、安徽省会展教育在校学历教育招生规模

目前,安徽有本科会展院校三所,2017年招生数量为170人,招生规模最大的是安徽巢湖学院,其次是黄山学院与安徽外国语学院,见表2-1。

表2-1　　　　2017年安徽省会展院校本科招生规模统计表

学校名称	专业名称	招生数量(人)
黄山学院	会展经济与管理	60
巢湖学院	会展经济与管理	80
安徽外国语学院	会展经济与管理	30
合计		170

三、安徽省会展教育主体结构分析

黄山学院、巢湖学院和安徽外国语学院会展专业教育情况各有特点,各

有自身的优势和不足。作为安徽的省会,合肥拥有合肥滨湖国际会展中心(滨湖区)、安徽国际会展中心、合肥中国中部花木城会展中心等大型场馆资源。近几年,合肥39个展馆每年都承接了不同数量和规格的展览,如2011年合肥承接了第20届金鸡百花电影节、第七届中国国际徽商大会暨第十一届中国(合肥)自主创新要素对接会等大型会议。会展业已成为合肥经济发展的助推器和新亮点。会展业的发展为安徽外国语学院和巢湖学院学生提供了专业见习和实习的机会。

巢湖学院旅游管理学院集中旅游管理学院、艺术学院的联合优势,将策划、设计和会议组织作为培养重点。安徽外国语学院则借助环巢湖地区的有利资源,加上其语言优势,对培养会展旅游和国际会展人才有一定的优势。而黄山学院因地处皖南,拥有皖南和余杭的资源优势和丰富的旅游资源,对会展旅游和会议组织有一定的优势。总的来说,三所院校各有侧重,形成了错位发展格局。

四、安徽省会展专业设置情况

(一)会展专业设置情况

就全国发展而言,会展教育所涉及的学科主要有六大类:旅游管理类、工商管理类、国际贸易类、广告类、艺术设计类、外语类,多学科嫁接的特点非常明显。在安徽省会展专业高职高专教育中,所设计的学科多为广告类和艺术设计类,如安徽财贸职业学院、安徽职业技术学院等。为了培养更多专业化、全面性人才,安徽省会展专业本科教育较偏重于管理类学科,二级学科为旅游管理,专业代码为120903。

目前,在黄山学院、巢湖学院和安徽外国语学院设置的是会展经济与管理专业,只是侧重有所不同。黄山学院偏重会展旅游与会议组织,巢湖学院偏重会展策划、设计与会议组织,而安徽外国语学院偏重语言的训练,向培养国际会展人才的方向发展。

(二)专业规模

在安徽省会展专业本科院校中,黄山学院2014年开始招生,每年计划招生人数为60人,其中理科招收20人,文科招收40人,实际每年招收人数基本在计划范围之内。巢湖学院从2016年才开始招生,每年计划招收80人,其中理科为40人,文科为40人,但从实际招生的情况来看尚有差距。安徽外国语学院从2016年开始招收会展经济与管理专业的学生,每年计划招收30人,其中文科15人,理科15人,但实际招生人数与计划有差距,见表4-1。

表 4-1　　　　　　　安徽省各本科会展院校实际招生情况

年份 院校	2014 年	2015 年	2016 年	2017 年
黄山学院	58 人	58 人	54 人	59 人
巢湖学院			65 人	69 人
安徽外国语学院			19 人	（暂时停招）

从表 4-1 可以看出黄山学院目前在校人数规模最大。安徽省会展专业本科教育起步较晚，整体发展的规模较小，与上海、北京、广州等城市的会展专业本科教育存在非常大的差距。

(三)专业层次

从专业层次上来看，黄山学院和巢湖学院均属于本科，是经教育部批准的省属公办全日制普通高等本科院校，安徽外国语学院是经教育部批准的全日制独立本科院校。虽然三所院校在办学性质上有所差异，但修业年限都为 4 年，见表 4-2。

表 4-2　　　　　　　安徽省各本科会展院校专业设置情况

学校名称	专业名称	修业年限	学位授予门类	专业层次
黄山学院	会展经济与管理	4 年	管理学	本科
巢湖学院	会展经济与管理	4 年	管理学	本科
安徽外国语学院	会展经济与管理	4 年	管理学	独立本科

五、安徽省会展各专业培养计划

(一)核心课程设置情况

专业核心课程是打造会展专业核心能力的课程，对学生核心能力的培养和职业素养的形成有非常重要的促进作用。安徽省会展本科专业在核心课程的设置上存在很大的差异，这与各院校的办学理念和办学特色有着非常重要的关系。黄山学院旨在培养具有旅游服务意识的高素质应用型人才，其核心课程的设置主要围绕这一目标。

巢湖学院着重培养具有创新意识强的策划设计类高级应用型人才，核心课程所设计的领域主要有管理学、艺术学等,培养的专业核心能力主要有策划能力、设计能力、营销和管理能力等。从核心课程来看,安徽外国语学院侧重点不太明显,语言优势并不突出,国际化视野的高级会展人才培养特征不太明显。具体核心课程见表5-1。

表5-1　　　　　2017年安徽省会展院校核心课程统计表

学校名称	专业名称	核心课程（数量）	备注
黄山学院	会展经济与管理	12	会展商务礼仪、活动管理原理与实务、会展目的地管理、会展场馆经营与管理、旅游消费者行为学、会展项目策划与管理、展示空间与设计、文化创意产业导论、会展商务英语（双语）、奖励旅游策划与组织、会展政策与法规、客户谈判与沟通
巢湖学院		15	市场调查与预测、展览展示策划实务、会议组织与活动策划、构成设计基础、品牌形象设计、AutoCAD、3dmax基础建模、会展空间设计与搭建、会展场馆经营与管理、会展市场营销、涉外会展实务（双语）、参展实务、会展信息系统管理、会展项目管理、会展服务与管理
安徽外国语学院		6	会展管理概论、会展项目策划与管理、展示空间与设计、会展场馆经营与管理、会展英语、会展信息管理

会展项目管理、会展场馆经营与管理、展示空间与设计（巢湖学院为会展空间搭建与设计）、会展英语〔巢湖学院为涉外会展实务（双语）、黄山学院为会展商务英语〕出现频次为3,会展政策与法规、会展信息系统管理、会展市场营销、会展策划出现频次为2,其他为1。需要说明的是,有些课程的名称虽然不一样,但授课内容可能相似,如涉外会展实务英语与会展英语的教学内容有很大部分是相同的。

(二)特色课程设置情况

就巢湖学院而言,特色课程根据地区经济发展特征和需要设置节事会展方向和智慧会展方向。其中,有依托环巢湖自行车大赛和环巢湖40个节庆活动的节事会展方向课程,如节庆产业与城市发展、旅游节庆与品牌建设、大型赛事活动与组织;智慧会展方向有新媒体会展文案和虚拟会展等课程。素质拓展模块则迎合巢湖和合肥地区婚庆市场和婚庆展览的需求,设置婚庆组织与活动的课程,如插花与茶艺、ps、摄影教程、中国传统节日等。为迎合陈列馆和博物馆展览策划的需要,设置文博旅游学等课程。这些课程的设置一方面迎合了"互联网＋平台速度"发展的需求,一方面为学生创业提供了可能。目前,已有学生加盟合肥尚艺传媒公司和婚庆公司。就学生反馈信息来看,学生对色彩、空间比例、摄影技巧等有了更为全面的认识,深化了专业知识的学习,为未来自己组建团队创业打下坚实的基础。

就黄山学院而言,特色课程主要体现在核心课程的文化创意导论、会展目的地管理、活动管理原理与实务、酒店管理、会展前沿问题等课程。从这些课程可以看出,黄山学院会展经济与管理专业依托黄山学院原有优势学科(旅游管理和酒店管理)的专业基础,在会展旅游方向上着色较多,注重会展行业前沿问题的梳理与传递。总的来说,课程具有一定的特色。

就安徽外国语学院而言,特色课程主要有现代服务业管理、节庆策划活动与管理、会议酒店管理、会展与会展旅游案例分析、奖励旅游策划与组织等。明显看出安徽外国语学院与黄山学院的人才培养上有着一定的趋同性,比较注重会展旅游方向的发展。可是从专业发展基础和优势来看,外国语学院更应发挥自己的语言优势,将重点放在国际会展人才的培养上可能更好,见表5-2。

表5-2　　　　　　　　2017年安徽省会展院校特色课程统计表

学校名称	专业名称	特色课程数量(门)	特色课程名称	备注
巢湖学院	会展经济与管理	11	节事会展方向课程:节庆产业与城市发展、旅游节庆与品牌建设、大型赛事组织与管理智慧会展方向课程:会展传播学、新媒体会展文案、虚拟会展婚庆礼仪拓展课:插花与茶艺、ps、摄影教程、中国传统节日等。博物馆陈列拓展课:文博旅游学	该校会展专业负责人提供
黄山学院	会展经济与管理	5	文化创意导论、会展目的地管理、酒店管理、活动管理原理与实务、会展前沿问题等	该校会展专业负责人提供
安徽外国语学院	会展经济与管理	7	现代服务业管理、节庆策划活动与管理、会展心理学、展览会策划与管理、会议酒店管理、会展与会展旅游案例分析、奖励旅游策划与组织	该校会展专业负责人提供

(三)实践课程安排

会展专业具有很强的实践特性,各院校在培养会展人才时多注重学生动手能力的提升。在开设实践课程中,安徽省会展本科院校除了理论教学体系中的实践环节外,其专业实践大致分为三个部分:专业技能综合实训、专业实习、毕业设计。

巢湖学院注重培养学生的创新和实践能力,以适应会展行业不同岗位的要求,因此实践课程主要从会展企业技能综合实训、节庆旅游资源综合实训、专业实习和毕业设计来进行。

黄山学院的专业实践课程主要为毕业教育、毕业实习和毕业设计三个方面,使学生能适应会展经济与现代服务业的发展动态与行业需求。

安徽外国语学院的专业实践课程也由创新创业实践课程、专业实习和毕业实习三部分组成。

总的来说,在实践课程中,各院校严格贯彻"理论联系实际"的教育思想,使学生能深入会展活动前线,加强对其会展专业实践综合素质的培养。

六、安徽省会展教育师资情况

安徽省会展本科专业师资队伍非常弱小,教学队伍亟须提升。按照师生比来看,黄山学院为38∶1,巢湖学院为26.8∶1,安徽外国语学院为21∶1,但国家规定本科专业师生比例标准为18∶1,安徽地区三所本科院校的师生比明显不符合要求。

黄山学院的会展经济与管理专业现有专任教师6人,其职称结构为教授1人、副教授1人、讲师1人、助教3人,其中在读博士1人。巢湖学院的会展经济与管理专业现有专任教师5人,其中副教授1人、讲师3人、助教1人。安徽外国语学院现有专任教师4名,其中讲师2名、助教2名,见表6—1。

表6—1　　　　　　2017年安徽省会展专业师资情况

学校名称	专业名称	学生总数	教师数量	博士后	博士	硕士	本科	教授	副教授	讲师	助教
黄山学院	会展经济与管理	229	6			5	1	1	1	1	3
巢湖学院	会展经济与管理	134	5		1	4			1	3	1
安徽外国语学院	会展经济与管理	19	4			4				2	2
合计		382	15		1	13	1	1	2	6	6

就专业背景而言,黄山学院6名教师中只有1名是会展专业毕业,4名教师为管理学背景,1名为法学背景。巢湖学院2名教师来自会展专业,其他3名教师学缘为管理学、酒店管理和历史学。安徽外国语学院现有专任教师4名,2名讲师,2名助教,其中2名教师学缘为管理学,2名教师为其他(见表6—2)。就年龄情况而言,基本处于25—40岁阶段,中青年比例大,属于上升团队状态,见表6—3。

表 6-2　　　　　　　2017年安徽省会展院校师资背景情况

学校名称	教师数量	企业阅历人数	专业背景（根据教师最高学历填写）							
			会展	经济	管理	营销	统计	英语	计算机	其他
黄山学院	6	1	1		4					1
巢湖学院	5	1	2		2					1
安徽外国语学院	4				2					2
合　计	15	2	3		8					4

表 6-3　　　　　　　2017年安徽省会展院校师资年龄结构情况

学校名称	教师数量	年龄结构							
		30岁以下	占比(%)	30—40岁	占比(%)	40—50岁	占比(%)	50岁以上	占比(%)
黄山学院	6	1	6.67	4	26.6			1	6.7
巢湖学院	5	1	6.7	3	20			1	6.7
安徽外国语学院	4	3	20	1	6.7				
合　计	15	5	33.3	8	53.3			2	13

总的来说,安徽地区本科专业的师资力量学缘背景多元,会展专业科班出身的教师比较少,这对安徽会展专业教育的发展有所不利。在未来的发展中,需要对教师团队展开多层次、多元化的培训教育,以提高整体教学团队水平。

七、各类实践教育情况（培训、行业实践、竞赛等）

自2014年以来,安徽省会展院校专业学生参加的培训比较少,参加的行业实践以行业见习和实习为主,竞赛有会展未来领袖大赛、安徽省茶艺比赛、全国商业精英挑战赛等,见表7-1。

表 7—1　　　　2017 年安徽省会展院校学生行业实践情况统计表

学校名称	专业名称	校企合作单位	实践岗位设置与安排	备注
巢湖学院	会展经济与管理	杭州光优会议有限公司	会议现场服务	暑期小实习(五天)
	会展经济与管理	北京倡优股份有限公司	奔驰热展现场服务	暑期小实习(三周)
	会展经济与管理	合肥滨湖国际会展中心	农业展现场服务	暑期小实习(三天)
	会展经济与管理	合肥尚艺传媒有限公司	婚庆摄影	暑期小实习
	会展经济与管理	巢湖市旅游局	文博参展商	暑期小实习(两天)
安徽外国语学院	会展经济与管理	上海世博中心	5 名同学	专业实习
	会展经济与管理	上海五星级酒店	4 名同学(未提供酒店具体名称)	专业实习
	会展经济与管理	安徽艾禾会展公司	10 名同学	专业实习
黄山学院	会展经济与管理	上海世博中心	运营部实习生(2 000 元/月)	专业实习(除黄山市亚和进出口贸易有限公司是短期不定时间实践,其余单位皆是六个月固定实习)
	会展经济与管理	上海国家会展中心洲际酒店	洲际酒店餐饮与前台实习(1 800 元/月)	专业实习(除黄山市亚和进出口贸易有限公司是短期不定时间实践,其余单位皆是六个月固定实习)
	会展经济与管理	杭州国际博览中心	运营部与销售部实习(1 800 元/月)	专业实习(除黄山市亚和进出口贸易有限公司是短期不定时间实践,其余单位皆是六个月固定实习)
	会展经济与管理	北京展览馆	场馆管理中心实习(1 800元/月)	专业实习(除黄山市亚和进出口贸易有限公司是短期不定时间实践,其余单位皆是六个月固定实习)
	会展经济与管理	黄山市亚和进出口贸易有限公司	展台接待(薪酬不定)	专业实习(除黄山市亚和进出口贸易有限公司是短期不定时间实践,其余单位皆是六个月固定实习)
合计		13		

由表 7—1 可以看出,安徽省本科院校会展经济与管理专业学生基本没有参加会展类及其他专业培训活动。就社会实践来看,巢湖学院 2016 级会展经济与管理专业学生主要以参加暑期小实习为主,最长为三周,最短为两天,薪酬以学生与见习单位商定为主;安徽外国语学院和黄山学院的学生主要是专业实习为主,实习单位基本集中在世博中心、博览中心、展览馆等地。

值得注意的是,两所学校都有学生前往酒店实习,这与专业归属于旅游管理大类有很大关系。

由表7-2可知,在专业竞赛方面,以黄山学院表现最为突出,共参加省级B类赛事和其他专业赛事12项,巢湖学院仅有2项,与黄山学院的差距较大。在未来的会展教育发展中,三所院校应该加强沟通与交流,在"以赛促学"方面通力合作,推动安徽会展本科教育的进一步发展。

表7-2　　　　2017年安徽省会展院校学生参加相关竞赛情况统计表

学校名称	专业名称	竞赛名称	数量	备注
巢湖学院	会展经济与管理	"徽府茶行杯"2017年中国(安徽)大学生茶文化创新大赛	1	2016会展获省级二等奖(B类赛事)
巢湖学院	会展经济与管理	2017年全国高校商业精英挑战赛酒店策划赛	1	2016会展获国家级一等奖(B类赛事)
黄山学院	会展经济与管理	第一届大学生国贸技能大赛、2015年励展中国奖学金、第一届中国会展业未来领袖论坛、2016"轩昂杯"安徽大学生国际贸易技能大赛、2016年中国会展业未来领袖奖学金、全国大学生英语竞赛C类一等奖证书、全国英语口语测试四级A证书、第五届全国大学生电子商务"创新、创意及创业"二等奖证书、全国"创新创业杯"管理决策模拟大赛二等奖证书	9	
黄山学院	会展经济与管理	第三届会展业未来领袖论坛之我心中的会展业变革微演讲比赛、三创、第二届大学生国贸技能大赛	3	
合　计			14	

八、安徽省会展教育存在的问题与相关建议

(一)安徽会展教育存在的问题

2003年会展教育正式纳入教育部普通高等学校本科专业目录,但随着多年来的发展,其存在的问题也更加突出。安徽省会展专业本科教育的发展所面临的问题有其自身的特殊性,如专业发展起步晚、师资队伍薄弱、发展活力不够、实验室建设不足等。

1. 专业发展起步晚

2014年黄山学院才开始招收会展本科专业学生,专业发展起步非常晚,

导致安徽省会展人才与市场的供需结构性失衡。直到2016年巢湖学院和安徽外国语学院开始招收会展专业学生,招生规模也不是很大,也严重制约安徽省会展教育的发展。

2. 师资队伍薄弱

安徽省各会展本科院校的专职教师大多在5—7人,与传统学科的师资队伍相比有非常大的差距。会展师资队伍专业素养不是很高,缺乏国家级名师等领军人物,大多数教师是"半路出家",缺乏系统的会展理论知识体系,也没经过会展实践的训练。

3. 发展活力不够

作为新兴专业,会展专业的发展缺乏社会各界的重视,在办学时也面临诸多困难,许多工作难以开展,导致发展活力不够。此外,安徽省各会展本科院校内部也没有形成良好的沟通机制,缺乏发展合力。

4. 实验室初步创建

会展实验室的创建对会展专业学生的培养至关重要,但目前三所本科院校的会展类实验室还处于初步或未建设阶段。巢湖学院的旅游会展综合实验室,采购阶段已完成,但因实验室场地至今未能确定,实验室迟迟不能进行建设,很多设备藏在库房而不能投入使用,有些课程实训不能正常开展。有些课程则借助旅游管理、酒店管理、视觉传达设计等实验室来完成,也多存在不足,在一定程度上影响了教学效果。因此,需要加快实验室的创建与发展,尽快投入使用,以提高教学效果。

5. 专业赛事参与度低

从专业赛事统计来看,安徽省会展本科院校参加会展类专业赛事还不多,全国商业精英挑战赛创新赛事、奖励旅游赛事、长三角各大城市会展类赛事参加者都不多,只有黄山学院1名同学在会展未来领袖中脱颖而出,其他虽也是省级B类赛事,与策划和服务有关,但毕竟和会展类专业赛事有区别,需要在以后的专业发展中加大校际联合力度,共同指导学生参与专业赛事,达到"以赛促学"的目的。

(二)安徽省会展专业本科教育发展对策

近年来各地会展经济发展迅速,场馆建设逐渐完善,会展经济也呈现逐渐攀升的态势。合肥作为安徽的省会城市,区位优势越来越重要,会展业作为第三产业,已受到各政府部门的高度重视。因此,安徽省会展专业本科教育的发展十分重要和紧迫。

1. 改进教学模式

在教学的过程中,应以提高学生就业为核心,贯彻少而精的原则,树立跨学科培养和创业教育相结合的理念,始终坚持知识、能力、素质的全方位发展,实行教学个性化发展模式。针对学生的不同发展情况,开设一些有特色的课程。建立学业导师制,由专业老师带领学生参加学科竞赛,进行科研创新研究和专业问题的讨论。

2. 壮大师资队伍

各院校要建立一支高水平的会展师资队伍,不仅鼓励教师参加社会实践、切身参与到会展行业中去,而且要加大师资培训力度,选派优秀教师到会展发达地区学习和考察会展教育,以此来提升会展师资队伍的整体水平。此外,各学校应该积极引进国、内诸如会展策划、会展设计方向的相关专业人才,壮大师资队伍。

3. 激发办学活力

安徽省各会展本科院校要积极与政府管理部门和行业协会建立联系,整合会展行业资源,激发办学活力。要与上海、杭州、南京等会展发达地区的企业进行校企合作,开展企业家走进课堂活动,为学生讲授最新的行业知识和案例,激发学生的学习积极性。对内,应该加强学校相关实验室的创建,提高实验室的利用率,提高学生的专业实操能力。

4. 加大参加专业赛事的力度

三所本科院校,尤其是巢湖学院、安徽外国语学院与安徽商业职业技术学院同处合肥,应该从学生的选拔、比赛小组成立、培训到参赛,创建完整的专业赛事机制,希望在未来的会展创新大赛、奖励旅游大赛中取得好成绩。

九、安徽省会展教育未来发展趋势

安徽省的会展教育任重而道远,无论是在会展教育的教学层次、教师的培育和引进、教学研究、教学改革、实验室建设、实习基地建设等方面都处于初级阶段。

2017年4—5月巢湖学院旅游管理学院院长陈恩虎先生曾带队前往宁波、扬州、上海等地高校进行专业调研。在调研过程中,就人才培养方案征求各位专家的意见,尤其是对2017级会展经济与管理专业人才培养方案进行了调整与修订。2017年11月,会展专业教研室参加了厦门2017会展教育论坛会议,聆听了国内外与会专家的观点和理念。期间与会各校会展学院院长和专业负责人从会展与城市、区域经济、开放的办学理念、教师团队培养、实验室的建设等方面做了广泛交流。这不仅是触摸专业前沿动态的一个契机,也是审视和修整自身培养计划和教改未来方向的绝佳机会。从上述安徽省三所本科院校的人才培养方案来看,三所院校侧重点有所不同,黄山学院注重会展旅游,巢湖学院侧重会展策划与设计,安徽外国语学院侧重会展旅游,应该说形成了错位发展态势。

目前,三所院校的教学改革活动并不多,这一点从三所院校的质量工程、应用型课程、课程教改、教学方法展示等方面可以看出。在未来的发展过程中,可以从以下几个方面做出努力:

1. 加强校际联系

安徽省的三所本科院校应该加强联系,加大会展专业教研室之间的交流,尤其是巢湖学院和安徽外国语学院因同处合肥,有些教改活动可以联合进行。三所本科院校可以每学期互派教师和学生,也可创建安徽省会展专业交流群进行交流,如可以让黄山学院已获得会展未来领袖的同学进行经验交流分享,也可以分享参加专业竞赛的心得与经验。

2. 加强与相关社会机构的联系

可以与会E人、会展讲武堂等社会机构加强联系,设立学校试点,成立微型公司,增加学生自己管理、承办展览和会议的机会,积累从业经验。

3. 加强教师之间的合作研究

三所学校的教师可以互相搭对,申报各类质量工程项目、课程项目等,逐步增加在各级别、各层次项目中的影响力。

4. 强化专业课程改革

在会展专业课程改革中,可以采取跨课程实训、跨专业实训的方法,如会展空间搭建与设计、品牌形象设计、3Dmanx与项目管理、会展策划、会展营销中的很多实训内容有交叉和重复,因此跨课程实训可以省掉不必要的环节,打通各门课程之间的隔阂,让学生更好地掌握专业知识。

跨专业实训,既可以在经管类各专业之间进行综合实训,也可以在旅游管理类旅游管理专业、酒店管理专业和会展经济与管理专业之间进行跨专业综合实训。也可以利用全校实验室的力量,在整个经管类专业中进行跨专业综合实训,以期更好地提高学生的实践能力。无论采取哪种方式,目的都是为了让学生能更好地对接企业需求,让学生可以更好地体验企业的工作环境。

从三所院校学生参加的行业实践和行业实习情况来看,效果一般。目前,会展专业学生在外实习和见习时,一般处于现场服务、电话招商招展等,对项目策划、设计、宣传推广等虽有所涉足,但并未真正参与,所以对学生专业能力的提高并不是太大。当然,这也与学生的学习能力较差有关。

当然,从安徽地区本身的会展资源来看,尚未真正与学校展开合作。实习合作协议签署后,也因为种种原因不能真正展开合作,学生也未得到真正的岗位进行实习和锻炼。面对这种情况,还需要在下一步的联络中进行协调。在未来的行业实践中,希望学生能够真正地参与项目的管理、策划、现场服务、商务谈判等,以提高学生的现场应对能力和商务谈判的能力。

就实验室未来建设而言,希望在以下两点做出努力:一是希望实验室功能分区更为明确，可以实现跨课程综合实训的功能；二是希望实验室的技术能够提高，引进 VR 系统，可以让学生真实体验企业办公环境和条件，能够与企业尽可能对接。

会展教育的蓬勃发展还需要大量有责任心、拥有激情的专业教师付出。鉴于会展行业的综合性和复杂性，尤其是中高端创意人才的需求，会展专业除了聚集经济类、管理类、旅游管理类、网络工程类、社会学类、文化艺术类等学科背景教师，打造一支多元学缘的教师队伍，加强专业培训和行业挂职锻炼外，更应该积极引进高职称、高学历的国内外人才，引领专业快速发展。虽然近两年黄山学院和巢湖学院都有海外归来的教师加盟，但相对来说还比较薄弱，还需要加大人才引进力度。

对于会展专业发展方向，似乎可从 2017 年的淘宝造物节得到一些想法。跨界思维能力必将成为未来会展人的必备条件。在体验经济时代，文化创意、科技金融、时尚设计、演艺娱乐等产业与会展活动的关系日益密切，会展产业的边界变得模糊，必然要求会展专业人才具备跨界多元能力。

总的来说，安徽省会展本科教育处于初步起航阶段，发展过程中遇到种种问题，需要向发达地区和办学经验充足的学校学习，吸取精华，强大自身，以期为安徽省会展业乃至全国会展业培养出更多的中高端专业人才。

山西省会展教育发展报告

邢利娟　刘志永[①]

一、山西省会展教育发展历程

(一)会展教育发展情况(2009—2014年)

受山西省会展经济发展滞后的影响,山西省会展教育从2010年开始起步,发展起点和层次较低,与发达省份相比尚处于起步阶段。2011年,晋中学院开设旅游管理(会展旅游方向),成为山西省第一个开设会展教育的本科院校。相比本科教育,大专院校在会展教育方面快速发展,2010—2014年太原旅游职业学院、山西省旅游职业学院、山西国际商务职业学院、山西省财政税务专科学校4所院校开设了会展策划与管理专业。截至2017年12月,山西会展专业暂无博士和硕士培养点。

在招生数量方面,由于山西整体会展行业发展较为滞后,社会各界对会展的认知度不高,考生在选报志愿时由于不了解该专业,导致报考会展相关

---

① 邢利娟,山西太原人,硕士,晋中学院旅游与公共管理学院助教,研究方向:会展服务与服务创新、节事活动策划与营销;刘志永,山西运城人,博士,晋中学院旅游与公共管理学院副教授,研究方向:经济学、区域经济发展。

专业的人数不多。上述5所院校的招生总量为667人,其中本科145人,大专522人。山西会展教育在数量上大专的发展明显高于本科,招生数量也相对较多,见表1—1。

表1—1　　　　2009—2014年山西省会展院校设立情况汇总表

属性	学校名称	专业名称	招生数量(人)	设立时间	备注
本科	晋中学院	旅游管理(会展旅游方向)	145	2011年9月	2011—2014年
小计			145		
大专	山西省财政税务专科学校	会展策划与管理	40	2014年9月	
	太原旅游职业学院	会展策划与管理	269	2010年9月	2010—2014年
	山西省旅游职业学院	会展策划与管理	103	2012年9月	2012—2014年
	山西国际商务职业学院	会展策划与管理	110	2012年9月	2012—2014年
小计			522		
合计			667		

(二)稳定发展阶段(2014—2017年)

2014—2017年,山西省会展教育步入稳定发展阶段。在原有5所院校的基础上,本科和大专各有一所院校增加了会展专业。太原学院新增会展经济与管理专业,并于2016年9月开始招生;山西应用科技学院增加会展策划与管理专业,并于2015年9月开始招生。这样,山西省开设会展方向或专业的院校达到7所(本科2所,大专5所)。

在招生数量方面,上述7所院校的招生总量为869人,比上一阶段增加约200人,其中本科449人,大专420人。部分院校由于某些原因在开设2届后停止招生或者是在某年未进行招生。表1—2的数据显示,山西会展教育在数量上大专的发展明显高于本科,招生数量却是本科略多于大专。

表1—2　　　　2015—2017年山西省会展院校设立情况汇总表

属性	学校名称	专业名称	招生数量(人)	设立时间(年)	备注
本科	晋中学院	旅游管理(会展旅游方向)	141	2011	2015—2017
	太原学院	会展经济与管理	308	2016	2015—2017

续表

属性	学校名称	专业名称	招生数量(人)	设立时间(年)	备注
小计			449		
大专	山西财政税务专科学校	会展策划与管理	116	2014	2015—2017
	太原旅游职业学院	会展策划与管理	126	2010	2015—2017
	山西旅游职业学院	会展策划与管理	90	2012	2015—2017
	山西国际商务职业学院	会展策划与管理	52	2012	2015—2017年，2016年未招生
	山西应用科技学院	会展策划与管理	36	2015	2015—2016年，2017年未招生
小计			420		
合计			869		

二、山西省会展学历教育招生(2017)规模统计

(一)山西省会展本科招生情况

表 2—1 显示，从招生数量来看，2017 年山西省会展本科院校招生总数共 256 人，其中，晋中学院的会展方向招收 47 人；太原学院会展经济与管理专业招生于 2017 年进一步扩大招生数量，一届招收班 209 人，招生数量是晋中学院的近 5 倍。

表 2—1　　　　　　2017 年山西省会展院校本科招生规模

学校名称	专业名称	招生数量(人)
晋中学院	旅游管理(会展旅游方向)	47
太原学院	会展经济与管理	209
合　计		256

(二)山西省会展高职招生情况

表 2—2 显示，2017 年山西省会展高职院校共招生 256 人。除一所高职院校于 2017 年停止会展专业的招生外，其他 4 所院校的招生规模呈两极分

化,招生数量在 50 人及以上的院校 1 所,30—50 人的院校 2 所,30 人及以下 1 所。总的来说,会展高职院校招生层次比较分明,发展略显不同。

表 2—2　　　　　2017 年山西省会展院校高职招生规模

学校名称	专业名称	招生数量(人)
山西财政税务专科学校	会展策划与管理	55
太原旅游职业学院	会展策划与管理	34
山西旅游职业学院	会展策划与管理	30
山西国际商务职业学院	会展策划与管理	16
合　计		135

三、山西省会展教育主体结构分析

截至 2018 年 1 月,山西省的会展专业还没有硕士博士研究生培养点,而开设会展本科专业教育的院校仅有 3 所,分别是晋中学院、太原学院和山西应用科技学院(该校 2017 年停止招生)。在招的两所院校都属于山西省属综合类普通本科院校。

截至 2018 年 1 月,山西省开设会展专业高职教育的院校有 5 所,有 1 所院校于 2017 年停止会展专业的招生,其余 4 所分别是太原旅游职业学院、山西旅游职业学院、山西省财政税务专科学校、山西国际商务职业学院。这 4 所高职院校都属于经山西省人民政府批准成立的全日制高等职业院校。

四、山西省会展相关专业设置情况

(一)会展专业设置情况

截至 2018 年 1 月,山西省开设会展本科专业教育的院校是晋中学院和太原学院。其中,晋中学院是山西省最早开设会展教育的本科院校,于 2011 年开设会展旅游方向,设置于旅游管理专业下,隶属于旅游与公共管理二级学院。太原学院于 2016 年开设会展经济与管理专业,同样设置在旅游管理学科下,隶属于旅游管理系,是山西省第一个开设会展经济与管理专业的本科院校。

截至 2018 年 1 月,山西省开设会展专业高职教育的院校有 5 所,有 1 所于 2017 年停止会展专业的招生,其余 4 所均为经山西省人民政府批准成立的全日制高等职业院校，分别是太原旅游职业学院、山西旅游职业学院、山西国际商务职业学院、山西省财政税务专科学校。这4所院校开设的会展专业虽然名称相同，但由于学校办学背景和特色不同，会展专业隶属的二级院系也不同。太原旅游职业学院于2010年开设会展策划与管理专业，隶属于规划艺术系；山西旅游职业学院于2012年会展经济与管理专业，隶属于酒店管理系；山西国际商务职业学院于2012年开设会展经济与管理专业，隶属于工商管理系；山西省财政税务专科学校于2014年开设会展经济与管理专业，隶属于旅游管理学院。

(二)会展各专业规模

开设会展教育的2所本科院校，招生规模基本保持在每年30-50人，招生总量都在280人以上。其中，晋中学院旅游管理（会展旅游方向）自2011年开始招生，实行小班教学，每年招收1个班级，每届学生基本在30-50人，截至2017年学生总数达到286人。太原学院自2016年开设会展经济与管理专业，招生规模近两年不断扩大，每年招收大概3个班，会展专业学生总数近两年达到308人。

开设会展教育的高职院校中，有些院校在中途停招1年，有些院校在招生两届后于2017年停止招生，其余院校基本保持在每年30-50人的招生规模。在招生总量上，除1所院校的招生总量接近400人，其余院校的招生总量均在150-200人。其中，自开设会展经济与管理专业至今，太原旅游职业学院的招生总量为395人，每年招收1个班级，年招生数量在30-50人；山西旅游职业学院的招生总量为193人，每年招收1个班级，招生数量在30人左右；山西省财政税务专科学校是山西会展高职教育的新兴之秀，招生总量为156人，每年招收1个班级，招生数量基本在50人左右；山西国际商务职业学院的招生规模总量在162人，每年招收1个班级，招生数量基本为30-40人。

(三)会展各专业层次

在会展本科教育中，晋中学院是山西省最早开设会展教育的本科院校，于2011年开设会展旅游方向，设置于旅游管理专业下，并于2017年正式申报会展经济与管理专业；作为最早开设会展教育的本科院校，其在人才培养、实习实训和师资专业性等方面在山西省内具有明显的优势，发展水平相对较高。太原学院于2016年开设会展经济与管理专业，是山西省最早开设该专业的本科院校，隶属于旅游管理系。由于开设会展专业时间较晚，在专业发展层面尚处于探索阶段，但是其未来的发展空间极大，发展速度较快。

在会展高职教育中，太原旅游职业学院是山西省最早一所成立会展策划与管理专业的高职院校,2014年被确定为山西省职业教育重点专业。该校在山西会展高职教育中属于专业发展起步早、发展水平较高的一所院校。与旅游管理和酒店管理两个专业相比,山西省旅游职业学院的会展策划与管理专业发展水平略显滞后。山西省财政税务专科学校的会展策划与管理专业虽然起步较晚,但属于山西省内会展教育发展水平最快、与省内外同行院校交流最多的一所高职院校。山西国际商务职业学院的会展策划与管理专业虽然开设时间不晚,但目前发展水平处于中等,未来的发展潜力和空间较大。

五、山西省会展各专业培养计划情况

(一)会展各专业核心课程开设情况

从核心课程的数量上看,本科院校总体上明显高于专职院校。从表5—1可以看出,晋中学院开设了26门公共与专业必修课,太原学院开设了22门,山西省财政税务专科学校开设了23门,太原旅游职业学院开设了16门,山西旅游职业学院开设了13门,山西国际商务职业学院开设了20门。

表5—1　　　　2017年山西省会展院校(本科/高职)核心课程

学校名称	专业名称	核心课程数量(门)	备注
晋中学院	旅游管理(会展旅游方向)	26	公共与专业必修课
太原学院	会展经济与管理	22	公共与专业必修课
山西省财政税务专科学校	会展策划与管理	23	公共与专业必修课
太原旅游职业学院	会展策划与管理	16	公共与专业必修课
山西旅游职业学院	会展策划与管理	13	公共与专业必修课
山西国际商务职业学院	会展策划与管理	20	公共与专业必修课

从课程内容设置上看,本科院校在课程设置中突出基础理论必修课程(如管理学原理、经济学原理、统计学原理等)的设置;高职院校突出会展行业所需的技能型课程(如会展服务管理、会展服务礼仪等)的设置。具体如下:

山西省会展本科院校的专业必修课程主要包括旅游学概论、管理学、经济学原理、管理心理学、统计学原理、会展概论、会展经济学、会展财务管理、会展策划、会展市场营销、会展商务英语、会展项目管理、会展信息管理、会展法规与实务、节事活动策划与管理、会展人力资源管理、会展实务、会展场馆经营与管理、展示空间与设计、会展文案、会展安全管理、现代服务业管理等。

会展高职院校的专业必修课主要包括会展概论、会展经济学、会展管理学、会展营销、会展策划、会展服务礼仪、会展政策与法规、会展心理学、会展广告与传播、会展公共关系、会展设计、会展企业财务会计、会展项目管理、会展服务管理、会展专业英语、场馆经营与管理、会议运营与管理等。

(二)会展专业特色课程

1. 特色课程的名称

除了专业核心课程，晋中学院在2016级学生的人才培养方案中增设企业参展管理、体育赛事策划与管理、大型演艺活动策划与管理、婚庆策划与组织等一系列选修课，使会展专业的课程内容变得更加全面，涉及MICE产业的会、展、节、赛、演的各方面。太原学院开设中外会展纵览、文物与博物馆学选修课程，从会展行业全局对中外会展的发展现状和趋势进行了介绍，并且加强了对会展场馆之一的博物馆的介绍，帮助学生加强对博物馆相关知识的认知。山西省财政税务专科学校结合现代会展行业的最新发展趋势，新增了参展实务、新媒体营销课程，从参展商角度设置课程，让学生明白作为一家企业应该如何有效地参加展览会，主办方和参展商应该如何利用新媒体及其技术开展有效的营销行为。

除此之外，从表5－3的统计数据可以看出，晋中学院的会展概论成为校级重点建设课程；节事活动策划与管理实训进行实训改革，提高了实训的课时，使其与理论课程部分区分开，单独列为一门课。山西省财政税务专科学校的会展项目管理、会展综合技能实训、参展实务、新媒体营销都属于学校的实训改革课程。太原旅游职业学院的会展营销成为省级精品课程。山西国际商务职业学院的会展概论成为学校特色课程。

2. 特色课程频率分析

由表5－2可以看出，晋中学院的特色课程有2门，山西省财政税务专科学校的特色课程有4门，太原旅游职业学院的特色课程有1门，山西国际商务职业学院的特色课程有1门。

表5－2　　　　2017年山西省会展院校(本科/高职)特色课程

学校名称	专业名称	特色课程数量(门)	特色课程名称	备注
晋中学院	旅游管理（会展旅游方向）	2	会展概论、节事活动策划与管理实训	校级重点建设课程、实训改革课程
山西省财政税务专科学校	会展策划与管理	4	会展项目管理、会展综合技能实训、参展实务、新媒体营销	实训改革课程

续表

学校名称	专业名称	特色课程数量(门)	特色课程名称	备注
太原旅游职业学院	会展策划与管理	1	会展营销	省级精品课
山西国际商务职业学院	会展策划与管理	1	会展概论	学校特色课程

(三)会展专业实践课程

1. 实践课程名称与数量

本科院校中,晋中学院会展专业的必修课程中包含实践课的课程有9门,其中会展策划、会展市场营销、会展项目管理均为48课时,实践占7课时;会展信息管理为24课时,实践占6课时;会展法规与实务、会展场馆经营与管理总课时均为32课时,实践占7课时。节事活动策划与管理实训、会展实务实训、展示空间与设计实训为单独设置的实训课程,均达16课时。

太原学院会展专业的必修课程为22门,每门课程均含有理论课和实践课。根据不同的课程内容,实践课时占比不同,如会展信息管理(32课时,实践占16课时)、会展礼仪(32课时,实践占24课时)、节庆策划与管理(32课时,实践占6课时)、会展英语与公共关系(64课时,实践占6课时)等。

高职院校中,山西省财政税务专科学校会展专业必修课中,理论和实践相结合授课的课程有15门,分别是会展经济学、会展营销、会展策划、会展心理学、会展广告与传播、会展公共关系、会展设计、会展企业财务会计、会展项目管理、会展服务管理、会展专业英语、场馆经营与管理、会展旅游与地理、市场营销与调查、会展文案写作。纯实践的课程有3门,分别是秘书实务、会展信息管理、会展沟通技巧训练。

2. 会展专业实践课程的教学形式

实践课程的教学形式主要是借助多媒体,运用案例分析、小组讨论、角色扮演、项目演练与操作、动手绘制等方式进行实践。

3. 会展专业实践教学改革情况

由于对其他院校的实践教学改革情况了解不足,笔者只简单介绍一下晋中学院会展专业的实践教学改革情况。由于学院向"构建应用型本科院校"的战略转型推进,旅游管理(会展方向)专业响应学院的转型发展,提高了实训课时比例,并将超过1/3实践课时比例的课程进行了独立设置,如节事活动策划与管理实训、会展实务实训、展示空间与设计实训三门课程。授课方式主要采用的是案例分析、小组讨论、角色扮演和项目实际演练操作的教学方法。课程考核的方式也进行了创新,突破原有的应试考核方式,采用了更为灵活的考核方式,即平时课堂讨论与表现占50%,方案策划考核占50%,全面考察学生的创新思维能力、语言表达能力、团队协作能力、文案写作能力,得到会展专业学生的一致好评和学院领导的肯定。在教学中,晋中学院坚持走"产教融合、协同育人"办学思路,与山西及深圳、杭州的会展企业紧密合作,教师走出去,专家请进来,教学与企业生产环节紧密衔接,学校与企业开展项目横向合作,教师、学生、企业人员依托项目开展合作,利用企业项目来培养学生的专业技能和素养,解决人才能力的脱节等问题。

六、山西省会展教育师资情况

(一)师资情况统计

从表6-1可以看出,山西省会展专业的教师总人数为53人,其中本科院校25人,高职院校28人。具体如下:晋中学院会展专业教师数量为7人;太原学院会展专业教师18人;山西旅游职业学院会展专业教师12人;山西省财政税务专科学校和太原旅游职业学院的会展专业教师均为5人;山西国际商务职业学院的会展专业教师为6人。需要说明的是,部分院校只提供了会展系或者会展教研室教师的数量,并非全部讲授会展专业必修课的教师数量。

(二)师资情况分析

1. 各个院校师生比例情况

从表6-1可以看出,山西省会展专业的学生总数为1 135人,教师总数量为53人,师生比例为21∶1(含本科和高职)。其中,山西会展专业本科学生的总数为498人,教师总数量为25人,师生比例为20∶1,略高于国家规定本科专业18∶1的师生比例标准。山西会展专业高职学生的总数为637人,教师总数量为28人,师生比例为23∶1。

具体而言,晋中学院为27∶1,太原学院为17∶1,山西省财政税务专科学校为31∶1,太原旅游职业学院为25∶1,山西旅游职业学院为16∶1,山西国际商务职业学院为27∶1。部分院校师生比例较高的原因主要有两方面:一方面是统计数据口径存在问题,由于部分院校只提供了会展系或者会展教研室教师的数量,并非全部讲授会展专业必修课的教师数量,导致师生比例严重高于国家标准。另一方面是专业教师数量不足,由于一些院校的会展专业成立较晚或处于起步阶段,急缺会展专业的教师,因而师资较少,导致师生比例严重高于国家标准。

2. 师资学历占比情况

从表6-1来看,山西会展专业的教师总数为53人,大部分为硕士及以上学历,占83%。具体而言,博士学历教师为3人,占6%;硕士学历教师为41人,占77%;本科学历教师为9人,占17%。总之,山西会展专业具有博士学历的教师偏少,应进一步完善学历结构,以便提升教师整体学术能力和水平。

具体而言,山西会展专业本科院校的教师总数为25人,其中,博士学历教师2人,占8%;硕士学历教师21人,占84%,本科学历教师2人,占8%。高职院校会展专业的教师总数为28人,博士学历教师1人,硕士学历20人,本科学历7人,分别占4%、71%、25%。

3. 师资职称占比情况

从表6-1来看,山西会展专业的教师总数为53人,职称涵盖正高级、副高级、中级和初级。其中,教授2人,占4%;副教授8人,占15%;讲师31人,占58%;助教12人,占23%。总的来说,山西会展专业具有讲师职称的教师居多,教授偏少,应进一步完善职称结构,搭建不同职称梯队的学术团队,以便提升山西会展专业教师的整体学术能力和水平。

表6-1　　　　2017年山西省会展专业(本科/高职)师资情况

学校名称	专业名称	学生	教师	博士后	博士	硕士	本科	教授	副教授	讲师	助教
晋中学院	旅游管理(会展旅游方向)	190	7		2	5				5	2
太原学院	会展经济与管理	308	18			16	2	1	5	12	
山西省财政税务专科学校	会展策划与管理	156	5			5			1	3	1
太原旅游职业学院	会展策划与管理	126	5			5		1		4	
山西旅游职业学院	会展策划与管理	193	12		1	5	6		2	3	7
山西国际商务职业学院	会展策划与管理	162	6			5	1			4	2
合计		1 135	53	0	3	41	9	2	8	31	12

注:部分院校只提供了会展系或者会展教研室教师的数量,非全部讲授会展专业必修课的教师数量。

具体而言,山西会展专业本科院校的教师总数为25人,其中,教授1人,占4%;副教授5人,占20%,讲师17人,占68%,助教2人,占8%。高职院校会展专业的教师总数为28人,教授1人,副教授3人,讲师14人,助教10人,分别占4%、11%、50%、36%。

4. 师资专业背景分析

从表6-2来看，山西省会展专业的教师总数为53人，具有企业阅历的人数为18人，占34%。从教师的专业背景来看，具有管理学背景的教师最多，达到30人；其次是具有其他专业（如历史、地理）背景的教师，共17人；具有经济学背景的教师4人；具有会展教育背景和营销学背景的教师各1人。

表6-2　　　　2017年山西省会展院校(本科/高职)师资背景

学校名称	教师数量	企业阅历	会展	经济学	管理	营销	统计	英语	计算机	其他
晋中学院	7	1	1	2	3					1
太原学院	18	2			12					6
山西省财政税务专科学校	5	3			4	1				
太原旅游职业学院	5	0			2					3
山西旅游职业学院	12	6		1	5					6
山西国际商务职业学院	6	6		1	4					1
合计	53	18	1	4	30	1	0	0	0	17

具体而言，山西省会展专业本科院校的教师总数为25人，其中具有企业阅历的人数为3人，占12%；从教师的专业背景来看，会展专业背景的教师1人，经济学背景的教师2人，管理学背景的教师15人，其他专业背景的教师7人。高职院校会展专业的教师总数为28人，其中具有企业阅历的人数为15人，占54%；从教师的专业背景来看，经济学背景的教师2人，管理学背景的教师15人，营销学背景的教师1人，其他专业背景的教师10人。可见，虽然会展学科属于交叉学科，涉及很多专业，相比其他省份，山西省具有会展教育背景的教师十分缺乏。

5. 师资年龄结构分析

从表6-3来看，山西会展专业的教师总数为53人，30岁以下的教师5人，占9%；30-40岁的教师37人，占70%；40-50岁的教师9人，占17%；50岁以上的教师2人，占4%。

具体而言，山西省会展专业本科院校的教师总数为25人，其中30岁以下的教师2人，30-40岁的教师18人，40-50岁的教师4人，50岁以上的教师1人，分别占8%、72%、16%、4%。高职院校会展专业的教师总数为28人，其中30岁以下的教师3人，30-40岁的教师19人，40-50岁的教师5人，50岁以上的教师1人，分别占11%、68%、18%、3%。各会展院校师资年龄结构情况详见表6-3，此处不再赘述。

表 6—3   2017年山西省会展院校(本科/高职)师资年龄结构情况

学校名称	教师数量	30岁以下	占比(%)	30—40岁	占比(%)	40—50岁	占比(%)	50岁以上	占比(%)
晋中学院	7			7	100				
太原学院	18	2	11	11	62	4	22	1	5
山西省财政税务专科学校	5	1	20	4	80				
太原旅游职业学院	5			4	80	1	20		
山西旅游职业学院	12			7	59	4	33	1	8
山西国际商务职业学院	6	2	33	4	67				
合　计	53	5	9	37	70	9	17	2	4

七、山西省会展专业各类实践教育情况(培训、行业实践、竞赛等)

(一)山西省会展专业学生的培训、行业实践、竞赛等情况

相比沿海发达省份,山西省处于内陆省份,相对闭塞。山西会展院校缺少主动交流的意识和对外的交流机会,加之其他客观因素,导致只有少数老师有机会外出参与会展培训,会展专业的学生基本没有参加培训的机会,而参加行业实践和竞赛的情况也相对较少,且高职院校会展专业学生的参与次数明显多于本校院校。

(二)会展专业学生行业实践的岗位情况

从表7—1来看,本科院校只有晋中学院一所,高职院校有三所,本科院校的参与数量明显少于高职院校。从合作单位来看,高职院校的校企合作单位质量略高,基本上是省外知名国有大型场馆(如北京国家会议中心、杭州国际博览中心)及山西本地名气较高的企业。从安排的实践岗位来看,本科院校会展专业的学生更侧重需要创新思维且专业要求较高的岗位(如策划和营销),而高职院校会展专业的学生多侧重实践操作性强的岗位(如现场执行、会议服务和场地运营等)。

表7—1　　　　　2017年山西省会展院校学生行业实践情况

学校名称	专业名称	校企合作单位	实践岗位设置与安排
晋中学院	旅游管理（会展旅游方向）	深圳新动力展览设计有限公司 杭州国际博览中心 山西奥瑞尔科技开发有限公司	策划、营销
山西省财政税务专科学校	会展策划与管理	山西国术之光国际艺术交流有限责任公司	招商、执行
太原旅游职业学院	会展策划与管理	北京国家会议中心	会议服务
山西国际商务职业学院	会展策划与管理	杭州国际博览中心	场地运营

（三）山西省会展专业学生竞赛情况

从表7—2来看，只有两所高职院校参与了竞赛。山西省财政税务专科学校派出两支学生代表队参加了全国商业精英挑战赛会展创新实践竞赛。太原旅游职业学院派出一支学生代表队参与了第七届"远华杯"全国大学生会展创意大赛，并荣获创意策划组二等奖的好成绩。

表7—2　　　　　2017年山西省会展院校学生参加竞赛情况

学校名称	专业名称	竞赛名称	竞赛数量	备注
山西省财政税务专科学校	会展策划与管理	全国商业精英挑战赛会展创新实践竞赛	2	
太原旅游职业学院	会展策划与管理	第七届"远华杯"全国大学生会展创意大赛	1	创意策划组二等奖
合　计			3	

八、山西省会展专业学生就业情况

（一）就业比例

2017年，山西省会展院校中除了太原学院暂无应届毕业生、山西旅游职业学院暂未统计应届学生就业情况外，其余4所院校的应届学生就业情况统计见表8—1。据不完全统计，晋中学院的应届毕业生就业人数为31人（含2人读研），就业率为78%，其余未就业的学生准备继续考研或出国深造。高职院校中，太原旅游职业学院和山西国际商务职业学院的就业率均为

100%，山西省财政税务专科学校的就业率为60%。

表8-1　2017年山西省会展院校（本科/高职）应届学生就业情况

学校名称	专业名称	毕业生数量（人）	就业比例（%）	备注
晋中学院	旅游管理（会展旅游方向）	40	78	其余9人准备继续深造
太原学院	会展经济与管理			暂无毕业生
山西省财政税务专科学校	会展策划与管理	44	60	
太原旅游职业学院	会展策划与管理	60	100	
山西旅游职业学院	会展策划与管理	30		未统计
山西国际商务职业学院	会展策划与管理	40	100	
合　计		214		

（二）就业对口率

从表8-2可以发现，除了太原学院暂无应届毕业生、太原旅游职业学院、山西旅游职业学院暂未统计外，2017年山西省会展院校应届学生就业对口情况呈现两极分化。其中，晋中学院的就业对口率为50%；山西省财政税务专科学校的就业对口率较低，仅为10%；山西国际商务职业学院的就业对口率最高，达到85%。

表8-2　2017年山西会展院校（本科/高职）应届学生就业对口情况

学校名称	专业名称	毕业生数量（人）	就业对口比率（%）	备注
晋中学院	旅游管理（会展旅游方向）	40	50	
太原学院	会展经济与管理			暂无毕业生
山西省财政税务专科学校	会展策划与管理	44	10	
太原旅游职业学院	会展策划与管理	60		未统计
山西旅游职业学院	会展策划与管理	30		未统计
山西国际商务职业学院	会展策划与管理	40	85	

（三）就业薪资情况

从表8-3可以发现，只有晋中学院（本科）和山西国际商务职业学院（高职)两所学校进行了粗略统计。其中,晋中学院应届生的平均薪资为3 543元,略高于山西国际商务职业学院应届生的平均薪资2 823元。晋中学院的学生薪资处于2 000—3 000元的有7人,3 000—4 000元的有10人,4 000元以上的人数有12人。山西国际商务职业学院的学生薪资处于2 000元以下的有2人,2 000—3 000元的人数达20人,3 000—4 000元的有12人。

表8—3　　　　2017年山西省会展院校(本科/高职)应届学生薪资情况

学校名称	专业名称	毕业生数量	平均薪资(元)	2 000元以下	2 000—3 000元	3 000—4 000元	4 000以上
晋中学院	旅游管理(会展旅游方向)	40	3 543	0	7	10	12
太原学院	会展经济与管理	未有毕业生					
山西省财政税务专科学校	会展策划与管理	未统计					
太原旅游职业学院	会展策划与管理	未统计					
山西旅游职业学院	会展策划与管理	未统计					
山西国际商务职业学院	会展策划与管理	40	2 823	2	20	12	0

九、山西省会展教育存在的问题与相关建议

(一)专业设置与招生问题

会展这个概念真正扎根在山西老百姓脑海中,是在2007年山西省首届煤炭交易博览会的成功举办之后。随着中部六省投资贸易博览会在太原举办,让政府和老百姓看到了会展业极强的带动效应和发展前景。因此近5年山西省的会展业才开始发力,开展了各种形式的会展活动,在规模、形式、内容、经济效益上都有很大发展。虽然行业人才需求量逐渐加大,会展专业人才的供给却出现了明显不足。因而山西省各院校着手设置会展专业,发展会展教育。

相对于其他沿海省份,山西省会展教育在专业设置与招生方面存在三个问题:

第一,会展教育起步晚且层次略低。山西省的会展教育从2010年才开始真正起步,有7所本科和高职院校开设了会展方向或专业的本科和高职教

育,高校数量偏少且缺少博士和硕士层次会展人才的培养。

第二,专业设置隶属的院系也不统一。本科院校的会展方向或专业下设于旅游管理系;高职院校的会展专业有的隶属于规划艺术系,有的属于酒店管理系,还有的隶属于工商管理系。

第三,专业招生规模小且社会认知度低。会展专业招生计划大多为50人/届。由于山西社会各界对会展的认知度不高,导致山西的高考生在选报志愿时不了解也不愿意填报该专业,报考会展相关专业的人数不多,而且有近一半的学生是调剂到会展专业中的。

针对上述问题,笔者提出三点建议:

第一,尽快根据山西省会展人才的需求状况,增设本科会展院校,并在未来的发展中增设硕士培养点,进一步提升山西省会展教育的发展水平和层次。

第二,高职院校的专业设置隶属院系应从全局考虑,结合院校的发展特色尽量做到标准统一。

第三,根据院校自身发展定位,合理调控专业招生规模,同时利用专业教师和学生的动员宣传,让更多学生及其家长了解会展经济的带动作用以及会展专业的发展前景,在高考选报志愿时报考会展专业。

(二)课程设置问题

目前,山西省的会展专业课程设置主要存在三方面的问题:

第一,课程涉及面窄。多数院校基本上是围绕展览会这一方面开设课程,而针对MICE行业涉及的会议、节庆、赛事、演艺活动等方面的课程设置较少。

第二,实践课比例设置不合理。一些实践性强的课程理论课时占比较多,实践课时占比略少。一些理论性强的课程也安排了实践课时,这样显得实践课时的安排缺少针对性和合理性。

第三,特色课程较少。与其他专业相比,会展特色课程明显偏少。

通过对2017年2~6月山西省会展行业招聘信息分析发现:山西省会展业对中、高端会展人才的需求较大,且多数企业要求应聘者具备本科及以上学历。其中,对策划与设计人才的需求量最大,超过40%;其次是会展营销人才,需求量接近30%;对会展运营管理人才和会展服务人才的需求分别占20%和10%。

针对上述课程设置的问题,结合行业需求,提出以下建议:

第一,课程设置尽量涉及行业的多个方面,在会议、节庆、赛事、演艺活动等方面增设相关课程。

第二,针对行业需求量大的专业方向,增加与策划、设计、营销等方面相关的课程,拓宽学生的创新思维,加强学生的设计与营销技能。

第三,在课程设置上合理安排实践课时比例,有选择地增加或缩减实训课时;针对一些实践性强的课程可单独设置一门实训课,使其与理论课区别开来;针对一些理论性较强的课程,建议少安排或不安排实训课程。

第四,充分发挥会展教师的团队力量,共同出谋划策,商讨课程设计和内容,逐步增加特色课程数量,将其打造为校级、省级甚至国家级的精品特色课程,提升会展专业课程的品质。

(三)师资队伍问题

山西省会展教育在师资方面主要存在以下三个问题:

第一,高学历教师缺乏。山西省会展专业硕士学历教师占比最高,达到77%,而博士学历教师只有6%,略微偏少。

第二,高职称教师偏少。山西省会展专业具有讲师职称的教师占58%,相对居多,而教授偏少,只有2人。

第三,具有会展教育背景和企业阅历的教师少。虽然会展学科属于交叉学科,涉及很多专业,但相比其他省份,山西省具有管理学背景的教师最多,达到30人,而会展教育背景的教师仅有1人,十分缺乏;具有企业阅历的教师18人,占34%。

针对上述问题,笔者提出以下四点建议:

第一,进一步完善学历结构,通过引进博士学历教师或者鼓励现有硕士学历教师继续深造,提高教师整体学历水平。

第二,通过搭建不同职称梯队的学术团队、加强职称评定改革、颁布鼓励政策等一系列措施,给更多讲师创造更多的职称上升通道和空间,提升山西省会展专业教师的整体学术能力。

第三,引进会展专业背景的教师或外派其他专业的教师进修学习会展的专业知识,同时考虑引进营销、统计、设计、计算机等与会展相关的其他专业背景教师,进一步提升课堂质量和知识专业度。

第四,由于会展专业的实践性强,建议外派教师到行业中挂职锻炼,提升教师的实践水平。

(四)行业实践与专业教育对接问题

山西省会展院校在学生行业实践与专业教育对接方面存在三方面问题:

第一,实践平台较少。多数院校会展专业的校企合作单位仅有1家,且大多位于省外,省内会展行业的合作单位相对缺乏。

第二,实践企业涉及行业面较窄。多数院校会展专业的校企合作单位是与会议和展览相关的,而涉及节庆、赛事和演艺相关的企业较少,行业涉及面窄。

第三，学生参加培训和行业竞赛的机会少。由于一些院校预算等客观因素，导致只有少数教师有机会外出参与会展培训，会展专业的学生基本没有参加培训的机会，参加行业竞赛的数量也较少。

为解决该问题，笔者提出三点建议：

第一，加强对外交流和合作意识，积极拓宽学生的省外实践基地，同时寻找更多本地会展企业建立校企合作，从而为本地的会展企业提供大量专业人才，解决供需矛盾。

第二，拓宽实践企业的行业面，积极寻求包括婚庆公司、赛事主办企业、演艺公司等企业作为合作单位，让学生的实践范围更广，学以所用。

第三，多方创造条件，让学生有更多的行业培训和行业竞争的机会，实践"以赛促教、以赛助学"的育人理念。

(五)专业对口就业问题

根据目前掌握的数据分析，山西会展专业的学生就业率相对较高，但专业对口就业情况不是十分理想，多数院校低于50%。基于此，笔者认为今后应该从以下四方面加强专业对口就业的问题：

首先，提高学生对专业的认知水平。目前已经有一些高校在大一开设会展专业导论等课程，帮助学生了解会展专业，提高专业认知，培养学生的专业兴趣。

其次，在专业课的讲授方面，让教师的教学方式更加多元化、艺术化，通过运用现代信息技术和行业视频案例等方法，丰富课程内容，夯实学生的专业基础。

再次，开设大学生职业规划和求职面试技巧等方面课程，帮助学生尽早做好职业生涯规划，掌握一定的求职简历撰写和面试等方面技巧，提高就业机会。

最后，学校可以在每年的招聘会中积极引入会展企业，给更多会展专业的学生提供更多求职机会，提高专业对口就业问题，让更多的学生学以致用，为山西会展行业的发展提供智力支持。

十、山西省会展教育未来趋势

针对山西省会展教育目前的发展现状，笔者认为山西会展教育的未来趋势可以围绕以下五个方面发展：

第一，未来山西的会展教育可以适当考虑发展硕士点，加强高学历人才的培养。

第二,加强对外交流与国际合作,选择与各自院校发展定位相近的国外学校进行合作,通过派遣交换生、教师访学、联合培养等形式进行国际交流,提升山西省会展教育的国际化水平。

第三,加强会展教育信息化建设。尤其是在课程内容改革和实验室建设等方面,加强信息技术应用在会展教学创新过程中的深度融合。利用信息系统完成课上签到、课堂内容复习、作业在线提交、在线知识讨论等教学环境,还可以在课程中加入VR技术、二维码链接、设计制图技术等方式,提升学生的学习兴趣,扩展学生知识的深度和广度,锻炼学生的实践操作能力。

第四,积极提升或引进高学历、高职称的教师,同时搭建不同职称、不同年龄的教学科研团队,提升教学改革和学术研究的能力及水平。此外,由于会展专业属于交叉学科,除了加大会展专业背景教师的引进,还应积极考虑引进所学专业与会展关联度较为紧密的学科教师,如艺术设计、营销、建筑、计算机、人类社会学等学科,以丰富课程内容,实现教师之间学术知识互补,帮助学生提升综合知识水平。

第五,鉴于山西省会展教育的实际,未来的培养计划与教改方向应该偏向"应用型"人才的培养。结合会展专业特点,在进一步厘清人才能力和培养目标的前提下,明确"学校企业双主体、学生学徒双身份"双融合思路,抓住"应用型师资和应用型科研"的关键,通过强化应用型师资培养,加大与行业企业深度合作,探索性地构建会展专业人才培养新体系,力图走出一条"产教融合、教师先行、学生学徒、协同育人"的应用型人才培养新体系。

山东省会展教育发展报告

张中波[①]

一、山东省会展教育发展历程

根据调研,山东省会展教育尤其是高职会展教育起步较早。其中,青岛酒店管理职业技术学院于 2003 年开始招收会展专业学生,见表 1—1。

表 1—1　　2003—2008 年山东省会展院校设立情况汇总表

属性	省市（地区）	学校名称	专业名称	招生数量(人)	设立时间(年)	备注
本科	济南	山东交通学院	会展经济与管理	550	2007	经济与管理学院

---

① 张中波,博士,副教授,济南大学历史与文化产业学院,会展与旅游管理系副主任,主要从事会展经济与管理、旅游管理专业的教学与科研工作,兼任济南大学文化产业研究中心研究员、济南大学会展与文化旅游研究所所长、济南大学历史与文化产业学院学术委员会委员、济南市会展业协会监事、上海第二工业大学国际会展产业研究院研究员。主要研究方向为:文化会展、节庆产业、会展传播、农村文化创意产业、旅游购物。

续表

属性	省市(地区)	学校名称	专业名称	招生数量(人)	设立时间(年)	备注
高职	青岛	青岛酒店管理职业技术学院	会展策划与管理	1 200	2003	旅游与酒店管理学院
	济南	济南工程职业技术学院	会展策划与管理	525	2005	艺术设计学院
	济南	山东旅游职业学院	会展策划与管理	579	2007	饭店管理系
	济南	山东外事翻译职业学院	会展策划与管理	342	2008	管理学院
	济南	山东商业职业技术学院	会展策划与管理	340	2008	公共管理学院

其他本科及高职院校则主要集中在2010－2014年开设会展经济与管理、会展策划与管理、展示艺术设计等专业,见表1－2。

表1－2　　2010－2014年山东省会展院校设立情况汇总表

属性	省市(地区)	学校名称	专业名称	招生数量(人)	设立时间	备注
本科	济南	济南大学	会展经济与管理	833	2010年9月	历史与文化产业学院
	济南	山东女子学院	会展经济与管理	287	2013年9月	旅游学院
	济南	山东财经大学	会展经济与管理	170	2013年9月	工商管理学院
高职	济南	山东电子职业技术学院	会展策划与管理	160	2010年9月	商务管理系
	济南	济南职业学院	会展策划与管理	70	2012年9月	商贸经济学院
	青岛	山东外贸职业学院	会展策划与管理	234	2013年9月	经济管理系
	济南	山东城市建设职业学院	展示艺术设计	220	2014年9月	建筑与城市规划系

二、山东省会展学历教育招生情况

山东省会展学历招生暂时没有硕博层次,主要集中在本科与高职类别。本科招生数量维持在50－80人,累计人数达206人,见表2－1。

表 2—1　　　　　2017 年山东省会展院校本科招生规模统计表

学校名称	专业名称	招生数量（人）	备注
济南大学	会展经济与管理	86	
山东交通学院	会展经济与管理	50	
山东女子学院	会展经济与管理	70	
山东财经大学	会展经济与管理	0	2017 年停招
合　计		206	

据统计,山东省高职会展专业招生规模差异较大,少则在 20－30 人,多在 80 余人,累计人数达 309 人,见表 2－2。

表 2—2　　　　　2017 年山东省会展院校高职招生规模统计表

学校名称	专业名称	招生数量（人）	备注
青岛酒店管理职业技术学院	会展策划与管理	80	
山东旅游职业学院	会展策划与管理	85	
山东电子职业技术学院	会展策划与管理	30	
山东外贸职业学院	会展策划与管理	44	
济南工程职业技术学院	会展策划与管理	25	
山东城市建设职业学院	展示艺术设计	45	
山东商业职业技术学院	会展策划与管理	0	2016 年停招
山东外事翻译职业学院	会展策划与管理	0	2017 年停招
济南职业学院	会展策划与管理	0	2017 年停招
合　计		309	

三、山东省会展教育主体结构分析

(一)山东省会展专业高等教育(硕博研究生/本科)情况

1. 山东省开设会展本科专业教育主体的数量

截至 2018 年 3 月,山东省开设会展本科专业的高校共有 4 所,分别为济南大学、山东财经大学、山东交通学院、山东女子学院,开设专业均为会展经济与管理专业。其中,山东财经大学 2017 年暂停招生。

此外,山东工艺美术学院、山东艺术学院、齐鲁工业大学等本科院校,则在工业设计、艺术设计等专业下开设展示设计的相关专业方向。例如,山东工艺美术学院工业设计学院在工业设计专业下开设艺术与技术(展示设计)专业方向,齐鲁工业大学艺术学院在艺术设计专业下开设展示设计专业方向等。

2. 山东省开设会展本科专业教育主体的对比情况

山东省开设会展本科教育的院校可分为两类:一类是管理类会展专业院校,如济南大学、山东财经大学、山东交通学院、山东女子学院,开设会展经济与管理专业。另一类是设计类会展专业院校,如山东工艺美术学院、山东艺术学院、齐鲁工业大学等,在工业设计、艺术设计等设计专业下开设展示设计专业方向。

(二)山东省会展专业高等职业教育情况

1. 山东省开设会展专业高职教育主体的数量

截至2018年3月,山东省开设会展专业高职教育的院校共有9所,分别为青岛酒店管理职业技术学院、山东旅游职业学院、山东电子职业技术学院、山东外贸职业学院、济南工程职业技术学院、山东城市建设职业学院、济南职业学院、山东商业职业技术学院、山东外事翻译职业学院。其中,山东商业职业技术学院、山东外事翻译职业学院与济南职业学院3所院校在2017年暂停招生。

2. 山东省开设会展专业高职教育主体的对比情况

山东省开设会展专业高职教育的院校可分为两类:一类是管理类会展专业院校,如青岛酒店管理职业技术学院、山东旅游职业学院、山东电子职业技术学院、山东外贸职业学院、山东商业职业技术学院、山东外事翻译职业学院、济南职业学院、济南工程职业技术学院,开设会展策划与管理专业。另一类是设计类会展专业院校,如山东城市建设职业学院建筑与城市规划系开设了展示艺术设计专业。

目前,山东省会展院校会展专业的国际合作教育工作较为滞后,尚无院校开展此项工作。

四、山东省会展相关专业设置情况

(一)会展相关专业设置情况

1. 山东省会展本科专业设置

山东省会展本科教育所涉及的专业分为两类:一类是管理类会展专业,均为会展经济与管理专业。另一类是设计类会展专业,主要是在工业设计专业、艺术设计专业下开设展示设计专业方向。

2. 山东省会展高职专业设置

山东省会展高职教育涉及的专业分为两类：一类是管理类会展专业，均为会展策划与管理专业。另一类是设计类会展专业，如山东城市建设职业学院开设了展示艺术设计专业，济南工程职业技术学院虽开设会展策划与管理专业，但从师资配备、开设课程方面而言，偏重展示设计。

(二)会展各专业规模与层次

1. 本科

2017年，山东省会展经济管理专业本科招生人数为206人，其中济南大学86人、山东交通学院50人、山东女子学院70人、山东财经大学暂停招生。

2. 高职

2017年，山东省会展高职院校招生人数为309人。其中，山东商业职业技术学院、山东外事翻译职业学院与济南职业学院在2017年暂停招生。

相比而言，山东省开设会展专业的本科院校数量(4所)要少于开设会展专业的高职院校的数量(9所)。相比北京、上海、浙江、广东、江苏等省市，山东省会展业发展水平相对较低，会展企业以中小型企业为主，为会展专业学生提供的就业岗位、薪资水平不甚理想，一些学校在办学过程中基于专业调整、会展专业招生困难、薪资水平较低等原因，逐步调减招生计划甚至停止招生，反映出山东省会展教育在经过一段快速的规模扩张后，各院校在会展专业办学过程中遇到发展"瓶颈"，进入调整优化阶段。

五、山东省会展专业培养计划

(一)核心课程

根据统计，在山东省开设管理类会展专业的本科和高职院校中，会展概论、会展策划、会展项目管理、会展客户关系管理、会展营销、展览策划与管理、会议策划与管理、节事活动策划与管理、会展设计、会展企业运营管理等课程是开设频率较高的核心课程，见表5-1和5-2。

1. 核心课程的名称

从表5-1可以看出，各会展院校核心课程数量有差异，多有13门，少则4门。设置核心课程较多的院校，所涵盖的课程不仅涉及会展专业课，也涵盖会展专业基础课程。

表5—1　　　　2017年山东省会展院校(本科/高职)核心课程统计表

学校名称	专业名称	核心课程数量(门)	备注
济南大学	会展经济与管理	12	会展概论、会展策划与组织、会展项目管理、会展客户关系管理、会展旅游、大型活动策划与管理、展示空间基础设计、会展英语、策划学原理、会展场馆经营与管理、会展政策与法规、会展史
山东交通学院	会展经济与管理	11	管理学、经济学、会计学、人力资源管理、会展概论、会展营销、会展策划与管理、会展企业运营管理、节事活动策划与管理、调查与统计、会议服务与管理
山东女子学院	会展经济与管理	12	会展概论、会展项目管理、会展市场营销、会展人力资源管理、会展财务管理、会展场馆经营与管理、会展设计基础、会议服务与管理、会展商务英语、会展信息管理、会展政策与法规、会展文案写作
青岛酒店管理职业技术学院	会展策划与管理	12	会展概论、展览组织与策划、会议组织与策划、节庆组织与策划、会展项目管理、会展财务、会展英语、会展设计、会展搭建与管理、会展市场营销、会展人力资源管理、会展现场规划与管理
山东旅游职业学院	会展策划与管理	4	会展策划、会展营销、会展接待实务、展示设计
山东外事翻译职业学院	会展策划与管理	9	会展概论、会展服务与管理基础、会展经济、会展市场营销、会展客户关系管理、展览策划与组织、会议运营与管理、节庆与特殊事件策划与管理、会展英语听说实训
山东外贸职业学院	会展策划与管理	11	会展营销、会展策划实务、国际会议运营管理、国际展览实务、会展英语、会展项目管理、国际参展实务、节事活动组织与管理、会展设计软件运用、会展布局与设计、会展文案
济南职业学院	会展策划与管理	5	会展概论、会展营销、会展文案、会展策划、商务沟通
济南工程职业技术学院	会展策划与管理	13	项目策划与方案设计、展示设计CAD制图、电脑效果图制作、展览展示设计、商业空间设计、博物馆陈列设计、展示工程材料与预算、手绘效果图表现、专业设计造型基础、人体工程学、展示灯光照明、广告展板设计、工程招投标与合同管理

2. 核心课程的频率分析

核心课程出现频率较高的课程主要集中在会展专业基础课与会展专业课程,如会展概论、会展策划、会展营销、展示设计等,值得关注的是事件、活动策划等相关课程,在山东省许多会展院校中有所开设,见表5—2。

表 5—2　　2017 年山东省会展院校(本科/高职)核心课程排序

核心课程名称	学校名称
会展概论	济南大学、山东交通学院、山东女子学院、青岛酒店管理职业技术学院、山东外事翻译职业学院、济南职业学院
会展策划与组织/会展策划/会展策划实务	济南大学、山东交通学院、山东旅游职业学院、山东外贸职业学院、济南职业学院
会展项目管理	济南大学、山东女子学院、青岛酒店管理职业技术学院、山东外贸职业学院
会展客户关系管理	济南大学、山东外事翻译职业学院
会展旅游	济南大学
大型活动策划与管理/节事活动策划与管理/节庆与特殊事件策划与管理/节事活动组织与管理/节庆组织与策划	济南大学、山东交通学院、山东外事翻译职业学院、山东外贸职业学院、青岛酒店管理职业技术学院
展示空间基础设计/会展设计基础/展示设计/会展设计/会展设计软件运用/会展布局与设计	济南大学、山东女子学院、青岛酒店管理职业技术学院、山东旅游职业学院、山东外贸职业学院
会展英语/会展商务英语/会展英语听说实训	济南大学、山东女子学院、青岛酒店管理职业技术学院、山东外事翻译职业学院、山东外贸职业学院
会展场馆经营与管理/会展企业运营管理/会展现场规划与管理	济南大学、山东交通学院、山东女子学院、青岛酒店管理职业技术学院
会展政策与法规	济南大学、山东女子学院
会展史	济南大学
策划学原理	济南大学
人力资源管理/会展人力资源管理	山东交通学院、山东女子学院、青岛酒店管理职业技术学院
会展营销/会展市场营销	山东交通学院、山东女子学院、青岛酒店管理职业技术学院、山东旅游职业学院、山东外事翻译职业学院、山东外贸职业学院、济南职业学院
展览组织与策划/展览策划与组织	山东外事翻译职业学院、青岛酒店管理职业技术学院
会议服务与管理/会议组织与策划/会议运营与管理/国际会议运营管理	山东交通学院、山东女子学院、青岛酒店管理职业技术学院、山东外事翻译职业学院、山东外贸职业学院
会展财务管理/会展财务	山东女子学院、青岛酒店管理职业技术学院

续表

核心课程名称	学校名称
会展信息管理	山东女子学院
会展文案写作/会展文案	山东女子学院、济南职业学院
会展接待实务	山东旅游职业学院
会展经济	山东外事翻译职业学院
国际展览实务	山东外贸职业学院
国际参展实务	山东外贸职业学院
商务沟通	济南职业学院
会展搭建与管理	青岛酒店管理职业技术学院

(二)特色课程

从表5-3来看,特色课程主要在集中在会展知识拓展,如会展产业发展前沿问题(济南大学)、国际贸易实务(山东外贸职业学院);还有会展项目管理技能方面的课程,如商务沟通(济南职业学院)、会展项目策划经典案例(济南大学)、案例分析与文案写作(山东外事翻译职业学院)、会展接待实务(山东旅游职业学院)等。

表5-3　　2017年山东省会展院校(本科/高职)特色课程统计表

学校名称	专业名称	特色课程数量(门)	特色课程名称
济南大学	会展经济与管理	2	会展产业发展前沿问题、会展项目策划经典案例
山东女子学院	会展经济与管理	1	会展审美与体验
青岛酒店管理职业技术学院	会展策划与管理	3	会展市场推广、会展客户关系管理、会展项目综合实训
山东旅游职业学院	会展策划与管理	2	会展策划、会展接待实务
山东外事翻译职业学院	会展策划与管理	3	会展服务与管理基础、会展策划与管理实训(案例分析与文案写作)、会展英语听说实训
山东外贸职业学院	会展策划与管理	1	国际贸易实务
济南职业学院	会展策划与管理	2	会展营销、商务沟通
山东电子职业技术学院	会展策划与管理	2	办公自动化高级教程、展台设计与搭建
济南工程职业技术学院	会展策划与管理	2	展示工程材料与预算、商业空间设计

(三)实践课程

1. 实践课程名称与数量

山东省会展院校开设的专业实践课程主要包括校内实验实训、专业实习、毕业实习、毕业设计(论文)、创新创业实践课程等。

2. 实践课程教学形式

实践课程教学形式主要包括校内实验室教学、校园自办展、企业顶岗实习、学生参加科创与专业竞赛活动、创新创业专家讲座等。

(四)实践教学改革情况

重视实践教学改革,构建产学研协同的育人机制,主要体现在:

1. 产、学、研促进教学

构建产、学、研相结合的教学模式,促进教学与科研互动,科研反哺教学。

(1)产、学、研促进第一课堂教学

通过讲授法、讨论法、任务驱动法等教学方法,及时将专业教师最新科研成果转化为课堂教学内容,提升教学内容的前沿性,使学生能了解本行业及本领域最前沿的知识和发展动向,激发学生求知欲,提高课堂授课质量。

(2)产、学、研促进第二课堂教学

通过指导学生参加挑战杯、大学生创业大赛、大学生研究训练计划项目、暑期"三下乡"社会实践活动等专业竞赛、科技创新(社会实践)活动,将教师科研项目与学生的第二课堂活动紧密结合,使学生参与到科研活动中,培养学生的创新意识,提高学生的科研素养和实践动手能力。

2. 积极开展教学改革研究

各院校专业教师积极参与实践教学改革课题研究,主持一系列相关教改课题,发表一系列相关教改文章。

3. 注重校外产、学、研基地建设

在依托校内实验实训的基础上,与政府机构、会展行业协会、会展企业建立密切的合作关系,为课程的实践教学、学生实习就业、教师培训、师资培养和教师开展横向课题研究提供优良条件。

4. 积极开展校企合作办学

积极与会展企业开展合作,通过共同开发课程与教材、聘请企业负责人作为校外专业带头人等方式,开展校企合作办学。例如,山东外贸职业学院通过校企合作开发了会展营销、会展策划实务两门课程,完成了会展营销、会展策划实务的混合式课改设计,校企合作编写了《会展营销》《会展策划实务》《展览实务》等教材。

5. 多方合作成立专业建设委员会

例如，山东外贸职业学院成立了会展策划与管理专业建设委员会，由青岛市会展办、山东省会展业协会、知名会展企业的人员和校会展策划与管理专业教师等组成，形成政府、企业、行业协会、学校"四位一体、互利共赢"的合作体制。

专业建设委员会每年召开 2 次以上例会，对专业发展规划、专业结构调整、校企合作、人才培养方案优化、课程开发、教学团队建设、实训基地建设等重大事项进行决策和部署。

六、山东省会展教育师资情况

从总量角度分析，山东省各会展院校的教师数量差异较大，有的院校教师数量多达 17－19 人（济南大学与山东外贸职业学院），有的院校教师数量则只有 4 人。从师生比角度看，与在校生的规模有直接的关系，上述两个院校会展专业学生都具有相当的规模。从学历与职称的角度看，本科院校高学历与高职称教师数量占比较高，硕士学位以上的教师占绝大多数，见表 6－1。

表 6－1　　　　　2017 年山东省会展专业（本科/高职）师资情况

学校名称	专业名称	学生总数	教师数量	博士后	博士	硕士	本科	教授	副教授	讲师	助教
济南大学	会展经济与管理	352	19	1	12	4	2	2	5	12	
山东女子学院		244	10		3	7		1	3	6	
山东交通学院		160	7		4	3		1	4	2	
青岛酒店管理职业技术学院	会展策划与管理	280	4	1		3			1	2	1
山东旅游职业学院		175	8			7	1	1		5	2
山东外事翻译职业学院		76	4			4			1	2	1
山东外贸职业学院		139	17		2	15			4	11	2
济南职业学院		70	4		1	2	1	2	1	1	
山东电子职业技术学院		160	10			9	1		1	4	5
济南工程职业技术学院		95	8			5	3	3	3		2

（一）会展师资学历占比情况

从表6-2来看，山东省开设会展经济与管理专业的3所本科院校中，教师总数为36人，其中博士后1人，占2.7%；博士19人，占52.8%；硕士14人，占38.9%；本科2人，占5.6%，见图6-1。

表6-2　　　　2017年山东省会展专业(本科/高职)师资占比情况

学校名称	专业名称	学生总数(人)	教师数量(人)	师生比(%)
济南大学	会展经济与管理	352	19	18.5
山东女子学院	会展经济与管理	244	10	24.4
山东交通学院	会展经济与管理	160	7	23
青岛酒店管理职业技术学院	会展策划与管理	280	4	70
山东旅游职业学院	会展策划与管理	175	8	21.9
山东外事翻译职业学院	会展策划与管理	76	4	19
山东外贸职业学院	会展策划与管理	139	17	17.6
济南职业学院	会展策划与管理	70	4	17.5
山东电子职业技术学院	会展策划与管理	160	10	16
济南工程职业技术学院	会展策划与管理	95	8	11.9

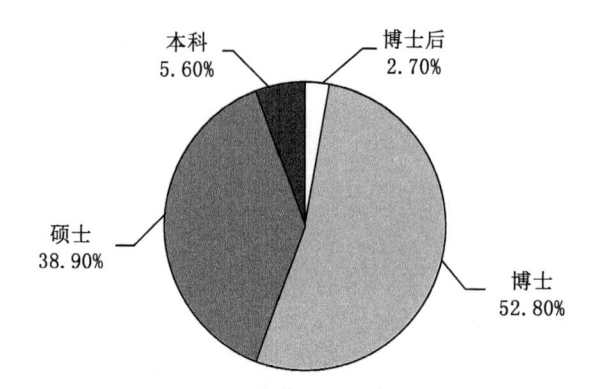

图6-1　山东省3所本科会展院校师资学历占比情况

山东省开设会展高职教育的院校师资中，除青岛酒店管理职业技术学院、山东外贸职业学院、济南职业学院拥有少量博士学位教师外，其他高职院校师资以硕士研究生学历为主。

(二)师资职称占比情况

从表6-1可知,山东省开设会展经济与管理专业的3所本科院校中,教师总数为36人,其中教授4人,占11.1%;副教授12人,占33.3%;讲师20人,占55.6%,见图6-2。

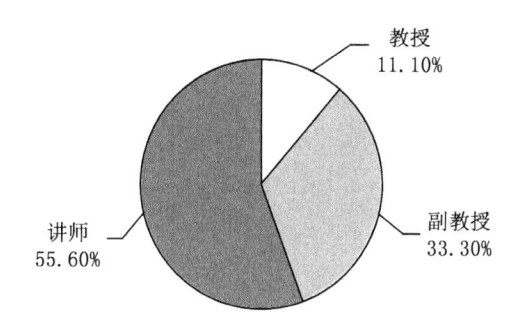

图6-2 山东省3所本科会展院校师资职称占比情况

山东省开设会展高职教育的院校中,教师总数为55人(据不完全统计),其中教授1人,占1.8%;副教授12人,占21.8%;讲师28人,占50.9%;助教14人,占25.5%,见图6-3。

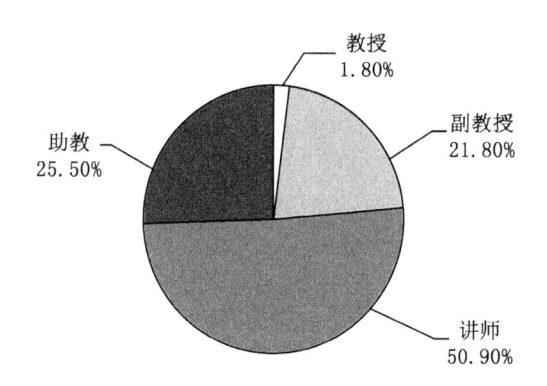

图6-3 山东省会展高职院校师资职称占比情况

(三)师资专业背景分析

从表6-3来看,山东省开设会展经济与管理专业的3所本科院校中,教师总数为36人,其中会展专业背景5人,占13.8%;经济学专业背景1人,占2.8%;管理学专业背景8人,占22.2%;营销专业背景2人,占5.6%;其他20人,占55.6%,见图6-4。

表 6—3　　　　2017 年山东省会展专业(本科/高职)师资背景情况

学校名称	教师数量	企业阅历人数	会展	经济学	管理	营销	统计	英语	计算机	其他
济南大学	19	2	0	1	7	2	0	0	0	9
山东女子学院	10	1	5	0	1	0	0	0	0	4
山东交通学院	7	7	0	0	0	0	0	0	0	7
青岛酒店管理职业技术学院	4	4	1	0	3	0	0	0	0	0
山东旅游职业学院	8	2	0	0	3	1	0	0	1	3
山东外事翻译职业学院	4	1	0	2	2	0	0	0	0	0
山东外贸职业学院	17	10	0	0	17	0	0	0	0	0
济南职业学院	4	0	0	0	3	0	0	0	0	1
山东电子职业技术学院	10	0	0	0	3	3	0	3	1	0
济南工程职业技术学院	8	3	0	0	1	0	0	0	0	7

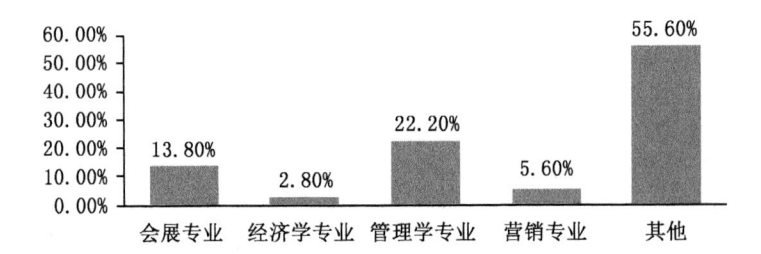

图 6—4　山东省 3 所本科会展院校师资专业背景情况

山东省开设会展高职教育的院校中,根据现有数据,在 55 位教师中,会展专业背景 1 人,占 1.8%;经济学专业背景 2 人,占 3.6%;管理学专业背景 32 人,占 58.2%;营销专业背景 4 人,占 7.3%;英语专业背景 3 人,占 5.5%;计算机专业背景 2 人,占 3.6%;其他 11 人,占 20%,见图 6—5。

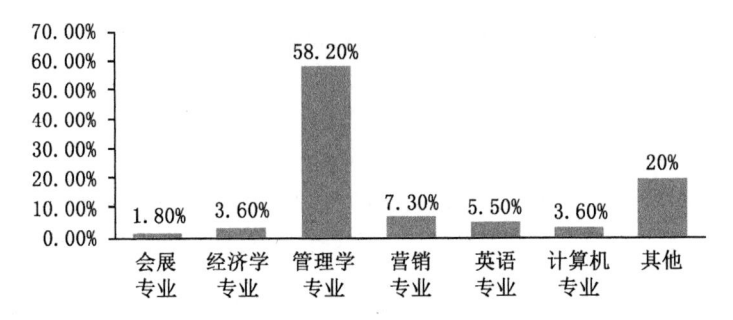

图 6—5　山东省会展高职院校师资专业背景情况

综合而言,山东省会展院校的师资专业背景为会展专业者很少,这主要是由当前我国会展专业的硕士与博士学历教育相对滞后所导致。本科院校方面,山东省开展会展本科教育的院校师资专业背景较为多元化,除了管理学专业背景师资相对占优外,其他专业背景教师数量甚至达到师资总数的一半以上。例如,济南大学会展教师队伍中,除了文化产业管理、旅游管理等管理学专业背景教师外,其他教师专业则涉及艺术设计、广告学、电影学、文学、历史、地理等专业,这跟山东省各本科院校会展专业办学的师资来源有着很大关系。高职院校方面,山东省开展会展高职教育的院校师资专业背景以管理学专业背景为主,尤以旅游管理专业为多。

(四)师资年龄结构分析

从表6-4可以看出,山东省开设会展经济与管理专业的3所本科院校中,教师总数为36人,其中30岁以下者3人,占8.3%;30—40岁者23人,占63.9%;40—50岁者6人,占16.7%;50岁以上者4人,占11.1%。可见,山东省本科会展院校师资以中青年教师为主,见图6-6。

表6-4　　　2017年各山东省会展院校(本科/高职)师资年龄结构情况

学校名称	教师数量	30岁以下	占比(%)	30—40岁	占比(%)	40—50岁	占比(%)	50岁以上	占比(%)
济南大学	19	1	5.2	10	52.6	4	21.1	4	21.1
山东女子学院	10	2	20	7	70	1	10	0	0
山东交通学院	7	0	0	6	85.7	1	14.3	0	0
青岛酒店管理职业技术学院	4	1	25	3	75	0	0	0	0
山东旅游职业学院	8	0	0	7	88	1	12	0	0
山东外事翻译职业学院	4	1	25	2	50	1	25	0	0
山东外贸职业学院	17	1	5.9	11	64.7	4	23.5	1	5.9
济南职业学院	4	0	0	2	50	0	0	2	50
山东电子职业技术学院	10	1	10	8	80	1	10	0	0
济南工程职业技术学院	8	1	12.5	2	25	3	37.5	2	25

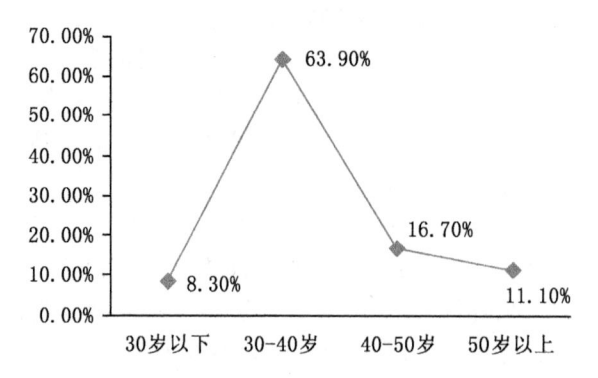

图6-6 山东省本科会展院校师资年龄结构

山东省开设会展高职教育的院校中,根据现有数据,在55位教师中,其中30岁以下者5人,占9.1%;30—40岁者35人,占63.6%;40—50岁者10人,占18.2%;50岁以上者5人,占9.1%。可见,山东省高职会展院校师资以中青年教师为主,见图6—7。

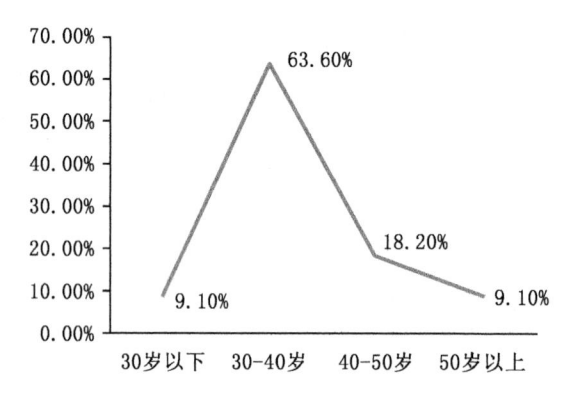

图6-7 山东省高职会展院校师资年龄结构

七、各类实践教育情况（培训、行业实践、竞赛等）

（一）培训与行业实践情况

据统计,山东省会展院校除了学生自主参加"会展业职业经理人"证书考试外,尚缺乏参加专业培训的机会。

据调研,山东省会展院校会展专业学生在会展企业实习岗位多为招展、招商、展会现场接待与服务等工作,见表7—1。

表 7—1　　　　2017 年山东省会展院校学生行业实践情况统计表

学校名称	专业名称	校企合作单位	实践岗位
济南大学	会展经济与管理	山东新丞华展览有限公司、山东齐鲁晚报天一国际会展有限公司、济南金诺展览有限公司、济南正和国际展览有限公司、济南信展展览有限公司、济南富山会展服务有限公司、山东中贸国际会展有限公司、济南德瑞嘉展览有限公司、山东尚邦展览展示服务有限公司等	招展专员、招商专员、项目助理
山东女子学院		青岛金诺会展有限公司、山东中贸国际会展有限公司、山东新丞华展览有限公司、舜耕国际会展中心等	招展专员、招商专员、项目助理
山东交通学院		山东新丞华展览有限公司、济南金诺展览有限公司、济南正和国际展览有限公司、济南信展展览有限公司、山东中贸国际会展有限公司等	招展专员、招商专员、项目助理
青岛酒店管理职业技术学院		青岛市会展协会展览、会议、舞美搭建企业53家	招商招展、活动现场执行、灯光师、音响师
山东旅游职业学院		山东新丞华展览有限公司、济南金诺展览有限公司、济南信展展览有限公司、青岛金诺、青岛海名国际会展有限公司等	招展专员、招商专员、项目助理
山东外事翻译职业学院		山东中贸国际会展有限公司、山东新丞华展览有限公司、济南信展展览有限公司等	招商、招展、客户维护、展览现场服务
山东外贸职业学院	会展策划与管理	青岛市跨国采购促进中心有限公司、青岛海德斯瑞企业营销策划有限公司、青岛金诺国际会展有限公司、青岛嘉时代文化传媒有限公司、青岛蓝博会展有限公司、青岛海名国际会展有限公司、深圳艾科讯电脑技术有限公司、青岛海宸国际会展有限公司、青岛启航会展有限公司等	招展、招商、展会现场服务与管理
济南职业学院		山东新丞华展览有限公司、济南信展展览有限公司、济南世博展览有限公司、济南和合国际展览有限公司等	招商专员、招商专员
山东电子职业技术学院		山东新丞华展览有限公司、济南金诺展览有限公司、济南合和国际展览有限公司、山东中贸国际会展有限公司、山东卓色会展有限公司、山东坤达炎会展有限公司等	招展专员、招商专员
济南工程职业技术学院		济南彼得展览展示工程有限公司、济南市康利中聚广告有限公司、济南天树广告有限公司、济南尚品堂装饰工程有限公司等	设计师、项目现场运营管理等

(二)各会展院校参加相关竞赛情况

从表7－2可看出,山东省会展院校会展专业学生参加的相关专业竞赛可分为三类:其一,由山东省商务厅等部门联合举办的每年一届的山东省会展行业大学生创意设计竞赛。其二,由国内其他会展院校与相关政府部门、行业协会、企业等联合举办的全国性会展专业竞赛。其三,全国高校商业精英挑战赛会展竞赛等全国性会展专业竞赛。总体而言,山东省会展院校组织师生参加高层次的国际性、全国性会展专业竞赛的数量及质量有待进一步提升,从而以赛促教,充分发挥参加会展专业竞赛对会展专业人才培养质量提升的促进作用。

表7－2　　2017年山东省会展院校学生参加相关竞赛情况统计表

学校名称	专业名称	竞赛名称	竞赛数量
济南大学	会展经济与管理	(1)"2017年山东省'技能兴鲁'职业技能大赛——全省会展行业大学生创意设计竞赛"(由山东省商务厅、山东省人力资源和社会保障厅、山东省教育厅、中国共产主义青年团山东省委员会、中国国际贸易促进委员会山东省委员会联合主办),本专业参赛学生团队获得二等奖4项、三等奖2项。 (2)"'杭州国博杯'第九届中国会展院校大学生专业技能大赛"(由中国国际会展文化节组委会、教育部高等学校高职高专旅游管理类专业教学指导委员会举办),参赛作品《中国(临沂)国际第一届红色文化产业博览会》获铜奖,参赛同学获"中国大学生会展活动策划师"称号及优秀大学生实习/就业推荐信。 (3)"'经典假期杯'大学生会展与奖励旅游创意策划大赛"(天津财经大学、天津市文化创意产业协会联合举办),本专业参赛学生团队入围决赛,获得优秀奖2项。 (4)"'跨界·创新'全国大学生会展大赛"(上海大学、上海电影学院、上海会展研究院联合主办),本专业参赛团队获二等奖1项,优秀奖1项(大赛设一等奖1项,二等奖2项,三等奖3项,优秀奖14项)。	4
山东女子学院	会展经济与管理	(1)"2017年山东省'技能兴鲁'职业技能大赛——全省会展行业大学生创意设计竞赛"(由山东省商务厅、山东省人力资源和社会保障厅、山东省教育厅、中国共产主义青年团山东省委员会、中国国际贸易促进委员会山东省委员会联合主办),本专业参赛学生团队获得一等奖1项、二等奖2项、三等奖2项。 (2)"'经典假期杯'大学生会展与奖励旅游创意策划大赛"(天津财经大学、天津市文化创意产业协会联合举办),本专业参赛学生团队入围决赛,获得优秀奖2项,最佳文案奖1项。	2

续表

学校名称	专业名称	竞赛名称	竞赛数量
山东交通学院	会展经济与管理	(1)"2017年山东省'技能兴鲁'职业技能大赛——全省会展行业大学生创意设计竞赛"(由山东省商务厅、山东省人力资源和社会保障厅、山东省教育厅、中国共产主义青年团山东省委员会、中国国际贸易促进委员会山东省委员会联合主办)。 (2)"'杭州国博杯'第九届中国会展院校大学生专业技能大赛"(由中国国际会展文化节组委会、教育部高等学校高职高专旅游管理类专业教学指导委员会举办)。	2
青岛酒店管理职业技术学院	会展策划与管理	(1)2016年由商务厅、教育厅、人社厅主办的山东省会展职业技能大赛,获得一等奖3项、二等奖1项。 (2)2017年由商务厅主办的山东省"技能兴鲁"会展职业技能大赛,获得一等奖2项、二等奖2项。 (3)2017年由教育部经贸类专业教指委、中国贸促会商业行业分会主办的全国高校商业精英挑战赛会展创新实践赛,获得一等奖1项、二等奖1项。	3
山东旅游职业学院	会展策划与管理	(1)"2017年山东省'技能兴鲁'职业技能大赛——全省会展行业大学生创意设计竞赛"(由山东省商务厅、山东省人力资源和社会保障厅、山东省教育厅、中国共产主义青年团山东省委员会、中国国际贸易促进委员会山东省委员会联合主办),本专业参赛学生团队获得一等奖1项、二等奖1项及三等奖1项。 (2)"'杭州国博杯'第九届中国会展院校大学生专业技能大赛"(由中国国际会展文化节组委会、教育部高等学校高职高专旅游管理类专业教学指导委员会举办),参赛作品《中国(临沂)康养健康产业博览会》获得银奖,参赛同学获得"中国大学生会展活动策划师"称号及优秀大学生实习/就业推荐信。 (3)2017年全国商业精英挑战赛会展创新实践竞赛暨第十一届全国会展专业竞赛总决赛(由教育部经贸教指委、中国贸易促进委员会商业行业分会等单位共同主办),本专业的两支代表队突出重围,分获会展策划创新大赛及城市营销竞赛二等奖,展洽环节一等奖。	3
山东外事翻译职业学院	会展策划与管理	(1)"2017年山东省'技能兴鲁'职业技能大赛——全省会展行业大学生创意设计竞赛"(由山东省商务厅、山东省人力资源和社会保障厅、山东省教育厅、中国共产主义青年团山东省委员会、中国国际贸易促进委员会山东省委员会联合主办),本专业参赛学生团队获得三等奖4项。 (2)中商联会展知识竞赛,优秀奖。	

续表

学校名称	专业名称	竞赛名称	竞赛数量
山东外贸职业学院	会展策划与管理	(1)2014年12月、2015年11月、2016年11月,三次组团参加全国高校商业精英挑战赛商务会奖旅游策划竞赛,获一等奖一次、二等奖两次。 (2)2016、2017"山东省'技能兴鲁'职业技能大赛——全省会展行业大学生创意设计竞赛"(由山东省商务厅、山东省人力资源和社会保障厅、山东省教育厅、中国共产主义青年团山东省委员会、中国国际贸易促进委员会山东省委员会联合主办),本专业参赛学生团队获得二等奖1项、三等奖1项。	2
济南职业学院	会展策划与管理	"2017年山东省'技能兴鲁'职业技能大赛——全省会展行业大学生创意设计竞赛"(由山东省商务厅、山东省人力资源和社会保障厅、山东省教育厅、中国共产主义青年团山东省委员会、中国国际贸易促进委员会山东省委员会联合主办),本专业参赛学生团队获得二等奖1项、三等奖1项。	1
山东电子职业技术学院	会展策划与管理	"2017年山东省'技能兴鲁'职业技能大赛——全省会展行业大学生创意设计竞赛"(由山东省商务厅、山东省人力资源和社会保障厅、山东省教育厅、中国共产主义青年团山东省委员会、中国国际贸易促进委员会山东省委员会联合主办),本专业参赛学生团队获得一等奖2项。	1
济南工程职业技术学院	会展策划与管理	"2017年山东省'技能兴鲁'职业技能大赛——全省会展行业大学生创意设计竞赛"(由山东省商务厅、山东省人力资源和社会保障厅、山东省教育厅、中国共产主义青年团山东省委员会、中国国际贸易促进委员会山东省委员会联合主办),本专业参赛学生团队获得二等奖1项、三等奖1项。	1

八、山东省会展专业学生就业情况

会展专业作为应用型专业,毕业学生具有就业适应性强、就业范围广等特点。据调研统计,山东省会展院校会展专业学生的就业比例普遍在90%以上,就业状况良好,见表8—1。

表8—1　2017年山东省会展院校(本科/高职)应届学生就业情况

学校名称	专业名称	毕业生数量(人)	就业比例(%)	备注
济南大学	会展经济与管理	94	90	
山东女子学院		42	95	
山东交通学院		40	92	

续表

学校名称	专业名称	毕业生数量(人)	就业比例(%)	备注
青岛酒店管理职业技术学院	会展策划与管理	112	100	
山东旅游职业学院		45	95	
山东外事翻译职业学院		38	97.37	
山东外贸职业学院		51	98	1人专升本
济南职业学院		24	100	
山东电子职业技术学院		100	100	
济南工程职业技术学院		29	95	

就业对口率方面,相较于高职院校,山东省会展本科院校毕业生的就业对口率较低(在50%左右),原因主要有:就业出口多元,一部分学生选择考研、考取机关事业单位,造成毕业生的流失;山东省会展企业以中小型企业居多,提供的薪资待遇较低,难以吸引毕业生,导致大量会展专业毕业生选择在其他行业就业,见表8－2。

表8－2　　2017年山东省会展院校(本科/高职)应届学生就业对口情况

学校名称	专业名称	毕业生数量(人)	就业对口比率(%)
济南大学	会展经济与管理	94	50
山东女子学院		42	55
山东交通学院		40	50
青岛酒店管理职业技术学院	会展策划与管理	112	90
山东旅游职业学院		45	80
山东外事翻译职业学院		38	84.21
山东外贸职业学院		51	78
济南职业学院		24	83
山东电子职业技术学院		100	90
济南工程职业技术学院		29	59

应届学生薪资待遇方面,山东省开设会展专业的院校基本分布在济南、青岛两个城市,应届生大部分选择在就读城市选择初始就业单位。根据现有统计资料,应届学生平均薪资在3 000元左右,其中本科毕业生在3 500元左右,高职毕业生在2 900元左右。据统计,2 000元以下者,本科应届生占比

为0,高职应届生约占10%;2 000—3 000元者,本科应届生约占15%,高职应届生约占50%。3 000—4 000元者,本科应届生约占70%,高职应届生约占30%;4 000元以上者,本科应届生约占15%,高职应届生约占10%,见表8-3、图8-1。

表8-3　2017年山东省会展院校(本科/高职)应届学生薪资情况

学校名称	专业名称	毕业生数量	平均薪资	2 000元以下占比	2 000—3 000元占比	3 000—4 000元占比	4 000元以上占比
济南大学	会展经济与管理	94	3 500	0	10%	80%	10%
山东女子学院		42	3 500	0	15%	75%	10%
山东交通学院		40	3 500	0	20%	60%	20%
青岛酒店管理职业技术学院	会展策划与管理	112	2 500	20%	70%	10%	0%
山东旅游职业学院		45	3 500	0	10%	70%	20%
山东外事翻译职业学院		38	3 200	0	50%	40%	10%
山东外贸职业学院		51	3 000	0	46.70%	36.30%	3%
济南职业学院		24	2 600	0	90%	10%	0
山东电子职业技术学院		100	2 500	10%	80%	10%	0
济南工程职业技术学院		29	2 500	10%	60%	20%	10%

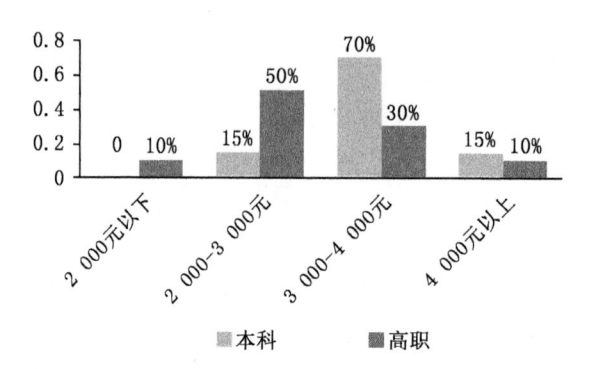

图8-1　2017年山东省会展院校(本科/高职)应届学生薪资情况

九、山东省会展教育存在的问题与相关建议

(一)山东省会展教育存在的问题

1. 招生方面

据调研,山东省会展院校会展专业新生的第一志愿报考率普遍较低,本科院校会展专业在校生多为调剂生,新生对会展专业的认知度、认可度较低。

山东商业职业技术学院、山东外事翻译职业学院、济南职业学院等部分会展高职院校则因学校专业调整、招生数量不达标等原因,在2017年暂停招生,会展专业招生面临窘境。

近年来,随着各省高考改革方案落地,逐步形成了两种招生模式:一种是上海模式,即以学校志愿为主的志愿填报模式;另一种是浙江模式,即以"专业(类)+学校"的形式进行志愿填报。针对后一种模式,山东省会展院校在全国的院校排名较为靠后,在今后的招生竞争中优势不明显,招生困境将进一步凸显。

2. 学生培养方面

(1)专业特色有待进一步凝练培植

目前,山东省会展院校在会展专业建设过程中,在培养方案制订、课程设置方面趋同性较为明显,各院校的专业特色有待进一步凝练培植。

(2)培养计划(课程设置)问题

教学偏重理论课程,实务类课程较少。实务类课程,课内实践环节较少。专业课程特色不突出。实践教学时间安排与会展企业需求不匹配,造成学生实习难、企业用人紧张的局面。会展专业学生缺乏相关培训机会。

(3)师资队伍问题

跨专业特点突出,会展专业背景师资较为缺乏。行业实践经验较为缺乏。会展师资以中青年教师为主,缺乏会展专业学科带头人。

科研集中度有待提高。与本专业相关的高水平纵向与横向课题、学术论文、专著教材较少,专业建设缺乏高水平科研成果的支撑。

专职教师、实践型教师的数量较少,师生比偏高,职称偏低,师资队伍的数量、职称结构有待进一步优化。

服务社会功能有待发挥。与政府、业界联系有待进一步加强,服务社会功能尚未得到有效发挥。

(4)实践教学水平有待提高

实验室软硬件建设较为滞后。相对于本科院校,山东省高职院校比较

注重会展实训室建设,硬件设施较好,但先进的会展实训软件在教学中的应用不足。

各院校与实践教学基地的合作尚处于向企业派送师生实习锻炼、合著教材等初级阶段,与实践教学基地合作的广度与深度有待进一步拓展与加深。参加专业竞赛的数量、质量有待进一步提升。

(5)会展院校国际教育工作滞后,国际化人才培养平台建设及与国内外其他院校间的交流与合作有待进一步加强。

(6)培养层次较低,以本科、高职教育为主,尚无院校开展会展专业的研究生教育。

3. 就业方面

(1)应届生就业专业对口率不高,薪资待遇较差。

(2)尚缺乏省级会展专业人才招聘平台,导致会展院校与会展企业供求信息不对称。

(二)相关建议

1. 招生方面

(1)加强教育拓展与招生宣传工作。可结合各院校学科专业特色与优势,选派优秀教师组织"名师宣讲团"赴生源地,向生源地师生宣传会展业、会展专业相关信息知识,拓展生源。

(2)加强新生入学专业教育,提升新生对会展专业的认知度,激发专业学习兴趣。

(3)加强专业特色建设,提升专业品牌知名度,吸引考生报考。

2. 学生培养方面

(1)会展专业特色的培植

结合各院校实际,在会展专业下设特色方向,开设特色专业课程,加强特色专业建设,形成会展专业人才培养模式的多元化格局。

(2)增设实务类专业课程,加强课内实践教学比重

结合各院校自身实际,开设特色专业课程。根据会展企业需求,调整优化培养方案和课程设置,在授课内容、授课方法、授课时间等方面对接企业需求。

鼓励学生参加相关会展培训项目。积极构建"政产学研"专业协同创新育人模式。目前,山东省会展业协会、济南市会展业协会、济南大学已达成共识,于2018年联合举办"山东省会展业产学研融合发展高峰论坛",商讨山东省会展专业人才培养问题。

(3)加强师资队伍建设

招聘、补充会展专业背景师资,优化师生比。支持、鼓励会展专业教师

深入政府部门、行业协会、会展企业挂职锻炼,丰富专业教师的行业实践经验,促进教学质量提升。

积极引进、培养会展专业学科带头人与专业骨干教师,发挥其引领和示范作用。整合资源,凝练与明确教师科研方向,鼓励教师申请相关课题、发表论文、出版专著或教材,为专业建设提供高水平的科研成果支撑,促进学科专业建设。

注重聘任高水平专家学者担任兼职教授,聘任实践技能型客座教师,构建由校内专职教师与兼职教授、实践型客座教师相结合的开放式师资团队。2018年2月《山东省教育厅等三部门关于开展山东省高校产业教授选聘工作的通知》(鲁教人字〔2018〕3号)发布,鼓励支持高校设立产业教授流动岗位,从企业、科研院所等选聘一批科技创新人才、高技能人才和管理人才,担任山东省高校产业教授,推动高校与企业、科研院所联合培养人才、共建各类研发载体、开展科研项目合作。这为山东省会展专业人才培养工作提供了良好的政策环境。

提升社会服务能力。与政府管理部门、会展行业协会、会展企业建立密切的合作关系,通过承揽合作项目、开展社会培训、与企业合作办学等方式,强化教师社会服务意识,拓宽服务渠道,打造服务品牌,积极开展社会服务工作。

(4)提高实践教学水平

加强会展实训室及实践教学基地建设,构建产学研相结合的实践教学模式,为师生提供优良的教学、实习、实训基地与平台,提升实践教学质量。

出台相关政策措施,鼓励会展专业师生积极参加高水平的会展专业赛事、相关科创活动,以赛促教、以研促教,提升会展实践教学质量。

(5)专业建设的国际化

积极开展双语教学,培养复合型双语人才。积极建立与国外院校的交流与合作关系,通过短期学习项目、本科双学位项目、本硕连读项目等中外合作办学项目,引进国外院校优质的会展教育资源,拓展学生升学通道,为学生提供出国学习交流的机会,培养具有全球视野和国际竞争力的创新型会展专业人才。

(6)相关院校争取早日取得会展经济与管理专业硕士学位授予权,形成高职—本科—硕士较为完整的人才培养链条,丰富山东省会展专业办学层次。

3. 就业方面

(1)由政府相关部门、山东省会展业协会、相关会展院校等联合举办山东省会展专业人才专场招聘会,为会展院校与会展企业搭建人才展示与交流平台,促进会展专业学生就业。

(2)加强创新创业教育,推进学生自主创业工作。

十、山东省会展教育未来趋势

(一)会展教育高学历(硕博)教育

通过设置独立的会展专业硕士、博士点,或在旅游管理、艺术设计、新闻传播等相关专业的硕士、博士招生专业下设会展方向等方式,加强硕士、博士研究生培养,形成"中职—高职—本科—硕士—博士"完整的会展专业人才培养体系,为高校提供优秀师资,为政府部门、行业协会、会展企业等提供优秀会展专业人才。

(二)未来会展新专业设置方向

包括会展文化传播、文化资源会展开发、会展产业规划、会展品牌营销等。

(三)师资团队及专业背景未来需求

当前,中国会展业呈现国际化、市场化、专业化、品牌化、信息化、规范化、规模化的发展态势。顺应产业发展需求,今后山东省会展院校会展专业师资队伍建设,除增补会展专业背景的师资外,应合理吸纳人力资源管理、企业管理、财务管理、市场营销、产业经济、新闻传播、人文地理、国际商务、计算机信息技术等相关专业背景的师资,优化会展师资队伍的专业结构,为复合型、应用型会展专业人才的培养提供高质量的师资。

(四)会展专业竞赛

当前,我国会展专业竞赛数量激增,但主办主体多元,尚缺乏权威性、品牌认可度高的国家级会展专业竞赛。今后,政府部门、教育部门、行业协会、会展院校、会展媒体等应通力合作,争取早日举办规范性、权威性强的国家级会展专业赛事,促进我国会展专业建设。

山东省会展院校师生应积极参加国家级、国际性权威会展专业赛事,取长补短,提升山东省会展专业人才培养质量。

河北省会展教育（本科）发展报告

刘　颖[①]

一、河北省会展本科招生情况

截至 2017 年 12 月 31 日，河北省有河北经贸大学和廊坊师范学院两所高校通过教育部审批开设了会展经济与管理（本科）专业。其中，河北经贸大学于 2009 年 9 月开始招生，首年招生人数为 45 人，见表 1—1 和表 1—2。

表 1—1　　　　2009—2014 年河北省会展院校设立情况

学校名称	专业名称	招生数量（人）	设立时间（年）	备注
河北经贸大学	会展经济与管理	45	2009	当年招生数量
廊坊师范学院		40	2013	当年招生数量

2017 年河北经贸大学会展经济与管理专业的招生人数为 93 人。廊坊

---

① 刘颖，河北经贸大学旅游学院会展系主任。

师范学院会展经济与管理专业自 2013 年开始招生,每年招收 40 名学生,2017 年招生人数也为 40 人。河北省两所院校 2017 年共招收会展经济与管理学生 133 名,见表 1-2。

表 1-2　　　　　　　　2017 年河北省会展院校招生情况

学校名称	专业名称	招生数量(人)
河北经贸大学	会展经济与管理	93
廊坊师范学院	会展经济与管理	40

二、河北省会展教育主体结构分析

截至 2018 年 1 月,河北省暂时还未开展会展硕士/博士的学历教育。河北省会展本科教育主体只有河北经贸大学和廊坊师范学院两所高校。河北经贸大学坐落于河北省的省会城市石家庄,会展经济与管理专业开设在旅游学院,于 2009 年开始招生,前两年各招收 45 名学生,2011 年后每年面向全国招收 80 多名学生,到 2017 年河北经贸大学会展经济与管理专业已经招生 650 多名,培养会展经济与管理毕业生 330 多名。

廊坊师范学院坐落于河北省廊坊市,会展经济与管理专业开设在管理学院。自 2013 年开始招生,每年招收 40 名学生,并于 2017 年 7 月送走第一批毕业生。据统计,河北省会展经济与管理本科目前在读学生合计为 440 人,其中河北经贸大学会展专业在校生为 280 人,廊坊师范学院会展专业在校生为 160 人。

三、河北省会展专业培养计划情况

(一)核心课程开设情况

河北经贸大学会展经济与管理开设 8 门核心课程,分别是会展概论、会展营销与管理、会展实务、会展经济、会展信息管理、国际参展实务、活动策划与管理、会展专业英语,这些课程都是专业必修课。廊坊师范学院一共有 6 门核心课程,分别是会展概论、会展营销、参展实务、会展项目管理、会展策划、管理学,这些课程都是专业基础必修课,见表 3-1。

表 3—1　　　　　　2017 年河北省会展院校核心课程数量统计

学校名称	专业名称	核心课程数量(门)	备注
河北经贸大学	会展经济与管理	8	专业必修课
廊坊师范学院		6	专业基础必修课

分析两所学校的会展核心课程可以发现,会展概论为两所学校的核心课程,其在河北省会展核心课的出现频率为2,出现比例为100%。除了会展概论这门课,河北经贸大学的会展营销与管理、国际参展实务与廊坊师范学院的会展营销、参展实务这两门课程虽然在课程名称上不完全一样,但教学内容趋向一致,因此将这两门课的核心课出现频率统计为2,出现比例为100%。

除了以上三门会展核心课程,河北省还有其他8门课程被河北经贸大学和廊坊师范学院分别设为会展核心课。需要说明的是,会展专业英语虽然未被廊坊师范学院设定为核心课程,但也是会展经济与管理的专业基础必修课,其课程名称为会展英语;会展项目管理和管理学未被河北经贸大学设定为会展核心课,但也是必修课程,其中会展项目管理是河北经贸大学会展经济与管理的专业必修课,管理学原理属于学科通修课,见表3—2。

表 3—2　　　　　　2017 年河北省会展院校核心课程情况

课程名称	开设学校	备注
会展概论	河北经贸大学 廊坊师范学院	
会展营销与管理	河北经贸大学	名称有所差异,教学内容相似
会展营销	廊坊师范学院	
国际参展实务	河北经贸大学	名称有所差异,教学内容相似
参展实务	廊坊师范学院	
活动策划与运营管理	河北经贸大学	
会展策划	廊坊师范学院	
会展专业英语	河北经贸大学	会展英语是廊坊师范学院专业基础必修课
会展信息管理	河北经贸大学	
会展实务	河北经贸大学	
会展经济	河北经贸大学	
会展项目管理	廊坊师范学院	河北经贸大学专业必修课
管理学	廊坊师范学院	课程为河北经贸大学通修课程

(二)特色课程

在特色课程建设上,河北省两所学校各有侧重。河北经贸大学一方面注重特色课程的综合建设与发展,从"精品"与"互联网+"角度提升课程的品质,打造共享特色。另一方面,积极引进企业精英与资源协同展开课堂教学,实现专业教学与会展行业的无缝对接。廊坊师范学院的特色课程实践性强,这充分体现在"实践课程"版块的分析说明中,见表3—3。

表3—3　　　　　　　2017年河北省会展院校特色课程情况

学校名称	专业名称	数量(门)	特色课程名称	备注
河北经贸大学	会展经济与管理	3	旅游学概论、会展概论、会展实务	学校精品共享课程
河北经贸大学		2	会展概论、国际参展实务	校企协同课程
廊坊师范学院		4	参展实务、会展英语、形象塑造、会展方案	实践课程

(三)实践课程

廊坊师范学院的会展经济与管理专业的实践课程非常突出,专业基础必修课为22门(教学总学分53.5,总学时1 008),其中有17门明确体现了实践学时,含实践教学的课程达到77.3%,实践总学时为304,占专业基础必修课总学时的30.16%。

廊坊师范学院会展经济与管理的专业方向选修课的实践教学更加突显,会展策划和会展运营两个方向各有5门选修课程,每门课程均包含2/3的实践学时。同时,廊坊师范学院所开设的选修课程也明确包含实践学时。如此看来,廊坊师范学院会展专业的学生至少参与22门课程的实习与实践。

河北经贸大学有5门课程明确包含实践学分和学时,分别是会展实务、活动策划与运营、会展营销与管理、会展信息管理、活动项目管理与实践,其中前4门被设定为会展经济与管理专业的核心课程,由此可看出河北经贸大学非常重视实践课程的建设。

进一步调查得知,河北经贸大学虽然未在课程学分和学时上明确体现实践教学,但所有专业课程的教学都将实践教学融入课堂,特别是从2017年积极引入会展行业精英与资源进课堂,弥补专业教师行业实践的不足。

四、河北省会展师资情况分析

据统计,河北省会展经济与管理本科专业共有20名专业教师,河北经贸大学有8名教师,其中5名博士、3名硕士、2名教授、5名讲师、1名助教,师生比高达35∶1,专业教师缺口为8人。廊坊师范学院有12名会展专业教师,其中1名博士、10名硕士、1名本科,教授1名、副教授6名、讲师3名、助教2名,师生比为13∶1,远低于国家规定本科专业的18∶1的师生比例,见表4—1和表4—2。

表4—1　　　　　2017年河北省会展专业师资学历构成情况

学校名称	专业名称	学生	教师	学历				职称			
				博士后	博士	硕士	本科	教授	副教授	讲师	助教
河北经贸大学	会展经济与管理	280	8		5	3		2		5	1
廊坊师范学院		160	12		1	10	1	1	6	3	2
合　计					6	13	3	6	8	3	

表4—2　　　　　2017年河北省会展院校师资背景情况

学校名称	教师数量	企业阅历人数	专业背景(根据教师最高学历填写)							
			会展	经济学	管理	营销	统计	英语	计算机	其他
河北经贸大学	8	1			4				1	2
廊坊师范学院	12	4			9	1				2
合　计	20	5		1	13	1			1	4

从河北省会展师资结构来看,会展经济与管理专业的师生比例为22∶1,高于国家规定,而教师缺口的问题是河北经贸大学师资数量严重不足所致。河北省会展师资的年龄结构呈现年轻化的特征,近70%为中青年教师,具有很大的发展潜力。教师整体的学历和职称结构基本合理,不过两所学校也存在各自的问题。

河北经贸大学高级职称教师偏少,特别是副高级教师为空白;廊坊师范学院博士学位较少。河北省会展专业整体师资的专业背景主要为管理学,其他还有经济学、计算机、营销、金融等方面,构成合理,能支撑会展经济与管理的教学,但具有企业阅历的教师数量较少,特别是具有会展行业阅历的教师几近空白,见表4—3。

表 4—3　　　　　2017 年河北省会展院校师资年龄结构情况

学校名称	教师数量	30 岁以下	占比(%)	30—40 岁	占比(%)	40—50 岁	占比(%)	50 岁以上	占比(%)	备注
河北经贸大学	8	3	37.5	2	25	2	25	1	12.5	
廊坊师范学院	12	2	17	6	50	3	25	1	8	
合计	20	5	25.5	8	40	5	25	2	10	

五、河北省会展实践教育情况（培训、行业实践、竞赛等）

首先，河北省两所院校均未集体组织学生参加过颁发证书的专业培训项目，学生利用课余时间自由参加相关的证书培训。两所学校经常邀请专家进校园为学生做报告或讲座，以此扩展学生的视野。学生参加这样的报告或讲座不会颁发培训证书，所以两所院校并未将此类培训填入统计表。不过，河北经贸大学的会展学生参加此类活动可以获得素质学分，这也是实践教育的一个体现。总体情况见表 5—1。

表 5—1　　　　　2017 年河北省会展院校行业实践情况统计

学校名称	专业名称	校企合作单位	实践岗位设置与安排
河北经贸大学	会展经济与管理	河北鼎亚展览服务有限公司	观众邀约信息整理
廊坊师范学院		廊坊博览会展有限公司	项目运营
		廊坊国际展览集团有限公司	
		北京振武展览有限公司	

其次，河北省两所院校的会展学生行业实践情况很少，是一个薄弱环节。这与河北省会展业相对落后、没有高质量的会展企业实习平台有关。

河北经贸大学会展经济与管理的专业实习一共有两次，第一次安排在第 4 学期的暑期专业调研实践，本次实践以"小分队集体调研＋个人分散调研"相结合的方式来安排执行。小分队由教师组建，具体的调研课题、方法以及组织实施由指导教师负责。比如 2016 年组织小分队到唐山世园会进行实地调研，2017 年小分队到北京和西安调研两地的会展场馆和会展业的发展情况。没有参加小分队集体调研的学生则根据会展系给出的专业调研方向，结合个人的具体情况，利用暑期自行开展调研，并提交调研报告。河北经贸大学会展专业第二次专业实习安排在第 7 学期后半学期,由于这是和第 8 学期学生的就业实践联系到一起,所以本次实习的组织方式为学生自由分散实习,实习期结束后提交调研报告和实习单位鉴定表。

学生参加相关竞赛相对较少,主要是参加"远华杯"全国大学生会展创意大赛,见表 5-2。

表 5-2　　　　2017 年河北省会展院校学生参加相关竞赛情况

学校名称	专业名称	竞赛名称	竞赛数量	备注
河北经贸大学	会展经济与管理	远华杯全国大学生会展创意大赛	1	三等奖
廊坊师范学院	会展经济与管理	远华杯全国大学生会展创意大赛	1	2016 年一等奖

综上所述,河北经贸大学会展学生的两次实习并非由学校统一组织安排,学生根据学校要求自行选择实习单位。据了解,河北经贸大学会展学生的实习单位遍布全国,不乏励展、振威等优秀的会展企业;其所从事的实践岗位比较繁杂,展位销售、活动运营、行政助理等岗位都有所涉及。不过这些单位并未与河北经贸大学签订正式的"校企合作协议",所以未体现在统计表中。

六、会展各专业学生就业情况

河北省会展学生就业情况主要源于学校就业部门的统计数据以及毕业生的抽样调查。河北经贸大学 2017 届会展毕业生的就业率为 97% 以上,这一数据包含正式就业、升学/留学、灵活就业等人数,还有一些未登记就业的学生是为了 2018 年再次考研。这与往年会展就业数据基本一致,往年的就业数据均达到 95% 左右,见表 6-1。

表 6-1　　　　2017 年河北省会展院校应届学生就业情况

学校名称	专业名称	毕业生数量(人)	就业比例(%)	备注
河北经贸大学	会展经济与管理	83	91.6	升学/留学等
廊坊师范学院	会展经济与管理	35		暂无毕业生
合　计		120	97	

河北经贸大学会展毕业生的就业对口比率大概为 35%,这一比例包含升学和会展行业对口就业人数,比往年的就业对口比例有所上升,这跟河北经贸大学已有五届毕业生、在行业内有一定知名度有关,见表 6-2。

表6—2　　　2017年河北省会展院校应届学生就业对口情况

学校名称	专业名称	毕业生数量（人）	就业对口（%）	备注
河北经贸大学	会展经济与管理	83	35	升学/留学等
廊坊师范学院		35	/	暂无明确统计
合　　计		120	35	

目前来看，河北经贸大学会展专业的毕业生所从事的主要对口工作有会议与展览组织运营、专业会展场馆管理、国际参展、大中型企业参展与活动营销部门。

廊坊师范学院2017年首届会展毕业生的就业对口率为23%，其比例在正常范围内。从就业薪资水平来看，河北经贸大学采用抽样调查的方式，2017届会展毕业生的薪资均在2 000元以上，但由于就业时间、地域和岗位的客观差异以及毕业生个人能力等主观差异，大概为3 000元，见表6—3。

表6—3　　　2017河北省会展院校应届学生薪资情况

学校名称	专业名称	毕业生数量	平均薪资	2 000元以下	2 000—3 000元	3 000—4 000元	4 000元以上
河北经贸大学	会展经济与管理	85	3 000元	0	30	50	5
廊坊师范学院		35		暂无明确统计数据			

结束语

以上资料与数据由河北经贸大学和廊坊师范学院会展经济与管理专业教师提供的原始资料汇总整理得出，统计时间截至2017年12月31日，在此对两所院校的老师表示感谢。

综合以上数据可以看出，经过近十年的发展，河北省会展本科教育取得了一些成绩，两所院校都基于自身的优势和特点进行积极的探索。比如河北经贸大学通过多年的课程改革与专业建设，构建了会展专业整体项目教学的体系，形成一定的会展教育教学特点。同时，随着毕业生的增多，越来越多的会展企业主动与学校联系招聘会展专业毕业生，2018年会展专业毕业生的需求出现井喷的态势。

也必须看到，目前河北省会展经济与管理本科教育还比较薄弱。首先是在数量上仅有两所院校开展会展本科教育；其次在专业师资上存在较大的缺口，尤其是具有会展专业背景的专业教师为零；再次，河北会展教育的实践教学特别是高质量的校企合作单位数量很少,同时会展专业实习的组织与安排也不够系统。这是河北会展本科教育的急需补足的短板。

截至完稿,对河北会展本科教育来说传来一个喜讯,河北环境工程学院通过教育部审批,成为河北省第三家设置会展经济与管理专业的本科院校,为河北省的会展本科教育注入新活力。随着京津冀协同发展的深度融合推进以及雄安新区的建设与推进,相信河北会展业和会展教育一定能取得长远的发展和提升。

河北省会展教育（高职）发展报告

张 琳[①]

一、河北省高职会展专业历史发展情况

  河北省会展教育起步较晚，发展也相对缓慢。以 2015 年为例，会展专业在校生数仅占全国 0.2%，可以说是微不足道。从院校数和招生数的变化情况看，2011—2015 年高职院校数增长比例不大（13.8%），而高职招生数增长比例是院校增长比例的近一倍（25.6%），说明有较多高职会展院校招生数量在逐年扩张。因为会展是一个新兴产业，有不少地区会展专业被列为国家级、省级、市级建设项目，专业发展得到强力支撑。

  河北会展院校（高职）会展专业总招生人数的年增长率为：2012 年 20.9%，2013 年 5.4%，2014 年 10.2%，2015 年－3.48%。招生规模在连续增长 12 年

  [①] 张琳，硕士，毕业于上海师范大学，现为河北政法职业学院管理系会展策划与管理专业教研室主任。从事会展专业教学十余年，发表会展相关学术论文多篇，2017 年创立 360 全域型会展人才培养模式，创新 OTM 实践教学模式。

后,于 2015 年首次出现下降,但招生数仍高于 2013 年,为历年次高点。

在全国会展高职院校中,河北相对于全国发展趋势又稍显落后。以 2015 年为例,全国(不含港澳台)有 19 个省市自治区共 226 所高职院校专业名称中含有会展或展示,而河北省仅有 8 所高职院校进行会展及相关专业招生,招生规模也偏小,与全国会展教育发展较好的省份差距较大,见图 1—1。

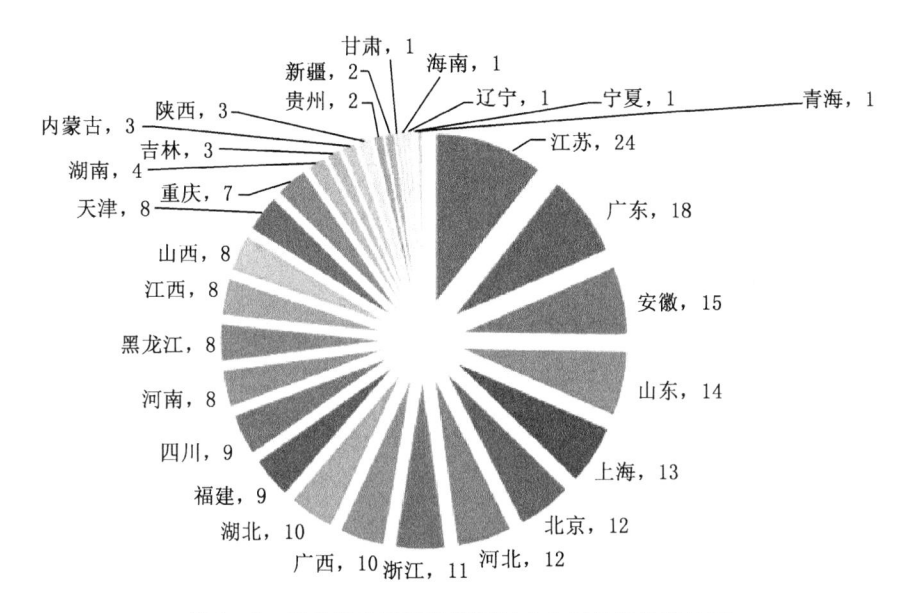

图 1—1　河北省会展院校(高职)在全国的地位统计图

河北省的职业教育规模全国领先,有近 1 000 所中专、技校、职业学校,每年毕业 50 万人,但是会展专业人才明显不足。其中,邯郸职业技术学院为河北省最早设置会展专业的高职院校,2008 年前河北省共 2 所高职院校开设会展专业,即邯郸职业技术学院和河北政法职业学院;其余院校均为 2009—2017 年开设会展或相关专业。

根据《2015 中国会展教育发展报告》,河北省共有 12 所院校开设会展专业,并按计划招生。其中,高职院校 8 所;开设会展策划与管理专业的院校有 8 所,开设会展经济与管理的院校有 2 所,开设广告与会展的院校有 2 所,见表 1—1。

表 1—1　　2008—2013 年河北省会展院校(高职)设立情况

学校名称	专业名称	设立时间
河北政法职业学院	会展策划与管理	2008 年

续表

学校名称	专业名称	设立时间
邯郸职业技术学院	会展策划与管理	不详
石家庄职业技术学院	会展策划与管理	不详
石家庄铁路职业技术学院	会展策划与管理	2012 年
河北艺术职业学院	会展策划与管理	不详
河北青年管理干部学院	会展策划与管理	不详
河北机电职业技术学院	会展策划与管理	不详
廊坊职业技术学院	广告与会展	不详
石家庄工商职业学院	广告与会展	不详
中国环境管理干部学院	会展策划与管理	2011 年

二、2017 年河北省高职会展专业发展情况

据教育部全国职业院校专业设置管理与公共信息服务平台发布的2017年高等职业学校拟招生专业设置备案结果,全国(不含港澳台)共有安徽省、北京市、福建省、甘肃省、广东省、广西壮族自治区、贵州省、海南省、河北省、河南省、黑龙江省、湖北省、湖南省、吉林省、江苏省、江西省、辽宁省、内蒙古自治区、宁夏回族自治区、山东省、山西省、陕西省、上海市、四川省、天津市、新疆维吾尔自治区、云南省、浙江省、重庆市29个省市自治区的163所高职院校开设会展策划与管理专业(专业代码:640301);51所院校开设展示艺术设计专业(专业代码650110);9所院校开设服装陈列与展示设计(专业代码:580412);16所院校开设数字展示技术专业(专业代码:610209);17所院校开设婚庆服务管理专业(专业代码:690303);58所院校开设体育运营与管理专业(专业代码:670408)。有的学校同时开设2个或多个相关专业,去除重复统计,共282所高职院校开设上述6个会展及相关专业。

(一)河北省高职会展院校招生规模

截至2017年底,河北省2017年招收会展及相关专业的院校数量由之前的8所缩减为6所,招生规模有所下降,见表2—1。

表 2—1　　　　　2015—2017 年河北省会展高职院校设立情况

学校名称	专业名称	招生数量(人)	设立时间	备注
河北政法职业学院	会展策划与管理	50	2008 年	
邯郸职业技术学院		59	不详	
石家庄职业技术学院				2017 年停招
石家庄铁路职业技术学院		48	2012 年	
河北艺术职业学院				2017 年停招
河北青年管理干部学院				2017 年停招
河北机电职业技术学院				2017 年停招
廊坊职业技术学院	广告与会展			2017 年停招
石家庄工商职业学院				2017 年停招
中国环境管理干部学院	会展策划与管理	49	2011 年	
承德石油高等专科学校		不详	不详	
河北对外经贸职业学院		42		

2017 年招收会展及相关专业的院校共有 6 所，主要是河北政法职业学院、邯郸职业技术学院、石家庄铁路职业技术学院、中国环境管理干部学院、承德石油高等专科学校、河北对外经贸职业学院。6 所院校招生规模均在 50 人左右，见表 2—2。

表 2—2　　　　　2017 年河北省会展高职院校会展招生情况

学校名称	专业名称	招生数量(人)
河北政法职业学院	会展策划与管理	50
石家庄铁路职业技术学院	会展策划与管理	48
中国环境管理干部学院	会展策划与管理	49
河北对外经贸职业学院	会展策划与管理	42
邯郸职业技术学院	会展策划与管理	59
承德石油高等专科学校	会展策划与管理	不详

(二)国际交流合作

通过此次调研发现，河北省会展教育在国际合作交流方面较为落后现有资料显示，尚无会展院校进行国际合作交流并招生。

(三)课程设置

在核心课程设置方面,各院校基本设置在5门左右,其中会展项目管理、会展概论、会展营销三门课程出现频率较高,说明河北省高职院校对于这三门课程较为重视,也从一定程度上折射出河北地区对会展人才的培养定位较为一致,即项目运营与管理,见表2—3。

表2—3　　　　2017年河北省会展院校(高职)核心课程统计表

学校名称	专业名称	核心课程数量(门)	备注
河北政法职业学院	会展策划与管理	5	会展项目管理、会展概论、会展经济调研与评估、会展营销、展示设计
石家庄铁路职业技术学院	会展策划与管理	6	会展项目管理实务、会展概论、会展营销、会展文案写作、图形图像处理、3Dmax建模

在特色课程设置方面,各院校各有千秋,其中河北政法职业学院重点建设核心课程会展项目管理,以翻转课堂为主要形式,进行实操创新;石家庄铁路职业技术学院重点打造展示设计与装潢,通过展览搭建模拟实训构建课程真实性、操作性。可见,河北高职院校在会展专业课程建设方面注重实操性,提升学生的动手能力,这与人才培养定位高度吻合,见表2—4。

表2—4　　　　2017年河北省会展院校(高职)特色课程统计表

学校名称	专业名称	特色课程数量(门)	特色课程名称	备注
河北政法职业学院	会展策划与管理	2	(1)会展项目管理 (2)会展概论	(1)翻转课堂 (2)院级优秀课
石家庄铁路职业技术学院	会展策划与管理	1	展示设计与装潢	展览搭建模拟课程

(四)师资情况

在师资设置方面,河北高职院校在会展专业建设过程中对师资建设较为重视。现有资料显示,各院校会展专业专职教师数量在5人左右,均为硕士研究生或以上学历学位,见表2—5。

表 2—5　　　　　　2017 年河北省会展专业(高职)师资情况

学校名称	专业名称	学生总数	教师数量	学历 博士后	学历 博士	学历 硕士	学历 本科	职称 教授	职称 副教授	职称 讲师	职称 助教
河北政法职业学院	会展策划与管理	172	4			4				4	
石家庄铁路职业技术学院	会展策划与管理	188	5			5			1	4	

但是会展专业科班人数为零,均为管理或经济等专业转行,这与会展专业本身发展有关。各院校师资团队呈年轻化,均为"80后",这些教师在求学时我国会展专业尚未起步,研究生及以上会展专业教育更是空白。这从客观上决定了师资团队专业吻合度较低的现实,见表 2—6。

表 2—6　　　　　2017 年河北省会展院校(高职)师资专业背景情况

学校名称	教师数量	企业阅历人数	专业背景(根据教师最高学历填写) 会展	经济学	管理	营销	统计	英语	计算机	其他
河北政法职业学院	4	2			3					1
石家庄铁路职业技术学院	5	3								5

在调研中我们发现,河北省会展教育的师资团队年轻化趋势较为明显,富有朝气和创新意识,而会展作为朝阳产业在目前的发展势态下需要突破、创新与提升,见表 2—7。

表 2—7　　　　　2017 年河北省会展院校(高职)师资年龄结构情况

学校名称	教师数量	年龄结构 30 岁以下	占比(%)	30—40 岁	占比(%)	40—50 岁	占比(%)	50 岁以上	占比(%)
河北政法职业学院	4	0	0	4	100	0	0	0	0
石家庄铁路职业技术学院	5	0	0	3	60	2	40	0	0

(五)学生培养情况

河北省开设会展专业的 6 所高职院校均为 3 年制,对于学生专业资格的认定方面目前较不均衡,其中石家庄铁路职业技术学院以会展职业经理人作为执业资格要求。河北政法职业学院曾以会展策划师作为职业资格认证标准,但由于该证书费用极高且2016年国家人社部的官方职业资格认证名单中不再包括该证书,最终取消。河北地区对学生职业资格认证的短板,一方面由于认知不够,另一方面也是因为我国目前对会展从业人员职业资格认证缺乏官方统一的认定,所以在此方面发展尚无突破,见表2-8。

表2-8 2017年河北省会展院校(高职)学生参加专业培训情况

学校名称	专业名称	项目来源	培训项目名称	证书名称
石家庄铁路职业技术学院	会展策划与管理	学校审批	会展职业经理人	会展职业经理人

虽然缺乏统一的职业资格认证,但是河北高职院校对会展专业学生行业实践重视度较高,以核心课程为依托、借力区域会展项目、围绕人才定位展开一系列实践与实训,其中较为集中的涉及会展项目现场服务、展前招商招展以及展览现场搭建等环节。既真实地进行了专业课程的实操训练,同时也很好地服务区域会展经济的发展,实现学生、院校、企业甚至社会多方共赢,见表2-9。

表2-9 2017年河北省会展院校(高职)学生行业实践情况

学校名称	专业名称	校企合作单位	实践岗位设置与安排
河北政法职业学院	会展策划与管理	5家	会展项目服务、招商招展、现场搭建
石家庄铁路职业技术学院	会展策划与管理	4家	招商招展、项目执行、展览搭建、会议服务

会展专业注重以赛促学。河北省高职院校会展专业的人才培养过程也注重专业大赛的拉练。其中,河北政法职业学院先后四次共计12人参加全国商科院校会展策划大赛,石家庄铁路职业技术学院也成功入围商业精英挑战赛全国总决赛并取得优异成绩。通过比赛,不仅检验了学生的学习质量,检验了教师的教学成果,通过全国大赛的平台也促进了区域间学生的交流与沟通。这对于人才培养的完善与调整提供了很好的借鉴,见表2-10。

表2-10 2017年河北省会展院校(高职)学生参加相关竞赛情况

学校名称	专业名称	竞赛名称	竞赛数量	备注
河北政法职业学院	会展策划与管理	全国商科院校会展策划大赛	4次共计12人	一等奖两次、三等奖两次
石家庄铁路职业技术学院	会展策划与管理	商业精英挑战赛—全国总决赛	1	

人才培养最终仍要以人才培养的质量进行呈现。在统计的2017年河北

省高职院校会展专业毕业生就业质量的若干内容中,我们可以看出,各院校会展专业就业率较高,均在90%以上,专业对口率也达到了60%以上,见表2—11。

表2—11　　2017年河北省会展院校(高职)应届学生就业对口情况

学校名称	专业名称	毕业生数量(人)	就业比例(%)	对口率(%)
河北政法职业学院	会展策划与管理	114	92.11	62.85
石家庄铁路职业技术学院		188	98.80	68.80

此外,薪资待遇在本地区高职毕业生中优势较为明显,为2 500—3 000元。这在一定程度上说明学生对于专业的认可度较高、对我们的人才培养给予充分的肯定。

三、河北省高职会展教育存在的问题

河北省高职会展教育至今已有十余年的历程,在蓬勃发展的同时,其问题也不可小觑:

1. 招生规模呈缩减化,掣肘区域会展经济发展

2017年河北省高职院校会展专业仅有6所招生,且招生人数均控制在50人左右,2017年全省招生仅有300余人。这与之前12所院校招生人数千余人相比,整体规模锐减。石家庄职业技术学院、河北艺术职业学院、河北青年管理干部学院、河北机电职业技术学院、廊坊职业技术学院、石家庄工商职业学院2017年停止招生。继续招生的6所院校招生数量也有所下降。以河北政法职业学院为例,近5年招生为2013年120人、2014年110人、2015年100人、2016年50人、2017年50人,呈逐年递减状。

近年来由于京津冀协同发展战略的提出,尤其是雄安新区"千年战略"的提出,加之省市层级对会展产业的重视,河北省会展产业呈良好的发展势态,对专业会展人才的需求量也逐年攀升。因此,招生规模的锐减严重掣肘区域会展经济的发展,对于会展产业的发展与良性运行也起到牵制的作用。高职教育培养的应用型人才以服务区域经济发展为己任,因此,河北省会展教育当前存在的最大问题即人才供给不足,量都无法保证,谈何质的提升。

2. 国际交流与合作缺位,人才培养与发展低端量增

通过此次调研,我们发现,河北省高职院校会展专业目前在国际交流合作方面尚属空白。这与当前会展产业国际化发展的趋势相悖。高职教育应

突出特色,打造定位精准的应用型人才。基于行业的特点与需要,会展国际交流与合作势在必行。

我国会展业本身起步较晚,而会展教育尤其晚,在会展教育理念、会展教育模式方法上与会展先进国家相比落后很多。会展产业是开放的,在封闭环境下进行会展教育无异于闭门造车,这不仅不利于人才培养的创新发展,也一定程度上制约人才从业能力的提升,从而降低了人才市场竞争力。

3. 课程设置差异化不明显,缺乏特色与亮点

通过对河北省高职院校会展专业核心课程、特色课程等的调研,不难发现核心课程的设置集中在会展项目管理、会展概论,而其他专业课程、公共课程、选修课程的相似度极高,差异化不明显。这反映出河北地区会展高职教育的趋同性较高,人才培养定位同质性严重。当然,教育存在共性的规律,不仅要尊重,更要秉承。但这并不意味着同一化的人才培养方案有利于区域会展人才培养;恰恰相反,这不仅使人才在某一领域拥挤,而且也存在人才从业能力在某一领域缺位的可能。在特色课程建设方面也存在亮点不足的现象,将严重阻碍区域会展教育的发展。

4. 师资团队实践力较弱,与行业发展略显脱节

师资团队是人才培养的支撑。会展作为一个朝阳产业,需要一支年轻、创新的师资队伍。目前河北省会展师资学历水平较高,年龄结构也较为合理。但是,存在的问题同样不可小觑,即缺乏科班人才,相关专业转入型较多,而且缺乏企业一线实践经验,存在空对空的教学洼地,培养的人才在专业性方面必然有缺陷。

四、对河北省高职会展专业教育的思考

(1)加强行业企业一线合作。充分利用河北省的区域优势,与会展行业企业在保持原有合作基础上,跨区域加大合作力度,加强南北、东西会展业交流力度,为行业企业提供深度、优质服务。这样不仅可以深度扩大河北省高职院校会展专业知名度,而且可以通过实践合作将我们的毕业生更好地推向社会。

(2)积极开展国际交流与合作,充分"走出去"与"请进来",在向国内各省兄弟院校取经的同时,积极与会展教育优质院校合作,结合自身特点和区域发展情况,与时俱进地调整专业发展思路。在政策允许的情况下,充分给教师学习的机会进行国际交流,在联合办学方面大胆创新,为学生构建可行的国际交流平台,从而提高人才的竞争力。

(3)加大师资队伍的知识更新。我国会展专业的硕士、博士研究生教育也是近年来才有所发展。即便如此,每年的人才产出量依然不足以满足全

国高校会展教育发展的需求。这就要求会展师资队伍在现有学科背景基础上加大会展专业的再造学习。自2015年开始,会展专业有了国培项目,这就为会展专业的教师提供了更优质的平台。在今后专业发展中,尽可能争取机会使教师们参加专业国培项目,提高自身知识储备,同时扩大交流范围,与全国同类院校进行更广泛的交流,从而更好地反哺学生。

(4)积极开拓职业认证渠道。加强学生取得职业证书的比例,并开拓其他类别的职业资格,如营销师、公关员、秘书的职业资格,扩大会展专业学生的职业迁徙能力,胜任各种工作岗位。

吉林省会展教育发展报告

李中闯[①]

2016—2017年是中国的会展活动之年,G20杭州峰会、博鳌亚洲论坛2017年会、"一带一路"国际合作高峰论坛等大型活动让世界聚焦中国,同时从国家战略角度来看也迎来了会展业发展的新契机。会展的功能和作用被重新梳理和定位。习近平总书记谈道:"要使中华民族最基本的文化基因与当代文化相适应、与现代社会相协调,以人们喜闻乐见、具有广泛参与性的方式推广开来,要把继承优秀传统文化又弘扬时代精神、立足本国又面向世界的当代中国文化创新成果传播出去。"会展活动正是这种人们喜闻乐见、具有广泛参与性的传播方式。而传统文化的推广传播是建立"文化自信"的根本。时代的发展赋予会展活动更加广泛的内涵和意义,全口径、大会展的理念逐渐被接受,展览、会议、节庆、赛事、典礼、艺术展演、文化旅游、综艺节目等活动都可作为会展的组成部分;粗放式的办展模式逐渐被专业化、多元化的会展新形式所取代,而

---

① 李中闯,吉林大学商学院 MBA,北京大学访问学者,吉林艺术学院会展管理系主任、副教授,长春大学旅游学院会展专业学科带头人、特聘教授,中国会展经济研究会理事,吉林省会展业协会副会长,长春市会展业协会常务理事、长春市会展经济研究会副会长、长春市政府会展专家委员会委员,吉林省摄影家协会会员、吉林省美术家协会会员。主持和参研国家及省部级课题10余项,发表专业论文20余篇。出版专著一部,主编教材三部。

在这个过程中起决定性作用的依然是会展专业人才。

吉林省会展业起步较早,发展较快。1992年,经国家新闻出版广电总局批准的、国际电影制片人协会承认的具有国际性的国家级电影节——长春国际电影节成功举办;1999年中国长春国际教育展览会成功举办;2004年第71届秋季全国糖酒商品交易会在长春市成功举办;2007年第6届亚洲冬季运动会在长春成功举办,长春是中国第二个取得亚洲冬季运动会主办权的城市……针对会展产业的迅速发展对专业人才的需求状况,经吉林省教育厅批准,2005年9月吉林省第一个会展策划与管理专业在长春职业技术学院率先成立,学制为二年专科(2009年改为三年制),首届招收19人,由李中闯担任会展专业教研室主任,初创教师团队共5人,规模虽然较小,但开创了吉林省会展教育的先河,具有里程碑的意义。

2007年,吉林艺术学院和长春大学旅游学院两所本科院校开设会展专业方向并招生。2011年长春大学旅游学院申报会展经济与管理本科专业,2012年被教育部批准并开始正式招生,规模为52人,李中闯担任专业学科带头人兼教研室主任(2014年由麻松担任教研室主任);同年,吉林省经济管理干部学院也成立会展经济与管理专业并开始招生。2014年,吉林艺术学院成功申报会展经济与管理专业,2015年正式以独立专业招生,规模为23人,并组建会展管理系,李中闯担任会展管理系主任。

2016年,教育部批准长春科技学院和吉林工商学院两所本科院校开设会展经济与管理专业,于2017年开始招生。至此,吉林省会展本科院校达到4所,高职院校达到2所,加上开设会展类方向相关课程的院校,共有十所左右。吉林省经过十几年来逐步探索和不断发展,会展教育从无到有,现已形成了立足本省、辐射全国的良性教育发展格局。

一、吉林省会展学历教育招生规模

从表1—1、表1—2及表1—3来看,吉林省会展专业截至2017年底在校生共484人,其中本科在校生315人,专科在校生169人。以上仅为正式会展本专科学生统计数字,还有部分已经开设会展方向(尚未申报专业)的院校的学生未在统计之列。2017年,全省本科共招收129人,专科(高职)共招收23人。

表1—1　　　　　　　吉林省会展学历教育招生规模

学校名称	专业名称	招生数量(人)	设立时间	备注
长春大学旅游学院	会展经济与管理	175	2012年9月	2007年起开设会展策划与管理方向,2012年正式被教育部批准为专业

续表

学校名称	专业名称	招生数量(人)	设立时间	备注
吉林艺术学院	会展经济与管理	70	2015年9月	2007年起开设会展策划与管理方向 2015年正式被教育部批准为专业
吉林工商学院	会展经济与管理	32	2017年9月	
长春科技学院	会展经济与管理	38	2017年9月	
长春职业技术学院(高职)	会展策划与管理	96	2005年9月	
吉林省经济管理干部学院(高职)	会展策划与管理	73	2012年9月	

表1—2　　　　2017年吉林省本科会展专业招生情况

学校名称	专业名称	招生数量(人)
长春大学旅游学院	会展经济与管理	28
吉林艺术学院	会展经济与管理	31
吉林工商学院	会展经济与管理	32
长春科技学院	会展经济与管理	38

表1—3　　　　2017年吉林省专科会展专业招生情况

学校名称	专业名称	招生数量(人)	备注
长春职业技术学院	会展策划与管理	23	
吉林省经济管理干部学院	会展策划与管理	未招生	隔年

吉林省目前仅有本科和高职(专科)两种专业教育层次,尚未开展研究生层次的培养。从整体来看,吉林省会展专业招生规模不大,每所院校基本控制在1—2个班,与全国会展产业发展规模相适应,避免造成供过于求、学生就业难的局面。

二、吉林省会展教育师资情况

就吉林省会展教育现状而言,师资是一个较大的问题。由于会展教育起步晚,属于比较新的专业,加上近些年发展势头迅猛,申办院校较多,导致师资数量的短缺以及师资水平的参差不齐。从高职和本科层面,会展是一门应用型专业,培养学生的实践操作能力和综合素质很重要,因此教师的综合素质、专业能力和行业从业经验非常重要,与学历并没有直接的对应关系。目前会展专业属于"小众",规模及影响力还不够大,加上对会展专业缺乏了解,还不足以形成对优秀青年教师的强烈吸引力。目前吉林省会展教育师资总体情况见表2-1、表2-2及表2-3。

表2-1　　　　　　2017年吉林省会展专业师资学历情况

学校名称	专业名称	学生总数	教师数量	博士	硕士	本科	教授	副教授	讲师	助教
长春大学旅游学院	会展经济与管理	120	8	1	5	2	1	2	4	1
吉林艺术学院		70	12	2	10		1	2	9	
吉林工商学院		32	3	1	2			1	2	
长春科技学院		38	1			1	1			
长春职业技术学院	会展策划与管理	96	12		4	8	2	4	3	3
吉林省经济管理干部学院		73	14		12	2	3	3	7	1
合　计		484	50	4	33	13	8	12	25	5

表2-2　　　　　　2017年吉林省会展专业师资专业背景情况

学校名称	教师数量	企业阅历人数	专业背景							
			经济学	管理	营销	文学	艺术	传媒	英语	其他
长春大学旅游学院	8	4	1	4	1			1	1	
吉林艺术学院	12	4		2	1	2	6	1		
吉林工商学院	3	3	1	2						
长春科技学院	1	1								
长春职业技术学院	12	10		2	5		1	2	1	1
吉林省经济管理干部学院	14	10	1	4						9
合　计	50	32	3	14	7	2	7	4	2	11

表 2—3　　　　　　2017 年吉林省会展专业师资年龄结构情况

学校名称	教师数量	30岁以下	占比(%)	30—40岁	占比(%)	40—50岁	占比(%)	50岁以上	占比(%)
长春大学旅游学院	8	2	25	2	25	3	38	1	13
吉林艺术学院	12			7	58	4	33	1	8
吉林工商学院	3	1	33	2	67				
长春科技学院	1							1	100
长春职业技术学院	12			5	42	4	33	3	25
吉林省经济管理干部学院	14	1	7	10	71	2	14	1	7
合计	50	4	8	26	52	13	26	7	14

吉林省当前会展专业教师 50 人,在校生 484 人,师生比约为 1∶10;从学历和专业背景看,多数集中在硕士和本科层面,专业背景较为复杂,没有会展科班出身的专业教师,绝大多数专业教师是从其他专业转行过来。这也是全国的一个典型现象。从年龄和职称来看,多数教师集中在 30—50 岁的年龄段,副教授以上职称教师为 20 人,讲师 25 人,职称结构比较合理,具有一定优势。

三、吉林省会展专业培养计划情况

(一)核心课程

吉林省各院校专业核心课程为 8—15 门,出现频率较高以及各院校的一致课程为 6 门:会展概论、会展策划、会展营销、会展场馆管理、展示设计与实务、中外会展史。其中,中外会展史是吉林艺术学院和长春大学旅游学院会展专业的独创课程,在国内同类高校中也是领先实施的,主讲人为李中闯副教授,见表 3—1。各院校会展专业的主干学科为管理学、经济学、设计学;本科学制四年,管理学学士学位;专科学制三年。

表 3—1　　　　　　2017 年吉林省会展专业核心课程

学校名称	专业名称	核心课程数量(门)	备注
长春大学旅游学院	会展经济与管理	12	专业基础课和专业课
吉林艺术学院	会展经济与管理	8	专业基础课和专业课

续表

学校名称	专业名称	核心课程数量(门)	备注
吉林工商学院	会展经济与管理	10	专业基础课和专业课
长春科技学院	会展经济与管理	11	专业基础课和专业课
长春职业技术学院	会展策划与管理	15	专业基础课和专业课
吉林省经济管理干部学院	会展策划与管理	14	专业基础课和专业课

(二)特色课程

会展专业在优秀、精品课的评选上不占优势。吉林省会展专业课最好成果为省级优秀课,目前有省级优秀课1门、校级精品课1门、校级优秀课3门,集中在会展概论、会展策划与管理、会展营销三门课程。

(三)实训条件

吉林省目前开设会展专业的院校中有四所院校建立了会展专业实训实验室,开辟专门空间,引进和采购专业实训软硬件,满足校内实训实践的需要,见表3-2。

表3-2　　　　2017年吉林省会展院校实训实验室建设情况

学校名称	专业名称	实验实训室数量(个)	功能名称
长春大学旅游学院	会展经济与管理	2	会展策划搭建实训室、多功能会议实训室
吉林艺术学院	会展经济与管理	3	会展综合技能实验实训中心、会展管理软件实训室、文化项目非线编辑实训室
吉林工商学院	会展经济与管理	0	新建专业
长春科技学院	会展经济与管理	0	新建专业
长春职业技术学院	会展策划与管理	1	会展策划技能实训室
吉林省经济管理干部学院	会展策划与管理	1	会展策划技能实训室

(四)行业实践

吉林省会展官产学研合作质量较好,政府较重视。现在已经有会展专业毕业生在会展行业就业,学生素质和专业能力得以彰显。比非科班出身的员工,会展专业毕业生体现出较大的优势,得到了用人单位的普遍认可。从业初期动手能力看,高职专科学生较突出一些,但是从发展潜力和文化底蕴来看,本科学生则更胜一筹,见表3-3。

表3-3　　　　2017年吉林省会展院校学生行业实践情况统计表

学校名称	专业名称	校企合作单位	实践岗位设置与安排
长春大学旅游学院	会展经济与管理	百瑞国际会展集团	营销/服务
		长春国际会展中心集团	营销/服务
		吉林省东博商务会展有限公司	营销/服务
		长春市海州展览服务有限公司	营销/服务
		长春维达会展服务有限公司	营销/服务
吉林艺术学院	会展经济与管理	百瑞国际会展集团	营销/服务
		长春国际会展中心集团	营销/服务
		长春童博会	营销/服务
		长春民博会	营销/服务
		长春农业博览产业园	营销/服务
		中国吉林东北亚博览会	营销/服务
		吉林省会展业协会	营销/服务
		百瑞国际会展集团	营销/服务
		吉林省东博商务会展有限公司	营销/服务
		长春童博会	营销/服务
吉林省经济管理干部学院	会展策划与管理	长春维达会展服务有限公司	营销/服务
		吉林省大唐博亚会展有限公司	营销/服务
长春科技学院		百瑞国际会展集团	营销/服务
长春职业技术学院		长春市海州展览服务有限公司	营销/服务

长春是会展城市之一,会展业起步早,拥有相对成熟的会展产业优势,拥有长春汽博会、长春电影节、东北亚博览会、长春农博会、长春民间艺术博览会、长春国际雕塑大会等一批国内知名品牌展会。会展组展企业50余家,与院校合作密切,共同开发课程、企业老总进校授课、学生顶岗实习实训、毕业就业等方面都有相对成熟的经验。2017年9月,成功举办首届吉林省会展人才论坛,政府、院校、协会、企业、场馆、媒体等相关方面的负责人共同探讨吉林会展人才培养的问题及解决途径,收到良好效果。此论坛也将持续

举办并打造成品牌会展活动,见表3－4。

表3－4　　　　2017年吉林省会展院校学生参加相关竞赛情况

学校名称	专业名称	竞赛名称	竞赛数量
长春大学旅游学院	会展经济与管理	全国大学生电子商务创新创意及创业挑战赛	2
		学院杯吉林省会展专业大学生创意策划大赛	
吉林工商学院	会展经济与管理	学院杯吉林省会展专业大学生创意策划大赛	5
		远华杯全国大学生会展专业创意策划大赛	
		雁栖湖杯全国大学生会议策划大赛	
		全国大学生艺术项目策划大赛	
		全国艺术管理专业大学生创意策划大赛	
		学院杯吉林省会展专业大学生创意策划大赛	2
		吉林省商务会奖旅游策划大赛	
长春科技学院	会展经济与管理	吉林省旅游服务策划大赛	
长春职业技术学院	会展策划与管理	学院杯吉林省会展专业大学生创意策划大赛	2
		全国商科院校会展专业策划大赛	
吉林省经济管理干部学院	会展策划与管理	学院杯吉林省会展专业大学生创意策划大赛	2
	会展策划与管理	远华杯全国大学生会展策划大赛	

省内的6所会展高校都能积极参加各级专业竞赛活动,但由于院校相关评价体系和标准的原因,由政府举办的竞赛活动相对更受青睐,院校参与积极性更高,而一些行业或企业举办的大赛参与积极性相对较小。吉林省拥有自己的省级会展专业竞赛——"学院杯"吉林省会展类专业大学生创意策划大赛,已举办两届,由吉林省商务厅、教育厅和文化厅支持,吉林省会展业协会和吉林艺术学院主办,吉林艺术学院艺术管理学院和长春市会展经济研究会承办,见表3－4。

吉林艺术学院是长春市政府授权并授牌的"长春市会展人才培训基地",从2014年开始与长春市会展办、长春市会展业协会合作举办四期长春市会展人才培训班,培训从业人员300余人次。

四、吉林省会展院校学生就业情况

会展专业学生就业情况逐年变好,就业岗位层次、待遇、地域以及发展空间等方面都在不断提升。会展产业发展必然导致对从业人员的大量需求,而会展业的专业化、内涵化发展也使会展行业不断意识到人才的重要性。

目前,吉林省会展院校的毕业生初次就业稳定率达到70%以上,对口就业率也在稳步上升(每年5-8个百分点),见表4-1和表4-2。

表4-1　　吉林省会展院校(本科/高职)应届学生就业情况

学校名称	专业名称	毕业生数量(人)	就业比例(%)
长春大学旅游学院	会展经济与管理	99	90
吉林艺术学院	会展经济与管理	162(会展方向,独立设班)	100
吉林工商学院	会展经济与管理	无毕业生	
长春科技学院	会展经济与管理	无毕业生	
长春职业技术学院	会展策划与管理	400	95
吉林省经济管理干部学院	会展策划与管理	99	95
合　计		760	95

表4-2　　吉林艺术学院2011-2015年毕业生就业情况

届数	人数	就业率(%)	就业领域	人数	比例(%)	对口人数	对口就业率(%)	待遇情况(不完全统计)
2011	19	100	事业/公务员/公益岗	7	37	7	37	最低月2 000元;最高15万元/年
			企业	9	47			
			自由职业(含创业)	3	16			
2012	33	100	事业/公务员/公益岗	8	24	19	58	最低月5 000元;最高20万元/年
			企业	24	67			
			自由职业(含创业)	1	3			
2013	50	100	研究生	4	8	12	24	最高年25万元,最低月2 700元+绩效
			事业/公务员/公益岗	15	30			
			企业	29	58			
			自由职业(含创业)	2	4			

续表

届数	人数	就业率(%)	就业领域	人数	比例(%)	对口人数	对口就业率(%)	待遇情况(不完全统计)
2014	36	100	研究生	2	6	16	44	薪酬待遇4 000—5 000元/月
			事业/公务员/公益岗	8	22			
			企业	25	69			
			自由职业(含创业)	1	3			
2015	24	100	研究生	3	13	10	42	薪酬2 000—7 000元/月
			事业/公务员/公益岗	4	17			
			企业	15	63			
			自由职业(含创业)	2	8			
合计	162	100				64	41	

吉林省是东北老工业基地,产能和观念相对落后,供给侧改革成效缓慢,这些都制约会展产业的发展速度和质量,发展机会和待遇问题也使部分优秀的会展专业毕业生尤其是外省生源的毕业生选择到北上广深等南方发达城市就业。在留住人才方面,虽然省(市)政府也做了多方努力,但短时间内扭转这种人才外流的趋势还不现实。

如何整合全省会展教育资源、理顺会展教学理念、形成官产学研用相结合的人才培养模式,尤其是在新的历史时期和发展机遇前提下,如何形成统一的人才培养标准和教学方向,使所培养的会展人才更加适应吉林省乃至全国会展行业和岗位需要是一个亟须探讨和研究的课题。作为人才培养单位,高等院校必须紧跟时代潮流,与时俱进,与行业密切配合,培养适应行业和产业发展的创新型会展类人才。

甘肃省会展
教育发展报告

王敬儒[①]

  自2007年甘肃联合大学开设会展专业起,甘肃的会展专业教育已经历十多年的历程。由于甘肃省会展行业发展晚于同期全国其他地区,甘肃省的会展专业教育不仅起步较晚,在招生规模、层次等方面也表现出较低水平。

  截至2017年下半年,甘肃省开展会展专业的院校共有三家,分别是兰州文理学院(文学院)、兰州财经大学(商务传媒学院)以及兰州职业技术学院,层次分别是大专、本科和中专,没有硕士和博士教育,招生层次主要服务于会展业的中下层人才需求。由于该专业就业率低于教育厅要求,三所院校在2017年停止该专业招生。兰州文理学院为了减少学生在就业方面的限制,只设会展方向而专业名称则是文化市场经营管理。

  在开设专业核心课程方面,各校开设了会展概论、会展营销、会展设计等方面的基础课程,并结合自身办学特色,开设了其他相关课程,如兰州财经大学商务传媒学院结合其传媒方面的优势师资力量,开设了摄影与摄像、非编与特效制作方面的课程;兰州文理学院开设了文化产业概论、中国文化概论以及模拟会展设计与会展实务等相关课程;兰州职业技术学院开设了

[①] 王敬儒,陕西汉中人,硕士,兰州文理学院讲师,主要从事文化产业方面的研究。

会展现场服务等课程。在实践能力方面,各校积极与企业联系,通过志愿服务、跟岗实习的方式积极参与企业组织的会议和展览等活动,增强学生的专业认识和实践能力,与省外的行业企业也有密切联系,但数量不多,且合作较少。各校还未开展国际方面的合作。学生参加专业竞赛方面,除了兰州文理学院有学生参加过全国会展专业学生演讲比赛并获奖外,基本一片空白。

除了以上三所开展会展专业培养的院校,很多院校的旅游管理类专业也开设了会展相关课程的教学,如西北师范大学的旅游管理专业开设了会展概论等课程,旨在将会展作为旅游的产业分支,增加学生的专业知识面。

各方面的数据都反映出甘肃省会展专业教育发展缓慢的状态,究其原因主要有三个方面:第一是甘肃省会展业本身发展水平不高,虽然从2016年起举办了首届丝绸之路文化博览会,但在企业数量、规模和展览数量等方面都低于其他大部分省市,企业对人才的需求表现出低质低酬的特征,既难以吸引专业人才,也降低了对会展专业人才的需求。这使得该专业毕业生在就业方面出现困难,很多毕业生在其他行业寻求职位,就业对口率较低。第二点表现在师资方面,三个学校虽然都开设了会展方面的专业课程,但会展类教师大多年轻,教学经验不足,且本身都不是会展类专业毕业的,只是通过培训、进修等方式对会展专业有了一定认识,转而开始了相关领域的教学,有的还兼顾原来所学专业课程的教学和科研工作,对会展专业的认识本身不够深入,缺乏对行业发展状况的深刻把握,在该专业领域内的科研工作较少,从而降低了会展专业学生的质量。第三点主要是政府对会展教育的重视不够,一方面努力追求会展带来的各种经济和社会效应,另一方面并没有对会展教育做出应有的支持和扶助,导致甘肃省会展教育呈现出目前难以为继的局面。

针对以上出现的问题,我们从以下方面提出建议:一方面,会展企业以提升服务为目标,提高用人要求,增加本地会展产业和会展教育院校之间的联系,为企业发展和学生就业双赢而努力;另一方面,政府高度重视,从招生计划方面给予扶持,在教师招聘方面适当放宽条件,并针对会展企业在学生实习、毕业生就业方面进行补助。

江苏省会展教育发展报告

顾 伟[①]

一、调研过程

2018年1—2月,通过学校网站查询、电话调研、邮件询问等方式展开此次江苏会展教育的调研,同时参考相关研究文献,现对收集信息进行简单汇总梳理。

二、调研结论

(一)江苏省开设会展专业的院校汇总

按照本科(会展经济与管理)、专科(会展策划与管理)的专业名称标准统计,此次调研统计的数据如下:江苏省开设会展专业的院校本科有1所(三江学院)、专科有7所(苏州市职业大学、苏州经贸职业技术学院、苏州农业职

[①] 顾伟,苏州市职业大学副教授,会展策划与管理专业学科带头人,江苏省会议展览业协会首批专家库成员。

业技术学院、无锡城市职业技术学院、无锡科技职业学院、南京旅游职业学院、江苏海事职业技术学院）。由于部分院校联系沟通的障碍，数据可能不全面。开设与会展专业相关的本科院校为：南京艺术学院（艺术与科技展示设计方向）等，专科院校为：南京工业职业技术学院（展示艺术设计）、常州信息职业技术学院（展示艺术设计）、苏州百年职业学院（展示艺术设计）等。

（三）总体办学规模

各个院校会展专业规模都比较小，除个别院校外，大部分院校的会展专业每届有一个班，学生数为40—50人。由于专业规模小、专业特色不明显，各个院校的会展专业影响力小。专科院校普遍面临会展专业招生问题。其中无锡城市职业技术学院的会展策划与管理专业是江苏省特色专业、江苏省"十二五"重点建设专业。

（四）核心课程

本科院校的核心课程代表性不强。专业院校的核心课程主要包括会展策划、会展营销、会展文案、项目管理等。调研发现同样的课程，各个院校的课程标准有很大的差异，原因可能有师资方面的，也可能有教材方面的等。会展专业开设在旅游学院的院校，绝大部分也开设旅游方面的课程；会展专业开设在艺术类学院的院校，大多涵盖展示设计方面的课程。

（五）师资情况汇总

电话调研专业负责人收集的信息显示，专业师资匮乏，绝大部分院校的专职老师仅仅2—4名。教师的学科背景较为复杂，主要包括旅游、管理、艺术等学科。很多院校的会展专业教师从事本专业的教研工作时间比较短，通常是随会展专业的开设才开始入行的，专业进修主要围绕理论展开，缺乏实践知识方面的内容。

（六）毕业生就业情况

由于很多院校会展专业设置的时间不长，毕业生数据不全。从已有毕业生院校的数据来看，会展专业就业率较高，但对口率不高，就业薪资低。平均起步薪资在2 000—3 000元。综合来看，就业质量一般。

（七）院校沟通机制

各院校之间缺乏沟通交流的平台。由于规模小、师资弱，参与相关协会活动、竞赛比较少。在全国性的行业会议、学生竞赛等活动中，江苏院校出现身影比较少。苏州的三所院校（苏州市职业大学、苏州经贸职业技术学院、苏州农业职业技术学院)在苏州市会展行业协会的指导下,定期开展交流活动,取得了一定的效果。

三、江苏省会展教育情况分析

1. 江苏会展教育反映了江苏会展业的现状——滞后于产业发展

江苏会展教育的现状从一个侧面反映了江苏会展业的现状。会展教育服务于会展产业。江苏是经济大省,但会展业大而不强。综观近几年国内会展业的大事,很难找到江苏的元素。其中原因有很多,包括了宏观政策层面、领导重视度、产业结构等。以现有产业情况而言,江苏会展教育滞后于江苏会展业的发展:各院校会展专业普遍规模小,层次低,影响力弱。

2. 各院校开设或发展会展专业的热情不高

一方面,从产业需求来看,江苏会展业的现状影响了各个院校开设或发展会展专业的热情;另一方面,以专业群为单位的差异化发展思路,要求会展专业必须与其他专业构成较为完整的专业群服务于产业集群。无论是在旅游专业群还是在其他专业群中,会展专业在其中扮演的都是配角。

3. 江苏会展教育师资薄弱影响了整体的发展

江苏会展教育专职师资人数较少、转行晚、实践较弱,在全国会展教育交流及相关竞赛活动中很难听到江苏同仁的声音。由于专业弱小,面临很多实际的问题,部分老师也不愿意进入会展专业教研室。

云南省会展教育（本科）发展报告

殷晓茵[①]

一、云南省会展教育发展历程回顾

（一）会展教育起步阶段（2009—2014年）

1999年世界园艺博览会首次落地中国，并在昆明召开。以此为契机，昆明迎来了一次会展产业发展的机会，很多为展览会提供服务的企业相继出现。在这一阶段，产业发展对行业人才的需求主要集中在设计、搭建等方向上。有一批云南艺术学院学习环境艺术设计等专业的学生进入展览展示行业，成为较早的行业专业人才。2002年昆明市政府提出"大会展"的观点，是国内较早将会议及奖励旅游纳入会展体系的地方政府。作为国内较早发展旅游的省份，云南作为知名旅游目的地吸引了很多商务会议、奖励旅游的客

[①] 殷晓茵，云南民族大学会展经济与管理专业负责人，澜湄国际职业学院旅游系主任，国家一级职业咨询师，南亚博览会特聘评估专家，昆明市会展业十三五规划评审专家，云南民族大学扶贫开发研究院研究员、辐射南亚与东南亚研究中心研究员，上海第二工业大学国际会展产业研究院研究员。

户进入云南。在这个阶段,为会议提供服务的主要是旅游管理专业的相关人才,由旅行社的会奖部进行招聘、培训。这一时期的云南旅行社大多以承接省外会议为主,并没有独立策划、组织的位于产业链上游的专业人才队伍。

2008年,云南财经大学作为国内首批成功申办会展经济与管理专业的高校开始招生。这一阶段,云南省内的展览业发展速度放缓,而奖励旅游的发展是在旅游产业的框架下进行。云南财经大学的会展经济与管理专业设在旅游与酒店管理学院下,专业的特色尚不明显。同一时期,昆明学院在旅游管理专业下开设专科的会展方向,毕业生也充实到旅游产业内的相关服务岗位上。昆明市是国内较早发展展览及会展奖励旅游的城市目的地,在会展人才培养上起步不算晚。云南省内高校相关会展专业的招生情况见表1—1。

表1—1　　　　　　　　云南省会展本科招生情况

省市（地区）	学校名称	专业名称	招生数量（人）	设立时间（年）	备注
昆明	云南财经大学	会展经济与管理	50	2008	每届招生计划数为50人
云南	昆明学院	旅游管理（会展专业方向）	50	2005	每届招生计划数为50人
合计			100		

(二)会展教育快速发展阶段(2015—2017年)

2015年,云南民族大学获批开始招收会展经济与管理本科专业学生。2016年,云南民族大学筹备成立澜湄国际职业学院并在当年招收会展策划与管理专业"3+2"学制专升本学生。2017年,昆明学院获批开始招收会展经济与管理专业本科学生,云南开放大学获批开始招收会展策划与管理专业专科学生。另有高校正在积极申报开设会展相关专业。这3年内,云南省的会展教育进入快速发展的阶段,见表1—2。

表1—2　　　　　　　2017年云南省会展本科招生规模

学校名称	专业名称	招生数量(人)	备注(首届招生时间)
云南财经大学	会展经济与管理	167	2008年9月
云南民族大学	会展经济与管理	177	2015年9月
昆明学院	会展经济与管理	143	2017年9月
合　计		487	

从表1-2与表1-3可以看出,从2008年第一个会展本科专业在滇设立开始,7年后的2015年才有了第二所开设会展经济与管理本科专业的高校,客观上反映出云南省的会展产业经历了一个发展缓慢期。进入2015年,云南省会展产业发展被赋予新的定义与期待,先后有几家高校加入会展高等专业教育的梯队中来,并且在教学层次、教学规模等多方面取得了长足的进步。截至2017年,会展专业本、专科在校生人数已有1 085人。

表1-3　　　　　2017年云南省会展院校(高职/本科)招生规模

学校名称	专业名称	招生数量(人)	备注
云南财经大学	会展经济与管理	469	云南财大中华职业学院招生(本科)
云南开放大学	会展策划与管理	37	2017年首次招生,高职专科
云南民族大学	会展策划与管理	92	2016年招生3+2高职专科,连接本科专业课程
合　计		598	

二、云南省会展学历教育招生规模统计

(一)云南省会展本科招生情况

表2-1中所统计数量为目前云南省内设置会展本科专业的三所高校截至2017年12月底的本科生在校生人数,其中云南财经大学的会展经济与管理专业分别在旅游与酒店管理学院及中华职业学院两个学院招生,本表格中统计的数字为在旅游与酒店管理学院下的招生人数,中华职业技术学院的人数将在高等职业教育本科的统计中体现。三所学校目前在校的本科生在校人数为487人。

表2-1　　　　　2017年云南省会展本科招生情况

学校名称	专业名称	招生数量(人)	备注
云南财经大学	会展经济与管理	167	2008年9月
云南民族大学	会展经济与管理	177	2015年9月
昆明学院	会展经济与管理	143	2017年9月
合　计		487	

(二)云南省会展高职招生情况

表2-2中统计的为会展高职专业的招生情况。需要说明的是,目前云

南省并没有高职类本、专科院校单独开设会展经济与管理或会展策划与管理专业的数据。云南财经大学的数据来源于云南财经大学中华职业技术学院,按照普通高校应用本科类型招生,故数据放在这一部分作为高职本科进行统计。云南开放大学目前招收的是会展策划与管理专业(专科),按照高职专科数据进行统计。

表2-2　　　　　　　　2017年云南省会展高职招生情况

学校名称	专业名称	招生数量(人)	备注
云南财经大学	会展经济与管理	469	云南财大中华职业学院招生(本科)
云南开放大学	会展策划与管理	37	2017年首次招生,高职专科
云南民族大学	会展策划与管理	92	2016年招生"3+2"高职专科,连接本科专业课程
合计		598	

云南民族大学会展策划与管理专业放在职业技术学院、澜湄国际职业学院下招生,92人为"3+2"专升本学制、国际合作招生的形式,在此按照高职专科进行统计。在收集各高校数据时,我们注意到有一些高职院校有开设如商务管理类下偏重会展专业方向培养的专业,但在征求院校意见时,专业负责人不愿意将其数据按照会展专业方向进行统计,本着尊重事实、尊重院校发展意愿的原则,本次云南省会展教育发展报告中暂不将这部分数据列入其中进行统计,特此说明。

(三)云南省会展教育国际化合作情况

目前,云南省内开展会展教育的高校中,只有云南民族大学职业技术学院、澜湄国际职业学院采用专业+语言的办学模式,分别与泰国布拉帕大学和缅甸仰光大学进行合作,两个班的学生分别赴泰国和缅甸学习半年时间。国际合作层次为专科、本科;国际合作方式:专科层次:2.5+0.5,本科层次:1.5+0.5。目前该合作项目是在会展策划与管理"3+2"专科衔接本科课程下,采用"专业+小语种语言"的形式,致力于培养跨境贸易及文化交流的会展专业人才。该院还将继续扩展该专业与澜湄合作区域的其他三国进行国际合作。

表2-3　　　　　　2017年云南省会展院校国际合作招生规模

学校名称	专业名称	招生数量(人)	国际合作对象	合作方式	合作层次	设立时间
云南民族大学	会展策划与管理	92	泰国布拉帕大学、缅甸仰光大学	2.5+0.5	大专	2016年

云南财经大学与昆明学院的国际合作目前集中在旅游学院的院级或校级合作,尚未有针对会展专业的国际合作展开。

三、云南省会展教育主体结构分析

(一)会展专业高等教育(硕博研究生/本科)情况

截至2018年1月,云南省的会展专业暂时还没有硕博研究生培养点,而开设会展本科专业教育的院校有3所,分别是云南财经大学、云南民族大学、昆明学院。3所院校都属于云南省属综合类普通本科院校。其中,云南民族大学为国家民委、教育部与云南省人民政府共建高等院校。

(二)会展专业高职情况

截至2018年1月,云南省开设会展专业高职教育的院校有3所,分别是云南财经大学中华职业学院、云南民族大学澜湄国际职业学院、云南开放大学。但这几所高校均不是严格意义界定下的高职教育主体的全日制高等职业院校,而是属于在省属普通高等本科院校下的试点应用型本科、专科招生,可被列入高职教育招生序列。

四、云南省会展相关专业设置情况

(一) 会展专业设置

截至2018年1月,云南省开设会展本科专业教育的院校是云南财经大学、云南民族大学和昆明学院3所。3所院校开设的会展专业名称均为会展经济与管理专业。其中,云南财经大学是云南省内最早开设会展教育本科专业的高等院校,于2008年9月首次招生。云南民族大学于2015年9月开设会展经济与管理本科专业,昆明学院于2017年9月开设会展经济本科专业。

2016年云南民族大学开设会展策划与管理专科专业,云南开放大学于2017年开设会展策划与管理专科专业。昆明学院于2005年在旅游管理专业下开设会展管理方向专科专业。

云南省会展专业均设置在旅游管理大类下,属于其三个方向之一。

(二)会展各专业规模

云南省开设会展教育的3所本科院校,其招生计划数为50人/年,招生规模基本保持在每年30—50人,招生总量在150人以上。其中,云南财经大学除旅游学院外,有中华职业技术学院每年招收会展经济与管理专业本科学生150人左右,目前云南财经大学会展专业在校学生规模达到636人。云南民族大学在校学生为177人,昆明学院学生在校人数为143人。云南开放大学由于首届招生,目前有在校学生37人。

(三)会展各专业层次

在会展本科教育层次中,云南财经大学是云南省最早开设会展教育的本科院校,于2008年开始招收会展经济与管理本科专业学生。作为云南省内最早开设会展教育的本科院校,其在人才培养的体系化、师资教研的专业性等方面在云南省内具有明显的优势,发展水平相对较高。云南民族大学于2015年开设会展经济与管理专业,是云南省比较有特色的高等学校。其培养目标定位于云南的民族文化特征和区位发展特征,在开设本科专业的基础上设立会展策划与管理"3+2"学制专业,突出"专业+语言"的特征,为跨境经济发展提供特色人才。昆明学院的会展经济与管理本科专业是在其旅游管理专业下会展管理方向的专科基础之上发展起来的,有多年的专业基础,强调实操与现场执行服务,自成特色。

云南开放大学2017年开始招收会展策划与管理专业,首年招生37人,专业负责人表示希望能够稳扎稳打,做好专业基础建设。

五、云南省会展专业培养计划情况

(一)会展专业核心课程开设情况

表5—1中统计的云南省高校核心课程开设情况只统计了每所高校所提供的学科主干+方向类课程,特此说明。

表5—1　　　　2017年云南省会展院校(本科/高职)核心课程

学校名称	专业名称	核心课程数量(门)	备注
云南财经大学	会展经济与管理	10	主干+方向
云南民族大学	会展经济与管理	12	
昆明学院	会展经济与管理	10	
云南开放大学	会展策划与管理	6	

云南省会展本科院校的专业必修课程主要包括旅游学概论、管理学、经济学原理、会展概论、会展经济学、会展财务管理、会展策划、会展市场营销、

会展商务英语、会展项目管理、会展信息管理、节事活动策划与管理、会展人力资源管理、会展实务、会展场馆经营与管理、展示空间与设计、会展文案、现代服务业管理等课程。

通过对所开设会展经济与管理的云南高校课程开设频率的统计,我们发现,开设本科会展专业的高校比较重视会展基础理论的教学,同时针对会展专业学生所需要掌握的实际操作技能对应开设有会展策划、会展英语之类的课程。而从核心课程频率较低的几门课程设定中可以看出,昆明学院在培养会展专业人才时更加重视体现其服务产业的价值,因此开设有现代服务业管理及会展人力资源、会展信息管理这样的核心课程。

(二)会展专业特色课程

通过三所高校所提供的特色课程可以看出,云南省的会展专业教育比较重视基础课程的建设,有两所高校列出会展概论在特色课程建设中,而节事活动的策划与管理在云南被列入特色课程的频率较高,与云南省的少数民族节庆活动众多有直接联系,见表5-2。

表5-2　　　　　2017年云南省会展院校(本科/高职)特色课程

学校名称	专业名称	特色课程数量(门)	特色课程名称
云南财经大学	会展经济与管理	4	旅游学概论(双语)、会展概论、会议管理、商务礼仪
云南民族大学		6	会展概论、节事活动管理、博物馆管理、文化创意产业及艺术品经营管理、会展礼仪、婚庆策划与管理
昆明学院		4	婚庆策划与执行、节事活动策划与管理、展示空间与设计、商务礼仪

三所高校均将礼仪类课程列入特色课程,反映出云南省内高校对于会展项目现场执行与服务工作的重视,希望增加该专业学生的社会实践及就业能力。有两所学校将婚庆策划与管理列为特色课程,可以看出云南省内会展专业院校希望从"活动观"的角度为该专业学生拓宽职业视角、增强职业能力。云南民族大学将博物馆管理、文化创意产业及艺术品经营管理纳入特色课程,体现其希望培养服务于民族地区、传承民族文化的复合型人才。

六、会展专业师资情况分析

综合表6-1、表6-2及表6-3中的数据,可以分析得出以下几个方面的结论:云南财经大学本部教师7人,在校学生为167人,师生比为24∶1;

云南民族大学会展专业目前师生比为25∶1,昆明学院目前师生比为20∶1。目前云南高校中除开放大学第一届招生、师生比达标外,其他几所高校均存在教师缺口问题。

表6—1　　　　2017年云南省会展专业(本科/高职)师资情况

学校名称	专业名称	学生总数	教师数量	博士后	博士	硕士	本科	教授	副教授	讲师	助教
云南财经大学	会展经济与管理	167	7		1	6		1	2	4	
云南民族大学	会展经济与管理	177	7		1	6		1	2	4	
昆明学院	会展经济与管理	143	7			7			2	5	
云南开放大学	会展策划与管理	37	7			7			3	4	

表6—2　　　　2017年云南省会展院校(本科/高职)师资背景情况

学校名称	教师数量	企业阅历人数	会展	经济学	管理	营销	统计	英语	计算机	其他
云南财经大学	7	5		2	4					1
云南民族大学	7	4		2	3	1		1		
昆明学院	7	6		2	3			1		1
云南开放大学	7	2			4			1		2
合计										

表6—3　　　　2017年云南省会展院校(本科/高职)师资年龄结构情况

学校名称	教师数量	30岁以下	占比(%)	30—40岁	占比(%)	40—50岁	占比(%)	50岁以上	占比(%)
云南财经大学	7	0		3	43	3	43	1	14
云南民族大学	7	2	28.50	3	43	2	28.50	0	
昆明学院	7	0		5	71.50	2	28.50		
云南开放大学	7	0		5	71.50	2	28.50		

从学历、职称占比情况看,拥有博士学历的教师占比不高,拥有高级职称的教师不到1/3。从专业背景看,目前没有会展专业的博士、硕士背景,多数教师是经济学、管理学背景。

从年龄结构上看,30—40岁的教师占主体。教师队伍整体比较年轻,有一定的活力。所有开设会展专业的云南省高校中均有企业经历和背景的"双师型"教师,且占比较高,说明云南省几所高校在会展专业人才培养方向上均比较重视行业实践与教学实践的结合,注重培养实践操作能力强的会展专业学生。

七、云南省会展专业实践教育情况(培训、行业实践、竞赛等)

(一)云南省会展专业学生的培训、行业实践、竞赛等情况

目前,云南省会展专业的行业培训主要集中在昆明市,且主要是昆明市博览事务局组织的行业培训。近年来,昆明市政府非常重视会展人才的行业培训,邀请众多国内行业专家、学者来昆明授课,使几所在昆明的高校均有机会参与其中,逐步形成良性循环机制,见表7—1。

表7—1   2017年云南省会展院校(本科/高职)学生参加专业培训情况

学校名称	专业名称	项目来源	培训项目名称
云南民族大学	会展经济与管理	昆明市政府	会展行业专题讲座
昆明学院	会展经济与管理	昆明市政府	会展行业专题讲座

从表7—2可以看出,几所云南省的高校均很重视学生的行业实践,积极为学生搭建各类实习、实训、实践平台,涉及会展产业链的各个环节,为学生创造在不同岗位上的实践机会及针对不同需求培养学生不同的实际操作能力。分别以教学实践基地、校外实习实训基地等形式出现,有专业的实习、实训指导教师,要求学生填写实习、实训手册并出具实习报告。学生通过行业实践,收获很大。

表7—2   2017年云南省会展院校学生行业实践情况统计表

学校名称	专业名称	校企合作单位	实践岗位
云南民族大学	会展经济与管理	云南报业国际展览有限公司	文博会筹委会
		云南和文化广告有限公司	日常功能
		云南会都酒店	会议执行
		世纪金源集团	会议组织、执行
		云南省贸易促进会	会议筹委会

续表

学校名称	专业名称	校企合作单位	实践岗位
云南民族大学	会展经济与管理	云南世博国际旅行社	会议组织、执行
		云南报业国际展览有限公司	文博会筹委会
		云南骏宇文博国际有限公司	日常工作
		云南风光优景会议有限公司	活动执行
		东南亚协会	展会执行
昆明学院	会展经济与管理	昆明市农业局农博会组委会	
		昆明聚缘廊婚庆礼仪有限公司	
		昆明海埂国际会议中心	
		云安会都	
		云南智海王潮会展有限公司	
		昆明芳草地会务有限公司	
		上海迪士尼有限公司	
		昆明世博园	
		昆明春笛会展公司	
		昆明国际会展中心	

近几年,云南省三所开设会展专业的高校十分重视对本专业学生进行专业参赛的辅导,并取得了很多有代表性的优秀竞赛成绩,见表7－3。如云南财经大学获得"远华"杯比赛的一等奖;昆明学院参加国际比赛获得好成绩;云南民族大学积极参与多项比赛,在会展经济年会大学生演讲比赛中战胜东道主获得最佳人气奖等。云南省会展教育在"走出去"方面一步步奋进,积极践行"以赛促学、以赛促建"。

表7－3　　　　2017年云南省会展院校学生参加相关竞赛情况

学校名称	专业名称	竞赛名称	竞赛数量
云南财经大学	会展经济与管理	远华杯全国高校会展专业竞赛	7
		会展经济研究会年会演讲比赛	1
		全国会展商业精英策划大赛	1
昆明学院	会展经济与管理	全国商科院校会展策划大赛	7
		首届海峡两岸大学生会展策划大赛	1
		亚洲会展业青年挑战赛总决赛	1

续表

学校名称	专业名称	竞赛名称	竞赛数量
云南民族大学	会展经济与管理	会展业未来领袖论坛演讲比赛	3
		会展业未来领袖论坛策划比赛	1
		会展经济研究会年会演讲比赛	1
		全国会展商业精英策划大赛	2

值得一提的是,昆明市博览事务局连续两年支持会展人才培养方式的创新,支持在上海举办"三新杯"会展项目策划大赛,积极承办中国会展经济年会,努力构建政、产、学、研融合发展的平台、通道,为云南省会展专业人才培养模式的探索提供了机会。

八、会展专业学生就业情况

目前,云南省高校中有会展经济与管理本科专业设置的三所高校中,只有云南财经大学有毕业生,经过访谈及调研,仅对就业率有统计,对专业对口率及会展专业学生薪资水平尚未做出统计,见表8－1。

表8－1　　2017年云南省会展院校(本科/高职)应届学生就业情况

学校名称	专业名称	毕业生数量(人)	就业比例(%)	备注
云南财经大学	会展经济与管理	192	96	2012－2017年
云南民族大学				暂无毕业生
昆明学院				暂无毕业生

由此可以看出,云南省会展专业教育与行业发展及市场需求的对接工作需要更多的挖掘与细化。只有这样,云南省的会展教育工作才能更好地为云南省会展产业的发展提供切实可行的智力支持、人才支持。

表8－2　　2017年云南省会展院校应届学生就业对口情况

学校名称	专业名称	毕业生数量(人)	就业对口比率(%)	备注
云南财经大学	会展经济与管理	192		统计2012－2017年毕业生,暂无对口率统计
云南民族大学	会展经济与管理			暂无毕业生
昆明学院	会展经济与管理			暂无毕业生

九、会展教育存在的问题与相关建议

目前云南省会展专业的招生仍然面临几大问题：一是考生家长对会展专业的认知度不高；二是因为多数高校会展专业设立时间短，设立会展专业的高校在招生工作中并没有突出的推介方法；三是受制于招生计划数的限制，招生主体很难设立订单式培养的特殊招生渠道。在专业设置上，云南高校的会展教育主体多数是本科院校，设立的专业名称是会展经济与管理，但在专业归属上基本设立在旅游及酒店管理学院下，与旅游管理大方向结合紧密。其中，云南财经大学、云南民族大学在设立会展专业时，结合经济类专业进行课程设置，开设经济学方向课程。

（一）课程设置

在课程设置上，目前三所本科院校的教学计划均严格按照本科教学计划执行课程安排，在实践教学方面很难与会展行业的展览、会议及大型活动做到时间上的匹配和一致。多数高校的人才培养方案体现出：第一年教学任务均需完成本科高校规定的大量基础课程，一些专业课程则需密集的排在四年制的中段，难以在时间上与行业实践匹配。在核心课程外，每所高校注重开设本校的特色课程，使本专业的学生成为符合产业发展的复合型人才。

（二）师资队伍

从几所高校的会展师资情况可以看出，教师年龄结构比较年轻，体现在教学工作中是会展专业教师很有活力，有创新意识和能力，从总体数量的师生比来看，几所院校均存在一定缺口，需要引进、吸纳新的教学力量。从专业背景上看，目前多数会展专业教师是有经济学或管理学背景的教师，还没有会展专业的博士从事教学工作。云南省高校从事会展专业教学的教师中，拥有行业经验的"双师型"教师所占比例不低，体现出会展产业发展的特征及诉求。

（三）实验室建设以及竞赛

在实训教学领域，几所大学近期都在申请成立会展专业独立实训室，希望通过校内的实训教学安排解决与行业对接实践中的时间冲突问题，并通过实训室智能化建设提升专业教学与行业接轨的能力。云南几所高校均非常重视培养学生的实践能力，鼓励学生参加专业教学竞赛。目前国内参赛类型和种类呈现多元的形式。几所高校均设有自己的校企合作实践基地，以不同的形式开展短期实训教学工作。

(四) 学生就业

目前只有云南财经大学有会展经济与管理专业的毕业生。经过访谈调研得知，该校会展专业毕业生的就业率自 2012 年以来基本保持在 96%，但该校尚未对专业对口率进行相关统计。

从以上分析可见，云南会展教育发展需要引入更多的教学力量，在师资队伍建设、实践教学等方面需要更多投入，需要更加紧密地与行业、产业结合，积极融入地方产业发展，同时积极探索具有特色的教学方式，建立行之有效的实训体系，加快改革建设步伐，主动走出去、请进来，建立共享平台机制，整合资源，共同发展。

十、会展教育发展的未来趋势

会展人才需求的考察需要建立在对会展业生态充分认识的基础上，需要建立在产业链上、中、下游各个环节充分参与调研的基础上。会展业是一个内涵广泛的产业，会展项目的运作往往是多个专业机构分工负责来实现专业化运作。从人才需求的强度来说，近几年的会展人才需求强度是最大的，包括核心人才、辅助型人才和支持型人才。经过广泛调研，我们发现广泛意义上的会展业人才需求非常大，但需要的往往是多样化、多层次的人才，需要众多专业参与培养相关人才。单纯意义上的会展企业人才需求并不大，所需的往往是高级策划管理型人才，而基础员工处于低薪酬、高流动的状态。

如何通过本科教育为会展业提供会管理、懂策划的高级人才，如何为会展业的发展提供"一专多能"的全方位会展人才，基于对这些问题的深入思考，可否将人才培养定位于为会展业培养"通用性+差异化"的高素质复合型、应用型、创新型人才。依托旅游管理、艺术设计、市场营销、财务金融管理、文秘管理等优势特色专业，形成多专业学科集群的"大会展教育"。

会展人才可划分为会展核心人才、会展辅助型人才以及会展支持型人才。会展核心人才如会展项目策划经理，高级运营管理人员等，对应的岗位是核心就业岗位。会展辅助型人才，如会展项目助理、场馆运营管理人员、展示设计师、贸易管理人才、高级翻译人才、展览器材销售人员等专业技术人员，对应的是一般就业岗位。会展支持型人才，如现场服务人员、旅游接待人员等，对应的为拓展就业岗位。

1. 会展核心人才如会展项目策划经理、高级运营管理人员等，是会展项目中的决策性人才，是项目的策划设计力量，位于项目运作的顶端，对应的岗位为核心就业岗位。要求毕业生了解基本原理、理论和方法，能够理论联系实际，具备透过现象分析本质的能力，可以用理论进行合理解释、分析。尤其是具备会展策划、管理的基本能力能够撰写完整的商业策划，能够活学活用、创新创业。

2. 会展辅助型人才，如会展项目助理、场馆运营管理人员、展示设计师、贸易管理人才、高级翻译人才、展览器材销售人员等专业技术人员，是会展项目的实施性人才，是项目运作的中坚力量，处于项目运作的中端，对应的岗位是一般就业岗位。通过模块化教学，会展专业的毕业生将具备一般项目管理的研究、策划、组织、现场管理的能力，侧重培养学生的市场分析能力、项目管理能力和沟通能力。具备基础的社交礼仪知识、演讲知识和专项技能知识。具有得体的社交礼仪规范、感人的表达能力等。

3. 会展支持型人才，如现场服务人员、旅游接待人员等，是会展项目的补充性人才，为项目提升提供增值服务，处于项目的后端，对应的岗位为拓展就业岗位。针对这部分人才的职业需求，毕业生应具备文明高雅的人文素质、跨行业的学习能力，具备一定的接待、交流及讲解能力。

应在明确人才培养目标、搞清本专业毕业生的核心能力要求和不同职业面向的发展能力要求的基础上，依据能力要求进行专业课程设置和职业资格要求。专业课程设置应经过精心设计和论证，在能力要求方面要有明确的指向。

实践教学环节设置，应根据人才培养目标和学生能力要求，科学设计实验、实训、实践等环节，要求每一环节详细说明培养何种能力、达到何种目的。

实践教学环节的设置可依据"专业基础课＋主攻方向课"的培养模式，将课程设置模块化，而实践教学环节可采取项目驱动的模式，将实习活动主题化，如表10－1所示。

表10－1　　　　　　　实践课程设置与安排说明

类型	课程名称	安排说明
实践性环节	经典案例评析	课堂设计
	会议（展览会、节庆等）	现场管理实习，安排1－3次
	校园综合实践	结合校园活动进行自办活动
	区域考察实习	主要目的是让学生深入了解城市发展与会展业发展的关系
	企业实习	大三前每个学期中或学期末2周左右的"小学期"安排，可以走出去也可以"请进来"，实行项目工作室制。大四毕业实训9周及毕业实习

以昆明市会展教育发展为例，可以运用好建设面向南亚、东南亚辐射中心的政策红利，资源共享，注重人才培养的通用性与差异性等融合。在路径上，进行"基础专业理论＋基础专业实操＋分层次的分流实训规划"设置。优秀的人才应该向企业流动；与省内外高校进行资源整合、共建平台，"走出

去,请进来",注重案例教学。

在开设专业基础课的基础上,明确专业技能,创新考核形式,将实操环境放到企业中去,进行场景教学,做好学生的职业规划。按照专业方向进行定位,请专业课教师带着学生将不同模块的专业课程按照项目驱动,做课题研究,可以形成"一课一成果"。打造会展专业的突出特色,切实倾听企业的需求。符合市场的需求,企业也愿意配合学校打造"小学期制",实行"项目工作室"的实训方式,有针对性地针对不同的专业分流方向进行学生的专业培养。注重学生能力的培养,培养行业核心竞争力。学生要关注行业动态、国家政策;要充分利用实践环节,以"引导＋调研报告"的形式形成成果;学生要注重反馈,并进行成果分享。

产业发展归根结底是人才的竞争,城市竞争力的发展很大程度上体现为人才的竞争。地方政府应加大人才引进力度,出台相关扶持政策,切实促进会展教育发展。人才培养主体与行业用人主体之间的关系不是简单的市场产品供需关系,会展企业在提出用人标准时要更多地尊重人才发展规律,减少急功近利的心态。会展人才培养主体要更多地主动融入产业发展,增加与企业的沟通,建立长效机制。只有政、产、学、研联动的方式才能更好地促进会展人才教育、培养工作的发展。

特别鸣谢云南财经大学会展经济与管理专业教研室主任李雪松老师,昆明学院会展经济与管理专业教研室主任刘红老师,云南开放大学旅游学院副院长王永志老师、会展教研室马兰老师在本报告撰写过程中给予笔者的大力支持!

辽宁省会展教育发展报告

王冬梅　高欣　刘硕　徐晓颖　王晓宇　刘志友[①]

辽宁省会展业起步于20个世纪九十年代,发展至今保持着良好的发展势头,在我国会展业中占据重要地位。中国会展经济研究会发布的《2016年中国展览统计分析》中的数据表明,2016年辽宁省全年举办展会709场,办展面积637万平方米,占全国办展面积的4.87%,位居全国第八位。截至2016年底,辽宁已建成并投入使用的专业会展场馆20个,总面积48.51万平方米,位居第七位。随着辽宁省会展业的快速发展,辽宁省会展教育也呈现良好的发展态势,本科院校、高职院校共同发展,为会展行业培养了众多的高素质专业人才,为缓解会展专业人才供求矛盾发挥了积极作用。

一、辽宁省会展教育发展历程

为了满足会展业及相关产业发展对会展专业人才的巨大需求,辽宁省

---

① 王冬梅,辽宁沈阳人,硕士,副教授,研究方向:会展经济与管理、会展教育。高欣,辽宁昌图人,博士,副教授,研究方向:会展经济与管理、会展教育。刘硕,辽宁沈阳人,辽宁省交通高等专科学校会展专业主任。徐晓颖,辽宁大连人,博士,副教授,研究方向:旅游管理与规划。王晓宇,辽宁鞍山人,硕士,教授,研究方向:会展旅游。刘志友,山东曹县人,硕士,教授,研究方向:旅游文化、旅游企业管理。

会展教育在2003开始起步,经过十几年的蓬勃发展,整体水平有了较大提升。具体来说,辽宁省会展教育主要经历了起步、快速发展和稳定发展三个阶段。

(一)起步阶段(2003—2008年)

进入21世纪,辽宁省会展活动数量不断增多、会展产业规模逐渐扩大,专业人才短缺对于会展业发展的制约作用也日渐凸显,亟须通过会展教育的开展解决会展业发展的人才"瓶颈"问题。2003年辽宁对外经贸学院设立商务管理专业会展方向,标志着辽宁省会展教育进入起步阶段。2003—2008年,辽宁省开展会展教育的学校有四所,其中本科层次有沈阳师范大学、辽宁对外经贸学院,分别于2005年和2006年开设会展经济与管理专业、旅游管理专业会展管理方向;大专层次为辽宁对外经贸学院2003年开设的商务管理专业会展方向;高职层次为辽宁交通高等专科学校2008年开设的会展策划与管理专业。2008年本科层次计划招生数为89人,专科层次计划招生数为50人,高职层次计划招生数为30人,三个层次的总计划招生数为169人,见表1—1。

表1—1　　2003—2008年辽宁省会展院校设立情况汇总表

属性	省市(地区)	学校名称	专业名称	招生数量(人)	设立时间(年)	备注
本科	大连	辽宁对外经贸学院	旅游管理(会展管理方向)	50	2006	
	沈阳	沈阳师范大学	会展经济与管理	39	2005	2004年设立会展方向
大专	大连	辽宁对外经贸学院	商务管理(会展方向)	50	2003	
高职	沈阳	辽宁交通高等专科学校	会展策划与管理	30	2008	
合计				169		

(二) 快速发展阶段(2009—2014年)

2009—2014年是辽宁省会展教育的快速发展阶段,各院校的专业培养目标逐渐明确,不断结合会展行业对专业人才需求的实际情况调整人才培养计划,合理设计课程体系,注重教学模式创新,人才培养质量不断提高。2011年,辽宁对外经贸学院设立会展经济与管理本科专业,计划招生数为50人,原有的旅游管理(会展管理方向)本科专业、商务管理(会展方向)专科专业停止招生。2014年,大连大学设立旅游管理(会展管理方向)本科专业,计划招生数为36人。2014年,辽宁省会展专业及专业方向本科层次计划招生数为125人,比2008年本科层次招生数量增加40.4%。

(三)稳定发展阶段(2015—2017年)

2015年以来,辽宁省设立会展专业或专业方向的院校没有增减,依然是辽宁对外经贸学院、沈阳师范大学、大连大学三所本科高校和辽宁交通高等专科学校一所高职院校。为更好地适应辽宁省会展业专业化、规模化发展的需要,各层次招生规模均有所扩大,2017年全省本科层次计划招生数为185人,比2014年增加48%;高职层次计划招生数增至64人。2015—2017年,辽宁省会展教育基本呈现稳定发展态势,各院校所设置的会展专业名称均没有调整,人才培养质量稳中有升,毕业生综合专业素质得到会展行业内相关企事业单位的认可和好评,政校企合作不断深入。

二、辽宁省会展学历教育招生规模

(一)辽宁省会展本科招生情况

2017年辽宁对外经贸学院会展经济与管理专业招生规模为145人,沈阳师范大学招生规模为40人,两校会展本科招生规模合计为185人,见表2—1。

表2—1　　　　　　　2017年辽宁省会展本科招生规模统计表

学校名称	专业名称	招生数量
辽宁对外经贸学院	会展经济与管理	145
沈阳师范大学	会展经济与管理	40
合　计		185

(二)辽宁省会展高职招生情况

2017年辽宁省唯一开设会展专业的高职院校为辽宁交通高等专科学校的会展策划与管理专业招生规模为64人。

三、辽宁省会展教育主体结构分析

(一)会展专业本科教育情况

辽宁省目前开设会展本科专业教育的主体主要集中在沈阳和大连两个

城市。沈阳开设会展本科专业教育的院校是沈阳师范大学,2005年设立会展经济与管理专业,当年的招生规模为39人;2017年招生规模为40人,比2005年增加2.6%。大连开设会展本科专业教育的院校为辽宁对外经贸学院和大连大学两所院校。辽宁对外经贸学院于2011年设立会展经济与管理专业,当年招生规模为50人,2017年招生规模增至145人,比设立之初增长190%。从招生规模来看,大连本科会展教育增速较快,对专业人才行业需求的适应性更强。

(二)会展专业高职教育情况

辽宁省目前只有辽宁交通高等专科学校开设会展高等职业教育。辽宁交通高等专科学校2008年设立会展策划与管理专业,当年招生规模为30人,2017年招生规模扩大到64人,比2008年增长113%。2010年辽宁对外经贸学院商务管理(会展方向)停止招生以来,大连大专、高职会展教育一直处于空白状态。

四、辽宁省会展相关专业设置情况

(一)会展专业设置

辽宁省会展教育涉及的会展专业主要集中在会展策划和会展管理两个方向,其中沈阳师范大学和辽宁对外经贸学院开设的是会展经济与管理专业,大连大学开设的是旅游管理专业会展管理方向,辽宁交通高等专科学校开设的是会展策划与管理专业。

(二)各专业规模

2017年辽宁省会展院校招生规模统计数据显示,辽宁省本科会展教育招生规模为185人,其中辽宁对外经贸学院为145人,占78.4%;沈阳师范大学为40人,占21.6%。辽宁省高职会展教育招生规模为64人,由辽宁交通高等专科学校承担,占100%。从专业设置角度看,2017年辽宁省会展专业总招生规模为249人,其中会展经济与管理专业为185人,占总招生人数的74.3%;会展策划与管理专业为64人,占总招生人数的25.7%。

(三)各专业层次

目前,辽宁省会展教育仅有本科和高职两个层次。2017年本省会展专业招生数据统计结果显示,本科层次招生规模为185人,占全省总招生规模的74.3%;高职层次招生规模为64人,占全省总招生规模的25.7%。按城市比较,大连本科会展教育招生占 78.4%,高职会展教育招生占比为 0;沈阳本科会展教育招生占 21.6%,高职会展教育招生占 100%。

五、辽宁省会展专业培养计划

(一)核心课程

1. 核心课程的名称

通过对 2017 年辽宁省会展院校核心课程开设数量进行统计,目前辽宁对外经贸学院开设核心课程 10 门,沈阳师范大学开设核心课程 14 门,大连大学开设核心课程 5 门,辽宁交通高等专科学校开设核心课程 7 门。开设的核心课程主要有会展项目管理、会展市场营销、展览策划与管理、会议策划与管理、节庆活动策划与管理、会展英语、会展场馆经营与管理、展示空间与设计、会展客户关系管理、会展信息管理系统、会展学概论、会展经济学、现代服务业管理、会展商务英语、会展政策与法规、会展策划、会展企业财务管理、会展管理、会展营销实务、会展项目策划与管理、会议实务、展览设计与搭建、会展文案写作等,见表 5-1。

表 5-1 　 2017 年辽宁省会展院校(本科/高职)核心课程统计表

学校名称	专业名称	核心课程数量(门)
辽宁对外经贸学院	会展经济与管理	10
沈阳师范大学	会展经济与管理	14
大连大学	旅游管理(会展管理方向)	5
辽宁交通高等专科学校	会展策划与管理	7

2. 核心课程的频率分析

根据 2017 年辽宁省各院校会展专业人才培养计划进行课程开设情况统计,在所开设的专业核心课程中,节庆活动策划与管理出现频率最高,开设院校比率为 100%。会展市场营销、会展英语课程出现频率为 3,开设院校比率为 75%。展览策划与管理、会展场馆经营与管理、会展信息管理系统、会展概论、展示空间与设计、会展项目策划与管理、会展信息管理系统、展览策划与管理等课程出现频率为 2,开设院校比率为 50%。会展项目管理、会议策划与管理、会展客户关系管理、会展经济学、现代服务管理、会展商务英语、会展政策与法规、会展策划、会展企业财务管理、会展管理、会展营销实务、会议实务、展览设计与搭建、会展文案写作等课程出现频率为 1,开设院校比率为 25%。

(二)特色课程

1. 特色课程的名称

辽宁省各会展院校为了更好地适应会展行业发展需求,切实提高本专业学生的专业素质,全面提升学生的实践能力、创新能力,在专业人才培养计划中设置了多门专业特色课程。辽宁对外经贸学院开设了会展创意思维训练、会展创新创业训练等特色课程。沈阳师范大学开设了会展互联网创业、创新创业经典案例分析、创业精神与企业文化、创新经济学等特色课程。

2. 特色课程频率分析

辽宁省会展院校目前所开设的专业特色课程的名称基本没有重复,但类别基本一致,主要为创新创业类课程,旨在提高学生的创意思维能力和创新创业能力。

(三)实践课程

1. 实践课程名称与数量

为了培养符合行业需要的会展专业人才,培养学生综合实践能力,辽宁省各会展院校尤其重视会展专业实践性教学环节的设计,在教学计划和课程设置中体现,并有计划、有重点地在不同年级陆续展开。以辽宁对外经贸学院为例,根据其2017年制定的专业人才培养计划,开设的实践类课程主要有四大类,即基础实践、岗位实践、专业实践和综合实践类课程。基础实践类课程5门,以提高综合素质和激发钻研兴趣为主;岗位实践8门,以熟练操作能力和完善岗位技能为主;专业实践6门,以培养专业精神和提高专业水平为主;综合实践4门,以增强实践应用能力和实践创新能力为主。实践类课程主要包括会展市场营销、展览策划与管理、会议策划与管理、节庆活动策划与管理、展示空间与设计、会展礼仪、会展英语、会展客户关系管理、会展专业认知实习、会展专业专项实习、会展校内综合实训、会展校外综合实习、会展创新思维训练、会展创新创业训练等。

2. 实践课程教学形式

目前,辽宁省各会展院校会展专业实践类课程教学形式主要有两种:一种是充分利用校内专业实验室和相关资源进行专项实践能力训练和模拟项目运作;另一种是利用校企合作关系建立校外实习基地,定期安排同学到实习单位进行岗位实操性训练。

3. 实践教学改革情况

为了保证实践教学水平,辽宁省各会展院校在会展专业建设中重视开展行业需求调查,根据调查结果不断调整实践课程体系,同时改革实践教学模式,以期不断提升实践教学质量,切实提高会展专业学生的综合素质和实践能力。辽宁对外经贸学院会展专业结合行业和职业标准,制定相应的具体能力目标,构建了"递进式"的会展实践教学模式,实践教学全面有效展开,学生实习实践效果好。一般在大一学年组织学生参观展览项目,使学生对展会有更加直观的认识,加深学生对会展行业的了解。在大二学年组织深层次的展会调研活动,学生依托调研完成相关展会调研报告,在此基础上鼓励学生申报大学生创新创业项目、参加学科竞赛。在校外实习时邀请企业管理人员对实习学生统一进行业务培训及现场实践指导,加深学生对专业知识的理解,以提高学生的动手操作能力和岗位实践技能。在大三学年,组织学生进行校园展会活动的运作与实施,注重提高学生多方位的实际管理和操作能力以及专业知识的综合运用能力,培养学生的创新创业精神和实践应用能力。在大四学年,组织学生进入公司开展毕业实习和毕业论文写作,通过安排学生到企业展览部、信息会务部、综合部等相关部门从事展会策划与设计、展会招商招展、客户开发与维护、展中服务与管理等工作,提高学生的职场适应性,为学生就业打好基础。学生通过在工作实践中发现问题,进行一定的调查分析和研究,进行毕业论文的撰写,加深对会展行业的理性认识。

六、辽宁省会展教育师资情况

(一) 师资情况统计

截至2017年底,辽宁省各层次会展院校会展专业教师总数为53人,其中本科院校44人,高职院校9人。本科院校中,辽宁对外经贸学院会展经济与管理专业拥有专业教师19人,占43.2%;沈阳师范大学会展经济与管理专业拥有专业教师15人,占34.1%;大连大学旅游管理(会展管理方向)拥有专业教师10人,占22.7%。高职院校中,辽宁交通高等专科学校会展策划与管理专业拥有专业教师9人,见表6-1。

表6-1　　　　2017年辽宁省会展专业(本科/高职)师资情况　　　　单位:人

学校名称	专业名称	学生总数	教师数量	博士后	博士	硕士	本科	教授	副教授	讲师	助教
辽宁对外经贸学院	会展经济与管理	383	19		4	13	2	4	8	7	
沈阳师范大学	会展经济与管理	190	15		2	7	6		3	3	

续表

学校名称	专业名称	学生总数	教师数量	博士后	博士	硕士	本科	教授	副教授	讲师	助教
大连大学	旅游管理（会展管理方向）	64	10		2	7	1	2	6	2	
辽宁交通高等专科学校	会展策划与管理	179	9			5	4	1	3	3	
合计		816	53		8	32	13	7	20	15	

(二)师资情况分析

1. 各会展院校师生比例情况

以2017年底统计数据为依据，辽宁省会展本科在校学生总数为637人，专业教师总数为44人，总体师生比接近15∶1，按照国家规定的本科专业师生比例标准18∶1，辽宁省会展本科院校会展专业的师生比例较为合理。但实际上各院校师生比例并不均衡。辽宁对外经贸学院会展经济与管理专业在校生383人，专业教师19人，师生比为20∶1。沈阳师范大学会展经济与管理专业在校生190人，专业教师15人，师生比为13∶1。大连大学旅游管理（会展管理方向）在校生64人，专业教师10人，师生比为6.4∶1。高职层次的辽宁交通高等专科学校会展策划与管理专业2017年在校生总数为179人，专业教师9人，师生比为20∶1，基本合理。

2. 学历占比情况

如表6-1所示，2017年辽宁省本科会展院校专业会展教师的学历构成中，博士8人，占18.2%；硕士27人，占61.4%；本科9人，占20.5%。高职会展院校专业会展教师学历构成中，硕士5人，占55.6%；本科4人，占44.4%。总体来看，各层次会展教育专业教师中硕士以上高学历教师所占比例相对较高，未来这一比例仍将呈上升趋势。

3. 职称占比情况

2017年辽宁省会展院校会展专业教师职称结构中，教授7人，占13.2%；副教授20人，占37.7%；讲师15人，占28.3%。各学校会展专业教师职称构成情况如下：辽宁对外经贸学院19名专业教师中教授4人、副教授8人、讲师7人，分别占21.1%、42.1%、36.8%；沈阳师范大学15名专业教师中副教授3人、讲师3人，均占20%；大连大学10名专业教师中教授2人、副教授6人、讲师2人，分别占20%、60%、20%；辽宁交通高等专科学校9名专业教师中教授1人、副教授3人、讲师3人，分别占11.1%、33.3%、33.3%。

4. 专业背景分析

根据2017年辽宁省各会展院校师资背景调查数据统计，本科院校中具有会展专业背景的教师13人，占29.5%；经济学专业背景的教师3人，占6.8%；管理专业背景的教师10人，占22.7%；营销专业背景的教师14人，占31.8%；计算机专业背景的教师2人，占4.5%；其他专业背景的教师2人，占4.5%。高职院校中9名教师专业背景均为管理，占100%。各校专业教师具有企业阅历的教师比例，辽宁对外经贸学院、大连大学、辽宁交通高等专科学校均为100%，沈阳师范大学为80%，见表6—2。

表6—2　　2017年辽宁省会展院校(本科/高职)师资背景情况

学校名称	教师数量	企业阅历人数	会展	经济学	管理	营销	统计	英语	计算机	其他
辽宁对外经贸学院	19	19	7	1	2	8			1	
沈阳师范大学	15	12	3	2	8					2
大连大学	10	10	3			6			1	
辽宁交通高等专科学校	9	9			9					
合计	53	50	13	3	19	14			2	2

5. 年龄结构分析

2017年辽宁省会展院校共有会展专业教师53人，30岁以下教师3人，占5.7%；30—40岁教师24人，占45.3%；40—50岁教师15人，占28.3%；50岁以上教师11人，占20.8%。本科层次会展专业教师年龄构成为：30岁以下3人，占6.8%；30—40岁18人，占40.9%；40—50岁14人，占31.8%；50岁以上9人，占20.5%。高职层次会展专业教师年龄构成为：30—40岁6人，占66.7%；40—50岁1人，占11.1%；50岁以上2人，占22.2%。从以上数据不难看出，辽宁省各层次会展教育师资年龄构成中以中青年教师比例为最高，年龄构成基本合理。如表6—3所示，各校会展专业教师年龄构成略有差异，不过大多以中青年教师为主，仅有大连大学教师年龄构成中50岁以上教师比重偏大，见表6—3。

表6—3　　2017年辽宁省会展院校(本科/高职)师资年龄结构情况

学校名称	教师数量	30岁以下	占比(%)	30—40岁	占比(%)	40—50岁	占比(%)	50岁以上	占比(%)
辽宁对外经贸学院	19	3	15.8	10	52.6	3	15.8	3	15.8
沈阳师范大学	15			6	40	8	53.3	1	6.7

续表

学校名称	教师数量	年龄结构							
^	^	30岁以下	占比(%)	30—40岁	占比(%)	40—50岁	占比(%)	50岁以上	占比(%)
大连大学	10			2	20	3	30	5	50
辽宁交通高等专科学校	9			6	66.7	1	11.1	2	22.2
合计	53	3	5.7	24	45.3	15	28.3	11	20.8

七、各类实践教育情况

辽宁省会展院校实践教育主要通过对学生进行专业培训、组织学生参加行业实践和专业竞赛等形式展开。目前各校的实践教育都取得了较为丰硕的成果,学生实践动手能力不断得到强化,专业综合素质得到有效提升。

(一)学生参加专业培训情况

从2017年统计情况来看,辽宁省会展院校均定期组织学生参加会展专业培训。辽宁对外经贸学院会展经济与管理专业、辽宁交通高等专科学校会展策划与管理专业组织学生参加中国贸促会商业行业分会的会展职业经理人专业培训,通过培训并考试合格,学生可取得初级会展职业经理人资质证书。沈阳师范大学会展经济与管理专业组织学生参加人力资源和社会保障部的初级会展策划师培训,通过培训并考试合格,学生可取得"全国会展策划师"职业培训合格证书,见表7-1。

表7-1 2017年辽宁省会展院校(本科/高职)学生参加专业培训情况统计

学校名称	专业名称	项目来源	培训项目名称	证书名称
辽宁对外经贸学院	会展经济与管理	中国贸促会商业行业分会	会展职业经理人资质证书	初级会展职业经理人
沈阳师范大学	会展经济与管理	人力资源和社会保障部	初级会展策划师	全国会展策划师职业培训合格证书
辽宁交通高等专科学校	会展策划与管理	中国贸促会商业行业分会	会展职业经理人资质证书	初级会展职业经理人

(二)学生参加行业实践情况

为了顺利开展校外专业实习实践活动,为学生提供更多专业实战演练的机会,辽宁省各会展院校积极与会展专业等相关企事业单位建立合作关系,不断加大校外实践基地建设力度。截至2017年底,辽宁对外经贸学院会展经济与管理专业与大连贸促会、大连会展行业协会、大连北方国际展览股份公司等12家企事业单位建立校企合作关系,为会展专业学生提供展览专员、会议专员、出展业务专员、会展服务志愿者等实践岗位。沈阳师范大学会展经济与管理专业与沈阳红马展览广告有限公司、沈阳国际展览中心、沈阳国际展览有限公司等11家企业建立校企合作关系,实践岗位主要包括展览专员、会议专员、出展业务专员和会展服务志愿者。大连大学旅游管理（会展管理方向）与大连保利会展有限公司建立校企合作关系,实践岗位主要为会展服务志愿者。辽宁交通高等专科学校会展策划与管理专业与辽宁北方工商业展览服务有限公司、沈阳市展览业协会、上海达姆特会展公司沈阳分公司等单位建立校企合作关系,为学生提供展览专员、会议专员、会展服务志愿者等实践岗位,见表7-2。

表7-2　　　　2017年辽宁省会展院校学生行业实践情况统计表

学校名称	专业名称	校企合作单位	实践岗位设置与安排
辽宁对外经贸学院	会展经济与管理	大连北方国际展览股份有限公司、大连百奥泰国际会议有限公司、大连保利会展有限公司、大连博诺展览服务有限公司、大连上选会展服务有限公司、大连华展展览有限公司、大连新世界展览有限公司、大连都市会议中心、大连国际商会展览公司、大连星海会展旅游集团、大连贸促会、大连会展行业协会	展览专员、会议专员、出展业务专员、会展服务志愿者
沈阳师范大学	会展经济与管理	沈阳红马展览广告有限公司、沈阳科学宫会展中心、辽宁中汽会展有限公司、辽宁会城展会服务有限公司、沈阳龙邦国际广告有限公司、沈阳佳盛展览展示有限公司、辽宁兴华展览有限公司、沈阳四季房交会展览有限公司、沈阳国际展览有限公司、辽宁北方工商业展览服务有限公司、沈阳国际展览中心	展览专员、会议专员、出展业务专员、会展服务志愿者
大连大学	旅游管理（会展管理方向）	大连保利会展有限公司	会展服务志愿者
辽宁交通高等专科学校	会展策划与管理	辽宁北方工商业展览服务有限公司、深圳市普华永泰广告有限公司、大连北方国际展览股份有限公司、北京华宁智库企业顾问有限公司、沈阳365淘房网活动部、青岛欧森展览有限公司、北京永泰基业广告有限公司、辽宁深港展览服务有限公司、北京巨量引擎网络技术有限公司、天华木业集团（香港）有限公司、辽宁长城会展广告有限公司、青岛金诺国际会展有限公司、上海决策者经济顾问股份有限公司、希迈商务咨询（上海）有限公司、沈阳中展立新展览有限公司、辽宁阳光国际会展有限公司、沈阳金之诺会展有限公司、上海达姆特会展公司沈阳分公司、辽宁佳胜会展集团、沈阳市展览业协会	展览专员、会议专员、会展服务志愿者

（三）学生参加专业竞赛情况

2017年辽宁省会展院校学生主要参加了全国高校商业精英挑战赛会展创新实践竞赛、辽宁省大学生网络商务创新应用大赛、辽宁省旅游服务业校企联盟大学生创新设计大赛等专业赛事。通过参加这些专业赛事，参赛同学不仅可以将所学专业知识融会贯通，还锻炼了创新能力、专业实践能力，培养了团队合作意识，增强了自信心，见表7－3。

表7－3　　2017年辽宁省会展院校学生参加相关竞赛情况统计表

学校名称	专业名称	竞赛名称	竞赛数量
辽宁对外经贸学院	会展经济与管理	2017年全国高校商业精英挑战赛会展创新实践竞赛、辽宁省大学生网络商务创新应用大赛、辽宁省旅游服务业校企联盟2017年大学生创新设计大赛	3
沈阳师范大学	会展经济与管理	辽宁省旅游服务业校企联盟2017年大学生创新设计大赛	1
大连大学	旅游管理（会展管理方向）	辽宁省旅游服务业校企联盟2017年大学生创新设计大赛	1
辽宁交通高等专科学校	会展策划与管理	2017全国高校商业精英挑战赛会展创新实践竞赛、辽宁省旅游服务业校企联盟2017年大学生创新设计大赛	2

八、会展各专业学生就业情况

（一）就业比例

2017年辽宁省各层次会展院校应届毕业生共计168人，平均就业比例为99.59%，本科层次就业比例为99.39%，高职层次就业比例为100%。其中，辽宁对外经贸学院会展经济与管理专业应届毕业生33人，就业比例为97.92%；沈阳师范大学会展经济与管理专业应届毕业生80人，就业比例为100%；辽宁交通高等专科学校会展策划与管理专业应届毕业生55人，就业比例为100%，见表8－1。

表8－1　　2017年辽宁省会展院校（本科/高职）应届学生就业情况

学校名称	专业名称	毕业生数量（人）	就业比例（%）
辽宁对外经贸学院	会展经济与管理	33	97.92

续表

学校名称	专业名称	毕业生数量(人)	就业比例(%)
沈阳师范大学	会展经济与管理	80	100
辽宁交通高等专科学校	会展策划与管理	55	100

(二) 就业对口率

通过对2017年辽宁省各层次会展院校应届毕业生就业对口情况进行统计,全省会展专业应届毕业生平均就业对口比率为58.63%,本科层次就业对口比率为53.1%,高职层次就业对口比率为70%。其中,辽宁对外经贸学院就业对口比率为75.76%,沈阳师范大学就业对口比率为43.75%,辽宁交通高等专科学校就业对口比率为70%,见表8-2。

表8-2　2017年辽宁省会展院校(本科/高职)应届学生就业对口情况

学校名称	专业名称	毕业生数量(人)	就业对口比率(%)
辽宁对外经贸学院	会展经济与管理	33	75.76
沈阳师范大学	会展经济与管理	80	43.75
辽宁交通高等专科学校	会展策划与管理	55	70

(三) 就业薪资情况

通过对2017年辽宁省会展院校(本科/高职)应届毕业生薪资情况进行跟踪调查,统计结果显示总体平均薪资为2 836.31元。本科层次平均薪资为3 000元,具体薪资分布为2 000元以下12人,2 000—3 000元85人,3 000—4 000元12人,4 000以上4人。高职层次平均薪资为2 500元,薪资基本分布在2 000—3 000元。总体情况来看,本科层次的薪资水平高于高职层次。未来随着会展行业规模的扩大、经营收益的增加、高层次会展专业人才比例的提高,毕业生平均薪资水平将有所提升,见表8-3。

表8-3　2017年辽宁省会展院校(本科/高职)应届学生薪资情况

学校名称	专业名称	毕业生数量(人)	平均薪资(元)	其中 2 000元以下	2 000—3 000元	3 000—4 000元	4 000元以上
辽宁对外经贸学院	会展经济与管理	33	3 000		27	4	2
沈阳师范大学	会展经济与管理	80	3 000	12	58	8	2

续表

学校名称	专业名称	毕业生数量(人)	平均薪资(元)	其中			
				2 000元以下	2 000—3 000元	3 000—4 000元	4 000元以上
辽宁交通高等专科学校	会展策划与管理	55	2 500		55		

九、辽宁省会展教育存在的问题与相关建议

(一)招生问题

辽宁省会展教育在全国范围内起步较早,但人才培养规模提升速度却相对滞后,与辽宁省会展业的发展速度不相匹配。根据近年来辽宁省四所会展院校招生情况来看,在本地和周边地区招生困难是普遍面临的难题。有些学校不得不调整招生计划,把南方地区作为本校的重点招生区域,但这种调整对于本地会展人才供需矛盾的缓解贡献力有限,因为大部分南方学生毕业后仍选择回南方去工作。招生困难也导致辽宁省其他高校对开设会展专业兴趣不大,导致辽宁省会展专业人才培养总体规模扩张不明显。

针对招生问题,首先,各院校应加大专业宣传力度,加深家长和考生对会展专业的了解,提高他们对于会展专业未来发展的信心。其次,政府应出台相应政策鼓励各层次院校开设会展专业,提高会展教育的培养力度。最后,各会展院校应继续加强和相关企事业单位的合作,根据会展企业的人才需求开展定向委培招生,同时解决招生和就业问题。

(二)专业设置问题

目前,辽宁省各层次会展院校专业设置包括会展经济与管理、会展策划与管理、旅游管理(会展管理方向),主要侧重于会展管理方向,专业设置较为单一,这在一定程度上影响了招生规模的扩大和学生的就业选择宽度。

针对这一问题,辽宁省各层次会展院校专业设置应实现多元化,增加会展设计、会展场馆经营与管理、会展信息化管理、会展物流等专业方向,实现会展专业人才培养的全面性,同时增加学生的就业选择方向。

(三)就业对口问题

2017年辽宁省各层次会展院校应届毕业生平均就业比率为99.59%,但就业对口比率仅为58.63%。专业人才培养规模较小,南方毕业生回流,部

分毕业生选择非会展行业就业。上述这些情况导致各会展院校对会展行业的人才供给规模进一步缩小。

针对这一问题,各院校应进一步加大与会展相关企事业单位的合作,同时突破本地局限,积极与全国各地的会展企业建立合作共建关系,为会展专业毕业生创造更多的会展行业的就业机会,以解决就业对口比率偏低的问题。

(四)行业实践与专业教育对接问题

首先,专业教育与企业需求脱节。目前辽宁省会展教育还处在探索发展阶段根据2017年的统计数据,各会展院校教学一线教师有会展业背景的教师所占比率为24.5%,大部分专业教师缺乏行业背景,实践经验也欠丰富,且所使用教材多缺乏实践支撑,导致会展教育陷入了"理论化教学"的尴尬境地。

其次,一方面行业发展快速,人才需求比较大,而另一方面毕业生又难以找到合适的会展企业就业。培养出的学生多数缺乏实践训练,造成学生知识和能力上有严重缺陷,不能满足信息时代快速发展的需要,毕业生普遍缺乏实践能力和动手能力。到了企业,"要一切从头学起"。

最后,产学研缺乏强有力的衔接机制。当下会展教育和学术科研注重的是教育规模与招生的数量,发表论文、著作的等级与数量,科研项目的层次与数量,科研经费的数量,科研成果获奖的数量等,而对学生社会适应性的培养、学术科研成果的产业转化重视不够。许多科研成果长期停留在论文、书籍、研究报告、小范围试验的层面上,很少为会展产业实体所采用,从而无法有效地转化为现实的会展生产力,从而适应会展产业化发展的需求。会展学界与会展业界是相辅相成的关系,会展教育必须接地气,才能培养出合格的学生。学界与业界应该广泛合作、深层联系、高度融合,大力促进中国会展人才以及行业的蓬勃发展。

十、辽宁省会展教育发展的未来趋势

(一)构建"金字塔"形学历教育层次

目前辽宁省会展教育的学历层次只有本科和高职。未来会展专业的学历教育应坚持"金字塔"形发展战略,不可盲目追求高学历、高层次。会展教育应与行业特点相适应,首先通过发展职业教育,培养适应会展业发展的熟练工种,这部分行业需求量较大;其次适度发展本科教育,主要立足组织、策划、设计等专业方向;再次要少量发展研究生教育,主要立足行业研究和教育教学等。

(二)人才培养计划的制订要有特色

会展业是一个高度综合性行业,产业链涉及的不同环节所依赖的知识背景差异较大。例如,组展招展环节主要涉及营销、管理、经济等知识;展台设计搭建环节主要涉及建筑、装饰等方面的知识;服务接待环节主要涉及食、住、行、游、娱、购等旅游知识。综上所述,辽宁省各层次高校在开展会展教育时应根据自身传统优势,构建专业特色。

(三)创新会展教育人才培养模式

辽宁省会展教育可以借鉴国内外先进的成功经验,采取校企合办、订制培养的方式。辽宁省会展专业要充分发挥自身优势,加强对外交流和与企业合作相结合,以充分搜集行业信息,提高在行业中的地位。定期或不定期组织召开研讨会、学术会,就会展业发展的有关问题展开研究讨论,为会展企业提供咨询服务。同时,会展企业要为高校提供实习基地,参与学校的教学改革,并指派专业人员到学校讲学。高校会展专业可以根据企业用人要求调整实训计划,组织学生参观会展企业的运营实践,通过与会展企业合作交流,探索校企合作培养人才的新模式。

(四)加强各方合作,建设会展师资

师资状况是决定辽宁省会展教育质量和成败的关键性因素之一。师资培养需要多管齐下,其中加强各方合作和交流是最重要的一环。各方合作主要包括:一是通过高校教师之间的合作,进行教学管理经验交流,相互促进,共同提高;二是通过高校和会展业界的合作提高理论与实践的结合力度;三是国内外会展教育合作,通过教师进修、召开学术研讨会等方式促进辽宁省会展教育专业化、国际化水平的提升。

后 记

在20世纪60年代经济学专业刚兴起时,人们的认知是:"经济学是在寻求新边界中拓展的专业,是市场的力量增加对经济学家工作的需求,随之引发经济学专业的兴起,并通过吸引各种背景的有才之士加入该专业,并以多种途径和方式丰富了经济学专业"(美经济学家亨利·威廉·斯皮格尔《经济思想的成长》第二十九章)。

对我国会展教育的兴起与发展,我们也有同样的感受。会展产业根植于国民经济各产业之中,具有产业附属性。会展产业的衍生性又使其成为一个相对独立的产业业态,两者相辅相成。随着我国国民经济的快速发展,会展产业也随之进入高增长阶段,触发了对会展专业人才的需求,会展教育应运而生。

肩负着会展人才培养的重任,我国会展专业教育从无到有,经过20多年的发展,会展院校已覆盖我国绝大多数省、市、自治区。回顾会展教育发展历程,编著《中国会展教育蓝皮书》,不仅可以反映我国会展教育整体发展轨迹,更重要的是对我国会展教育规模、层次、结构等方面进行全方位梳理,客观反映我国会展教育发展的规律与特点。

经过多番论证,我们确立了蓝皮书的整体框架及编著思路:从会展教育研究到会展专业教学,从专业设置到会展人才培养的目标与定位,从课程教学到社会实践,涵盖内容力求广泛,竭力将会展教育阶段性发展特征予以整体体现。

为了保证数据的真实、完整,全面反映各省、市、自治区会展教育的发展历程和发展趋势,我们几乎动员了全国所有会展院校的专业学者、教师参与本书的编写,直接参编的教师达68位,间接提供资料与数据的还有各会展兄弟院校的相关教师,还有协助梳理相关数据与材料的学生,总人数超过百人,见下表:

编撰成员（排名不分先后）

地区	省、市、自治区	单位	姓名
华东	上海	上海第二工业大学	王胜英
		上海应用技术大学	王晶
		上海第二工业大学	王尚君
		上海电子信息职业技术学院	王峰
		上海师范大学	刘德艳
		上海工艺美术学院	王志量
		上海曹阳职业技术学校	秦国萍
	山东	济南大学	张中波
	浙江	浙江经贸职业技术学院	钱小轮、潘春胜、何刚晴、华尹、熊芊
	安徽	巢湖学院旅游管理学院	雷若欣、李秋秋
	江苏	苏州职业大学	顾伟
	福建	华侨大学旅游学院	张慧
		福州职业技术学院	郑晓星、郑云峰
华南	广东	华南理工大学经济与贸易学院	庞华
		广东交通职业技术学院	陈颖
		中山火炬职业技术学院	郑标文
		广州市工贸技师学院	钟文
		顺德职业技术学院	郭晓慧
	广西	广西国际商务职业技术学院	翟世阳
	海南	海南大学旅游学院	耿松涛
	湖北	湖北经济学院	蒋昕
	湖南	长沙商贸旅游职业技术学院	许名勇、戴文婷
		湖南师范大学	孟奕爽、蔡卫民
	江西	南昌师范学院	江小蓉
		江西豫章师范学院	徐晓进
西南	重庆	重庆工商大学/重庆城市管理职业学院	莫志明
		重庆工商大学	林黎

续表

地区	省、市、自治区	单位	姓名
西南	重庆	重庆城市管理职业学院	董　媛、蒋筱碧
	四川	成都职业技术学院	张芝敏
	云南	云南民族大学	殷晓茵
	贵州	贵州财经大学	王　超
华北	北京	北京农业职业学院	王　琪
		北京农学院	杨为民、夏　龙、申　强
	河北	河北政法职业学院	张　琳
		河北经贸大学	刘　颖
	天津	天津财经大学	刘洪艳
		天津城市职业学院	高　扬
	内蒙古	内蒙古财经大学	刘建军
	山西	晋中学院旅游与公共管理学院	刘志永、邢利娟
西北	新疆	新疆财经大学	吴培钦
		新疆乌鲁木齐职业大学	王江英、赵红霞
	陕西	西安欧亚学院	王　翔
		陕西工商职业学院	安　婷
	宁夏	宁夏工商职业技术学院	任　民
	甘肃	兰州文理学院	王敬儒
东北	吉林	吉林艺术学院	李中闯
	辽宁	辽宁对外经贸学院	王冬梅、高　欣、刘　硕、徐晓颖、王晓宇、刘志友
	黑龙江	哈尔滨商业大学	孟凡胜
		黑龙江职业学院	张东娜

不得不说这是一个艰难的过程。从收到第一份资料到无数次反复核对，历时一年之久，一个基础数据的变动往往导致总体数据随之修改与完善，可谓牵一发而动全身，编著难度远超预期。数据统计虽然有统一标准，数据来源也经过再三考证，虽力求最大程度上保证相关数据的可靠与真实，但难免存在误差与遗漏，敬请指正。

本蓝皮书的出版与发行，感谢的言语已显苍白，更多的是感恩。在本书的编撰过程中得到兄弟院校领导与老师们的支持，本身就是一件令人感动的事情，在此深表谢意！

在此要特别感谢王晶、刘德艳、王尚君、王峰老师，他们对海量数据进行统计梳理，还不辞辛劳地对异常数据进行一一核对与完善，态度严谨而认真。正是在他们的通力合作下，才完成了全国总报告。更要感谢撰写各省、市、自治区分报告的老师，他们投入大量的时间与精力开展所在省、市、自治区数据的搜集与资料整理，所撰写的分报告更为详尽地反映了所在省、市、自治区会展教育的实际情况，可以说是精彩纷呈，佳作连篇。

本蓝皮书能够顺利出版，还要由衷感谢讯狐国际科技（北京）有限公司的全力支持。感谢在编辑出版方面给我们提供帮助的上海财经大学出版社刘光本博士。本书图表居多，编辑耗时、费力，其耐力与耐心令人敬佩。

一切的付出都是有价值的。希望本书的出版为我国会展教育贡献一分力量。

王胜英
上海第二工业大学国际会展产业研究院执行院长
2019 年 3 月